JN063350

第4版

スタートアップ 租税法

租税法学習の道しるべ

酒井克彦［著］
Sakai Katsuhiko

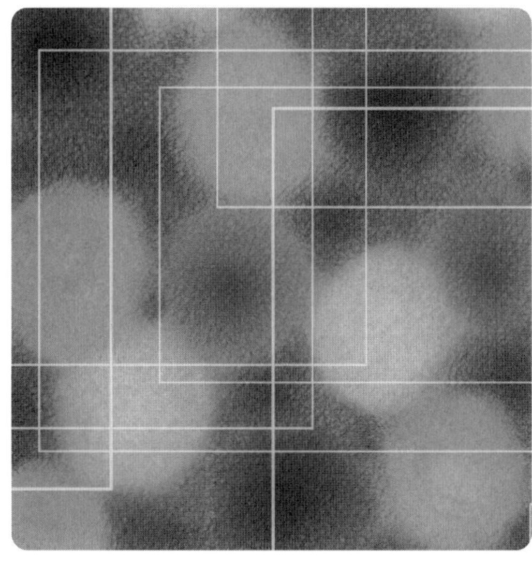

財経詳報社

はしがき（第4版）

地球は旧来に比してより狭くなっています。世界情勢を知らずして，租税法を理解することは今や不可能になったといってもいい過ぎではないでしょう。

GAFAをはじめとする超大規模のグローバル企業がアグレッシブな租税負担の回避策を展開していることに対し，適正公平な租税負担に関する問題意識が世界規模で共有されています。OECDやG20などの政府間の協調体制も従来以上に積極的な取組みをみせており，各国政府のハーモナイゼーションには多くの関心が寄せられるところです。他方，我が国においてもアグレッシブな国際的な節税策を講じる企業が散見される中にあって，注目すべき多くの租税訴訟が発生しています。

かような国際化のもたらす問題の1つに，インバウンドの問題もありましょう。すなわち，平成30年には「出入国管理及び難民認定法」が改正され，外国人労働者がこれまで以上に入国する素地が整っているといえます（もっとも，新型コロナショック以降はインバウンドが低迷しているのも事実です。）。

また，国際化と歩調を合わせて議論されるのがデジタル化に関する租税問題，すなわち，デジタル情報社会における税務のあり方です。各国政府はいかに情報を集めるかに躍起になっており，また，行政のスリム化やスマート化，スピード化といった表現に代表されるとおり，租税行政は各国において目覚ましい進展をみせています。

これらの文脈に共通するのは，ボーダーレス社会という目線でありましょう。いわば，ボーダーレス社会の進展が新型コロナウイルスの蔓延を世界に招いたといっても過言ではありません。

国内問題にも目を向ける必要があります。

失われた四半世紀，デフレから脱却できていない我が国経済は低迷を続けており，実質賃金は下がり続け，格差は固定化されつつあります。人口減少は甚だしく，2060年には，生産年齢人口比率は50.9％にまで落ち込むものと推計されており（「選択する未来」委員会「選択する未来一人に推計から見えてくる未来像ー」(平成27年10月))，働ける人が国民2人に1人という時代を迎える状況です。こうした状況が改善されない限り，現在の社会保障制度は崩壊するでしょう。このように考えると，現行の租税法もそのまま維持されると考えることは不可能です。

そのような中にあって，新型コロナウイルスの蔓延によるこれまでにない需要の減少，感染拡大防止のための自粛による経済活動の停滞は戦後例をみない恐慌をもたらすかもしれません。

新型コロナショックにより，これまで営まれてきた生活スタイルは変わるでしょうし，経済は恐慌以来の大打撃を受けた後にどのように復興を描けるのでしょうか。社会の制度，経済の仕組み，人々のものの考え方に大変革が起こると思われます。もちろん，それに応じる形で租税法にも変化が求められる時代が来ていることは間違いありません。

少し前までは，具体的な租税法に関する問題関心として，生産性向上のための投資減税，試験研究支援税制の拡充，社会保障と税の一体改革の一層の推進，年金税制改革，自助努力による老後資金の確保のための施策の進展，老朽化した社会を前提とした事業承継税制の見直しなどといった課題が山積していると指摘されてきたところです。そうした難題の上で，今後を見据えて，アフターコロナをいかに迎えるかという見えない課題に果敢に取り組んでいく必要があるのです。

どのような問題が現前にあったとしても，大々的な変革が求められているにしても，そのようなときに求められるものは何でしょうか。それは，物事の根源を見定める力です。学問的にいえば基礎力こそが新しいものを生み出す源泉になるといってもよいでしょう。

本書は，租税法学習における基礎固めのためにある書籍です。

さて，本書には，第3版刊行後の法改正や令和3年度税制改正大綱等の内容を反映し，最新の重要判例を盛り込んでいます。また，使用している各種統計資料等を最新のものとしています。加えて，上記のような問題関心と接続できるよう社会問題にも所々で触れ，読者の社会的関心と租税法の理解との橋渡しを行えるような工夫を施しています。

本書の改訂に当たっては，見直しを進めるうちに，税制改正のない箇所についても大幅な手直しないし補足的記載を増やしてしまったために，予想以上の時間を経過してしまいました。出版社サイドはやきもきする気持ちでいっぱいだったかもしれません。ようやくここに出版に漕ぎつけることができたのも，財経詳報社の宮本弘明社長のご理解ゆえのものです。ここに深く感謝の意を表します。また，本書の校正作業においては，アコード租税総合研究所事務局長の佐藤総一郎氏及び主任研究員の臼倉真純氏には多大なるご尽力をいただきました。秘書の手代木しのぶさんには，この度も表紙のデザイン案を使わせていただきました。私を支えてくれる各位に深く御礼申し上げます。

令和3年3月

酒井　克彦

はしがき（第3版）

租税法を学習する方のために，租税法の体系的な理解の手助けになるようにと企図して執筆した本書も，多くの方のご支持をいただき第3版として刊行することとなりました。初版を上梓してから6年が経とうとしておりますが，その間，自民党から民主党へ，また民主党から自民党へと政権交代が起こる中，様々な大きな改革が進められてきました。とりわけ，近時の租税環境は劇的な変化を見せているといえましょう。

平成26年末には，景気の動向を考慮したことから消費税の増税の延期が決定され，多くの国民的関心を呼んでおりますし，アベノミクスの一環で国際競争力・中立性を維持するために，法人税率を軽減することが閣議決定されました。また，女性の社会進出への障壁になるなどとして配偶者控除等の所得控除の見直しが論じられ，少子高齢化社会に対処するために，子育て・出産資金の贈与税非課税枠の創設や，ジュニアNISAの創設が提案されています。地方分権を推進する観点から，ふるさと納税制度の拡充が提案され，また，外形標準課税の改正などもあり，地方税法のかつてない大幅な見直し論も展開されています。

租税行政分野においては，税務調査手続のさらなる見直し，行政不服審査法改正に伴う不服申立制度の見直しや，マイナンバー制度の導入，資料情報制度の充実など超大型の改正が目白押しです。また，国際課税においても大規模な改革が進行し，帰属主義への転換，いわゆる出国税の創設，電子商取引に係る消費税制度の改正など，いずれもきわめて重要な論点が提示されています。

世界的にみれば，租税回避に対する国際的なハーモナイゼーションがかつてないほど議論されており，租税回避に対する各国の取組みがBEPS（☞BEPSとは－150頁参照）での議論を受けるかたちで展開され，我が国の租税法にも影響を与えています。

長期間にわたる不況からやっと脱出の薄日が見え始めた今日にあっては，租税が景気に及ぼす影響，企業や個々人の経済活動に及ぼす影響を意識せずにはいられません。租税には，きわめて重要な役割が期待されているのです。

本書は，第２版刊行後の法改正や平成27年度税制改正等の内容を盛り込み，各種統計資料等を最新のものにし，また，租税に関する重要判決も反映させるかたちで，改訂したものです。

本書の改訂に当たっては，財経詳報社の宮本弘明社長の多大なるご支援を賜りました。この場を借りて感謝申し上げます。また，酒井研究室の泉絢也氏，臼倉真純氏，福田智子さん，一般社団法人ファルクラム事務局長の佐藤総一郎氏には，校正等での惜しみないご協力をいただきました。加えて，今回の表紙にも，引き続き秘書の手代木しのぶさんのデザインを使用させていただきました。各氏に心より御礼を申し上げます。

平成27年２月

酒井　克彦

はしがき（第2版）

本書の初版を上梓して１年半が経過しました。

平成22年には政権交代に伴う税制改革が実施され，大臣や各府省副大臣を構成メンバーとする税制調査会が，政治主導の名の下で，平成21年12月22日に「平成22年度税制改正大綱ー納税者主権の確立へ向けて」を発表しました。そこでは，「公平・透明・納得」の３原則を税制改革の基本に据えており，その上で，支え合いの視点の重視，税制と社会保障制度の一体的改革，グローバル化への対応と税制の国際協調，地域主権を確立するための税制という点が強調されています。

行財政改革，格差社会への対応，景気・雇用問題，環境問題など，解決すべき問題が山積している中にあって，これらの諸課題を乗り越えるために，税制にも多くのものが期待されています。このような意味では税制改革は常に断行されていくべきであって，租税制度自体も流動的な状況にあります。他方で，これまで長らくなされてきた先行的な議論との整合性も十分に検討されるべきであるといえます。深慮ある議論の末に国民の求める改革がなされるべきであるのは税制も同様です。

本書は，このような流動的な税制改革のただ中にあって，基本的には堅持されるであろう基礎的部分を中心に著述したものです。租税理論，租税制度，解釈論，税務行政についての体系的理解のためにお役立てができれば幸です。

なお，表紙デザインの作成や原稿チェックに協力をいただいた研究室生や初版からご担当いただいている財経詳報社の佐藤総一郎氏には心より感謝いたします。また，Tax Loungeの一部に，納税通信（NP通信社），税のしるべ（大蔵財務協会）の原稿を使わせていただきましたことにつき，この場を借りてお礼を申し上げます。

平成22年12月

酒井　克彦

はしがき（初版）

私達が生活をしていく中にあっては，およそ「租税」と無縁に過ごすことなどできません。

個人事業者や企業の経理担当者，あるいは租税専門家と呼ばれる弁護士や税理士などでなくとも，人々は，生活をする上で必然的に「租税」に関わりをもつことになります。国や地方公共団体からのサービスを受けている限りにおいては，「租税」と関わりをもっているといってもよいでしょう。もちろん，国や地方公共団体からのサービスとは，図書館や公民館の利用といった比較的分かりやすいものから，防衛や警察・消防，医療・学校サービス，道路や橋の利用といったものまで多岐にわたります。

本書は，そのような国や地方公共団体からのサービスの基本的財源である「租税」がいかなるかたちで人々に課され，徴収されるのかといったことを専門に取り扱う法律，すなわち「租税法」を解説した基本書です。

とかく租税法は難解であるといわれますが，その難解な租税法の学習を進めるに当たっては，まず全体像を眺めて，その体系を理解することが大切です。そのために，本書は，各税目の個別具体的な深淵なる議論に踏み込むことはせずに，初めて租税法を学習する人や，これまで学習はしてきたものの体系的理解の手助けをさらに必要とする人に読んでもらいたいと思い，執筆したものです。

本書の特色としては，一般の「租税法」の基本書があまり取り扱わない財政学的議論（第１章「租税の仕組み」）や租税行政法の論点（第４章「租税行政法」）についても盛り込みました。なぜなら，租税法の対象とする領域は非常に広く，その一部のみを切り出して説明しても，必ずしも全体像が見えるようになるとは思えないからです。したがって，この点から見れば，これまで個別税法科目を中心に勉強してきた税理士などの専門家も，知識の確認としてご活用いただけるのではないかと思っております。

さて，本書の構成は，「租税の仕組み」「租税法の体系」「租税法の基礎」「租税行政法」の全4章建てとしました。いわゆる租税法の基本書はこのうちの第2章と第3章を中心に取り上げています。その他，「学習に当たって」や参考文献は，主に学習のための素材を提供したものです。初学者の方は，是非，「学習に当たって」からお読みください。

本文内にある「☞」では基本的に用語（概念）の意味を明らかにしています。また，「✍」では特記すべきメモを記載しました。特に重要なことのみを記載したつもりですから，いずれも必読箇所です。

「¶レベルアップ！」では，初学者にとって重要と思われる裁判例などを紹介しています。このコーナーをじっくり読み進めることで，より本文の理解のための手助けとなると思います。

「Tax Lounge」は，一息入れる休憩のためのコラムです。知っていて損はないトリビアを厳選して掲載しました。また，点在する知識を相互に結び付けて理解するために，「🔍」では必要な参照箇所を示しています。

筆者は，これまで，税務大学校を始めいくつかの大学・大学院・法科大学院（ロースクール）・経営大学院（ビジネススクール）などで教鞭をとってきましたが，本書は，筆者が付き合ってきた多くの学生諸君の顔を思い出しながら，書き下ろしたものです。学生諸君から受けた質問や投げかけられた疑問などを手繰（たぐ）りながら執筆しました。初学者の多くは何を悩み，どこにつまづくのかということを，学生・読者の立場に立って考えることは，それ自体，筆者にとっても大変意義のある作業でした。つまり，本書は，筆者が学生諸君から学んだものからヒントを得，あるいは受けた疑問をもとに加工を施して出来上がったものともいえます。そのような意味では，筆者にとっても教科書となるものです。投げられたボールをうまく処理できているかどうかは自信のほどではありませんが，本書を通じて読者にうまくパスできていれば…と願っています。

筆者の学究生活は，恩師福原紀彦先生からの私法学の教授と，恩師玉國文敏先生からの公法学の教授によるところに支えられています。また，東京大学名誉教授の金子宏先生のおかげで現在こうして研究者としての仕事をすることができている次第です。これらの先生方から賜ったご恩に報いることができるよう，精進を重ねることをお約束するとともに，この場を借りて心よりお礼を申し上げます。

また，本書の企画から校正に至るまで，財経詳報社編集部の佐藤総一郎氏には大変お世話になりました。常に遅筆な筆者のスケジュールを管理し，何度もあきらめかけた執筆を上梓にまで漕ぎ着けることができたのは佐藤氏の助言があってこそです。出版社の編集者と執筆者という域を超えたコラボレーションができたことに感謝の念を覚えています。ありがとうございました。

平成21年５月

酒井　克彦

目　次

第１章　租税の仕組み

第２章　租税法の体系

第３章　租税法の基礎

凡　例

本書では，本文中は原則として正式名称を用い，主に（　）内において下記の略語を使用している。

また，読者の便宜を考慮し，判決・条文や文献の引用において，漢数字等を算用数字に変え，必要に応じて3桁ごとにカンマ（,）を入れるとともに，「つ」等の促音は「っ」等と小書きしている。なお，引用文献や判決文等の下線ないし傍点は特に断りのない限り筆者が付したものである。

〔法令・通達〕

憲……憲法
民……民法
商……商法
会　社……会社法
行 訴 法……行政事件訴訟法
刑 訴 法……刑事訴訟法
通　法……国税通則法
徴　法……国税徴収法
所　法……所得税法
所　令……所得税法施行令
法　法……法人税法
法　令……法人税法施行令
法　規……法人税法施行規則
相　法……相続税法
相　令……相続税法施行令
消　法……消費税法
消　令……消費税法施行令
地 価 法……地価税法
印　法……印紙税法
酒　法……酒税法
酒　令……酒税法施行令
地 方 法……地方税法
地方法法……地方法人税法
措　法……租税特別措置法
措　令……租税特別措置法施行令
関　法……関税法
実 特 法……租税条約の実施に伴う所得税法，法人税法及び地方税法の特例等に関する法律
国外送金法…内国税の適正な課税の確保を図るための国外送金等に係る調書の提出等に関する法律
所 基 通……所得税基本通達
法 基 通……法人税基本通達
相 基 通……相続税法基本通達
評 基 通……財産評価基本通達

〔判例集〕

民　録……大審院民事判決録
民　集……最高裁判所民事判例集
刑　集……最高裁判所刑事判例集
集　民……最高裁判所裁判集民事
裁　時……裁判所時報
高 民 集……高等裁判所民事判例集
行　集……行政事件裁判例集
訟　月……訟務月報
判　時……判例時報
判　タ……判例タイムズ
税　資……税務訴訟資料

〔文　献〕

石　・論　理……石弘光『税金の論理』（講談社現代新書1994）
岡村・法人税法……岡村忠生『法人税法講義〔第3版〕』（成文堂2007）
金子・租税法……金子宏『租税法〔第23版〕』（弘文堂2019）
清永・税　法……清永敬次『税法〔新装版〕』（ミネルヴァ書房2013）
神野・財政学……神野直彦『財政学〔改訂版〕』（有斐閣2007）
水野・大　系……水野忠恒『大系租税法〔第3版〕』（中央経済社2021）
酒井・概念論……酒井克彦『ステップアップ租税法概念論』（財経詳報社2021）
酒井・課税要件……酒井克彦『クローズアップ課税要件事実論〔第4版改訂増補版〕』（財経詳報社2017）
酒井・裁判例〔税務調査〕……酒井克彦『裁判例からみる税務調査』（大蔵財務協会2020）
酒井・裁判例〔法人税法〕……酒井克彦『裁判例からみる法人税法〔3訂版〕』（大蔵財務協会2019）
酒井・租税行政法……酒井克彦『クローズアップ租税行政法〔第2版〕』（財経詳報社2016）
酒井・租税法と私法……酒井克彦『ステップアップ租税法と私法』（財経詳報社2019）
酒井・チェックポイント〔相続税〕……酒井克彦『通達のチェックポイントー相続税裁判事例精選20ー』（第一法規2019）
酒井・通達の読み方……酒井克彦『アクセス税務通達の読み方』（財経詳報社2016）
酒井・フォローアップ……酒井克彦『フォローアップ租税法』（財経詳報社2010）
酒井・ブラッシュアップ……酒井克彦『ブラッシュアップ租税法』（財経詳報社2011）
酒井・プログレッシブⅠ……酒井克彦『プログレッシブ税務会計論Ⅰ〔第2版〕』（中央経済社2018）
酒井・プログレッシブⅡ……酒井克彦『プログレッシブ税務会計論Ⅱ〔第2版〕』（中央経済社2018）
酒井・プログレッシブⅢ……酒井克彦『プログレッシブ税務会計論Ⅲ』（中央経済社2019）
酒井・プログレッシブⅣ……酒井克彦『プログレッシブ税務会計論Ⅳ』（中央経済社2020）
酒井・論点研究……酒井克彦『所得税法の論点研究』（財経詳報社2011）

学習に当たって

はじめに

本書のスタートは，まず，租税法学習に当たっての心がまえを確認することから始めたい。

もっとも，租税法は他の多くの隣接分野との関係を無視しては学習できない。そこで，ここでは，租税法の学習に当たっての注意事項を簡単に説明したうえで，是非関心をもってもらいたい隣接分野との関係についても，簡単に触れておくこととしよう。

⑴ 租税法の学習上の注意事項

はじめて租税法を学習するに当たっての心がまえとして，ここでは，とりわけ，租税法の解釈論の学習に不可欠な点を挙げておくこととしよう。

ア 法的思考能力（リーガルマインド）を身につけること

租税法が法律である限り，これを扱うには，リーガルマインドが要求される。リーガルマインドとは，法的に道筋を立てて考える法的思考能力のことをいう。

① 錯綜した複雑な状況を簡潔なものに整理して，法的問題点がどこにあるのかを探る問題抽出能力

② 事実認定の問題と法律解釈の問題を明確に峻別し，分析する能力

③ 公平なる思考に基づく冷静な判断能力（下記イで詳述）

④ 具体的な条文，判例，学説等を根拠にした検討を自説にまとめあげる能力

⑤ 他者の見解を法的に評価して，これを受け入れるディスカッション能力

このようなものが，差し当たりのリーガルマインドといえよう。

もっとも，これを習得するためには，多くの事例を検討し，そのたびごとに常に条文に当たり，条文の中から課税要件を抽出して，認定された事実への当てはめを行うという法的三段論法による思考トレーニングをする必要もある（酒井・クローズアップ課税要件37頁）。

イ　感情をできるだけ持ち込まないこと・冷静に分析すること

法律の解釈論を学習するに当たっては，法感情に任せて解釈適用を行うことのないようにすべきである。とりわけ，適正公平を旨とする租税法の解釈論の学習に当たっては，きわめて重要な点である。ポジションを納税者の側にとるとか，課税庁の側にとるというようなことから自分を解き放ち，自由で公平な見地から租税法のあるべき解釈論について考えることを心がけるべきである。もっとも，法律の解釈は，解釈者個人の価値判断に基づくものであるということを突き詰めれば，そもそも客観性をもたないものではあるし，実務家にとっては，そのような態度をとることが難しいということもあろう。しかし，いずれのポジションから考察を出発するにしても，結局のところ，そこで導き出された解釈が公平の見地からみて問題がないかどうか，できるだけ感情を排して検証する必要があるということである。

贈与税の回避目的で暫定的に生活拠点を香港（国外）に移転させた租税回避事例であるいわゆる武富士事件最高裁平成23年２月18日第二小法廷判決（集民236号71頁。🔍¶レベルアップ！「住所」とは何か？－138頁）において，須藤正彦裁判長は次のように補足意見を述べている。すなわち，「贈与税回避スキームを用い，オランダ法人を器とし，同スキームが成るまでに暫定的に住所を香港に移しておくという人為的な組合せを実施すれば課税されないというのは，親子間での財産支配の無償の移転という意味において両者で経済的実質に有意な差異がないと思われることに照らすと，著しい不公平感を免れない。国外に暫定的に滞在しただけといってよい日本国籍の上告人〔筆者注：納税者〕は，無償で1,653億円もの莫大な経済的価値を親から承継し，しかもその経済的価値は実質的に本件会社の国内での無数の消費者を相手方とする金銭消費貸借契約上の利息収入によって稼得した巨額な富の化体したものともいえるから，最適な担税力が備わっているということもでき，我が国における富の再分配などの要請の観点からしても，なおさらその感を深くする。一般的な法感情の観点から結論だけをみる限りでは，違和感も生じないではない。しかし，そうであるからといって，個別否認規定がないにもかかわらず，この租税回避スキームを否認することには，やはり大きな困難を覚えざるを得ない。けだし，憲法30条は，国民は法律の定めるところによってのみ納税の義務を負うと規定し，同法84条は，課税の要件は法律に定められなければならないことを規定する。納税は国民に義務を課するものであるところからして，この租税法律主義の下で課税要件は明確なものでなければならず，これを規定する条文は厳格な解釈が要求されるのである。明確な根拠が認められないのに，安易に拡張解釈，類推解釈，権利濫用法理の適用などの特別の法解釈や特別の事実認定を行って，租税回避の否認をして課税することは許されないというべきである。」というのである。ここでは，解釈の場面では，法感情を持ち込むことが妥当ではないということを端的に述べているといえよう。

他方で，このことは，短絡的に，納税者が弱者であるとして，弱者救済という視点から法を解釈・適用することにも十分に慎重でなければならないことをも意味している。このことは，しばしば法律解釈の局面で「疑わしきは納税者の利益に」（☞疑わしきは納税者の利益にとは－301頁参照）という命題が語られることと関係を有する。しかし，このような命題は租税法の解釈原理としては否定されるべきであろう。この点につき，上記の須藤裁判長は，前述の事件とは異なる事例（最高裁平成24年１月13日第二小法廷判決・民集66巻１号１頁）の補足意見において，「租税法の解釈も通常の法解釈の方法によってなされるべきものであって，特別の方法によってなされるべきものではない。『疑わしきは納税者の利益に』との命題は，課税要件事実の認定について妥当し得るであろうが，租税法の解釈原理に関するものではない。」と論じている。すなわち，「疑わしきは納税者の利益に」という命題は，事実認定上の命題とはなり得ても，租税法の解釈における命題とはなり得ないと理解するべきである。

ウ　条文を常に確認し，文理解釈を重視すべきこと

租税法の条文は，専門用語が多く，またその分量も膨大である。また，租税特別措置法などを例にとれば，条文の文章が長いものが多く，かっこ書きが多用されており，場合によっては，二重かっこ，三重かっこを使用するものもある。しかしながら，租税法律主義のもと，実定法がいかなる規定であるのかを抜きにして租税法の学習は行いえない。学習者は常に租税法の条文を手もとに置きながら，何度も何度も条文を引くくせをつける必要がある。学問としての租税法律主義ではなく，学習・実践のいずれにおいても，常に条文がいかなるものであるのかというところから出発をすべきである。租税法の学習は，「条文に始まり条文に終わる」といっても過言ではない。

また，条文には読み方がある。しっかりとした条文の読み方を身につけなければならないのはいうまでもない（条文の読み方については，酒井・フォローアップ23頁参照）。

エ　体系的理解に努めること

租税法を体系的に理解するためには，2つの点に関心を持つべきである。

まず，個々の条文の適用問題であっても，当該租税法の全体の中でその条文がいかに位置付けられるかという点に関心を寄せる必要がある。例えば，法人税法上の寄附金の問題であったとしても，法人税法37条《寄附金の損金不算入》のみを検討すればよいというわけにはいかず，同法22条2項との関係についても検討しなくてはならない。ここでの注意は，同一法令内の他の条文との関係や当該条文の解釈とのバランスにも十分な配慮をする必要があるということである。

次に，他の租税法との関係についても関心を寄せる必要がある。例えば，法人の性質論における法人擬制説（株主集合体説ともいう。🔍10－85頁）が所得税法の配当控除においていかなる意味を有するのかという関心はきわめて重要なポイントである。このように，法人税法を学習しているときに，同じ所得課税法の所得税法ではどうなっているのか，あるいは法人税法上の解釈が消費税法上の解釈にいかなる影響を及ぼすのかといった点を常に意識すべきであろう。もっとも，「租税法」という包括的な法律は存在せず，それは所得税法であり，法人税法であり，相続税法であるというように，個々の租税法はそれぞれ独立した法律であるから，他の租税法がこのように規定しているからといって，それが租税法全般に通用する事柄であるかどうかは分からないが，体系的な理解ができていないと行き詰まりを覚えることにもなろう。

とりわけ，租税行政庁の職員は，セクショナリズムに支配されているから，担当税目のみの理解を進めようとするが，そこには落とし穴がありうることに，注意が必要である。

オ　社会の動きを常に意識すること

租税法は社会・経済の動きに敏感に対応すべく毎年のように改正がなされる法律である。すなわち，租税法の条文が改正され，あるいは創設されるには，そのもととなる社会・経済的な背景（理由）があるわけである。普段から，社会・経済の動きをウォッチしておかないと，このような法律の背景を見落とすことにもなりかねない。

租税法の学習者は，租税法が例年どのような議論を経て改正にいたるのかという点に強い関心をもつべきである。そのためには，政府税制調査会での議論や国会審議について，少なくとも新聞情報にはよく目を通しておくべきであろう。

⑵　隣接法分野との関わり

ア　憲法との関係

租税に関する立法および租税法の解釈適用上の基本原則は，憲法の中に存する（清永・税法26頁）。

憲法98条は，「この憲法は，国の最高法規であって，その条規に反する法律，命令，詔勅及び国務に関するその他の行為の全部又は一部は，その効力を有しない。」とする。したがって，租税法規およびその執行は憲法の諸規定に適合していなければならない。そして，租税法規や執行が憲法に適合しているかどうかについては，違憲立法審査権などを有する裁判所の審査の対象とされている。すなわち，憲法81条は，「最高裁判所は，一切の法律，命令，規則又は処分が憲法に適合するかしないかを決定する権限を有する終審裁判所である。」とするのである。

国民の三大義務の１つ「納税の義務」が憲法30条に規定されていることはよく知られている。同条は，「国民は，法律の定めるところにより，納税の義務を負ふ。」と規定する。もっとも，国民がどのようにして納税の義務を負うのかについては，憲法84条が，「あらたに租税を課し，又は現行の租税を変更するには，法律又は法律の定める条件によることを必要とする。」と規定するように，法律または法律の定める条件によることとされている。これを租税法律主義（🔍16―210頁参照）というが，この規定に適合するか否かをめぐって，これまで多くの裁判において租税法規や執行の合憲性が争われてきた。

租税法の立法論・解釈論の全般にわたる中心的指導原理である租税法律主義や租税公平主義（🔍17―223頁参照）などは，憲法上の要請であり，憲法の諸観点から常にこれらを意識する必要がある。したがって，多くの場面で憲法上の要請を念頭におきつつ学習が進められなければならないが，とりわけ憲法14条や25条などの条項との適合性を吟味する必要性は強調されるべきであろう（清永・税法26頁）。

イ　国際法との関係

企業の国際的活動において最も重要なファクターの１つは，租税の問題であるといわれている。これに伴い，近年では，国際的二重課税の問題や国際的租税回避事例にいかに対処するかが租税法における重要なテーマの１つであるといえよう。

国際的二重課税の排除のために我が国は令和３年３月１日現在142か国・地域との間に79の租税条約を締結しており（🔍14(4)−177頁参照），この条約の解釈に当たっては，国際法の理論や原則についての理解が必要である。その際には，単に条約の意味内容のみを理解するのではなく，その条約を国際法あるいは国内法上どのように位置付けるかという観点から捉える視点が要求されているのである。

近時，持続可能な開発目標（SDGs：Sustainable Development Goals）に向けた議論に関心が寄せられている中にあって，環境問題が以前にも増してよりクローズアップされている。その文脈では，温暖化対策のための国境炭素税などが注目を集めている。国際社会において環境問題がどのように論じられているかという点にも関心をもちたい。

ウ　行政法との関係

そもそも，租税法も行政法の一分野を構成しているといえよう。しかしながら，一般の行政法が国と国民との間の権力関係（権力関係説）を前提とするのに対して，近年の租税法においては，租税法が取り扱う法律関係（租税法律関係）を，国と国民との間の権力関係として捉えるのではなく，あたかも国と国民を租税の債権者と債務者の関係と見立てて，債権債務関係（債務関係説）によって説明することが提唱されている。このような切り口は，租税法を他の行政法から理論的に独立させた契機と捉えることも可能であろう。

もっとも，このことは行政法からの完全な離脱を意味するのではなく，行政作用法としての意味をもあわせもつ租税法が行政法と密接な関係を有していることを否定するものでは決してない。

エ　私法との関係

私的経済分野における経済的成果に対して課税をする所得税法や法人税法などを例にとると，まずは経済的成果が発生するフィールドを規律する法律関係に課税関係や課税上の取扱いが大きく影響を受けることになるのは当然である。

一方当事者から他方当事者への資産の移転があった場合に，それが貸し借りのレベルであれば，他方当事者に対する課税所得を認識することにはならないが，譲渡や贈与ということであれば，そこでは所得税や法人税あるいは贈与税が課されることになる。すなわち，課税されるかどうかや，課税されるとしてもいかなる税がどのように課されるかについては，資産の移転の法的性質がいかなるものであるのかという点に委ねられているといってもよい。課税上の取扱いが決定されるには，当事者間の資産の移転が法律上，貸借契約に基づくものであったのか，売買契約に基づくものであったのか，あるいは贈与契約に基づくものであったのかという点を認定する作業が必要となるのである。したがって，租税法の解釈適用において私法の理解はきわめて重要なものとなる。

およそすべての租税法に共通して，私法の理解は必要不可欠のものである（租税法と私法との関係につき，酒井・租税法と私法参照）。

✍　AB 間の現金の移転について，法的性質次第で，次のように課税関係が異なる。

B に経済的価値（現金）の移転

↓

① AB 間に雇用契約があり，B が A に対して労務の提供をしていた場合
……B に所得税（給与所得）課税

② AB 間に預金契約があり，B が A 銀行に対して預金を預け入れていた場合
……B に所得税（利子所得）課税

③ AB 間に棚卸資産（商品）売買契約があり，B が A に商品を販売していた場合
……B に所得税（事業所得）課税

④ AB 間に不動産売買契約があり，B が A に居住用家屋を売却していた場合
……B に所得税（譲渡所得）課税

⑤ AB 間に贈与契約があり，A から B に贈与がなされた場合
……B に贈与税課税

⑥ A の死亡を原因に B に財産の移転（相続）があった場合
……B に相続税課税

オ　経済法との関係

租税の経済政策的意義を無視することはできない。例えば，租税特別措置法は，私的部門における一定の投資その他の経済活動を奨励するため種々の誘因

措置を定めているが，これらの誘因措置は経済政策の一環である。したがって，これらの規定の検討に当たっては，経済法の理解が重要であることはいうまでもない。

カ　社会法との関係

社会政策の要請にどのように租税が応えるべきかという問題解決のためには，社会法あるいは社会政策論の知識が必要であることはいうまでもない。

例えば，文化的で最低限の生活を保障するという憲法の要請に応えつつ税金の負担を求めることを考える場合，いかなるレベルにまで負担を求めることができるのかという視点は，他の社会政策との関係を無視しては議論しえないのである。

キ　訴訟法との関係

租税訴訟は，行政事件訴訟の一種であるから，租税訴訟法の理解においては，行政事件訴訟法の理解が当然の前提となる。つまり，行政事件訴訟法の理解なくして，租税訴訟の理解にはたどり着けないのである。また，行政事件訴訟法に規定のない事項については，「民事訴訟の例による」とされていることから（行訴法７），行政事件訴訟法の理解のためには，民事訴訟法の理解が前提となる。

このように行政事件訴訟法や民事訴訟法の理解なくして租税訴訟法を理解することはできない（酒井克彦『行政事件訴訟法と租税争訟』（大蔵財務協会2010）参照）。

租税訴訟制度と同様，国税不服審査制度の理解のためには行政不服審査法の理解が前提となるので，同法の学習も要求されることになる。

ク　刑法等との関係

租税法上の各種義務違反に対する刑罰については，刑法上の議論が参考となる。脱税をはじめとする国税犯則領域の学習においては，刑事法の理解が前提となろう。

また，重加算税と刑罰との二重処罰制の問題や，罰則や逋脱犯に対する制裁などの学習においても，刑法上の議論が参考になる。

⑶　法学分野以外との関わり

ア　財政学との関係

財政学とは，財政を対象とした学問である。財政とは，国家や政府が租税をはじめとする公共収入をあげて，一定の目的に従った公的支出をすることであるから，財政学は租税法の勉強にとって非常に近接した学問であるともいえる。

また，例えば，累進税率（🔍8☞税率とは－52頁参照）や基礎控除は，正統派財政学やその後のピグー（Arthur Cecil Pigou）に代表される厚生経済学の影響によるところが大きい。実体租税法の正確な理解のためには，財政学の知識が必要不可欠である。

イ　租税政策学との関係

租税政策学は，租税制度の全般にわたって，あるいは租税制度の個別の問題点について，法的観点，行政的観点，経済的観点等，種々の観点を総合的に考慮に入れて，現行制度の合理性を検討し，あるいは何が合理的な解決策であり，いかなる制度が採用されるべきであるかを明らかにすることを目的とするものである。

租税法では，それぞれの個別税法がいかなる租税政策を実現しようとして法制化されたものかということを常に念頭におきながら，その解釈適用を考えなければならないから，租税政策学の理解は非常に重要であるといえよう。

ウ　会計学との関係

企業をめぐる租税法のうち，特に法人税法や個人事業に係る所得税法の学習において，法人や個人の所得を計算する際に会計学の知識を必要とする場面が多い。例えば，法人税法22条4項は，「一般に公正妥当と認められる会計処理の基準」に従って，法人の所得が計算されるべきと規定している（法法22の2②③も参照）。この規定からは，法人税法における所得計算が，基本的には企業会計の基礎の上に立っていることが分かる。

もっとも，企業会計の基準に従って法人の所得が計算されることが，直接，会計学を遵守すべきということにつながるわけではないかもしれないが，ここでは，会計学の知識の習得は隣接学問の中でもとりわけ重要視されることがあるという点を指摘しておきたい。

また，租税会計に関する諸規定の正確な理解のためには企業会計の知識が不可欠である。なお，租税に関する会計を専門に扱う学問領域として「税務会計」という分野がある（税務会計論については，酒井・プログレッシブⅠ～Ⅳ参照）。

初学者においては，これらの関連諸領域については租税法の学習の折々で習得することを心がければよいのであって，これらの学習に不安があるから租税法の学習に立ち入れないということでは決してないということを付言しておきたい。

✍ 巻末に学習のための参考文献を掲げているが，上記関連諸領域と租税法との関係については，本庄資『関連領域の変容と租税法の対応』（財経詳報社2008）を参照されたい。

第1章

租税の仕組み

1 租税の意義

(1) 「租税」の意義

日本国憲法30条は，「国民は，法律の定めるところにより，納税の義務を負ふ。」とし，国民の納税義務を定める。また，同84条は，「あらたに租税を課し，又は現行の租税を変更するには，法律又は法律の定める条件によることを必要とする。」と定めているが，この規定は，租税法律主義と呼ばれ，租税法領域における憲法上の最高の指導原理である（🔍16－210頁参照）。ここでは，「租税」を課す場合には「法律（又は法律に定める条件）」によらなければならないとされているが，この租税法律主義は，どのような場合に「租税」が課されるのかという要件（課税要件）が「法律」に示されていなければならないことをも要請していると解されている。このことは，「法律」が国民意思の合意に基づいて国会で成立するものであることとあわせ考えれば，国会における承認手続，つまり，国民の同意なくして，私たちは「租税」を課されることはないということを示した原理であるといえよう。なお。このような考えを「自己同意」と呼ぶことがある。

しかしながら，ここにいう「租税」とは何かについて憲法は定義をしていない。

✍ ドイツ租税基本法は，租税とは，特別の給付に対する反対給付ではなく，法律が給付義務とそれに結び付けている要件に該当するすべての者に対し，収入を得るために公法上の団体が課する金銭給付と定義しているが，我が国の租税法にはこのような定義規定はない。

租税の意義については，これまで長い間研究が続けられてきたが，定説として確定した定義はない。「租税」であれば，憲法84条の適用があるから，課税をするには法律による要件設定が前提となる。他方，「租税」に該当しなければ，租税法律主義の適用はないといえそうである。

国民健康保険料の料金が法律に規定されていないということから，憲法の要請する租税法律主義に反するのではないかという疑問をもった市民が市長を相手取って争ったいわゆる旭川市国民健康保険料事件（🔍¶レベルアップ！－17頁参照。類似事例の秋田市国民健康保険税条例事件については，🔍16¶レベルアップ２！－217頁参照）においては，国民健康保険料が「租税」に該当するか否かが争点とされた。つまり，国民健康保険料が「租税」であるとすれば，租税法律主義の要請を受けるから法律に保険料算定についての要件が明確に規定されていない限り憲法違反ということになるわけである。

最高裁は，市町村が行う国民健康保険の保険料は，「租税」と異なり，「被保険者において保険給付を受け得ることに対する反対給付として徴収されるものである。したがって，上記保険料に憲法84条の規定が直接に適用されることはないというべきである〔。〕」と判断した。

ここでは，給付を受け取ることに対する反対給付という性質を有するものは「租税」ではないとされたのである。

✍ 政府税制調査会は，平成12年7月付け「わが国税制の現状と課題」において，「社会保険料は，国民生活の安定を損なうリスクに対して，自立した個人が社会連帯の精神を基礎として支え合うもので，給付を受けるために納付が求められるなど，給付と負担が強く関連付けられている点で，租税とは異なる性格を有しています。」と述べている。

このことは，例えば，国民が警察から受けるサービスと租税負担との関係は完全に切断されているとか，まったく図書館を利用しない人であっても，市町村民税がその分安くなるような性質のものではないように，サービスを受けることに対する反対給付としての性質を有しないものが「租税」であるということである。

また，最近では，外国で支払われた「税」が我が国の租税法にいう「法人

Tax Lounge　**共助か公助か？－政府税制調査会「わが国税制の現状と課題」（平成12年7月）より－**

政府税制調査会は，年金制度を保険料方式から全額税方式とすべきとする考え方について，「各自の負担と無関係に給付が行われることから，結果としての救済の性格が強くなり，社会保障給付の性格は現行の『共助』から『公助』に変わることになります。その場合には，給付の要件として負担の有無が問われませんので，負担能力の乏しい人も含め必要性に応じたより確実な補償を行い得るのではないかという指摘があります。一方，一般財源による場合には，生活保障という政策目的に照らした給付の必要性が問われることや他の歳出分野との優先度の問題が生じることから，税方式を採用しているカナダなどに見られるように，所得が少ないなど一定の要件に該当する人々のみを給付対象とする制度となるものと考えられます。」と答申する。

税」に該当するか否かが争われた事件がある。

法人税法のところで学習するが，外国で「税」を支払っていることを無視して我が国の法人税を計算すると二重に税が課されることになる場面がある。そこで，二重課税を防止するために，同法では，外国税額控除という制度を用意して（法法69①），外国で支払った「税」を我が国の法人税を計算する段階で控除する仕組みを採用している。その際に，外国で支払われたものが，例えば「tax」とされていても，我が国において「税」と呼べるものでなければ二重に税を課すことにはならないのであるから，外国税額控除を適用する必要はないということになる。つまり，外国で支払ったものの名称が「税」と翻訳されるかどうかということではなく，我が国の「税」と性質を同じくするもののみを控除するのが外国税額控除制度であると考えると，同制度の控除を受けることができるかどうかは，外国で支払ったものが我が国の「税」と同じものかどうかという観点から判断をする必要があるということになる。そのためには，我が国において「税」とは何かということが明確になっていなければならないのであるが，先にみたように最近でさえ，国民健康保険料事件にみられるように，「税」とは何かが争われているのが実情である。そのため，外国税額控除をめぐっても「税」とは何かについての議論が起きているのである（✍ガーンジー島事件）。実際に，ガーンジー島で支払ったものが「税」であるとして納税者が外国税額控除を適用して申告をしたのであるが，国税当局は，ガーンジー島で支払ったものは，自分で税率を選択できる同島特有の制度であり，およそ我が国の「税」とは異なるものであると主張したのである。なお，ガーンジー島とはチャンネル諸島の1つであるが，租税回避地（タックス・ヘイブン）として有名である。国際的な租税回避に係る問題は，国際課税のところで学習することとしよう。

さて，金子宏東京大学名誉教授は，租税の意義につき，「国家が，特別の給付に対する反対給付としてではなく，公共サービスを提供するための資金を調達する目的で，法律の定めに基づいて私人に課する金銭給付である」とされ（金子・租税法9頁以下），また，清永敬次京都大学名誉教授は，「租税とは，国又は地方公共団体が，収入を得ることを目的にして，法令に基づく一方的義務として課す，無償の金銭的給付である。」と定義される（清永・税法2頁）。

これらに示されている通説的な見解では，租税とは，国または地方公共団体が，収入を得ることを目的にして課す無償の金銭的給付であるということである。すなわち，無償による金銭的給付であるということの意味するところは，納税者が受ける行政サービスと納税者が負担する租税との直接的な結び付きが遮断されていることを意味する。

このように租税の定義が明確にされていないため，その性格や性質あるいは機能の観点から，「租税」の本質を探ろうとする取組みがなされることが多い(🔍¶レベルアップ！―17頁参照)。そこで，次に，租税の性質や機能について確認をしておきたい。

✍ **ガーンジー島事件**　控訴審東京高裁平成19年10月25日判決（訟月54巻10号2419頁）は，キャプティブ保険会社（企業等が，自らの保険を専門に引き受けさせるために自ら設立する再保険会社）に対する英領チャネル諸島ガーンジー島の税制は，①免税法人となる，②20％の定率課税を受ける，③低率の段階税率による課税を受ける，④０から30％の間の一定の税率による課税を受けるという４つの中から適用される税制を選択できることになっているから，租税の一般的概念である公益性，強行性，非対価性とは相容れないものであって，外国税額控除の対象となる外国法人税に当たらない旨判示した。

しかし，上告審最高裁平成21年12月３日第一小法廷判決(判時2070号45頁)は，ガーンジー税務当局が，本件子会社に対し賦課した適用税率26％の国際課税法人としての所得税は，ガーンジーの法令に基づきガーンジーにより本件子会社の所得を課税標準として課された税であり，そもそも租税に当てはまらないものということはできないと判示した。

⑵　公益性・権力性・非対価性

ア　公益性

租税は，公共サービスの提供に必要な資金を調達することを目的とする。したがって，資金を調達する目的以外の目的で課される罰金などの金銭給付とは区別される。

イ　権力性

租税は，権力的課徴金の性質を有するといわれている。租税は，国民の富の一部を強制的に国家の手に移す手段であるから，国民の財産権の侵害の性質をもたざるをえない。前述のガーンジー島事件では，税率を選択できるようなものを租税といえるかとの観点から，この権力性（強行性）を租税の性質と解するべきかどうかも争われていたところ，最高裁では租税に当たると判示されている。これは，たとえ税率を選択できたとしても，徴収は国家権力によるのであるから，権力性があるという見方によるものであろうか。この点については，今後も議論が必要であろう。

ウ　非対価性

租税は，特別の給付に対する反対給付としての性質を有しないとされている。もっとも，このことは，租税の納税義務者である国民が行政サービスを享受していることを無視するものではない。この「反対給付の性質を有しない」という意味は，直接的な関係の存在がないという意味にとどまるのであって，納税義務者が国家あるいは地方公共団体との間に，間接的関係を有し，そこからのサービスの受益者であることを度外視しているわけではない。特に市町村民税や固定資産税といった地方税に関しては，税と行政サービスの受益の関係が色濃いこともあり，地方税を，地域における会費として捉えることもある。

なお近時，地方税において，いわゆる「ふるさと納税制度」が導入されているが，同制度をめぐっては，納税者が各自治体に支払う金員が果たして「税」なのか，それとも「寄附金」なのかという問題も生じている（「ふるさと納税制度」やかかる問題については，🔍15(7)−200頁，¶レベルアップ1！−202頁参照）。

¶レベルアップ！「租税」の意義をめぐる租税訴訟

金子宏名誉教授は，「租税を実質的に定義することは，租税法の解釈・適用上，ほとんど実益をもたない。」とされるが，その根拠として，「租税の学問上

Tax Lounge　**租税か手数料か？**

日本司法書士連合会は，税制改正要望（平成16年度）において，「不動産登記における課税根拠は，明治以来，国に対する登記の申請の際に登記を受ける者に特別の担税力を認めて課税する手数料的要素を加味した流通税等の説明がなされているが，税制上の位置付けが必ずしも明確なものとはなっていない。

旧登録税法は明治29年に日清戦争による戦後の国の財政需要に応じるために設けられた。その後も財政需要の肩代わりとして登録免許税と名称を変え存続運用されてきた。不動産登記制度創設期には，相続税あるいは譲渡所得税等の税制がなく，登記をする際に登記手続に必要な費用と同時にそれらの諸税を納めさせる目的があったものと考えられる。」と指摘する。

このように，登録免許税は「租税」ではなく「手数料」であるとの主張も展開されているところである。

の定義に該当しない課徴金であっても，実定法上租税とされている場合には，関係の租税法規が適用される」し，「逆に，実質的には租税であっても，実定法上租税とされていない場合には，租税法規は直接には適用されない」という点を説かれる（金子・租税法９頁）。なるほど，このように考えると，適用法規を決定する上では，租税であるかどうかを実質的に判断する必要性はほとんど生じないのかもしれない。

しかしながら，租税が何を意味するのかという点が問題とされる事件が最近の裁判例でも散見されるにいたっている。例えば，前述したが，租税の意義については，旭川市国民健康保険料事件最高裁平成18年３月１日大法廷判決（民集60巻２号587頁）が参考になる。

この事件において，上告人（原告・被控訴人）である市民は，条例が定める国民健康保険料の賦課総額の算定基準は不明確かつ不特定であり，本件条例において保険料率を定めず，これを告示に委任することは，租税法律主義を定める憲法84条またはその趣旨に反するなどと主張した。

これに対して，最高裁は，「国又は地方公共団体が，課税権に基づき，その経費に充てるための資金を調達する目的をもって，特別の給付に対する反対給付としてでなく，一定の要件に該当するすべての者に対して課する金銭給付は，その形式のいかんにかかわらず，憲法84条に規定する租税に当たるというべきである。」としたうえで，「市町村が行う国民健康保険の保険料は，これと異なり，被保険者において保険給付を受け得ることに対する反対給付として徴収されるものである。…被上告人市における国民健康保険事業に要する経費の約３分の２は公的資金によって賄われているが，これによって，保険料と保険給付を受け得る地位とのけん連性が断ち切られるものではない。また，国民健康保険が強制加入とされ，保険料が強制徴収されるのは，保険給付を受ける被保険者をなるべく保険事故を生ずべき者の全部とし，保険事故により生ずる個人の経済的損害を加入者相互において分担すべきであるとする社会保険としての国民健康保険の目的及び性質に由来するものというべきである。したがって，上記保険料に憲法84条の規定が直接に適用されることはないというべきである（国民健康保険税は，…目的税であって，上記の反対給付として徴収されるものであるが，形式が税である以上は，憲法84条の規定が適用されることとなる。）。」と判示している。

同最高裁は，租税が非対価性という本質を有している以上，国民健康保険料のような支払とサービス受給との間の牽連性があるようなものとは異なると判断している。しかしながら，国民健康保険に係る公課を「国民健康保険料」として保険料で徴収するか「国民健康保険税」として租税で徴収するかは自治体の判断に委ねられているのである。国民健康保険税についての類似の事件（秋田市国民健康保険税事件仙台高裁秋田支部昭和57年7月23日判決・行集33巻7号1616頁。🔍16¶レベルアップ2！－217頁参照）では，訴えを起こした市民が勝訴し，保険料率や定額保険料の算定基礎である課税総額の定め方が租税法律主義に反すると判断されている。上記旭川市国民健康保険料事件の上告人は，秋田市国民健康保険税事件の高裁判断を引用して主張したが，最高裁は，上記のとおり，国民健康保険税は目的税であって，「形式が税である以上は，憲法84条の規定が適用される」と判示したのである。議論のあるところであろう。

なお，国民健康保険料が「租税」に該当しないとしても，租税法律主義の「趣旨」は国や地方公共団体等が賦課徴収する租税以外の公課であっても及ぶと判示されている（農業共済組合が組合員に対して賦課徴収する共済掛金および賦課金につき，最高裁平成18年3月28日第三小法廷判決（集民219号981頁），旭川市の介護保険条例に基づく介護保険料につき，最高裁平成18年3月28日第三小法廷判決（集民219号989頁）なども参照）。

ただし，このことを外国税額控除のところで既に述べた，外国で課されたものが「税」であるかどうかは実質で判断するということと混同してはならない。我が国の法律体系の中において「税」とされているものは，当然ながら我が国租税法上は「税」である。

2 租税の根拠と配分

⑴ 租税の根拠

租税の根拠とは，なぜ租税が課されるのかということの理論的説明を意味する（租税根拠論）。

租税の本質が，公益性，権力性（強行性），非対価性にあるとすると，租税とは，反対給付の請求権のない強制的な公債ということができよう。すると，憲法のもとで財産権を保障しているにもかかわらず（憲29），その保障をすべき政府が自らが保障する国民の私有財産から，強制的に無償で財産を租税として調達することになってしまう。それは，政府にとって，自己否定を意味する（神野・財政学153頁）。そこで，政府が国民から私有財産を調達することの正当性を弁明しなければならない。それが租税の根拠論である。なお，この租税の根拠論と後にみる租税負担の配分の問題（🔍6－38頁参照）とは切り離して捉えないといけない。

⑵ 租税利益説と租税義務説

租税の根拠論としては，次の２つの考え方がある。

ア 租税利益説

これは，租税を，市民が国家から受ける利益（☞租税利益説にいう「利益」とは）の対価と見る考え方である。ここでは，社会契約国家の考え方のもとで，財産権と財政権の調和が政府と市民の契約によって図られると考えられている。

☞ **租税利益説にいう「利益」**とは，社会契約説的な利益をいい，個別の利益（個別報償）を意味するのではなく，一般の利益（一般報償）を意味している。この点は，功利主義的な利益とは異なる。例えば，功利主義に立てば，救貧税の利益は貧困者に帰属することになるが，租税利益説では社会契約説的利益説に立つため，救貧税の利益は社会秩序が維持されることによる一般報償として，資産階級に帰属することになる。つまり，神が等しく人々に与えた不動産を私的に占有できるのは，社会秩序が維持されているからであり，社会秩序が維持されていることの一般報償は不動産占有者が享受することになると考えるのである（神野・財政学154頁）。

イ　租税義務説

これは，国家はその任務を達成するために当然に課税権をもち，国民は当然に納税の義務を負うという考え方である。歴史的研究からの所産としても位置付けることができる。また，この考え方は，「効用（utility）」理論に端を発しているといわれている。支出が国防や治安を目的にして行われる場合には，租税利益説では説明がつかないとする批判に立っているのである。この考え方は，有機体的国家観の立場から提唱されている。

ウ　両説の止揚

上記の考え方は，それぞれの国家観に依拠するところが強いが，我が国の憲法の立場はこれらのいずれにあるのであろうか。

我が国の憲法は，国民主権の考えに立ち，国民意思を反映しつつ国家サービスの提供（分配）が確定される仕組みを採用しているが，憲法30条の規定は，租税義務説の立場に立ち，納税を国民の義務として規定している。もっとも，租税義務説の論拠には疑問も強く示されており，いずれの考え方が妥当かについては結論をみていないといえよう。

また，これらの立場とは別に，租税の根拠を人の団体への帰属に求める民主主義的な租税観がある。そこでは，日本国憲法についても，国家は主権者たる国民の自律的団体であるから，その維持および活動に必要な費用は国民が共同の費用として，代表者を通じて定めるところにより自ら負担すべきという考え方から納税の義務を定めていると解する（金子・租税法24頁）。

いわゆる大嶋訴訟最高裁昭和60年3月27日大法廷判決（民集39巻2号247頁。🔍9¶レベルアップ！－83頁参照）が，「租税は，国家が，その課税権に基づき，特別の給付に対する反対給付としてでなく，その経費に充てるための資金を調達する目的をもって，一定の要件に該当するすべての者に課する金銭給付であるが，およそ民主主義国家にあっては，国家の維持及び活動に必要な経費は，主権者たる国民が共同の費用として代表者を通じて定めるところにより自ら負担すべきもの」と判示しているのは，この立場に立つ判断であるといえるかもしれない。

✍　租税の根拠を市場の失敗（☞市場の失敗とは）から述べることも可能である。すなわち，国民に租税負担が要請されるのは，民間企業や個人にはできないことを政府が行っているからであるという視点からの説明である。市場の失敗を是正するためには，どうしても政府の存在が必要であると考え，このような政府活動への期待とともに，その活動資金を国民が負担するという考え方が出てくる。

✍ **市場の失敗**とは，民間部門においては国民経済全体の経済的な効率性を達成できないことをいう。例えば，国防，外交，治安，司法などのように特殊な性質を有する財（公共財）は，民間部門に供給を頼ることができない。より身近な例でいえば，道路や橋や公園などもこの公共財である。また，鉄道，教育や医療のように取引の意思決定に関与しない人がそこから影響を受ける財もある。企業の生産活動や消費者の消費活動が，市場を通さずに他者に影響を及ぼすことを外部化というが，これら鉄道，教育，医療などは外部化をもつ財である。このような財は外部にいる人たちに多大なる利益をもたらすが，その排除費用が高いので，その供給は政府部門に期待される。このように公共財や外部化の問題が市場の失敗を招くのである。そして，市場の失敗を是正するのが，租税の機能（🔍3－22頁参照）である。

Tax Lounge　**2割のフリーライダー（ただ乗り）**

一般に働き者の代名詞とされるアリの集団の中に2割の働かないアリが存在することが，北海道大学大学院農学研究科の長谷川英祐氏らの研究によって解明されている。

カドフシアリという小型のアリの3コロニーそれぞれ約30匹について，その活動を調査したところ，「働きアリのお仕事」をほとんどせずに，巣の中をウロウロしたり，自分の体をなめて掃除したりするさぼりアリがどのコロニーにも約2割いることが分かった。食事は，エサを集めてきたほかの働きアリから口移しで食べさせてもらっていたらしいのである。まさに，「フリーライダー（ただ乗り）」である。

また，非常によく働くアリも2割いることが分かった。つまり，よく働く：普通：怠け者の割合が，2：6：2だということだ。ここで，怠け者の2割のアリをコロニーから取り除くと，残りのアリのうちまた2割が働かなくなるというのである（平成15年10月29日付け朝日新聞）。

高福祉で有名なスウェーデンでは，医療や福祉を担う地方自治体の財政が，25%の付加価値税や30%前後の地方所得税などで賄われていることは有名である。このスウェーデンでは高負担をしない「ただ乗り」が増えていることが危機感にもなっているというのだ。それは，「隠れ失業」である。労働組合中央組織LOの研究員ヤン・エドリングは，「表向きの失業率は4%強だが，職業訓練や早期退職，疾病保険などの給付に依存して生活する人数を合わせると，現役世代の2割にもなる」とのリポートを書いている（平成22年6月28日付け The Asahi Shimbun Globe）。

アリも人間も2割がフリーライダーということか。

3 租税の機能

租税の果たす機能には，公共サービスのための資金調達機能や所得再分配機能，景気調整機能などさまざまな機能がある。以下にこれらについて確認しておきたい。もっとも，これ以外にも，例えば，所得税法のところで学習するが，社会的弱者保護のために所得税法では障害者控除などを定めているし，人口政策のために扶養控除が機能するかもしれない（🔍Tax Lounge：作用目的税のターゲットは独身者？－52頁参照）。また，寄附金控除を設けることによって，慈善や学芸等の奨励を図ることができるなど，租税にはさまざまな機能が期待されているのである。

✍ 地方自治体は，レジ袋税や産業廃棄物税，ホテル税などの地方一括分権法の施行に基づく課税自主権の拡大によりさまざまな税金を条例で制度化させている。これらの法定外目的税にもさまざまな期待が寄せられているといえよう。

(1) 公共サービス提供資金の調達機能

国や公共団体がサービスを提供するには，当然ながら膨大な額の資金を要する。租税は，資金調達の目的として最も有効な手段の1つであり，このような意味では，租税の本来の意味は，公共サービスを提供するための資金を調達することにあるということができる。

国や公共団体の公共サービスに対する国民や市民の欲求の総和が公的欲求であるとすると，「租税は公的欲求を充足する（satisfy）するための資金」（金子・租税法1頁）であるともいえる。

(2) 所得再分配機能

憲法は，財産権を保障する一方で，福祉国家の理念のもとに生存権を保障している。生存権保障のためには，各種の社会的政策が用意される必要があるが，そのためには，どうしても富の再分配が不可欠であると思われる。このようなことから，憲法が生存権の保障をうたっていることの暗黙の前提として，憲法上，再分配は「国家活動の正当な任務の一部」と考えられているのである（金子・租税法4頁)。

ところで，再分配の方法としては，いくつかのやり方が考えられるが，我が国租税法では，累進課税制度や相続税・贈与税がその役割を中心的に担っているといわれる。

マスグレイヴ（Richard Abel Musgrave）は，「われわれの社会においては，乳児には十分にミルクが与えられるべきであり，老年者は保護されるべきであり，極度の貧困は除去されるべきである，等々の点についてコンセンサスが存在する。」とする（🔍4(3)−31頁も参照）。このようなコンセンサスを満たすことが期待されている機能こそが所得再分配機能であるともいえよう。

✍ 近年の税制改正では，所得格差の拡大とその固定化を食い止めることが重要な課題であると位置付け，税制における所得再分配機能の回復が議論されている。具体的には，所得税における諸控除の見直し，相続税における控除や税率構造の見直しによって，税制の累進構造の回復を図る提案が示されるなどしている。

Tax Lounge　トリクルダウン理論

減税によるインセンティブ効果を重視する「サプライサイド経済学」においては，いわゆるトリクルダウン理論による景気回復効果が主張される。新自由主義思想の下で盛んに用いられるこの理論は，高所得者が豊かになれば，低所得者にまでその効果が波及するという現象をコップの水が滴り落ちる（trickle down）という表現で論じるものである。

この理論に対しては，富裕層の既得権益を擁護するものとの批判がある。富裕層が稼得した利得が必ずしも全て消費に向かうわけではないことを考えると，格差社会への懸念が惹起される。レーガノミクスの一つの特徴であるこの理論に係るある実証研究では，80年代の米国で経済格差が急拡大したことが指摘されている。この点については議論があるが，技術革新・グローバリゼーション等で経済格差が拡大したにもかかわらず税率構造をフラット化したため，税制の所得再分配機能が弱体化したことも指摘されている（國枝繁樹「オバマ政権の税制改革と日本への含意」租税研究718号23頁（2009））。

このように，租税の所得再分配機能が十分であるかが同時に論じられるべきところ，米国の2015年の一般教書はこの点に踏み込んだのである。1985年頃から中国において鄧小平が唱えた改革開放の基本原則を示す先富論（先に豊かになった富裕層が貧困層を援助することを1つの義務とする政策論）との違いにも関心を寄せたい。

(3)　ビルトイン・スタビライザー機能

市場経済では景気変動は避けられないところであるが，急激な景気の変動は国民生活に大きな影響をもたらす。所得税の累進課税や法人税は，好況期にはGDPの伸び以上に税収の増加をもたらし，そのことは総需要を抑制する方向に作用するといわれている。また，反対に不況期には税収の伸びが鈍化して総需要を刺激する方向に作用する。

✍　不況期には国民所得が減少するが，累進税率のもとでは，所得が減少するに従って平均税率も低下するから，国民の可処分所得の減少の割合は，国民所得の減少の割合よりは少なくてすむ。その反対に，好況期には，国民所得が増加するが，所得が増加するに従って平均税率も上昇するから，国民の可処分所得は，国民所得の増加に見合うだけは増加しない。

このことを捉えて，租税が景気を自動的に安定化させる役割を果たしていると説明される。これをビルトイン・スタビライザー機能（自動景気調整機能：built-in-stabilizer）という。

この点について，マスグレイヴは，租税制度にみられるビルトイン・スタビライザー機能として，①控除制度，②累進税率構造，③源泉徴収制度を掲げている（🔍4(3)−31頁も参照）。

このように租税には，景気に対する自動調整を行う装置としての役割がある。もっとも，このような租税にはビルトイン・スタビライザー機能として，累進課税や法人税の存在に織り込まれているが，国家は積極的政策にも有効に租税政策に取り組む。

租税↑（増税）……→景気↓（抑制）
租税↓（減税）……→景気↑（刺激）

有効な景気の変動コントロールを図る重要な国家政策的手法として，租税の果たす役割は大きい。すなわち，景気の後退期には，租税負担の軽減と政府支出の増額によって民間の可処分所得の増加を図り，それによって投資と消費を刺激することができ，その逆に景気の過熱期には，租税負担の増加ないし減税規模の縮小と政府支出の削減によって，民間の可処分所得の減少を図り，投資と消費を抑制することができるということは一般に承認されている。

(4) その他

ア　環境対策

租税の新たな役割として期待される環境税については，京都議定書（平成9年）の採択などを契機に注目が集まるようになり，種々の議論がなされてきた。

例えば，平成18年12月1日付け政府税制調査会「平成19年度の税制改正に関する答申」は，環境税について，「国民生活に関連する税制」として，「地球温暖化問題への対応」と位置付けたうえで，「環境税については，国・地方の温暖化対策全体の中での環境税の具体的な位置付け，その効果，国民経済や国際競争力に与える影響，諸外国における取組状況，既存エネルギー関係諸税との関係等を十分に踏まえ，総合的に検討していく。」と答申している。

その後，平成23年度税制改正により「地球温暖化対策のための税」（温対税）が創設され，平成24年10月1日から段階的に施行されている。この実質的な炭素税ともいわれる温対税の導入については産業界からの反対も大きかったが，ダイベストメント（☞ダイベストメントとは）の動きにも背中を押されて，賛成意見も大きくなってきている。

☞ **ダイベストメント**（divestment）とは，インベストメント（investment）の対義語であり，地球温暖化に悪影響を与える化石燃料の供給会社や化石燃料に依存する会社から投資を引き揚げて，持続可能な社会を目指す会社などに投資を移すような投資行動をいう。

また，近年では，カーボンプライシング（☞カーボンプライシングとは）によって環境対策を考える見解がある。カーボンプライシングには，市場を介した価格付けだけでなく，税制による対応も含まれるところ，税制面においては，具体的には炭素税が中心

Tax Lounge　不況期には減税できるが，好況期には増税できない？

特段の説明は必要ないかもしれないが，一般に，議会制民主主義のもとでは，減税の実施は容易であるのに対して，増税の実施は困難であり，先送りされやすい。そこでは，減税のみが実施されるという政策上の非対称性が生じる。このことは財政赤字の累積が物語っているといってもよい。つまり，不況対策時には公債発行をしてでも減税し，景気回復時にそれを返済するために増税をしようとしてもそれがままならないのである（石・論理31頁）。アメリカはレーガン政権の際のレーガノミックスによって大規模な減税政策を実施したが，膨大な財政赤字を解消できていない。我が国も同様の事態になる可能性があるであろうか？

となる。上記の温暖化対策のための税も広くは炭素税の性質を有しているが，さらに具体的，直接的な炭素税の導入が議論されている。

2017年（平成29年）4月にOECDより発表された政策提言『OECD対日経済審査報告書〔2017年版〕』の中で，環境関連税の引上げによるグリーン成長の促進が提言されたことなどの背景もあり，我が国では環境省を中心に炭素税の導入が検討され，同省は「税制全体のグリーン化の推進」を図るべきとして，税制面においてカーボンプライシングの考え方を取り入れることを毎年の税制改正要望において示すなどしている。

図表　環境関連税の国際比較

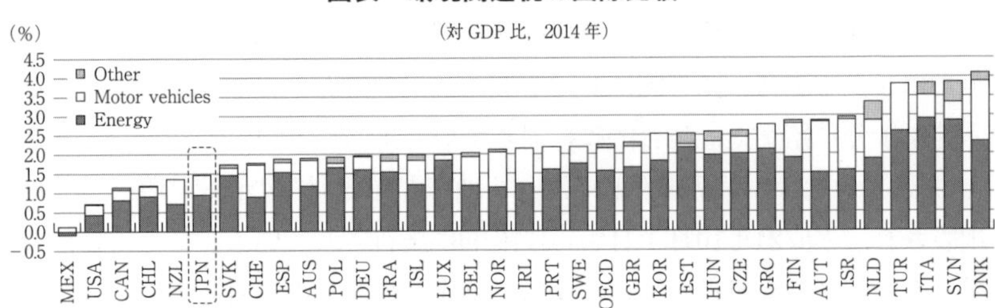

（OECD『OECD対日経済審査報告書〔2017年版〕』より）

もっとも，炭素税などの環境税については，上記のとおり産業実務界からの反対の声も根強い。例えば，日本経済団体連合会は，平成29年10月13日付け「カーボンプライシングに対する意見」において，炭素税に関して否定的な見解を示すなどしている。こうした反対意見の理由としては，国際的な競争力の低下やイノベーションの阻害，効果が不明確であることなどを挙げることができる。

技術的な面もあってカーボンプライシングの導入に関する税制改正の実現にまではいたっていないのが現状であるが，今後は租税の機能の1つに環境対策が期待されていくことになろう。

☞　**カーボンプライシング**（Carbon Pricing）とは，二酸化炭素（Co_2）に価格を付け，それを企業や家計が排出量に応じて負担することをいい，狙いはCo_2の排出量の削減にある。

イ　少子高齢化対策

少子高齢化の進展・人口減少への対応として，例えば，平成27年度税制改正では，次のような制度を設けた。

①　結婚・子育て資金の一括贈与に係る贈与税の非課税措置の創設

将来の経済的不安が若年層に結婚・出産をためらわせる大きな要因の1つとなっていることを踏まえ，祖父母や両親の資産を早期に移転することを通じて，子や孫の結婚・出産・育児を後押しするため，これらに要する資金の一括贈与に係る非課税措置を講ずる。

② 学校法人等への個人寄附に係る税額控除制度の拡充

少子化の進展に伴い，園児等の数が減少していく中で，幼稚園・保育所等の教育・子育ての環境の充実を図る観点から，学校法人等への個人寄附に係る税額控除の要件を緩和する。

③ 少子化への対応，働き方の選択に対する中立性の確保等の観点からの個人所得課税の見直し

我が国においては，少子高齢化の進展・人口減少，働き方の多様化や所得格差の拡大等の社会・経済の構造変化が著しい。若い世代が結婚し子ど

Tax Lounge　臓器移植と医療費控除

昨今，白血病などの血液難病患者への骨髄移植を目的とした手術で，骨髄ドナー（提供者）にも保険会社が給付金を支払う流れが広がっているようである。

ドナーに対する給付金の支払は，平成21年秋に国内大手生保で初めて住友生命保険が導入した。

そもそも，骨髄提供の手術はドナーにとって治療には当たらないため，保険会社は従来，医療保険の支払対象とはしてこなかった。したがって，医療保険で「治療費」以外を給付対象とするのは異例なのであるが，給付によるドナーの負担減が骨髄移植の普及拡大につながると期待されているようである。

さて，所得税法に規定する医療費控除の対象となる「医療費」とは，医師または歯科医師による診療または治療，治療または療養に必要な医薬品の購入その他医療またはこれに関連する人的役務の提供の対価のうち通常必要であると認められるものをいうとしている（所法73②）。

この点，患者が臓器移植のあっ旋業者に支払う患者負担金については，医師による診療等の対価などここに示したもののいずれにも該当しないように思われるため，医療費控除の対象と解釈をすることが妥当か否かについては疑義のあるところであった。

そこで，国税庁は，このような費用負担につき，患者の医療費控除の対象となるという解釈を法令解釈通達（平成15年12月26日付け国税庁長官通達「臓器移植のあっせんに係る社団法人日本臓器移植ネットワークに支払われる患者負担金の医療費控除の取扱いについて」）で示している。

立法によって解決すべき領域を解釈論で乗り越えようとしているようにも思われるところである（医療費控除と同規定における「医薬品」の意義について，酒井・概念論4参照）。

もを産み育てやすい環境や女性が働きやすい環境を整備することがきわめて重要な課題となっており，税制のみならず関連する諸制度を総合的に検討すべきとの考えを踏まえ，個人所得課税について，効果的・効率的に子育てを支援する観点，働き方の選択に対して中立的な税制を構築する観点を含め，社会・経済の構造変化に対応するための各種控除や税率構造の一体的な見直しを検討するというのが，与党の方向性であるといってよかろう（なお，令和2年度税制改正において創設された「ひとり親控除」については，🔍9 ✍ひとり親控除と寡婦控除－72頁参照）。

4 租税原則

租税負担の適正性が租税政策の重要課題であるが，その租税政策を考える際の基準として，あるべき租税政策を体系的に論じたものを租税原則という。

ここでは，3つの代表的な租税理論を概観することとする。

(1) スミス（Adam Smith）の租税理論

個々人の私的な収入は，究極的には，3つの異なる源泉，すなわち「利潤」「地代」および「賃金」から生じる。あらゆる租税も，結局は，これら3つの異なる部類の収入のいずれかから，または無差別にこれら3つのすべてから支払われるとし，租税は，「利潤」「地代」「賃金」の3つの所得によって負担されるべきであるとする。

① The principle of equality（公平の原則）

国民は政府を支持するために，各人の能力に比例して――国家の保護により，各人の享受する収入に比例して――租税を納めなければならない。

これは応能負担の原則（能力に応じた租税負担）と応益負担の原則（享受する利益に応じた租税負担）の折衷説であるといわれている。ここにいう能力とは，個人の租税負担能力（担税力：ability to pay）を指している。

② The principle of certainly（明確の原則）

各人の納付すべき租税は，恣意的に課されたものであってはならず，租税納付の形式，方法ならびに税額は納税者等に対して法律によって明瞭かつ平明に示されなければならない。

③ The principle of convenience（便宜の原則）

租税は，納税者にとって最も便宜となる時期と方法によって賦課されるべきである。

④ The principle of least expense（徴税費最小の原則）

あらゆる租税は，国庫に帰する総収入額と，国民が負担する額との間における差をできる限り少なくしなければならず，租税行政上の効率性を高めなければならない。

(2)　ワグナー（Adolph Wagner）の租税理論

租税は，その目的から，「純財政的意義の租税」（主目的）と「社会政策論的意義の租税」（副目的）の二種類に分類される。ワグナーはこのような分類を前提として，前者が財政需要不足を目的とするのに対し，後者は，自由主義経済生活のもとにおいて行われる財産および所得の分配に変更を加えることを目的とするという租税目的二元論を提唱し，4大原則と9小原則を打ち出した。

① 財政政策上の諸原則

(i) 税収の十分性……租税は国家経費を支弁するにたるだけの収入があがるものでなければならない。

(ii) 税収の弾力性……経費の増加または租税以外の収入の減少によって生ずる国家収入の不足が，増税や自然税収増によって容易に埋められるような作用を税制の中に構築することによって，租税収入を弾力的に操作できるようにする必要がある。

② 国民経済上の諸原則

(i) 税源選択の妥当性……国民生活を阻害しないように正しい税源の選択をすることが必要である。原則として，税源は国民所得に求めるべきであり，国民の財産や資本を破壊しないように注意すべきである。

(ii) 税目選択の妥当性……国民経済への発展を阻害しないよう正しい税目の選択および租税転嫁の一般的研究が必要である。

③ 公正の原則

(i) 課税の普遍性……租税負担は，広く一般国民に普遍的に分配されるようにしなければならない。特権階級の免税は廃止すべきである。

(ii) 課税の公平性……各個人の租税負担能力（担税力）に比例して課税すべきである。担税力は，所得の増加割合以上に高まるので，累進課税を採用すべきである。所得の種類等に応じ担税力の相違などから，異なった取扱いをすべきである。

④ 租税行政上の諸原則

(i) 課税の明確性……課税は明確でなければならない。恣意的課税は排除されるべきである。

(ii) 課税の便宜性……便宜性を考慮した課税手続でなければならない。

(iii) 徴税費最小の努力……徴税費が最小となるように努力すべきである。

(3)　マスグレイヴ（Richard Abel Musgrave）の租税理論

資源配分における財政の機能は，経済的資源を，私的欲求の充足と，公的欲求の充足に配分することであるとする。このようにマスグレイヴは，個人の種々の欲求を市場機構を通じて充足される私的欲求と，財政の機能によって充足される公的欲求とに分けて論じる。そして，資源配分の最適化は，経済の公共部門，民間部門のそれぞれを通じて行われなければならないとするのである。

①　公平原則

租税負担の配分は公平でなければならない。資源分配をすべきであるかという点については，分配における公平の理念を基礎として，相対的に客観性の濃い目標基準を決定すべきである。所得分配の是正は，人々の経済的な力の分配に関して，考慮されるべきであり，是正とは，等しい経済的な力をもつ人々には，等しい取扱いを，異なる経済的な力をもつ人々には，異なる取扱いを行うということである。

②　中立性

租税は，効率的な市場における経済上の決定に対する干渉を最小限にするよう選択されるべきである。

③　政策手段としての租税政策と公平性との調整

租税が投資促進のような他の政策目的を達成するために用いられる場合には，公平をできるだけ阻害しないようにすべきである。

④　経済の安定と成長

租税構造は経済安定と成長のための財政政策を容易に実行できるものであるべきである。なお，安定政策としては，政策当局が政策手段を自由裁量的に活用することによって実現できるものと，ビルトイン・スタビライザー機能（🔍24頁参照）によるものとがある。

⑤　明確性

租税制度は，公正でありかつ恣意的でない執行を可能とするものでなければならず，また納税者にとって理解しやすいものであるべきである。

⑥　徴税費および納税協力費の最小化

税務当局および納税者の双方にとっての費用は，他の目的と両立する限りできるだけ小さいものである必要がある。

✍　スティグリッツ（Joseph E. Stiglitz）は，租税原則として次の5つの原則を掲げている。

① 経済効率の原則
　租税制度は効率的な資源配分に干渉すべきではない。

② 行政上の簡素性
　租税制度は，管理するのが容易であり，かつ相対的に費用が安くあがるべきである。

③ 伸縮性
　租税制度は，経済環境の変化に対して容易に（あるいは自動的に）反応できるようにすべきである。

④ 政治的責任性
　政治体制が個人の選好をより正確に反映できるように，租税制度は個人が自分達の支払っている額を確認できるように計画されるべきである。

⑤ 公正性
　租税制度は，課税上の取扱いにおいてさまざまな人に公正であるべきである。

Tax Lounge　**ハンムラビ法典にみる「税官吏」の保有不動産**

「目には目を歯には歯を（196条『他人の子の目を潰したる時は，自分の目も潰されなければならない』等）」で知られるハンムラビ法典はバビロン国のハンムラビ王（BC1792～1750）が制定したものであるが，そこには，税官吏の保有不動産の取扱いにつき，いくつかの条項を用意している。

例えば，同法典37条は，「憲兵・軍属・按察官または税官吏（のような公役人）の田畑，果樹園，家屋（などの不動産）を購入しようとするならば（既に売買契約が結ばれて金銭の支払がすんでいても）その契約は破棄されて，（購入した者の）銀は没収され，田畑，果樹園，家屋（など）はそのような主（按察官，税官吏）のもとに戻される」と規定されている。奉仕義務の反対給付として保有が許されている不動産を譲渡することや，妻や娘の名義に書き換えること，あるいは債務弁済のために譲渡することは禁止されていたようである（同38条）。ただし，公務とは関係なく個人的に購入した不動産については自由な譲渡ができたようである（同39条）（佐藤信夫『古代法解釈－ハンムラビ法典楔形文字原文の翻訳と解釈』244頁以下（慶応義塾大学出版2004）参照）。なお，ハンムラビ法典の200年前に制定されたイシン王朝のリピト・イシュタル王の法令集には，「もし家の主人または女主人が家の税金を未納のまま放置していたので，（代わって）他の人がそれを納めた時，3年たっても税金を出さないなら，家の税金を払った人が家（の権利）を持ち去るが，家の主人は言葉を差し挟まない。」（同18条）という規定がある（飯島紀『ハンムラビ法典』219頁（国際語学社2002）参照）。

5 公平・中立・簡素

現代における租税原則では，一般に，「公平・中立・簡素」という観点が特に重要であると論じられている。この3つの原則は，1984年に公刊されたアメリカ財務省の税制報告書『Tax Reform for Fairness, Simplicity and Economic Growth（公平・簡素および経済成長のための税制改革）』において示されたものである。我が国の政府税制調査会も，これまでこの3つの原則の重要性を絶えず強調してきたのであって，日本の税制構築の基礎的原則であるといってもよかろう。

例えば，消費税制度をうたった昭和63年立法の税制改革法の3条《今次の税制改革の基本理念》は，「税負担の公平を確保し，税制の経済に対する中立性を保持し，及び税制の簡素化を図ることを基本原則として行われるものとする。」と規定する。他方で，近時，消費税における軽減税率の導入にあって，これらの租税原則に注目が集まっている。

(1) 公平性

4で取り上げた租税原則にもあるように，公平に租税負担を割り当てることは非常に重要である（🔍17－223頁も参照）。これを公平性（equity）の要請という。これは，憲法14条1項に由来する「平等取扱原則」あるいは「不平等取扱禁止原則」を内容とするものと説明されることがある。しかしながら，公平とはいっても，それが何を意味するのかは簡単ではない。ここでは，「垂直的公平」と「水平的公平」を確認することとする。

① 水平的公平

水平的公平とは，等しい状況にある者には，等しい負担があるべきであるという意味での公平である。

② 垂直的公平

垂直的公平とは，異なる状況にある者にはそれに応じた負担があるべきであるという意味での公平である。

この2つの公平性の追求は，能力説の当然の帰結として説明される（🔍6－

38頁参照)。すなわち，税金を負担する能力の指標として適切な課税ベースが決まることになり，そこでは，個々の納税者の課税ベースが異なる場合には異なるように租税負担が配分される必要があり，同じ課税ベースにおいては，等しい租税負担が負わされるべきということになる。これは水平的公平性であるが，第一義的には水平的公平をより充足するように税制が構築されなければならない。

次に，垂直的公平をいかに担保するかが重要となるが，こちらはより社会的

Tax Lounge　**地震・雷・火事・おやじ**

「地震・雷・火事・おやじ」とは，世の中で恐ろしいものを並べたことわざとして親しまれているが，この「おやじ」とは，通常は「親父」を意味すると考えられている。

しかしながら，この「おやじ」については，もともとは「山嵐（やまじ）＝台風」といわれていたものが「おやじ」になったとか，「オオヤマジ（大きい風）＝台風」がなまったものであるとか，「やまじ風」という南風のことだったなどとさまざまな意見があるようである。その真偽は定かではないが，もし仮に，「おやじ」とは，そもそもこれらの台風などが転じたものであるとすると，いずれにしても，「地震・雷・火事・おやじ」とは「災害」を指していたとみることができそうである。

ところで，所得税法は，災害または盗難もしくは横領による損失が生じた場合に被った損失の金額を納税者の総所得金額等から控除することができるという雑損控除を所得控除として規定している（所法72①)。

そこで，この「災害」の意味が重要性を帯びるのであるが，この「災害」の意義について，所得税法2条《定義》1項27号は，「災害」について，「震災，風水害，火災その他政令で定める災害をいう。」と規定している。

これは，異変や異常な災害を指しており，「災害」とは「異変による災害」や「異常による災害」をいうのである。つまり，「災害」の説明をするために「災害」という用語を使用しているところからすると，所得税法上の「災害」とは，一般的な「災害」全般を指すのではなく，特に一般的な災害のうち異常性を有するものとして特に租税法において意味が付された固有の概念であるということができよう。

「おやじ」という用語が実は災害を意味していたと考えられるのと同様，所得税法上の「災害」についても，実は災害のうちでも，特に異常性を有する災害のみを指しているようである。

なお，この雑損控除は納税者の意思に基づかない損失を指すと解釈されていることから（「災難」事件最高裁昭和36年10月13日第二小法廷判決・民集15巻9号2332頁)，放火や原因不明の火事も人為による異常な災害として認められよう。

価値判断に強く影響されるといわれている。例えば，我が国の所得税法においては，累進税率（🔍8☞税率とは―52頁参照）が適用されているが（累進課税制度），その累進税率の構造は「時代の社会的雰囲気によって左右されてきたというのが実情」である（木下和夫「租税構造の理論と課題」同編『租税構造の理論と課題〔改訂版〕』5頁（税務経理協会2011））。

消費税は垂直的公平性において問題を包摂していると指摘されることがある。

(2) 中立性

公平性に並んで重要であるといわれる原則として中立性（neutrality）の原則

Tax Lounge　人頭税って何？

人頭税にはさまざまなものがあるが，我が国では，宮古，八重山地域において1628年以前から1903年まで実施されていた定額人頭賦課型年貢制度が有名である。非常に過酷な租税で，しばしば人頭税のための人減らしが行われていたといわれることがある。年齢15歳から50歳までの男女一人ひとりに頭割で課された租税であるといわれるが，他方で，宮古島には人頭税石という，子供の身長がその石の高さに達すると税を課す基準とした石があり，身長が基準に課されていたともいわれている。なお，近年の研究でその石が人頭税のためのものであったという点に疑問も提起されている。また，別の研究では，人頭税は宮古・八重山に特有の租税ではなく，廃藩置県すなわち琉球処分の時期までは年貢徴収の基本的様式であったとも指摘されている（大村巍「八重山の人頭税」税大通信昭和54年3月1日号（1979））。

なお，近年でも，例えば，イギリスのサッチャー政権は，地方税（固定資産税）のレーツに代わるものとして，現代版人頭税ともいうべき「コミュニティ・チャージ（community charge）」を導入したが，定着しないままに社会的批判を受けて廃止している（1991年）。

ところで，近時，黒人差別に対する抗議運動（ブラック・ライブス・マター：Black lives matter）が世界的に注目されているが，アメリカ合衆国の歴史上，人頭税は黒人差別問題にも大きな関わりをもってきた。アメリカ合衆国南部では，19世紀末から20世紀中頃まで，人種差別目的で人頭税の支払を投票資格の要件とする州があった（南部キリスト教指導者会議のマーティン・ルーサー・キング・ジュニア（Martin Luther King, Jr.：キング牧師）らがこの人頭税の廃止を求めたことは，例えば，映画『グローリー/明日への行進』〔英題：Selma〕（米2014）が取り上げている。）。その後，1964年発効の憲法修正第24条によって，初めて租税滞納を理由とする投票権剥奪が禁止された。

がある。租税が課されることで社会的・経済的な歪みを生じさせないようにすべきという要請である。

また，経済活動への租税の介入を防止するという意味合いにおいても論じられることがある（🔍4(3)−31頁参照）。例えば，マーガリンとバターとを比較した場合に，バターにのみ税金がかかるとすれば，消費者の選好はマーガリンに向かうことになる。このことは，税制が消費選好に歪みをもたらすということを意味する。このような歪みをできるだけ排除する必要があるが，これが中立性の要請である。

また，税金は実際に徴収される額以上の負担を納税者に与えることが多く，この場合の追加負担のことを「課税の超過負担（excess burden）」という。中立性とはこの超過負担がゼロとなるときに実現するが，実際には超過負担がゼロとなることはまずない。例えば，所得税についてみれば，それ自体がすでに人々の勤労意欲や貯蓄意欲を阻害しているし，法人税も企業投資や配当支払などに影響を与えている。消極的な基準であって，税制を政策的に使わないという暗黙の価値観が背後にあるのかもしれないが，現実の税制が完全に中立であるということはありえず，何らかの意味で民間経済活動に偏りを与えていることも租税理論の常識となっている（貝塚啓明「税制改革をめぐる争点」フィナンシャル・レビュー65号185頁（2002））。

納税能力に関係なく，すべての国民に一定額を課す人頭税（poll tax）（🔍Tax Lounge参照）は中立性をあまり阻害しない税であるといわれる。それでも，他国への移動や出生への抑止という点で超過負担がないとまではいえまい（石・論理28頁）。

Tax Lounge　簡素性とコンプライアンス（法令遵守）

簡素性は租税法に対するコンプライアンス（法令遵守）の観点からも重要視される。私たちが，路上の信号機を守れるのは，「赤」は止まれ，「青」は進め，「黄」は注意，という単純な3色による指示であるからであるといえよう。これが複雑になり，「青緑」はいったん止まって少しずつ進めとか，「赤紫」はたびたび立ち止まってよく確認，などというように複雑なルールになると法令を遵守することが困難になろう。租税法においても，法令がきちんと遵守されるためには，あまり複雑なものとならないように留意する必要がある。

⑶　簡素性

租税理論においてもしばしば取り上げられるように徴税コスト（🔍23⑶−286頁参照）を抑えるという観点から，国民の理解を容易にするためにできるだけ簡素な租税制度にすべきという考え方が導出される。これは簡素性（simplicity）の要請である。また，このことは当然ながら行政庁や納税者の負担軽減にとどまる議論ではない。租税に対する国民の理解を容易にすることが重要であることに異論はなかろう。

しばしば，公平性の追求が簡素性とトレード・オフの関係にあることもあるが，その場合には，公平性が重視されるべきであると思われる。

✍ **効率性**　人々が無駄なく財を用いることは効率性（efficiency）のよい状態であるといわれる。

租税制度は上記，公平性，中立性，簡素性の要請にかなうものでなければならないが，同時に効率性の要請も受ける。しかしながら，効率性の要請は，しばしば公平性の要請とトレード・オフの関係に立つが，原則として，公平性こそを優先すべきであるといわれている（金子・租税法91頁）。

✍ かつて民主党政権は，「公平・透明・納得」の３原則を税制改革の基本に据えていた（🔍はしがき〔第２版〕参照）。

6 能力説と担税力

アメリカ・シカゴ学派のヘンリー・カールヴァート・サイモンズ（Henry Calvert Simons）は，その著書『Personal Income Taxation』（1938）の中で，大要次のように述べている。すなわち，安定的な政府と一定の経済的自由が達成されると，公平の配慮が前に出てこざるをえない。それでは，どのように各種租税の賦課を行うべきであろうか。徴収費用や歳入の安定，柔軟性の問題というのは，この問題解決に当然に関することがらとして位置付けられる。ただ最も中心的な問題は，租税負担の配分に関するそれであり，また，そのための最も公平な仕組みはどのように構築されるべきかという点にあるといえると論じられるのである。

租税は国民の間に担税力に応じて公平に配分されなければならないとされている（租税公平主義）。公平とは，「もともとは，近代法の基本原則である平等原理の課税の分野における表現であって，同一の状況にある者は同一に，異なる状況にある者は異なって，課税上取り扱われるべき」ことを意味する（金子宏「税制と公平負担の原則－所得税を中心として－」同『所得課税の法と政策』1頁（有斐閣1996））。ここで，公平の基準が問題とされるが，すでに確認をしたように19世紀の自由主義経済のもとに発展した租税利益説の考え方では，国民が国家から受ける保護ないし利益に比例して税負担を配分するのが公平であると考えられた。しかしながら，国民が国家から受ける保護ないし利益の計量化の困難性などから一定の限度があり，むしろ国民の財産や所得の大きさなど，すなわち能力に応じて税負担を図るという考え方が台頭した。アダム・スミスは，この点，「あらゆる国家の臣民は，各人の能力にできるだけ比例して，いいかえれば，かれらがそれぞれ国家の保護のもとに享受する収入に比例して，政府を維持するために，貢献すべきものである。」と述べる（🔍4(1)－29頁参照）。

これが担税力による課税（taxation according to ability to pay）をすべきという「能力説」の考え方である。

✍ 上記の公平の定義は，水平的公平を意味するが，現在では垂直的公平も重要性を有するという点については，すでに5(1)で述べたとおりである。ここから，累進税率による課税が肯定されることになる。

担税力とは，各人の「経済的負担能力」のことであるが，担税力の基準としては，一般に所得・財産及び消費の3つが挙げられる。このうち，消費税は，課税対象の選定の仕方によっては逆進的になりやすいことから，担税力の指標に消費を選ぶことにはしばしば疑問が投げかけられている。これに対して，所得や財産は，担税力の尺度としてはよりすぐれているといわれている。

✍ 所得の大きさの異なるA，Bが同額の消費によって生活をしたとすると，A，Bは同額の消費税を負担するが，高額所得者Aにとっての消費税の負担率より，低額所得者Bにとってのそれが当然に大きくなる。このことをもって，消費税には逆進性があるとしばしばいわれるのである。

グード（Richard Goode）は，所得税は担税力に一番よく即応しているという考えから，すべての租税のうちで最も公平であるとする。すなわち，「純所得は，経済的資源を支配する個人の能力の尺度であるから，直観的には政府の財政をまかなう能力のよき指標のように思われる」と論じ，また，「所得税は，納税者が直接に負担することや累進税率を採用できることからも適当なものとされてきている」とする（The Individual Income Tax, Brookings Institution, 1964）。

また，金子宏名誉教授は，所得が担税力の尺度としてすぐれ，累進税率の適用を可能にすることに加え，基礎控除その他の人的控除や「負の所得税」（negative income tax）（🔍17☞負の所得税とは―223頁参照）の制度を通じて最低生活水準（minimum standard of living）の保障を図ることが可能であるから，所得税は，富の再分配や社会保障の充実の要請に最もよく合致するとする（金子・租税法90頁）（🔍9(4)―71頁，17―223頁参照）。

Tax Lounge　**法人実在説と「独自の担税力」**

法人に個人株主とは別の，独自の担税力を認めようとする考え方がある。この考え方は，民法の法人理論における法人実在説と合致しやすく，ヨーロッパの大陸法的アプローチである。これは，国家を1つの生物であるかのようにみなして，その構成員である個人が全体の機能を分担するものであるとする国家有機体説に近似した考え方である。純粋なる法人実在説が採用されるとすれば，能力説に基づいて，法人にも累進税率の適用が可能となろう（林正寿『租税論』161頁（有斐閣2008）参照）。

7　タックス・ミックス

所得税は担税力の尺度として最もすぐれた税であるといわれているが，所得がすべて正確に把握されるわけではないし，財産の大きさや消費の大きさも担税力を示す指標として期待できるところから，所得税に財産税あるいは消費税を「適度に組み合わせ」て，所得・消費・資産の３種類の課税ベースを適切に組み合わせながら，全体としてバランスのとれた租税体系を構築する必要がある。このような考え方を「タックス・ミックス（tax mix）」と呼ぶ（「課税バランス論」ともいう。）。

どこの国の税制もこの３つの租税の組み合わせからなっており，タックス・ミックスによるバランスのとれた租税体系は今後も求められよう（金子宏「租税法の諸課題ーわが国税制の現状と課題ー」税大ジャーナル１号４頁（2005））。

✍　昭和61年10月付け政府税制調査会「税制の抜本的見直しについての答申」は，「望ましい税体系のあり方」として，「税収が特定の税目に依存しすぎる場合には，税負担の公平な配分を妨げ，国民経済に悪影響を及ぼすおそれがあることから，所得，消費，資

図表１　所得・消費・資産等の税収構成比の推移（国税）

（単位：％）

	昭和63年度	抜本改革	平成２年度	土地税制改革	５年度	平成６年の税制改革	９年度	恒久的な減税	23年度	税制抜本改革	令和元年度
所得課税	69.7		70.7		63.3		58.7		53.9		54.2
所得税	34.4		41.4		41.5		34.5		29.8		30.6
法人税	35.3		29.3		21.8		24.2		24.1		23.6
消費課税	18.9		22.0		26.9		32.8		40.4		40.8
資産課税等	11.4		7.3		9.9		8.4		5.6		4.9
計	100.0		100.0		100.0		100.0		100.0		100.0

（注）１　所得課税には資産性所得に対する課税を含む。
　　　２　平成23年度までは決算額，令和元年度は当初予算額による。

（税務大学校講本『税法入門〔令和２年度〕』17頁国税庁HPより）

図表2　国民負担率（対国民所得比）の内訳の国際比較（日米英独仏瑞）

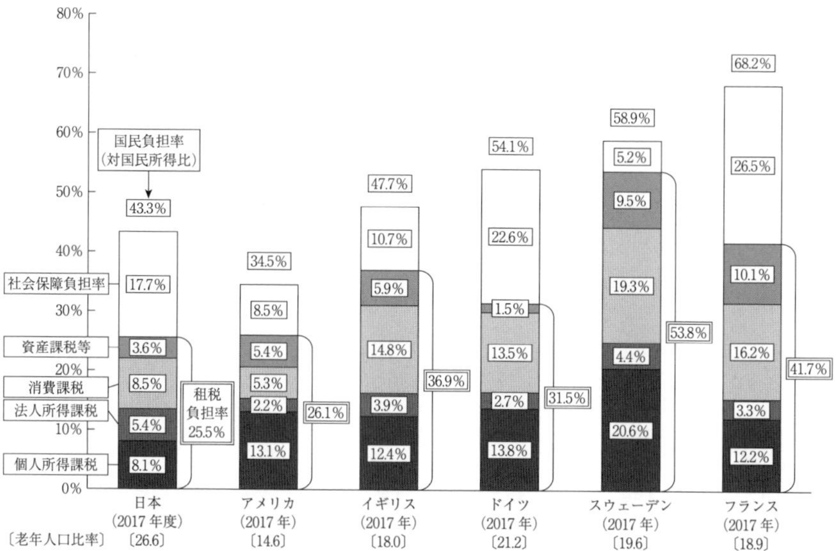

（注）1．日本は平成29年度（2017年度）実績，諸外国は，OECD“Revenue Statistics 1965-2018”及び同“National Accounts”による。

2．租税負担率は国税及び地方税の合計の数値である。また所得課税には資産性所得に対する課税を含む。

3．四捨五入の関係上，各項目の計数の和が合計値と一致しないことがある。

4．老年人口比率については，日本は2015年の推計値（総務省「人口推計」における10月1日現在人口），諸外国は2015年の数値（国際連合“World Population Prospects: The 2019 Revision Population Database”による）である。なお，日本の2020年の推計値（国立社会保障・人口問題研究所「日本の将来推計人口」（平成29年（2017年）4月推計）による）は28.9%となっている。

（財務省HPより）

産といった課税ベースを適切に組み合わせつつ，全体としてバランスのとれた税体系を組み立てる必要がある。」と答申している。

図表3　一般会計における歳出・歳入の状況

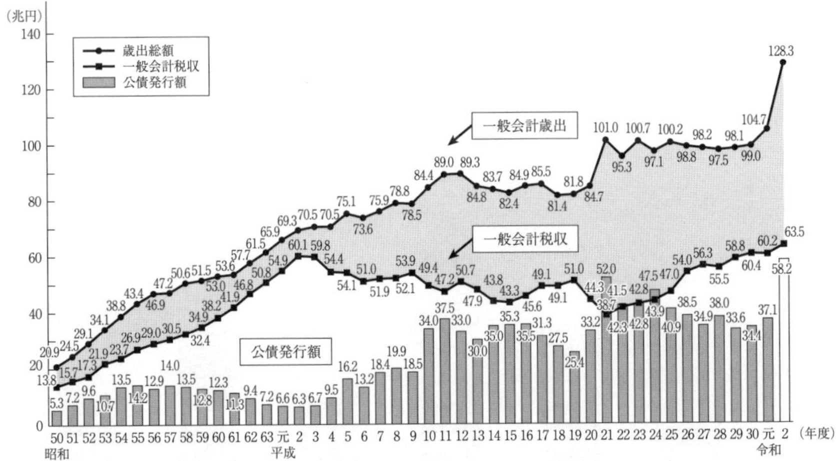

(注) 1．平成30年度までは決算，令和元年度は補正後予算，令和2年度は補正後予算による。

2．公債発行額は，平成2年度は湾岸地域における平和回復活動を支援する財源を調達するための臨時特別公債，平成6～8年度は消費税率3％から5％への引上げに先行して行った減税による租税収入の減少を補うための減税特例公債，平成23年度は東日本大震災からの復興のために実施する施策の財源を調達するための復興債，平成24年度及び平成25年度は基礎年金国庫負担2分の1を実現する財源を調達するための年金特例公債を除いている。

3．令和元年度及び令和2年度の計数は，臨時・特別の措置に係る計数を含んだもの。

(財務省HPより)

我が国の財政は，歳出が税収を上回る状況（財政赤字）が続いている。近年，景気の回復や財政健全化のための努力により，歳出と税収の差は小さくなる傾向にあったが，平成20年度以降，景気の悪化に伴う税収の減少などにより，再び差が大きくなっていた。もっとも，近年は企業業績の向上や消費税率の引上げなどの理由から，税収は上昇傾向にある（図表3参照）。

令和元年度末の公債残高は約897兆円となる見込みであり，国民1人当たりで計算すると約713万円になる。これは，令和元年度における税収の約14年分に相当する。このままでは，将来世代に大きな負担を残すことになると指摘されている（歳出総額と一般会計税収の総額との乖離が広がっていることを，ワニの上顎（歳出）と下顎（税収）に見立てて論じることがあるが，いかにしたらワニの口を閉じさせるこ

図表 4　普通公債残高の累増

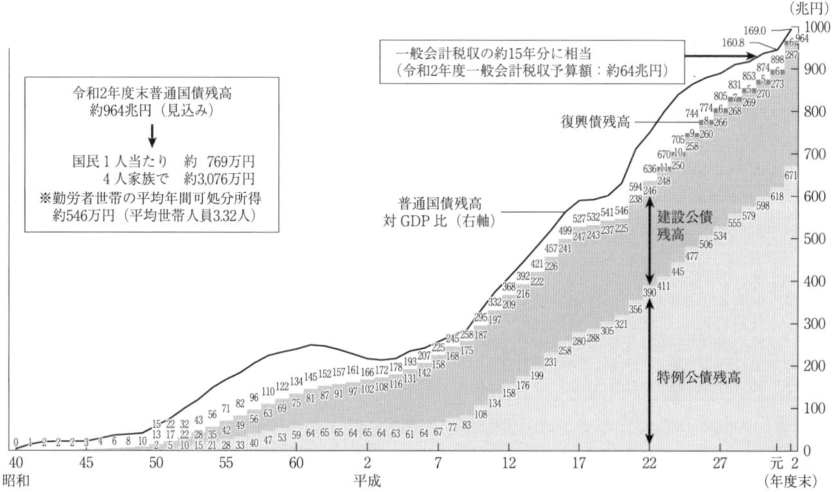

(注)　1．各年度の３月末現在額。ただし，令和元年度末は補正後予算，令和２年度は第２次補正後予算に基づく見込み。

2．普通国債残高は，建設公債残高，特例公債残高および復興債残高。特例公債残高は，国鉄長期債務，国有林野累積債務等の一般会計継承による借換債，臨時特別公債，減税特例公債及び年金特例公債を含む。復興債残高（平成23年度は一般会計において，平成24年度以降は東日本大震災復興特別会計において負担）は次のとおり。

（単位：兆円）

	平成23	24	25	26	27	28	29	30	令和元	2
復興債	10.7	10.3	9.0	8.3	5.9	6.7	5.5	5.4	6.2	5.6

3．令和２年度末の翌年度借換のための前倒債限度額を除いた見込額は921兆円程度。

（財務省HPより）

とができるのかに関心が集まっている。)。日本の債務残高は，対 GDP 比でみると，主要先進国の中で最悪の水準にある（図表５参照)。

✍ なお，ここにいう債務の中心は外貨建て借金をしていて破綻したギリシャのケースなどとは異なり日本円建て国債であるから，国の借金が増えたとしても破綻することはあり得ないのであって，ワニの口を閉じなければならないといういわれはないとの主張もある。

令和元年度一般会計予算における歳入のうち，税収でまかなわれているのは

図表5　債務残高の国際比較（対 GDP 比）

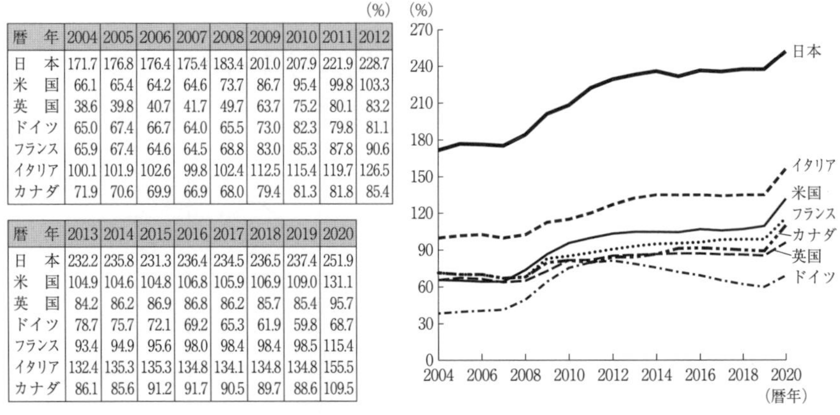

（%）

暦　年	2004	2005	2006	2007	2008	2009	2010	2011	2012
日　本	171.7	176.8	176.4	175.4	183.4	201.0	207.9	221.9	228.7
米　国	66.1	65.4	64.2	64.6	73.7	86.7	95.4	99.8	103.3
英　国	38.6	39.8	40.7	41.7	49.7	63.7	75.2	80.1	83.2
ドイツ	65.0	67.4	66.7	64.0	65.5	73.0	82.3	79.8	81.1
フランス	65.9	67.4	64.6	64.5	68.8	83.0	85.3	87.8	90.6
イタリア	100.1	101.9	102.6	99.8	102.4	112.5	115.4	119.7	126.5
カナダ	71.9	70.6	69.9	66.9	68.0	79.4	81.3	81.8	85.4

暦　年	2013	2014	2015	2016	2017	2018	2019	2020
日　本	232.2	235.8	231.3	236.4	234.5	236.5	237.4	251.9
米　国	104.9	104.6	104.8	106.8	105.9	106.9	109.0	131.1
英　国	84.2	86.2	86.9	86.8	86.2	85.7	85.4	95.7
ドイツ	78.7	75.7	72.1	69.2	65.3	61.9	59.8	68.7
フランス	93.4	94.9	95.6	98.0	98.4	98.4	98.5	115.4
イタリア	132.4	135.3	135.3	134.8	134.1	134.8	134.8	155.5
カナダ	86.1	85.6	91.2	91.7	90.5	89.7	88.6	109.5

（出典）2004年から2010年までの計数はIMF“World Economic Outlook Database”（2019年10月），2011年以降の計数はIMF“Fiscal Monitor”（2020年４月15日公表）

（注）１．数値は一般政府（中央政府，地方政府，社会保障基金を合わせたもの）ベース。
　　２．2019年，2020年についてはIMFの予測値を含む。

（財務省HPより）

図表6　令和２年度一般会計歳入の内訳

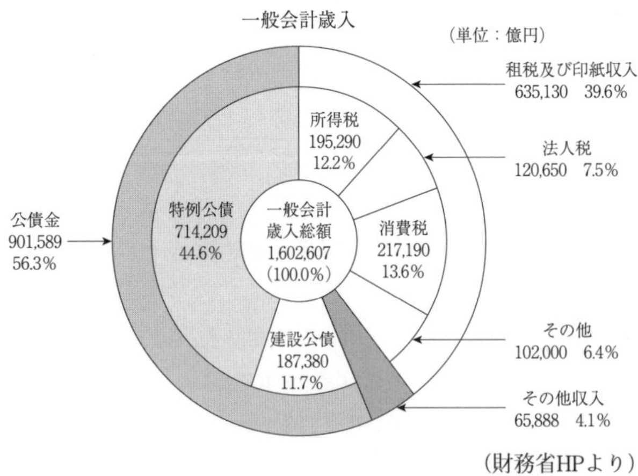

（財務省HPより）

4割程度にすぎず，約6割は将来世代の負担となる借金（公債金収入）に依存しているのが現状である（図表6参照）。

なお，税収の内訳としては，所得税が12.2%，消費税が13.6%となっており，この2つの租税が税収の柱になっていることが分かる。令和元年10月1日における消費税率の引上げに伴い，今後税収に占める消費税の割合はますます大きくなってくるものと思われるが，依然として財政健全化には程遠いのが現状であろう。さらに，新型コロナウイルスの感染拡大およびその予防策を講じたことによって，いわゆるコロナ・ショックともいうべき経済状況の中，追加的に大規模な補正予算が組まれている。上述のワニの口を閉じさせるには，経済復興後の大幅な増税を覚悟しなければならないかもしれない。

✍ 令和2年7月2日に財政制度等審議会会長は，今後の財政運営について，「今般の感染症拡大への対応においても，将来世代に対して恥ずることのない歳出を旨とすべきであり，機動的な対応は，適時かつ的を絞り，一時的なものとすることが大原則であることを忘れてはならない。」とし，「感染症の収束のタイミングは見定めがたいものの，今後は，経済再生と財政健全化の両立はますます重い課題となる。」と指摘している。

第2章

租税法の体系

8 我が国の租税体系

(1) 国税と地方税

租税は，課税権が国にあるのか，地方公共団体にあるのかという区別に応じて，国税と地方税に分かれる。もっとも，地方公共団体に課税権があるとはいっても，国はこれに一定の制限を設けることができる。我が国の場合は，国の課税権の行使として地方税法が制定されている。国のこの課税権の行使は，地方自治を重視する憲法の建前からみて，補充的，調整的なものにとどまらなければならないとされている（清永・税法６頁）。

国税としては，国税通則法，国税徴収法，所得税法，法人税法，相続税法，消費税法等の個別の法律がある。また，地方税としては，都道府県が課す都道府県税と市町村（特別区）が課す市町村（特別区）税があるが，いずれも，地方税法および地方公共団体の条例において，事業税，固定資産税，住民税などが定められている。

✍ 国税として定められている租税は25種類ある。具体的には，所得税（所得税法），法人税（法人税法），相続税（相続税法），贈与税（相続税法），地価税（地価税法。課税停止中），登録免許税（登録免許税法），消費税（消費税法），酒税（酒税法），たばこ税（たばこ税法），たばこ特別税（一般会計における債務の承継等に伴い必要な財源の確保に係る特別措置に関する法律），揮発油税（揮発油税法），地方法人特別税（法人税法）地方法人税（地方法人税法），地方揮発油税（地方揮発油税法），復興特別所得税（復興特別財源法），航空機燃料税（航空機燃料税法），石油ガス税（石油ガス税法），石油石炭税（石油石炭税法），印紙税（印紙税法），自動車重量税（自動車重量税法），国際観光旅客税（国際観光旅客税法），電源開発促進税（電源開発促進税法），関税（関税法，関税定率法），とん税（とん税法），特別とん税（特別とん税法）がある。

地方税として地方税法上定められている租税は26種類ある。具体的には，道府県税として，道府県民税（住民税ともいう。），事業税，地方消費税，不動産取得税，道府県たばこ税，ゴルフ場利用税，自動車税，鉱区税，固定資産税，自動車取得税，軽油引取税，狩猟税，水利地益税がある。また，市町村税としては，市町村民税（住民税ともいう。），固定資産税，軽自動車税，市町村たばこ税，鉱産税，特別土地保有税（課税停止中），入湯税，事業所税，都市計画税，水利地益税，共同施設税，宅地開発税，国民健康保険税がある。

その他，上記の地方税のほか，法定外普通税または法定外目的税が課されることもあ

図表　現行租税体系

		課税形態	普通税・目的税等の区分	租税の分類	税目
国税			普通税	収得税	所得税・法人税・地方法人特別税（地方交付税）・地方法人特別税（地方譲与税）・特別法人事業税（地方譲与税）・森林環境税(注)
				財産税	相続税・贈与税・地価税・自動車重量税（一部地方譲与税）
				（一般的総称としての）消費税	消費税・酒税・揮発油税・石油ガス税（一部地方譲与税）・航空機燃料税（一部地方譲与税）・石油石炭税・たばこ税・たばこ特別税・国際観光旅客税・関税・地方揮発油税（地方譲与税）
			目的税		電源開発促進税・復興特別所得税
			普通税	流通税	登録免許税・印紙税・とん税・特別とん税（地方譲与税）
地方税	都道府県税	直接課税形態（都道府県が直接課税するもの）	普通税	収得税	都道府県民税・事業税・法定外普通税
				財産税	固定資産税（大規模固定資産税）・自動車税・鉱区税・法定外普通税
				（一般的総称としての）消費税	地方消費税・道府県たばこ税・ゴルフ場利用税・軽油引取税・法定外普通税
				流通税	不動産取得税・法定外普通税
			目的税		水利地益税・狩猟税・法定外目的税
		間接課税形態（国が課税して都道府県に譲与等するもの）	交付税		所得税の一部・法人税の一部・消費税の一部・酒税の一部・地方法人税の全部
			譲与税		地方揮発油税の一部・石油ガス税の一部・航空機燃料税の一部・地方法人特別譲与税の全部・特別法人事業譲与税の全部・森林環境譲与税の全部
	市町村税	直接課税形態（市町村が直接課税するもの）	普通税	収得税	市町村民税・鉱産税・法定外普通税
				財産税	固定資産税・軽自動車税・特別土地保有税・法定外普通税
				（一般的総称としての）消費税	市町村たばこ税・法定外普通税
				流通税	法定外普通税
			目的税		水利地益税・共同施設税・国民健康保険税・都市計画税・入湯税・宅地開発税・事業所税・法定外目的税
		間接課税形態（国が課税して市町村に譲与等するもの）	交付税		所得税の一部・法人税の一部・消費税の一部・酒税の一部
			譲与税		地方揮発油税の一部・石油ガス税の一部・自動車重量税の一部・特別とん税・航空機燃料税の一部

（税務大学校講本『税法入門〔令和2年度〕』9頁（国税庁HP）より）

る。法定外普通税としては，例えば，県税である産業廃棄物処理税，歴史と文化の環境税，核燃料税，市町村税としての別荘等所有税，歴史と文化の環境税，使用済核燃料税，砂利採取税などがあり，法定外目的税としては，遊漁税，環境協力税などがある。

✍「地球温暖化対策のための税」が平成23年度税制改正により創設され，平成24年10月1日から段階的に施行されている（🔍3(4)ア－25頁参照）。

(2)　内国税と関税

国税には，外国から輸入される貨物に対して課される関税と，国内の人または物に課される内国税がある。ここにいう関税（広義）には，関税，とん税および特別とん税がある。

内国税と関税との区別の必要性は，もっぱら担当する行政組織の点での区別にとどまる。すなわち，内国税の賦課徴収に関しては，国税庁がこれを行うこととされており（財務省設置法19），国税庁は財務省の外局として位置付けられ，その地方支分部局として国税局（沖縄においては国税事務所）および税務署がおかれている（🔍23(2)－284頁参照）。他方，関税行政については，財務省の内部部局としての関税局がつかさどることとされている（財務省組織令6一，二）。

なお，内国消費税（酒税等）は，外国から輸入される貨物に対しても課されるが，関税ではなく内国税として分類される。

(3)　直接税と間接税

租税負担者（「担税者」ともいう。）が，直接，納税義務者（☞納税義務者とは）となることが予定されている租税を直接税といい，租税負担者が，直接，法律上の納税義務を負うのではなく，租税負担者と納税義務者が異なることが予定されている租税を間接税という。したがって，間接税にあっては，納税義務者が納付する租税は，納税義務者以外の者に転嫁（☞転嫁とは）することが予定されているのである。例えば，消費税や酒税のような間接税は，納税義務者以外の者である消費者が租税を負担する。このように，直接税と間接税の区分は，転嫁の有無によって説明されることが多いが，直接税についても現実には転嫁がないとはいい切れない（例えば，企業は法人税をコストと捉えて，商品の販売時にその分を上乗せして価格を設定するのが通常であろう。）。

国税通則法における犯則事件の取扱いについての直接国税と間接国税との区

別も，直接税と間接税との区別を前提として定められている。

☞ **納税義務者**とは，租税の納付義務を有する者をいい，「納税者」ともいう。通常は，納税義務者と源泉徴収義務者などをあわせて「納税者」ということが多い。納税者や納税義務者のことを「納税主体」ともいう。

☞ **転嫁**とは，租税の負担が法律上の納税者から実際の税の負担者に移転していく現象をいう。実際の負担者が確定される課税の結果を指して，租税の「帰着」という。

租税の転嫁は，経済取引の一連の流れの中で取引段階の前者から順次取引段階の後者に転嫁されるのが通常である。例えば，生産業者に課された消費税が卸売業者に転嫁されることを租税の「前転（進転）」といい，その反対に，取引段階の前者の負担となる場合を租税の「後転（逆転）」という。また，租税が二度以上転嫁されることを租税の「更転」といい，租税が課された後にそれが何らかの刺激となり，好影響を及ぼし企業の能率が良くなったりする場合に，租税が課される前と後を比較して誰の負担も増加していない場合を租税の「消転」という。

✍ 直接税としては，取得税と呼ばれる所得税，法人税，財産税と呼ばれる相続税，贈与税，地価税があり，間接税としては，消費税（広義）がある。消費税には一般消費税と個別消費税があるが，前者には，消費税があり，後者には，酒税，たばこ税，揮発油税，地方道路税，石油石炭税，石油ガス税，航空機燃料税，電源開発促進税，関税，特別とん税などがある。なお，以前は間接税として，物品税，トランプ類税，入場税，通行税，砂糖消費税，取引所税もあったが，消費税の創設により廃止された。

直接税と間接税の共通の性質を有する流通税としては，印紙税，自動車重量税，とん税，登録免許税などがある。なお，流通税には，日本銀行券発行税という租税もあったが，平成10年に廃止されている。

⑷ 普通税と目的税

一般の経費に充てる目的をもって課される租税を例えば「普通税」といい，特定の経費に充てる目的をもって課される租税を「目的税」という。国税の1つに地方道路税があるが，これは都道府県や市町村に対して，道路に関する費用に充てる財源を供与するために課される租税である。その他，開港所在市町村に財源を譲与するために課される特別とん税がある。また，電源開発促進税は，発電用施設の設置を促進するための費用に充てる財源を供与するために設けられている。

そもそも地方税法は，普通税と目的税とを区別している（地方法4，5）。地方税における目的税としては，道府県税としての自動車取得税，軽油引取税，狩猟税，水利地益税があり，また，市町村税としての入湯税，事業所税，都市計画税，水利地益税，宅地開発税，国民健康保険税がある。

✍ 目的税には，地方道路税のように税収の目的使用という意味での目的のために課税する「用途目的税」と，租税収入を目的とするというよりも，課税によって社会政策や経済政策などの目的を達成するために課税される「作用目的税」がある。

⑸ 従量税と従価税

課税標準（☞課税標準とは）を物の数量（個数），重量，体積などをもって定める租税を「従量税」といい，例えば，酒税などがこれに当たる。他方，消費税のように物の価格に対して，百分率で示された税率（☞税率とは）を適用する租税を「従価税」という。

間接税の多くは従量税であり，従量税は，相場の変動や業者間の複雑な取引条件の影響を受けることが比較的少なく，税収が安定して見込めるというメリットがあるといわれている。直接税は一般的に従価税である。

☞ **課税標準**とは，課税物件（課税の対象とされる物・行為または事実のこと）を具体的に，数量や価格で示したものをいう。例えば，所得税の課税標準は所得金額である。課税標準に税率を適用すると，税額が算出される。

☞ **税率**（tax rate）とは，税額を算出するために課税標準に対して適用される比率のことをいう。税率には，比例税率（flat rate）と累進税率（progressive rate）の別がある。比例税率とは，課税標準の大きさに関係なくその一定割合である税率であり（固定資産税・消費税等），累進税率には，課税標準が大きくなるに従ってその全体に対して単純に高率を適用する単純累進税率と，課税標準を多数の段階（ブラケット）に区分し

Tax Lounge　**作用目的税のターゲットは独身者？**

神野直彦教授によると，作用目的税は独身者を狙うことが多いという。1920年には，フランスで，人口政策上の目的から独身税が導入されている。形を変えてはいるが，結婚奨励金も独身税として捉えることができる。1934年にドイツで導入され，我が国でも41年に人口政策要綱案として閣議決定されている。同教授は，東京都豊島区が平成16年（2004年）から実施している，いわゆる「ワンルーム課税」について，単身者を追い出し，夫婦者を招き入れる目的税としている（神野・財政学180頁以下）。なお，豊島区は，同税の導入理由を，同区が23区の中で最もワンルームマンションのストック割合が高く，また，世帯構成でも単身者割合が56%とファミリー世帯を大きく引き離し，これが生活上のルールをはじめとする地域のコミュニティーの衰退や人口の少子・高齢化を促進する要因にもなっているなどと説明している。

上の段階に進むに従って逓次に高率を適用する超過累進税率とがある。我が国の所得税法は超過累進税率を採用している。

⑹ 各税の概要

我が国の租税法は，ドイツの立法にならい，各税ごとに別々の法律を制定している。したがって，租税法の概要をつかむには，各個別租税法を網羅的に俯瞰する必要があるが，ここでは，差し当たり，特に重要性の高いと思われる所得税法，法人税法，相続税法，消費税法，酒税法，地方税法について概観する。また，独自の個別租税法ではないが，国際関係にまたがる租税分野の問題を取り扱う国際租税法についてもみておきたい。

✍ アメリカでは，すべての内国税が Internal Revenue Code（内国歳入法典）に単一の法律として規定されている。

Tax Lounge　地方分権一括法による新税構想

地方公共団体の法定外税については，地方分権推進の一環として，地方公共団体の課税自主権の尊重という観点から，地方分権一括法により地方税法の改正が行われた。これを受けて，各地方公共団体は，法定外普通税，法定外目的税を創設することによって，住民の受益と負担の関係を明確にし，地方公共団体の課税を拡大する取組みがなされてきた。

これまで，見送りや廃案となったものなども含めて総覧すると，ユニークな租税をみつけることができる。例えば，東京都の税制調査会答申や政策会議録などを眺めてみると，パチンコ税，カジノ税，ペットボトル税，大井競馬場入場税，原動機付自転車ナンバープレート税，自動販売機設置税，放置自転車等対策推進税，放置自転車防止マナーシール税，空調設備室外機税，昼間区民税，通勤者税，レジ袋税，狭小住戸集合住宅税，勝馬投票券発売税，水と緑の保全税，水源かん養税などが，また，東京都以外では，各地で環境保全関係の税制（環境税や砂利等採取税など）が実施されているほか，子育て新税，ミネラルウォーター税（山形県），ものづくり県民税（静岡県），湖面利用税（滋賀県），ホテル税（仙台市等），雪対策目的税（札幌市），水源税（水俣市），電気自動車等買換促進税（津市）などが議論されてきた（一部実施されている。）。

9 所得税法

(1) 仕組み

ア 個　人

所得税は，主に個人の「所得」に対して課税される税金であるから，所得税法には，個人の所得に対する課税ルールが示されている。

ここにいう，所得とは，財貨の利用によって得られる効用と人的役務から得られる満足を意味するが，これらの効用や満足を測定し定量化することは困難であるから，所得税の対象としての課税対象所得を考える場合には，効用や満足を金銭的価値で表現せざるをえない。そこで，このような所得については，これまで２つの類型が考察されてきた。すなわち，第一に，「取得型（発生型）所得概念」であり，我が国所得税法が採用するところである。第二に「消費型（支出型）所得概念」があるが，これを採用している国はない（金子・租税法194頁）。

「取得型（発生型）所得概念」には，一時的・偶発的・恩恵的所得以外の所得のみを課税対象所得とする考え方である「制限的所得概念」と，所得範囲につき，源泉や形式，合法性の有無にとらわれず，担税力を増加させる利得のすべてが所得を構成するとして，所得を包括的に捉えようとする「包括的所得概念」があるが，我が国の所得税法は後者を採用している。所得税法が所得区分（☞所得区分とは）に雑所得（🔍68頁参照）を設け，他の所得区分のいずれにも該当しないものをそこに包摂しようとするのは，同法が包括的所得概念を採用している証左であるといえよう（酒井・論点研究213頁）。

納付方法との関係でみると，所得税は申告所得税と源泉所得税に分かれるが，所得税法は前者のみならず後者についても規定をしているので，源泉所得税に関する源泉徴収義務者である法人も所得税法に従うことになる。

イ 所得区分

所得税法は，「所得」に税率を適用して税額を算出するという単純構造を採るのではなく，所得の性格や発生原因などによって，所得を10種類に区分し，そのそれぞれの所得の有する担税力の大きさに配慮して，税額を計算する仕組みを採用している（☞所得区分とは参照）。

居住者の一年分の所得のうち，非課税所得に係るものをまずは除外する。すなわち，非課税所得に該当するもの以外の所得は，すべて所得課税の対象となるということになる。ただし，所得税法は，すべての所得を同じように扱うのではなく，各種所得の種類に応じてそれぞれの所得ごとに所得金額の計算をすることとしている。例えば，同じ100万円の所得であっても，給与として得た100万円と，不動産の貸付けをして得た100万円，あるいはギャンブルによって得た100万円は，それぞれ担税力が異なるものと解されるとして，それぞれ異なる計算方法が用意されているのである。

各種所得は，収入金額から必要経費を控除して計算するが，利子所得には必要経費が認められておらず，給与所得や退職所得などについては，給与所得控除，退職所得控除という特別の控除額計算が予定されており，原則的には，実際にかかった費用を必要経費として控除することはない。各種所得の計算においては，損失が生ずることもあり，不動産所得，事業所得，山林所得および譲渡所得の損失については，他の所得から差し引くことができる（損益通算）。所得を総合した結果，損失が生じたときや，災害等により生活に通常必要な資産に損失を受け，その損失額をその年の所得から控除し切れなかったときは，翌年以降の所得から控除することができる。

これらの控除の後，退職所得（65頁参照）と山林所得（66頁参照）は他の所得と区分して課税することとされており（それぞれ退職所得金額，山林所得金額という。），それ以外の所得は総所得金額として合算される。

☞ **所得区分**とは，所得の性質や発生の態様に応じた，所得税法上の10種類の区分をいう。所得税法は，所得の源泉や性質によって担税力が異なるという前提に立って，公平負担の観点から，各種の所得について，それぞれの担税力の相違に応じた計算方法を定め，それぞれの態様に応じた課税方法を定めている。

所得は，大きく，勤労性所得（給与・退職所得等）や資産性所得（利子・配当所得），資産勤労結合所得（事業・不動産所得）の３種類に分類される。一般的には，資産性所得が最も担税力が大きいといわれ，勤労性所得が最も担税力が小さいといわれている（具体的な所得区分の内容については，本文のほか図表３も参照）。

次に，その居住者のその年分の総所得金額，退職所得金額または山林所得金額から所得控除を減額する。所得控除とは，担税力の減殺要因などに関する所得税法上の考慮であり，例えば，雑損控除や医療費控除は災害にあった居住者や医療の出費がかさむ居住者の担税力の減殺を考慮し，扶養控除や配偶者控除などの人的控除も生活費の負担が多い居住者の担税力の減殺を考慮するものである。他方，文化的な最低限度の生活保障という意味においても所得控除は機能しており，基礎控除などはその点に配慮したものである。社会保険料控除などのいわば強制的な公課に係る出費を考慮するものや，寄附金控除のような政策的なものも所得控除には存在する。

この所得控除を減額したあとの金額を課税総所得金額，課税退職所得金額，課税山林所得金額といい，これらの金額に法定された税率を適用することによって，算出税額を計算する。算出税額からは，税額控除を減額することになる。税額控除には，例えば，配当控除や住宅借入金等特別控除のような特別の控除が用意されており，これらを控除したうえで，年税額を算出する。年税額から，予定納税額や源泉徴収税額のようなすでに納付を終えている金額を控除することで，納付すべき税額が最終的に確定する。給与所得など，年末調整という仕組みによって源泉徴収義務者のもとで税額の計算が確定するものもあるが，原則的には，確定申告によって税額の計算が確定することになる。

もっとも，実際は，租税特別措置法の規定によって，利子所得など一部の所得は完全に上記の所得金額の計算ルートから外れて，確定申告をすることなく，源泉分離課税制度で税額確定や納付が完結してしまう。

図表１　所得税の計算の順序

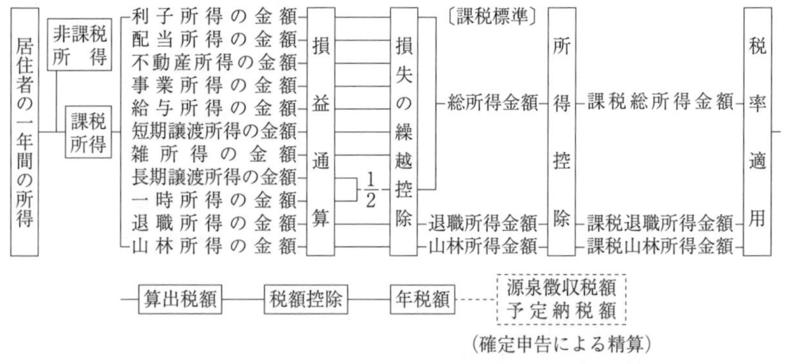

（注）譲渡所得は短期と長期に分けて，長期譲渡所得については２分の１を課税対象とする。
（税務大学校講本『税法入門〔令和２年度〕』29頁（国税庁HP）より一部修正）

ウ　非課税所得

我が国の所得税法は，包括的所得概念を採用していることから，原則としてすべての所得を課税対象としているが，種々の理由により課税対象から除外しているものがある。非課税所得のうち主なものは次のとおりである。

①　社会政策的な配慮によるもの

労働基準法に基づいて使用者から受ける療養補償，遺族年金，介護費用や健康保険の保険給付，雇用保険法の失業給付，生活保護給付，児童福祉給付，児童扶養手当，障害者等の少額預金の利子などがある。

② 担税力に対する配慮によるもの

生活用動産の譲渡所得，資力を喪失した場合の強制換価手続による譲渡所得，学資に充てる給付金品，扶養義務履行のために給付を受ける金品，一定の損害賠償金などがある。

③ 実費弁償的な現物給与や使用者が負担すべきと解されるもの

福利厚生費，一定の旅費および通勤費，国外勤務者の在勤手当，レクレーション費用などがある。

④ 少額不追及の考えによるもの

当座預金の利子，納税準備預金の利子などがある。

⑤ その他

相続・遺贈・個人からの贈与により取得するもの，ノーベル基金から交付される金品，オリンピック委員会等からの金品，宝くじの当選金などがある。

(2) 所得税の納税義務者

所得税が主に課税の対象とする個人の納税義務者は，その者の日本国内の居住形態により，課税する所得の範囲が異なることとされている。また，前述のとおり，一定の法人の所得に対しても所得税が課税される。

図表 2

```
                    ┌ 居住者 ―― 非永住者
         ┌ 個人 ─┤
納税義務者 ┤        └ 非居住者
         └ 法人
```

ア　居住者

居住者とは，日本に住所（☞住所とは）または1年以上の居所（☞居所とは）を有する個人をいう。非永住者以外の居住者は，日本国内において生ずる所得のみならず，外国で生ずる所得についても課税される（「全世界所得課税」という。）。

☞ **住所**とは，生活の本拠をいう。所得税法上には「住所」の定義がないが，一般に租税法上の「住所」は借用概念（🔍21－255頁，11¶レベルアップ1！－138頁参照）であると理解されており，民法上の住所の概念と同様に理解されている（酒井・概念論2参照)。

☞ **居所**とは，生活の本拠とまではいえない生活の拠点をいう。

イ　非永住者

非永住者とは，居住者のうち，日本の国籍を有しておらず，かつ，過去10年以内において国内に住所または居所を有していた期間の合計が5年以下である個人をいう。非永住者は，日本国内において生ずる所得と，外国において生ずる所得のうち日本国内で支払われ，または日本国内に送金された所得について課税される（🔍14－169頁参照）。

ウ　非居住者

非居住者とは，居住者以外の個人をいう。すなわち，日本に住所も1年以上の居所も有しない短期の滞在者などのことである。非居住者は日本国内において生ずる所得についてのみ課税される。

エ　法　人

利子，配当など特定の所得については，支払者に対して源泉徴収義務が課されており，その限りにおいて，これらの所得を法人が受け取る場合であっても，所得税が課されることになる。

オ　実質所得者課税の原則

租税法律関係において，形式と実質が異なった場合には，実質に従って課税がなされるべきと考えられており，これを広く「実質課税の原則」ということがあるが，その際にも，「実質」とは法律的な観点から実質を探るべきとの見解と，経済的観点から実質を探るべきとの見解に分かれている。原則として，形式ではなく実質的な権利者が誰であるかという観点から所得の帰属者を考えるという法律的な実質に従った課税がされるべきであろう。

このように，納税義務者の認定に当たって，実質的な所得者に課税がなされるべきと考える原則を「実質所得者課税の原則」という（所法12，法法11など）。

例えば，夫の経済活動に基づく収益が妻名義の預金口座に振り込まれた場合，この収益の法律上の帰属者は夫であるから，夫の所得と認定して課税されるべきと考えるのである。

図表3 各種所得の内容

所得の種類	所得の内容
利子所得	公社債・預貯金の利子，合同運用信託（貸付信託など）・公社債投資信託・公募公社債等運用投資信託の収益の分配などによる所得
配当所得	法人から受ける剰余金・利益の配当，剰余金の分配，基金利息などによる所得
不動産所得	土地・建物など不動産の貸付け，地上権など不動産上の権利の貸付け，船舶・航空機の貸付けによる所得
事業所得	製造業，卸小売業，農漁業，サービス業などのいわゆる事業から生ずる所得
給与所得	俸給，給料，賃金，歳費，賞与などの所得
退職所得	退職手当，一時恩給，その他退職により一時に受ける給与などによる所得
山林所得	山林を伐採して譲渡したり，立木のまま譲渡することによる所得（取得後5年以内に譲渡した所得は，事業所得または雑所得）
譲渡所得	土地，借地権，建物，機械，金地金などの資産の譲渡による所得（事業所得，山林所得および雑所得に該当するものを除く。）
一時所得	懸賞の賞金，競馬の払戻金，生命保険契約等に基づく一時金などの，上記の8種の所得以外の所得のうち，営利を目的として継続的行為から生じた所得以外の一時の所得で，労務その他の役務または資産の譲渡の対価としての性質を有しない所得
雑所得	上記の9種の所得以外の所得で，例えば，非事業用貸金の利子，作家以外の者の原稿料や印税・講演料，公的年金等などによる所得

（税務大学校講本『税法入門〔令和2年度〕』29頁（国税庁HP）より）

(3) 所得区分と各種所得の金額の計算

ア 利子所得

利子所得とは，公社債および預貯金の利子ならびに合同運用信託などの収益の分配に係る所得をいう（所法23①）。利子所得は原則として，源泉分離課税（他の所得とは分離して15.315％の源泉徴収のみで税額計算が終了する。）が適用され，確定申告の必要はない（措法3，3の3，所法181，182一）。利子所得の金額は，その年中の利子等の収入金額であり（所法23②），経費や損失の控除は認められていない。

イ　配当所得

配当所得とは，法人から受ける剰余金の配当，利益の配当，剰余金の分配，基金利息などに係る所得をいう（所法24①）。ここにいう「剰余金」や「剰余金の配当」とは，会社法からの借用概念（🔍21¶レベルアップ１！－258頁参照）であるといわれている。

また，次に掲げるように，法人の組織変更などの一定の要件を充足する場合にはみなし配当（☞みなし配当とは）に該当し，配当所得とされる（所法25①）。すなわち，株主等が，①法人の合併，②法人の分割型分割，③法人の株式分配，④法人の資本の払戻し，⑤自己株式または出資の取得，⑥出資の消却等，⑦法人の組織変更により，法人から金銭その他の資産の交付を受けた場合において，その金銭の額および金銭以外の資産の価額の合計額が，その法人の資本金等の額のうち株式または出資に対応する部分の金額を超える場合には，その超える部分の額は，配当所得として課税される。

配当所得の金額は，配当等の収入金額から投資のための借入金の利子を控除して算出される。利子所得と同様，源泉分離課税の対象となり（所法181，182二），20.42％（ただし，上場株式等の配当等については15.315％）の税率が適用される。

☞　**みなし配当**とは，法人の株主等が法人から一定の事由により金銭その他の資産の交付を受けた場合に，その金銭等の額がその法人の資本等の額のうち，その交付の基因となった株式に対応する部分の金額を超える場合に，その超える部分の金額をいわば利益の配当や剰余金の配当があったとみなすこととされているが（所法25），この場合の配当とみなされたものをいう。

ここにいう，一定の事由とは，上記①～⑦の事由である。

✍　利子所得や配当所得，株式などの譲渡所得を中心として，貯蓄や投資などの金融取引から得られる所得を「金融所得」として，この所得の稼得のために要した費用等を金融所得内で通算させ，適用税率を一本化しようとする議論として，「金融所得一体化課税」が議論されている。

✍　平成26年１月１日から，非課税口座内における株式等に係る配当所得および譲渡益が非課税となる「NISA（少額投資非課税制度）」が導入されている（措法９の８）。この制度は，家計の安定的な資産形成を支援するとともに，経済成長に必要な成長資金の供給を拡大し，デフレ脱却を後押しする観点から創設された制度である（『平成25年版改正税法のすべて』180頁）。同制度は，創設以来幾度かの改正を経て，現在，20歳以上の居住者を対象とするいわゆる「一般 NISA」と「つみたて NISA」，20歳未満の居住者を対象とした「ジュニアNISA」の3つが設けられており，それぞれ非課税期間や年間投資限度額に差異がある。

✍ なお，令和元年9月付け政府税制調査会「経済社会の構造変化を踏まえた令和時代の税制のあり方」は，人口減少や少子高齢化，財政の構造的な悪化に対し，「人生100年時代において，働き方やライフコースが多様化しており，全世代型社会保障の構築と合わせて，一人ひとりの個人が老後の生活に備えるための準備を公平に支援するための税制の構築が求められている。」と指摘している。自助的な老後の備えを促進するものとして，我が国においては，上述のNISAのほかにも，個人型確定拠出年金（☞個人型確定拠出年金とは）等の私的年金に関する税制が段階的に整備・拡充されてきたが，制度間での差異の存在が，それぞれの制度の分かりにくさの一因となっていることは否めない。そこで上記答申では，「今後は，一人ひとりのライフプランに応じた積立・分散投資など，退職後の生活への計画的な準備を適切に支援していく観点から，関連する税制を整理していく必要がある。」とし，「その際，利用者の視点に立って，簡素で分かりやすい制度にすることが重要である。」としている。

☞ **個人型確定拠出年金**とは，いわゆる「iDeCo」と呼ばれる私的年金制度の1つである。これは，加入の申込み，掛金の拠出，掛金の運用のすべてを自身で行い，掛金とその運用益との合計額をもとに給付を受け取ることができる制度であるが，掛金についてはその全額が「小規模企業共済等掛金控除」として所得控除の対象となるとともに，給付時には，年金として受け取る場合には「公的年金等控除」，一時金として受け取る場合には「退職所得控除」を受けることができることから，税制上のメリットが大きいと説明されることも多い（「入口」から「出口」まで税制上のメリットを享受できると説明されることもある。）。

ウ　不動産所得

不動産所得とは，不動産，不動産の上に存する権利，船舶または航空機の貸付けによる所得をいう（所法26①）。不動産所得でしばしば問題となるのは，不動産の貸付けが事業的規模であるか業務的規模であるかということである。事業的規模であると，青色申告制度（☞青色申告制度とは）を採用する納税者は，家族従業員を青色事業専従者として，その家族従業員に対して支払った人件費を必要経費に算入することができるが（所法57），業務的規模の場合にはこのような必要経費の特例を受けることができない。

そこで，事業的規模とはどの程度の規模をいうのかということが重要になるが，課税実務では，例えば，貸し付けている家屋がおおむね5棟あるいは10室以上の場合には，その貸付けは事業的規模によるものとして取り扱っている（所基通26-9）。

不動産所得の金額は，収入から必要経費を控除した金額である（所法26②）。

☞ **青色申告制度**とは，一定の帳簿書類を備え付け，それを基礎として申告を行う納税者（不動産所得，事業所得または山林所得を生ずべき業務を行う居住者）には，青色の申告書を用いて申告することを認め，種々の特典を与えることとする制度である。これは，戦後のシャウプ勧告によって導入されたもので，我が国の申告納税制度の発展にとって大きな貢献をしてきた制度である（金子・租税法62頁）（🔍Tax Lounge：青色の用紙による申告参照）。

なお，土地の上に借地権等を設定したことに伴い収受する権利金についても，原則として不動産所得に含まれる。ただし，その権利金が土地の時価の2分の1を超えるような場合には，実質的には土地の譲渡をしたことと同様であると解されることから，譲渡所得課税の対象となる。

エ　事業所得

事業所得とは，各種の事業から生ずる所得のことをいい（所法27①），「事業」とは判例・学説において，「自己の危険と計算において営利を目的とし対価を得て継続的に行う経済活動」をいうと解されている（弁護士顧問料事件最高裁昭和56年4月24日第二小法廷判決・民集35巻3号672頁）。店舗や事務所を用意して行うような経済活動のみならず，小説家や株式のデイトレーダー，芸能人，プロ野球

Tax Lounge　**青色の用紙による申告**

所得税法143条《青色申告》は，「不動産所得，事業所得又は山林所得を生ずべき業務を行なう居住者は，納税地の所轄税務署長の承認を受けた場合には，確定申告書及び当該申告書に係る修正申告書を青色の申告書により提出することができる。」と規定している。この規定からも分かるとおり，「青色の申告書」による申告が，青色申告というわけである。

しかしながら，現在，国税庁が用意している申告書は何色であろうか（申告書は国税庁課税部個人課税課審理係で作成している。🔍24Tax Lounge：畳に書いた申告書－294頁参照）。青色申告もそうでない申告（いわゆる白色申告）もいずれも同じ青色ではない用紙を使用し，申告書の「住所」欄の下「種類」欄に◯で「青色」という文字を囲むことによって，「青色申告」としているのである（🔍24所得税の申告書B－293頁参照）。所得税法143条に従うのであれば，「青色の申告書」でなければならないはずである。国税庁が作成する申告書は所得税法違反なのであろうか。

所得税法上の「青色」という概念が単に「青の色」という意味ではなく，租税法固有の概念であるとすれば，所得税法違反とはならないともいえよう。もっとも，このような話は，電子申告（e-Tax）のもとではあまり意味をなさないかもしれない。

選手のように，その範囲はきわめて広い。ここにいう「危険」とは事業活動に伴うリスク負担のことであり，「計算」とは事業資金の出資等を指している。

事業所得の金額は，収入から必要経費を控除した金額である（所法27②）。

オ　給与所得

給与所得とは，俸給，給料，賃金，歳費および賞与ならびにこれらの性質を有する給与をいう（所法28①）。判例・学説は，「雇用関係又はこれに類する原因に基づき，使用者の指揮・命令の下に提供される労務の対価」をいうと解している（前掲最高裁昭和56年4月24日第二小法廷判決）。外国親会社から日本子会社従業員に付与されたストック・オプションの権利行使益について，判例は給与所得に該当するとしている（親会社ストック・オプション訴訟最高裁平成17年1月25日第三小法廷判決・民集59巻1号64頁。酒井・フォローアップ10，酒井・租税法と私法4参照）。

給与所得の金額は，給与等の収入金額から給与所得控除額（☞給与所得控除とは）を控除した残額である（所法28②③）。いわゆる大嶋訴訟最高裁昭和60年3月27日大法廷判決（民集39巻2号247頁）では，給与所得者が事業所得者等に比べて所得捕捉率が高いなど，当時の所得税法が内包していた多くの公平性に関する問題が論じられた（¶レベルアップ！－83頁，5(1)－33頁参照）。

給与所得者が特定支出（☞特定支出とは）をした場合において，その特定支出の合計額が給与所得控除額の2分の1を超えるとき，その超える部分の金額は，給与所得控除後の所得金額からさらに控除することができることとされている（所法57の2）。

☞　**給与所得控除**とは，学説上は，①概算経費控除を認める必要性があること，②勤労性所得であることから担税力が低いこと，③給与所得の捕捉率（Tax Lounge：クロヨンとトーゴーサンピン－65頁参照）が他の所得よりも高いこと，④源泉徴収による早期納付に対する利息相当額の調整の必要があること，などから認められている給与所得計算に特有の控除であると理解されている。

令和2年分以降の給与所得控除については図表4のとおりとされている。

図表4　給与所得控除

給与等の収入金額 （給与所得の源泉徴収票の支払金額）	給与所得控除額
1,800,000円以下	収入金額×40％−100,000円 550,000円に満たない場合には，550,000円
1,800,000円超　3,600,000円以下	収入金額×30％＋80,000円
3,600,000円超　6,600,000円以下	収入金額×20％＋440,000円
6,600,000円超　8,500,000円以下	収入金額×10％＋1,100,000円
8,500,000円超	1,950,000円（上限）

例えば，月給30万円（額面），ボーナス年合計100万円（額面）のサラリーマンＡさんの給与所得は，次のとおりとなる。

30万円×12か月＋100万円＝460万円（給与収入）

460万円×20％＋44万円＝136万円（給与所得控除）

460万円−136万円＝324万円（給与所得）

給与所得控除については，平成24年度税制改正で，所得の再分配機能を回復するための制度に改正された。従前は，給与等の収入金額に連動して給与所得控除も上限なく増加する制度であったが，平成25年分以後の給与等の収入金額が1,500万円を超える場合には給与所得控除が245万円となる上限が設けられた。

また，平成26年度税制改正により，給与所得控除の上限額はさらに引き下げられ，平成28年分は給与等の収入金額1,200万円超で給与所得控除額230万円，平成29年分以後は給与等の収入金額1,000万円超で給与所得控除額220万円とされてきた。その後も給与所得控除の見直しは続き，平成30年度税制改正において，給与等の収入金額850万円超で給与所得控除額195万円とされて現在にいたる。なお，同年度改正においては，基礎控除の一律10万円の引上げがなされているが，その反面で，給与所得控除額は一律10万円引き下げられている。

☞　平成30年度税制改正において給与所得控除額が引き下げられたことに伴い，その特別措置として所得金額調整控除が設けられた。すなわち，その年の給与等の収入金額が850万円を超える居住者で，特別障害者に該当する者，または年齢23歳未満の扶養親族を有する者，もしくは特別障害者である同一生計配偶者もしくは扶養親族を有する者については，給与等の収入金額（1,000万円を限度とする。）から850万円を控除した金額の10％相当額を，その年分の給与所得の金額から控除するものである。これは，給与収入が1,000万円以下で子育て中または介護中などの者に，給与所得控除の引下げによる所得税負担の増加を及ぼさないための措置である（金子・租税法251頁）。

☞　**特定支出**とは，①通勤費，②転居費，③研修費，④資格取得費（弁護士，公認会計士，税理士などの資格取得費も含む。），⑤単身赴任帰宅旅費，⑥勤務必要経費（図書費・衣服費・交際費等）⑦職務必要旅費の７種類の支出をいう。

特定支出控除制度を一種の選択による実額控除を認める制度とみて，選択による一般的な実額控除への過渡的な制度として位置付ける捉え方もある（金子・租税法253頁）。もっとも，給与所得控除額は通常要すると思われる給与所得者の必要経費的なものの額よりも高く設定されており，同控除額の引下げも検討すべきであると思われるが，反面，そのような改正の方向性は同時に特定支出控除の拡大の必要性をも惹起することになろう。ただし，現行の特定支出控除には，⑤のように必ずしも必要経費的な性質を有しないようなものも含まれている。

カ　退職所得

退職所得とは，退職手当，一時恩給その他の退職により一時に受ける給与およびこれらの性質を有する給与をいう（所法30①）。退職所得は，長年の勤務に対する勤続報償的給与であって，給与の一部の一括後払いの性質を有するといわれている（金子・租税法256頁）。退職所得は，その定義からも明らかなとおり，「給与」に係る所得であり，その意味では給与所得と異なる性質を有するものではない。①各種社会保険制度等に基づいて支給される一時金，②厚生年金基金等から支給される退職一時金，③適格退職年金契約，適格給付企業年金制度

Tax Lounge　**9・6・4（クロヨン）と10・5・3・1（トーゴーサンピン）**

クロヨンとは何か。給与所得者が９割，個人事業者が６割，農家が４割だけ所得を税務当局に把握されているとし，その語呂合わせが「クロヨン」というわけである。これと類似する表現に，「東郷さん」とか「トーゴーサンピン」などという表現もある。給与所得者が10割，個人事業者が５割，農家が３割，そして政治家が１割というわけである。

これらの表現では，給与所得者が税制上不利な取扱いを受けているようにいわれているが，給与所得者には支払額を証明せずに控除が認められている給与所得控除があるし，フリンジ・ベネフィットといって，会社から得られる現物給与とでもいうべき便益があるにもかかわらず，十分に課税がなされていないという指摘もある。フリンジ・ベネフィットとしては，慰安旅行や社食の割引，各種福利厚生，社宅や独身寮，制服，深夜タクシー代等が挙げられるが，給与所得課税されるべきものであっても，課税実務上，課税適状にないという理由で課税が見送られている場面が多々あるのである（所基通36-21～30等）。

このようなことも含めて考えると，果たして「クロヨン」という表現は妥当であるのか疑問でもある。

または確定拠出年金制度に基づく退職一時金は，退職所得ではないものの，みなし退職所得とされている（所法31，所令72）。

退職所得の金額は，退職手当等の収入金額から退職所得控除額（☞退職所得控除額とは）を控除した残額の2分の1に相当する金額である（所法30②）。

☞ **退職所得控除額**とは，次の算式により計算する額をいう（所法30③⑤）。

① 通常の退職の場合

勤続年数が20年以下の場合……勤続年数×40万円(最低80万円)
勤続年数が20年を超える場合…800万円＋70万円×(勤続年数－20年)

② 障害者になったことに直接基因して退職した場合

①によって計算した金額＋100万円

なお，役員等勤続年数が5年以下である者が支払を受ける退職金のうち，その役員等勤続年数に対応する退職金として支払を受けるものについては，退職金の額から退職所得控除額を差し引いた額が退職所得の金額になる（2分の1計算は行われない。）（所法30②④）。

この役員等勤続年数とは，役員等勤続期間（退職手当等に係る勤続期間のうち，役員等として勤務した期間）の年数（1年未満の端数がある場合はその端数を1年に切り上げたもの）をいい，「役員等」とは次の①～③に掲げる者をいう。

① 法人の取締役，執行役，会計参与，監査役，理事および清算人ならびにこれら以外の者で法人の経営に従事している一定の者

② 国会議員および地方公共団体の議会の議員

③ 国家公務員および地方公務員

✍ なお，令和3年度税制改正大綱は，短期退職手当等の収入金額から退職所得控除額を控除した金額を控除した金額のうち300万円を超える部分については，2分の1課税を適用しないとしている。

キ　山林所得

山林所得とは，山林（所有期間が5年を超えるものに限る。）の伐採または譲渡による所得をいう（所法32①②）。取得の日から5年以内に山林を伐採または譲渡した場合の所得区分は，事業所得，雑所得または譲渡所得に該当すると解される。

山林所得の金額は，収入金額から必要経費を控除し，その残額から特別控除（最高50万円）を控除した金額である（所法32③④）。

ク　譲渡所得

譲渡所得とは，資産の譲渡による所得をいう（所法33①）。譲渡所得の本質は，資産の価値の増加益，すなわちキャピタルゲイン（capital gain）である。包括

図表 5

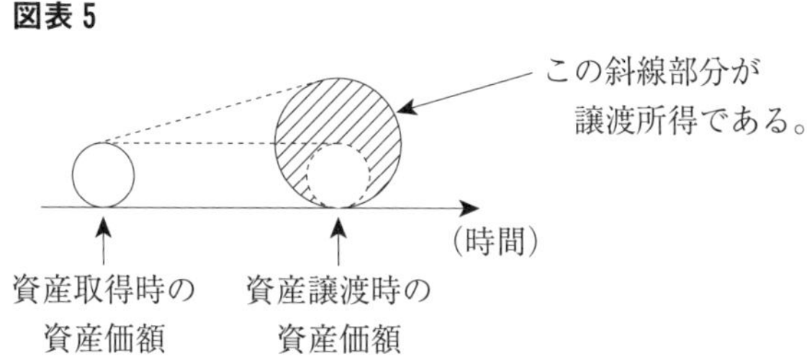

的所得概念のもとでは，本来毎年度末に所有資産の評価を行い，その評価額をもとにキャピタルゲインを計算し課税すべきであるものの，そのような資産評価に基づく課税は実行可能性に乏しいため，資産が譲渡によって所有者の手を離れるのを機会に，その保有期間中の増加益を清算して課税することとしており，それが譲渡所得の本質である。

譲渡所得をこのように捉える見解を「増加益清算課税説」と呼ぶが，こうした理解は判例も承認するところである（榎本家事件最高裁昭和43年10月31日第一小法廷判決・集民92号797頁）。増加益清算課税説によれば，譲渡所得の課税対象はあくまでも保有期間中の値上り益であって，譲渡によって実際に得た収入に課税するものではない。すなわち，保有期間において課税が繰り延べられてきた値上り益を，資産の譲渡のタイミングで清算するものであるから，無償の譲渡であっても譲渡所得が観念されることに注意が必要である。

譲渡所得課税に対しては，物価上昇に伴う名目的資産価値の増加に対する課税がなされているという点や，資産を譲渡することに対してディスインセンティブとして働くことから，資産を所有者の手元に封じ込める効果（ロックイン効果：lock-in effect）があるという点での批判もある。前者に対しては，インフレ部分に対する課税を排除する方法も考えられるが（インデクセーション：indexation），採用されてはいない。後者の問題は所得税一般の問題であるといえよう。

譲渡所得の金額は，資産の所有期間が5年以内の短期譲渡所得の場合とそれ以外の長期譲渡所得のそれぞれについて，譲渡の対価の金額から所得の基因となった資産の取得費および資産譲渡に要した費用の額の合計額を控除し，その残額の合計額から譲渡所得の特別控除額を控除した金額である（所法33③）。

なお，有価証券の譲渡および土地・建物等の譲渡に関して，それぞれ特別控除制度や分離課税制度が用意されており，実務上はそうした特例制度によるところが大きい（これらに関しては損益通算が制限されるものもある。）。

✍　**譲渡所得の金額の計算**

譲渡所得の金額＝譲渡益－譲渡所得の特別控除（最高50万円）

譲渡益＝{短期譲渡所得の総収入金額－(譲渡資産の取得費＋譲渡費用)}＋{長期譲渡所得の総収入金額－(譲渡資産の取得費＋譲渡費用)}

✍　なお，国外に転出する者が，１億円以上の有価証券等を有している場合には，国外転出時にその有価証券等を譲渡したものとみなして課税する国外転出時課税制度（所法60の２）の対象となる。同制度は国外転出によって有価証券等のキャピタルゲインが我が国の課税の対象からもれてしまうことを防止する措置であり，金融資産を多く持つ者の外国移住による租税回避を否認する規定である（金子・租税法269頁）。

ケ　一時所得

一時所得とは，利子所得ないし譲渡所得以外の所得のうち，営利を目的とする継続的行為から生じた所得以外の一時の所得で，労務その他の役務または資産の譲渡の対価としての性質を有しないものをいう（所法34①）。

具体的には，懸賞金，競馬の払戻金，生命保険契約に基づく一時金，一時払養老保険の満期返戻金，法人からの贈与，借家の立退料，遺失物拾得者の受ける謝礼金等がこれに当たる。

一時所得の金額は，収入金額からその収入を得るために支出した金額の合計額を控除し，その残額から一時所得の特別控除額（最高50万円）を控除した金額である（所法34②③）。

✍　なお，近時，国内のほぼすべての競馬レースの馬券を購入していた納税者の得た所得に係る所得区分が争点となる事例が頻出している。最高裁は，一時所得ではなく雑所得と認定した上で，外れ馬券に要した購入費用を必要経費として認める判断を示している（最高裁平成27年３月10日第三小法廷判決・刑集69巻２号434頁，最高裁平成29年12月15日第二小法廷判決・民集71巻10号2235頁）。

コ　雑所得

雑所得とは，利子所得ないし一時所得のいずれにも該当しない所得のことをいう（所法35①）。ここには，公的年金等（☞公的年金等とは）が含まれることとされている（所法35②）。

雑所得の金額の計算は，公的年金等に係る雑所得とその他の雑所得とを別々に計算し，合算したものである。公的年金等に係る雑所得の金額は，図表６の速算表により，次のとおり算出する。

公的年金に係る雑所得の金額＝(a)×(b)−(c)

✍ 従来，公的年金等控除は，年齢が65歳以上であるか否かによって公的年金等の収入金額に応じて控除額が定められていたが，年金以外の収入がある者に対しては租税負担を求めるべきといった意見や，そもそも控除額が大きすぎるといった批判も多かった。そこで，平成30年度税制改正において，公的年金等の収入金額以外の合計所得金額が①1,000万円以下である場合，②1,000万円超2,000万円以下である場合，③2,000万円超である場合の3つに区分したうえで，公的年金等控除額を計算することとされた。すなわち，従前からの65歳の年齢基準と，合計所得金額による3つの場合の組み合わせにより，現在は6パターンの公的年金等控除額の計算がある（図表6参照)。

☞ **公的年金等**とは，①各種社会保険制度等に基づく年金，②恩給その他過去の勤務に基づき使用者であった者から支給を受ける年金，③確定拠出年金制度または確定給付年金制度に基づいて支給を受ける老齢給付金，適格退職年金契約等に基づいて支給を受ける退職年金等のことをいう。

図表6 公的年金等に係る雑所得の速算表（令和2年分以後）

① 公的年金等に係る雑所得以外の所得に係る合計所得金額が1,000万円以下

年齢	(a)公的年金等の収入金額の合計額	(b)割合	(c)控除額
65歳未満	(公的年金等の収入金額の合計額が600,000円までの場合は所得金額はゼロとなります。)		
	600,000円超 1,300,000円以下	100%	600,000円
	1,300,000円超 4,100,000円以下	75%	275,000円
	4,100,000円超 7,700,000円以下	85%	685,000円
	7,700,000円超 10,000,000円以下	95%	1,455,000円
	10,000,000円超	100%	1,955,000円
65歳以上	(公的年金等の収入金額の合計額が1,100,000円までの場合は所得金額はゼロとなります。)		
	1,100,000円超 3,300,000円以下	100%	1,100,000円
	3,300,000円超 4,100,000円以下	75%	275,000円
	4,100,000円超 7,700,000円以下	85%	685,000円
	7,700,000円超 10,000,000円以下	95%	1,455,000円
	10,000,000円超	100%	1,955,000円

② 公的年金等に係る雑所得以外の所得に係る合計所得金額が1,000万円超2,000万円以下

年齢	⒜公的年金等の収入金額の合計額	⒝割合	⒞控除額
65歳未満	（公的年金等の収入金額の合計額が500,000円までの場合は所得金額はゼロとなります。）		
	500,000円超　1,300,000円以下	100％	500,000円
	1,300,000円超　4,100,000円以下	75％	175,000円
	4,100,000円超　7,700,000円以下	85％	585,000円
	7,700,000円超　10,000,000円以下	95％	1,355,000円
	10,000,000円超	100％	1,855,000円
65歳以上	（公的年金等の収入金額の合計額が1,000,000円までの場合は所得金額はゼロとなります。）		
	1,000,000円超　3,300,000円以下	100％	1,000,000円
	3,300,000円超　4,100,000円以下	75％	175,000円
	4,100,000円超　7,700,000円以下	85％	585,000円
	7,700,000円超　10,000,000円以下	95％	1,355,000円
	10,000,000円超	100％	1,855,000円

③ 公的年金等に係る雑所得以外の所得に係る合計所得金額が2,000万円超

年齢	⒜公的年金等の収入金額の合計額	⒝割合	⒞控除額
65歳未満	（公的年金等の収入金額の合計額が400,000円までの場合は所得金額はゼロとなります。）		
	400,000円超　1,300,000円以下	100％	400,000円
	1,300,000円超　4,100,000円以下	75％	75,000円
	4,100,000円超　7,700,000円以下	85％	485,000円
	7,700,000円超　10,000,000円以下	95％	1,255,000円
	10,000,000円超	100％	1,755,000円
65歳以上	（公的年金等の収入金額の合計額が900,000円までの場合は所得金額はゼロとなります。）		
	900,000円超　3,300,000円以下	100％	900,000円
	3,300,000円超　4,100,000円以下	75％	75,000円
	4,100,000円超　7,700,000円以下	85％	485,000円
	7,700,000円超　10,000,000円以下	95％	1,255,000円
	10,000,000円超	100％	1,755,000円

（国税庁 HP より一部修正）

☞ なお，給与収入と公的年金等収入の両方を得ている者については，給与所得控除と公的年金等控除がそれぞれ10万円引き下げられたことによる税負担の増加を緩和するため，所定の所得金額調整控除が手当てされている。

(4) 所得控除

所得税法においては，納税者の個別的な事情に配慮したきめの細かい制度設計がなされている。例えば，所得税法には，医療費控除や扶養控除などの所得控除（☞所得控除とは）として一定の額を所得から控除できる仕組みが構築されている。そして，所得控除後の金額に税率を適用して算出税額を計算する（図表8参照）。所得税法は，超過累進税率を採用しており，負担の公平に最もかなった租税法であると理解されている。

✍ 一般に，基礎控除，配偶者控除および扶養控除に標準的な社会保険料控除と給与所得控除の額を加えた金額を「課税最低限」といい，これは，標準的なサラリーマンにとって，いくらの年収まで所得税が課税されないかの指標として用いられる。

各種所得控除額を整理すると，図表9のとおりとなる（🔍74頁以下参照）。

☞ **所得控除**とは，各種所得の金額の計算の結果を一定のルールのもとで合算して（損益通算），算出された総所得金額，退職所得金額，山林所得金額から，控除することが認められている各種の控除をいう。所得控除には，雑損控除（🔍5 Tax Lounge：地震・雷・火事・おやじ－34頁も参照），医療費控除（🔍3 Tax Lounge：臓器移植と医療費控除－27頁も参照），社会保険料控除，小規模企業共済等掛金控除，生命保険料控除，地震保険料控除（旧損害保険料控除），寄附金控除，障害者控除，寡婦控除，ひとり親控除（🔍✍ひとり親控除と寡婦控除参照），勤労学生控除，配偶者控除，配偶者特別控除，扶養控除および基礎控除がある（図表9参照）。

所得控除はその性質に応じておおむねいくつかに分類することができよう。

① 憲法の要請する生存権保障を担保するためのもの

基礎控除（所法86），配偶者控除（所法83），配偶者特別控除（所法83の2），扶養控除（所法84）などのいわゆる人的控除のうち，生計内親族の最低限度の生活を維持するのに必要な部分については，担税力を有しないという考慮から控除を認めるものである。

② 通常の者に比較して担税力に影響をさせる生活上の追加的経費を必要とする者に対する考慮のためのもの

追加的生活費を必要とする納税者の個別事情を考慮するものとして，障害者控除（所法79），寡婦控除（所法80），ひとり親控除（所法81），および勤労学生控除（所法82）がある。

③　担税力を弱めるような特別の事情への配慮によるもの
雑損控除（所法72）や医療費控除（所法73）など，担税力を弱めるような特別の事情があった場合に，考慮をするものである。

④　保険や年金制度など社会政策的目的に配感したもの
社会保険料控除（所法74），小規模企業共済等掛金控除（所法75），生命保険料控除（所法76），地震保険料控除（所法77）など一定の政策目的を税制面から助成する目的の控除である。

⑤　公益的政策のための租税特別措置としてのもの
寄附金控除（所法78）は，個人の寄附を奨励するための租税特別措置である。

✍　**ひとり親控除と寡婦控除**　令和2年度税制改正により，いわゆる未婚のシングルマザーに対する所得控除上の手当てとして，ひとり親控除（🔍☞ひとり親とは－75頁参照）が設けられた。

✍　配偶者控除や扶養控除を受けようとする場合においては，その対象となる同一生計配偶者や扶養親族の合計所得金額が48万円以下である必要がある。従来は38万円だったところであるが，平成30年度税制改正において基礎控除の額が一律10万円引き上げられたことによるものである。具体的な，合計所得金額要件については図表7のとおりである。

図表7　各種控除等を受けるための扶養親族等の合計所得金額要件

扶養親族等の区分	合計所得金額要件	
	改正後	改正前
同一生計配偶者及び扶養親族	48万円以下	38万円以下
源泉控除対象配偶者	95万円以下	85万円以下
配偶者特別控除の対象となる配偶者（注1）	48万円超133万円以下	38万円超123万円以下
勤労学生	75万円以下	65万円以下

（国税庁HPより）

これまで，同じひとり親であっても，配偶者と離婚・死別した者であれば寡婦（寡夫）控除（🔍☞寡婦とは－75頁）が適用されるのに対し，未婚の場合（いわゆる未婚のシングルマザー）は適用されないことについて疑問の声が多かった。また，シングルファザーとシングルマザーとで，寡夫控除と寡婦控除の額が異なるなど，男女間での平等が保たれていないことも問題視されてきた。そこで，令和2年度税制改正では，以下の2点の改正によってそれらの問題に対処したところである。

①　婚姻歴や性別にかかわらず，生計を一にする子（総所得金額等が48万円以下）を有する単身者について，同一の「ひとり親控除」として35万円の所得控除を行うこととされた。

② 上記以外の寡婦については引き続き寡婦控除として27万円の所得控除がなされるが，子以外の扶養親族をもつ寡婦についても，寡夫と同様の所得制限（合計所得金額500万円）が設けられた（従来所得税法81条に定められていた「寡婦（寡夫）控除」は，同法80条へ移動するとともに「寡婦控除」として改正）。

なお，ひとり親控除，寡婦控除のいずれについても，住民票の続柄に「夫（未届）」「妻（未届）」の記載のある者は対象外とされる。これは，いわゆる事実婚関係にある者がいる場合には，ひとり親控除や寡婦控除を適用すべきではないと解されることによる。

⑸ 税率の適用

例えば，「課税される所得金額」が650万円の場合には，次の速算表（図表８）に従い，求める税額は次のようになる。

6,500,000円×20%－427,500円＝872,500円

図表８　所得税の速算表

課税される所得金額		税率	控除額
	195万円未満	5%	0円
195万円以上	330万円未満	10%	97,500円
330万円以上	695万円未満	20%	427,500円
695万円以上	900万円未満	23%	636,000円
900万円以上	1,800万円未満	33%	1,536,000円
1,800万円以上	4,000万円未満	40%	2,796,000円
4,000万円以上		45%	4,796,000円

（国税庁 HP より）

なお，東日本大震災からの復興のための財源確保の措置として，平成23年12月に成立した大震災復興財源確保特別措置法により，平成25年から平成49年までの各年分の所得税の額（基準所得税額）に対し，2.1%の復興特別所得税が課されることとなった。

図表9　令和2年分　所得控除の所得控除額一覧表

<table>
<tr><td>雑損控除額</td><td>「損害金額－保険金などで補てんされる金額」の金額(A)をもととして計算した，次の①と②のいずれか多い方の金額
①　Aの金額－(所得金額の合計額×10%)
②　Aの金額のうち災害関連支出の金額－5万円</td></tr>
<tr><td>医療費控除額</td><td>(支払った医療費の額 － 保険金などで補てんされる金額) － (10万円と「所得金額の合計額の5%」のいずれか少ない方の金額)
(最高限度額200万円)</td></tr>
<tr><td>社会保険料控除額</td><td>支払ったまたは給与から控除される社会保険料の合計額</td></tr>
<tr><td>小規模企業共済等掛金控除額</td><td>支払った小規模企業共済掛金（旧第2種共済掛金を除く。），確定拠出年金法の個人型年金の加入者掛金および心身障害者扶養共済掛金の合計額</td></tr>
<tr><td>生命保険料控除額</td><td>平成24年1月1日以後に締結した保険契約等に基づく新生命保険料，介護医療保険料，新個人年金保険料の控除額は，それぞれ次の表の計算式に当てはめて計算した金額となる。
<table>
<tr><th>年間の支払保険料等</th><th>控除額</th></tr>
<tr><td>20,000円以下</td><td>支払保険料等の全額</td></tr>
<tr><td>20,000円超 40,000円以下</td><td>支払保険料等×1/2＋10,000円</td></tr>
<tr><td>40,000円超 80,000円以下</td><td>支払保険料等×1/4＋20,000円</td></tr>
<tr><td>80,000円超</td><td>一律40,000円</td></tr>
</table></td></tr>
<tr><td>地震保険料控除額</td><td>地震保険料控除額は，次の表で求めた金額
<table>
<tr><th>支払った地震保険料等の区分</th><th>保険料等の金額</th><th>控除額</th></tr>
<tr><td rowspan="2">地震保険料等のすべてが地震等損害により保険金等が支払われる損害保険契約等である場合</td><td>50,000円以下</td><td>支払った保険料の全額</td></tr>
<tr><td>50,000円超</td><td>一律50,000円</td></tr>
</table></td></tr>
<tr><td>寄附金控除額</td><td>(「特定寄附金の支出額」と「所得金額の合計額の40%」のいずれか少ない方の金額)－2,000円
✍　上記の算式の「特定寄附金の支出額」には，政党等寄附金特別控除の適用を受けることを選択した政党等に対する寄附金等は含まれない。</td></tr>
<tr><td>障害者控除額</td><td>障害者1人につき…270,000円
ただし，特別障害者については400,000円，同居特別障害者については750,000円</td></tr>
</table>

<table>
<tr><td>寡婦控除額</td><td>270,000円
☞ 寡婦とは，次に掲げる人でひとり親に該当しないものをいう。
① 夫と離婚した後婚姻をしていない人で，扶養親族を有し，合計所得金額が500万円以下であり，事実上婚姻関係と同様の事情にあると認められる者のいない人
② 夫と死別した後婚姻をしていない者または夫の生死の明らかでない者のうち，合計所得金額が500万円以下であり，事実上婚姻関係と同様の事情にあると認められる者のいない人</td></tr>
<tr><td>ひとり親控除額</td><td>350,000円
☞ ひとり親とは，現に婚姻をしていない者または配偶者の生死の明らかでない者のうち，生計を一にする子（総所得金額等が48万円以下）を有し，合計所得金額が500万円以下であり，事実上婚姻関係と同様の事情にあると認められる者のいない人をいう。</td></tr>
<tr><td>勤労学生控除額</td><td>270,000円
☞ 勤労学生とは，大学や高等専門学校などの特定の学校の学生，生徒であって給与所得等を有する人のうち，所得金額の合計額（繰越損失控除前）が75万円以下で，その所得金額の合計額のうち給与所得等以外の所得の合計額が10万円以下の人をいう。
☞ 給与所得等とは，自己の勤労による事業所得，給与所得，退職所得および雑所得をいう。</td></tr>
<tr><td>配偶者控除額</td><td>居住者本人の合計所得金額に応じて以下の表のとおり。
【配偶者控除】
<table><tr><th rowspan="2">控除を受ける納税者本人の合計所得金額</th><th colspan="2">控除額</th></tr><tr><th>一般の控除対象配偶者</th><th>老人控除対象配偶者</th></tr><tr><td>900万円以下</td><td>38万円</td><td>48万円</td></tr><tr><td>900万円超
950万円以下</td><td>26万円</td><td>32万円</td></tr><tr><td>950万円超
1,000万円以下</td><td>13万円</td><td>16万円</td></tr></table>（国税庁 HP より）
☞ 控除対象配偶者とは，その年12月31日の現況で，生計を一にする配偶者で合計所得金額が48万円以下であるもののうち，合計所得金額が1,000万円以下である居住者の配偶者をいう。なお，青色申告者の事業専従者または白色申告者の事業専従者は除かれる。
☞ 老人控除対象配偶者とは，控除対象配偶者のうち，その年12月31日現在の年齢が70歳以上の者をいう。</td></tr>
</table>

<table>
<tr>
<td></td>
<td>
✍ なお，配偶者の合計所得金額が48万円を超える場合，配偶者控除の適用を受けることはできないが，かかる合計所得金額に応じて配偶者特別控除が用意されている。具体的な控除額については，図表10参照（🔍78頁参照）。
✍ なお，配偶者が障害者の場合には，配偶者控除の他に障害者控除27万円（特別障害者の場合は40万円，同居特別障害者の場合は75万円）が控除できる（🔍24 Tax Lounge：主婦の子育ての機会損失－295頁も参照）。
</td>
</tr>
<tr>
<td>扶養控除額</td>
<td>
扶養控除額は，次の表で求めた金額
<table>
<tr><th colspan="2">区分</th><th>控除額</th></tr>
<tr><td colspan="2">一般の控除対象扶養親族</td><td>38万円</td></tr>
<tr><td colspan="2">特定扶養親族</td><td>63万円</td></tr>
<tr><td rowspan="2">老人扶養親族</td><td>同居老親等以外の者</td><td>48万円</td></tr>
<tr><td>同居老親等</td><td>58万円</td></tr>
</table>
☞ 扶養親族とは，配偶者以外の親族（6親等内の血族および3親等内の姻族をいう。）などで，居住者と生計を一にしており，合計所得金額が48万円以下であるものをいう。なお，青色申告者の事業専従者または白色申告者の事業専従者は除かれる。
☞ 控除対象扶養親族とは，扶養親族のうち，その年12月31日現在の年齢が16歳以上の人をいう。
☞ 特定扶養親族とは，控除対象扶養親族のうち，その年12月31日現在の年齢が19歳以上23歳未満の人をいう。
☞ 老人扶養親族とは，控除対象扶養親族のうち，その年12月31日現在の年齢が70歳以上の人をいう。
☞ 同居老親等とは，老人扶養親族のうち，納税者またはその配偶者の直系の尊属（父母・祖父母など）で，納税者またはその配偶者と常に同居している人をいう。
✍ 課税実務上，同居老親等の「同居」については，病気の治療のため入院していることにより納税者等と別居している場合は，その期間が結果として1年以上といった長期にわたるような場合であっても，同居に該当するものとして取り扱って差し支えないとされている。ただし，老人ホーム等へ入所している場合には，その老人ホームが居所となり，同居しているとはいえないと解されている。
✍ 平成27年度税制改正では，日本国外に居住する親族に係る扶養控除等の書類の添付等の義務化が設けられた。
</td>
</tr>
</table>

<table>
<tr><td rowspan="2">基礎控除額</td><td>居住者本人の合計所得金額に応じて以下の表のとおり。

合計所得金額	控除額
2,400万円以下	48万円
2,400万円超2,450万円以下	32万円
2,450万円超2,500万円以下	16万円
2,500万円超	0円

✍ 平成30年度税制改正において，給与所得控除や公的年金等控除の適正化を図る観点からそれらの控除額が一律10万円引き下げられたことに伴い，基礎控除額については従来の38万円から48万円へと引き上げられた。なお，従来，基礎控除額は所得の多寡に関係なく一律38万円とされていたところであるが，高所得者にまで租税負担の軽減効果を及ぼす必要は乏しいといった理由により，上記表のとおり合計所得金額に合わせて逓減する仕組みとなった。</td></tr>
</table>

✍ 健康の保持増進および疾病の予防への取組みとして人間ドッグの受診等の一定の取組みを行っている者が，平成29年1月1日から令和3年12月31日までの間に，自己または自己と生計を一にする配偶者その他の親族のために特定一般用医薬品等（いわゆるスイッチOTC医薬品）購入費を支払った場合には，上記の医療費控除に代えて，一定の金額の所得控除を受けることができる。これを「セルフメディケーション税制」などと呼ぶ。

✍ **扶養控除における103万円の壁**　居住者が扶養控除を受けるに当たっての要件は，上記のとおり，例えば，養っている子供の合計所得金額が48万円以下であることが要件とされている。ところで，当該子供にアルバイトやパート収入（給与所得）がある場合の所得金額の計算は給与収入金額から給与所得控除を減額して算出するところ，給与所得控除は最低55万円を控除することができることとされている。仮に，年収100万円の給与収入があるとすると，55万円の給与所得控除を減算して，45万円の合計所得金額となる。すなわち，48万円の合計所得金額まではあと3万円分働くことができるわけである。

103万円（年間給与収入金額）-55万円（給与所得控除）＝合計所得金額48万円

このことから，子供に103万円以上のアルバイトやパート収入があると，その子供を扶養している親の所得税額の計算上，一般の扶養親族を有する場合における38万円の扶養控除を受けることができなくなる。要するに，子供が働いたことによって，親の租税負担が上昇するといったことがありうるのである。このように，年収103万円は，扶養控除の適用を左右することから「103万円の壁」などと呼ばれることがある。

なお，このような「103万円の壁」は配偶者控除においても同様であるが，配偶者控除の議論においては，それと類似したものとして「140万円の壁」と呼ばれるものがある。扶養控除と同様，配偶者控除の場合も，配偶者の合計所得金額が103万円を超えてしまうと配偶者控除を受けることができなくなる。これが特に女性の社会進出を阻害しているのではないかと批判されてきた部分の1つである。しかし，扶養控除とは異なり，配偶者控除には，その先に配偶者特別控除（☞配偶者特別控除とは）というものが用意されており，扶養控除のように突然控除が受けられなくなるというものではない。すなわち，配偶者の合計所得金額に応じたグラデーションのもとで，次第に，配偶者特別控除の金額が逓減する仕組みが設けられていることからすれば，配偶者控除額に関して，「壁」という表現は適切とはいいがたく，「下り階段」とでもいうべき制度が配偶者控除と配偶者特別控除である。

なお，平成29年度税制改正において，配偶者控除および配偶者特別控除は大きく改正されており，納税者本人の合計所得金額なども加味して控除額が算出されるなど，仕組みは複雑になったといえる。今では「201万円までの下り階段」ということになろうか。

☞　**配偶者特別控除**とは，配偶者の合計所得金額が48万円を超えると，配偶者控除を受けられなくなるのを避けて配偶者の労働調整が起きにくくする目的を有する所得控除である。配偶者特別控除は配偶者の合計所得金額が48万円を超えたところから適用が始まるので，激変緩和措置としての意味を有する。

✍　国外居住親族に係る扶養控除については，令和2年度税制改正において見直しがなされている。従来，控除対象扶養親族の判定に係る所得要件（48万円未満）は国内源泉所得のみで判定されることとなっており，国外で一定以上の所得を稼得している国外居住親族でも扶養控除の対象にされていることが問題視されてきた。そこで，令和5年分以後の所得税につき，留学生や障害者，送金関係書類において38万円以上の送金等が確認で

図表10　配偶者特別控除

		控除を受ける納税者本人の合計所得金額		
		900万円以下	900万円超 950万円以下	950万円超 1,000万円以下
配偶者の合計所得金額	48万円超　95万円以下	38万円	26万円	13万円
	95万円超　100万円以下	36万円	24万円	12万円
	100万円超　105万円以下	31万円	21万円	11万円
	105万円超　110万円以下	26万円	18万円	9万円
	110万円超　115万円以下	21万円	14万円	7万円
	115万円超　120万円以下	16万円	11万円	6万円
	120万円超　125万円以下	11万円	8万円	4万円
	125万円超　130万円以下	6万円	4万円	2万円
	130万円超　133万円以下	3万円	2万円	1万円

（国税庁HPより）

きる者を除く30歳以上70歳未満の成人について，扶養控除の対象にしないこととされた。

図表11 配偶者控除と配偶者特別控除の階段表

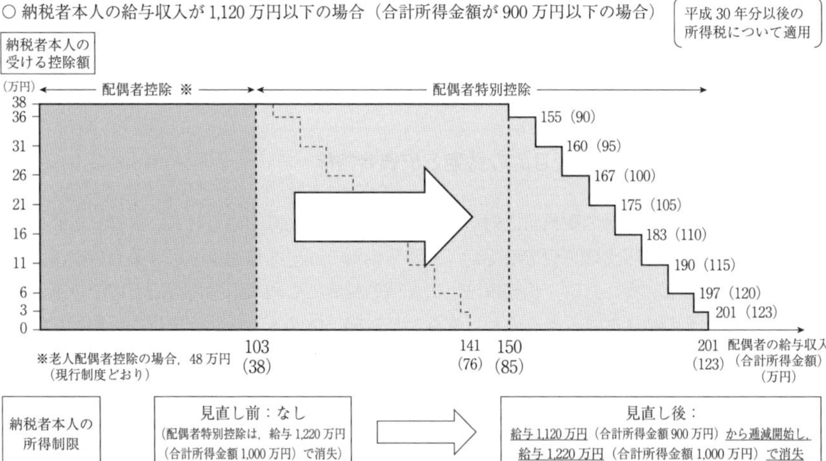

（注） 納税者本人の給与収入（合計所得金額）が1,120万円（900万円）超1,220万円（1,000万円）以下の場合でも控除が受けられることとし，控除額が逓減・消失する仕組みとする。具体的には，納税者本人の給与収入（合計所得金額）が1,120万円（900万円）以下の場合の「控除額」を，納税者本人の給与収入（合計所得金額）が，①1,120～1,170万円（900～950万円）の場合には，その控除額の2/3，②1,170～1,220万円（950～1,000万円）の場合には，その控除額の1/3とし，③1,220万円（1,000万円）を超える場合には消失することとする。（控除額は1万円未満切上げ）

（財務省HPより）

⑹ 税額控除

総所得金額，退職所得金額，山林所得金額から所得控除を引いたそれぞれの金額に税率を適用して算出された算出税額から，さらに住宅借入金等特別控除などの税額控除（☞税額控除とは）を控除して年税額を計算する。

☞ **税額控除**とは，図表12に掲げるようなものをいい，所得控除後の各種課税標準に対して税率が適用された後の金額から，さらに政策的目的などから税額を控除することをいう。例えば，法人税との二重課税を排除する目的の配当控除，外国における課税との二重課税を排除する目的の外国税額控除のほか，住宅取得の促進を目的として設定されている住宅借入金等特別控除（酒井・概念論5参照）などがある。

(7) 納付すべき税額

その後年税額からすでに納付している源泉徴収額や予定納税額を控除することによって，納付すべき税額が計算される（🔍図表１：所得税の計算の順序－56頁参照）。

Tax Lounge　**節税目的の婚姻と配偶者控除**

課税実務上，内縁の配偶者に対して配偶者控除の適用は認められていない。これは，民法の採用する届出婚主義を前提に，適法な婚姻の届出を法的基準とするものであるが，このような考え方は，相続税法上の配偶者控除にも同様に考えることができる。

では，その逆はどうであろうか。すなわち，届出はあっても何ら夫婦の実態がない場合はどう考えるべきであろうか。

民法742条《婚姻の無効》２号は，「当事者が婚姻の届出をしないとき」はその婚姻を無効とするとし，「ただし，その届出が第739条第２項に定める方式を欠くだけであるときは，婚姻は，そのためにその効力を妨げられない。」と規定している。ここにいう民法739条《婚姻の届出》２項とは，「婚姻は，戸籍法…の定めるところにより届け出ることによって，その効力を生ずる。」とする１項の届出について，「当事者双方及び成年の証人２人以上が署名した書面で，又はこれらの者から口頭で，しなければならない。」とするものであるが，この方式を欠いているだけであるときは，たとえ届出に瑕疵があったとしても，婚姻関係を無効とはせず，その瑕疵は治癒されるというのである。

このように考えると，適法な届出であるか否かというのは，単に婚姻届出の有無やその形式のみならず，もう少し丁寧にみておく必要があることに気づかされる。

さらに，民法742条１号は，「人違いその他の事由によって当事者間に婚姻をする意思がないとき」もその婚姻を無効であるとする。すなわち，婚姻届出があったとしても，それが人違いであった場合などのように，当事者間に婚姻の意思がないときには，民法上，その婚姻は無効とされるのである。少なくとも恋愛関係を経た婚姻が一般的な今日においてはなかなか想像しづらいが，情報手段が限られていた過去にはそういったこともあったのであろう。もっとも，この規定は，人違いを例示しているだけであるから，重要なのは，「婚姻をする意思がないとき」に無効となるという点である。

例えば，婚姻意思がないのにもかかわらず，相続税を軽減させるためだけの目的で行った婚姻はどうであろうか。婚姻意思が認められない限り，婚姻届出がなされていたとしても無効であるとすべきであって，その際には，配偶者控除の適用はないと解される。もちろん，人違いで婚姻した場合にも配偶者控除の適用はないというべきであろう。

図表12　令和2年分　主な税額控除の税額控除額の一覧表

<table>
<tr><td>配当控除額</td><td>課税総所得金額等が1,000万円以下の場合……次のイとロとの合計額
イ　剰余金の配当等に係る配当所得（特定株式投資信託の収益の分配に係る配当所得を含む。）の金額×10%
ロ　証券投資信託の収益の分配金に係る配当所得（特定株式投資信託の収益の分配に係る配当所得を除く。）の金額×5%

☞ **課税総所得金額等**とは，課税総所得金額，土地等に係る課税事業所得等の金額（平成10年1月1日から令和2年3月31日までの間は適用なし），課税長期（短期）譲渡所得の金額，上場株式等に係る課税配当所得の金額，株式等に係る課税譲渡所得等の金額及び先物取引に係る課税雑所得等の金額の合計額をいう。
✍ なお，課税総所得金額等が1,000万円を超える場合には，証券投資信託の収益の分配に係る配当所得の金額などとの関係によって，計算が異なる。</td></tr>
<tr><td>（特定増改築等）住宅借入金等特別控除額</td><td>住宅借入金等特別控除額は，居住の用に供した年月日によって控除期間とその限度額が異なるため注意が必要である。
例えば，令和元年10月1日から令和2年12月31日までの期間については以下のとおりである。
<table>
<tr><th>控除期間</th><th>各年の控除額の計算（控除限度額）</th></tr>
<tr><td>13年</td><td>［住宅の取得等が特別特定取得に該当する場合］
【1～10年目】
年末残高等×1%（40万円）
【11～13年目】
次のいずれか少ない額が控除限度額
①　年末残高等〔上限4,000万円〕×1%
②　（住宅取得等対価の額－消費税額〔上限4,000万円〕）×2%÷3

（注）「住宅取得等対価の額」は，補助金および住宅取得等資金の贈与の額を控除しないこととした金額をいう。</td></tr>
<tr><td>10年</td><td>［上記以外の場合］
1～10年目
年末残高等×1%（40万円）
（注）住宅の取得等が特定取得以外の場合は20万円</td></tr>
</table>
</td></tr>
</table>

政党等寄附金特別控除額	次の①と②のいずれか少ない方の金額（100円未満の端数切捨て） ①　［（政党等に対する寄附金の支出額）－（2,000円－「特定寄附金の支出額」（赤字のときは「0」））］×30% ②　所得税の額の25%相当額
認定NPO法人寄附金特別控除	次の①と②のいずれか少ない方の金額（100円未満の端数切捨て） ①　［（その年中に支出した特定非営利活動に関する寄附金の合計額）－（2,000円－「特定寄附金の支出額」（赤字のときは0））］×40% ②　所得税の額の25%相当額
公益社団法人等寄附金特別控除	次の①と②のいずれか少ない方の金額（100円未満の端数切捨て） ①　［（その年中に支出した税額控除対象寄附金の合計額）－（2,000円－「特定寄附金の支出額」（赤字のときは0））］×40% ②　所得税の額の25%相当額

(8)　申告・納付

申告納税制度（☞申告納税制度とは）のもと，納税者は，自ら1年間の所得金額の計算を行い，所得金額に応じた税額を算出し，これを確定申告書に記載する。この確定申告書を税務署長に対して提出することで当該納税者の税額が確定し，この税額を納付する。確定申告は，例年2月16日から3月15日までであり（年によって土日の関係でずれることがある。），納税者は原則的にこの期間内に確定申告書を提出することとされている。もっとも，①1年間の全税額を一度に納付することが負担であること，②国庫の歳入が平準化されないこと，③所得発生の時期から時間的にあまり離れずに納付するのが理想であることなどの理由から，予定納税制度（☞予定納税制度とは）や源泉徴収制度（☞源泉徴収制度とは）が設けられている。

☞　**申告納税制度**とは，納付すべき税額を納税者の申告によって確定させる制度であり，申告がない場合や申告が不相当と認められる場合に限って，税務当局が調査（🔍25―297頁参照）により更正または決定（🔍26―309頁参照）によって税額を確定するという仕組みである。この制度は民主主義的思想に合致すると説明されている。

☞　**予定納税制度**とは，前年分の所得税額をもとに調整計算を行ったうえで15万円以上の予定納税基準額がある者があらかじめ所得税法上の計算方式に基づき税額を納める制度をいう。納期は7月および11月で，それぞれ予定納税基準額の3分の1である。税額が減少すると見込まれる者のために予定納税額の減額承認の申請制度も設けられている。

☞ **源泉徴収制度**とは，納税者の取引相手に納付の義務を課す制度であり，申告納税制度を補完する制度として，所得税法上用意されている。特に，多くの給与所得者は，給与の支払者が支払の都度源泉徴収を行い，年末には年を通じた納付すべき税額の計算（精算）も給与支払者が行うことから（これを「年末調整」という。），源泉徴収制度によって納付が完結する。したがって，多くの給与所得者は，確定申告を行う必要がないのである。なお，年末調整制度については，源泉徴収義務者にセンシティブな個人情報が集まり，プライバシー保護の見地から問題があるため，廃止すべきなどの批判も展開されている。

¶レベルアップ！　大嶋訴訟最高裁判決

大嶋訴訟最高裁昭和60年3月27日大法廷判決（民集39巻2号247頁）は，「租税は，国家が，その課税権に基づき，特別の給付に対する反対給付としてでなく，その経費に充てるための資金を調達する目的をもって，一定の要件に該当するすべての者に課する金銭給付であるが，およそ民主主義国家にあっては，国家の維持及び活動に必要な経費は，主権者たる国民が共同の費用として代表者を通じて定めるところにより自ら負担すべきものであり，我が国の憲法も，かかる見地の下に，国民がその総意を反映する租税立法に基づいて納税の義務を負うことを定め（30条），新たに租税を課し又は現行の租税を変更するには，法律又は法律の定める条件によることを必要としている（84条）。それゆえ，課税要件及び租税の賦課徴収の手続は，法律で明確に定めることが必要であるが，憲法自体は，その内容について特に定めることをせず，これを法律の定めるところにゆだねているのである。思うに，租税は，今日では，国家の財政需要を充足するという本来の機能に加え，所得の再分配，資源の適正配分，景気の調整等の諸機能をも有しており，国民の租税負担を定めるについて，財政・経済・社会政策等の国政全般からの総合的な政策判断を必要とするばかりでなく，課税要件等を定めるについて，極めて専門技術的な判断を必要とすることも明らかである。したがって，租税法の定立については，国家財政，社会経済，国民所得，国民生活等の実態についての正確な資料を基礎とする立法府の政策的，技術的な判断にゆだねるほかはなく，裁判所は，基本的にはその裁量的判断を尊重せざるを得ないものというべきである。そうであるとすれば，租税法の分野における所得の性質の違い等を理由とする取扱いの区別は，その立法目的が正当なものであり，かつ，当該立法において具体的に採用された区別の態様が右目的との関連で著しく不合理であることが明らかでない限り，その合理性を否定することができず，これを憲法14条１項の規定に違反するものということはできないものと解するのが相当である。」と判示している。

この最高裁大法廷判決は，租税法の勉強において示唆に富んでいる（酒井・ブラッシュアップ２頁）。ぜひ，時間をみつけて全文を読んでみよう！

10 法人税法

(1) 法人税の意義

法人税とはいかなる租税をいうのかという点が最初の問題となる。一般的には，法人税は一定期間の法人の所得に対する租税であるといえるが，本質的な論点は，法人税の性格論である。すなわち，法人税とは法人の所有者である株主に対する租税をいうのか，あるいは「法人」そのものに対する租税をいうのかという問題関心がそこには所在する。そもそも，法人税は，法人の構成員たる株主にかかる個人所得税との間に二重課税を生じるのではないかという素朴な疑問が存するが，その議論の前提として，法人とその構成員たる株主との関係をいかに捉えるべきであるかという点が整理されなければならない。

これまでの研究では，法人を擬制的に捉え，あくまでも個人株主の集合体にすぎないとする立場（法人擬制説（または株主集合体説ともいう。））と，法人をあたかも法的に実在していると捉えたうえで，個人株主とは別個独立した存在であることを前提とする立場（法人実在説）とで見解が分かれている。前者の立場からは，法人税はいずれ個人株主の段階で課税されるのにもかかわらず法人税を課すということが二重課税を生じているとの理解に直結し，ひいては法人税を所得税の前払いとして捉える考え方（前払説・源泉徴収税説）に結び付きやすいのに対して，後者の立場は，別個独立した課税主体に対する課税であるから，何ら二重課税と捉える必要はないという考え方（分離独立説・独立説）に結び付きやすいことになる。

そこで次に，法人税と所得税との関係について，前払説（源泉徴収説）と分離独立説（独立説）の考え方を簡単に説明する。

(2) 法人税と所得税との関係

ア 前払説（源泉徴収説）

法人に独立の法主体性を認めているのは，それが法律関係の処理のために便利であり，また取引の安全を維持するために必要であるからであるといわれている（金子宏「法人税と所得税の統合ー統合の諸類型の検討ー」同『所得課税の法と政策』

431頁（有斐閣1996））。

法人は，対外的関係では，その構成員とは別個・独立の法主体として活動している。また，多くの法人は，その構成員とは独立の組織を有している。その意味では，法人の多くは社会的実体であるといえよう。しかし，対内的関係，すなわち構成員との関係では，法人は必ずしも構成員と別個・独立の存在ではない。少なくとも営利法人に関する限り，法人はその所有者である構成員のために利益を追求し，それを株主に分配することを目的として存在している。その意味では，法人の所得は株主のものであり，法人税は株主に分配されるべき利益を減少させるから株主の負担となっていると考えるべきであるとするのが，前払説と呼ばれる考え方である。

なお，シャウプ勧告も，「根本的には，法人は与えられた事業を遂行するために作られた個人の集合である」という基本的前提をおき，理論的帰結として，法人税は配当に対する所得税の前払いであるとする。したがって，この立場は，法人税を課税し，さらに法人の利益を個人株主に配当した段階で所得税を課税することは，実質的に二重課税の状態となっていると理解する。

通説はこの考え方を支持している。

✍ この考え方を原理的に進めれば，いずれは個人株主に分配される配当に対して，所得税を課税すればよいのであるから，法人税は不要であるという「法人税不要説」につながる。しかし，法人が配当しない限り課税がなされないとするのでは，租税負担の回避が容易に行われてしまうので，前払説に立っても法人税の必要性は否定できない。

イ　分離独立説（独立説）

法人は究極的には個人の意思に基づいて作られたものであるとはいえ，とりわけ大法人の場合には，永続性を与えられた経済活動の主体として，一般に個人株主の意向とは無関係に経営方針や配当政策が決定される。また，我が国の法人の慣行においては，実際問題として法人税の負担は継続企業たる法人の負担となっており，配当に帰せられていないこと等を考えると，法人税を所得税の前払いと見る考え方を租税政策の基礎として採用することは適当でないとする考え方も成り立つ（金子宏「法人税の性質と配当課税のあり方」同『所得課税の法と政策』423頁（有斐閣1996））。

この立場に立てば，配当に対して所得税を課税することと，別の実在である法人に対して法人税を課税することは二重課税とならないという考え方に結び付きやすい。

しかし，通説はこの説を支持しない。

ウ　二重課税の調整

通説は前払説を採用するので，法人税は，いずれ配当に対する所得税課税がなされる前段階での租税負担にすぎず，いわば源泉徴収されているようなものとして理解する。すると，法人活動によって得られた利益に対して法人税が課税され，納税後の利益を配当した場合には，さらにそこに個人株主の立場で所得税が課税されるのは実質的にみて二重課税が生じていることになる（法人株主との二重課税問題については，🔍(5)イ－92頁参照）。

そこで，これまでこの二重課税をどのように排除すべきかについて，各国ではさまざまな取組みがなされてきた。ここでは，代表的な二重課税の調整方法としてヨーロッパで採用されてきたインピュテーション方式と我が国が採用する受取配当税額控除方式について触れておきたい。

(ア)　インピュテーション方式

法人段階で負担した法人税を源泉税として捉え，法人からの個人株主への配当が法人税納付後の残額であることから，配当に源泉税である法人税を上乗せして（グロスアップ），額面配当所得（税引前配当所得）を計算し，その配当所得に

図表1　インピュテーション方式の例

株主一人だけの会社の今期の利益が100万円のケース（配当可能利益を全額配当）

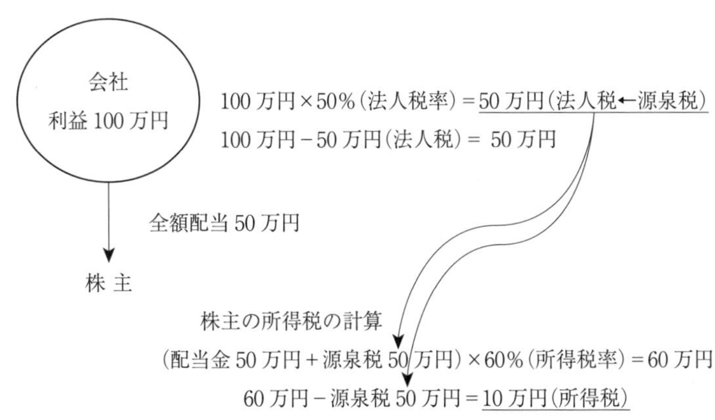

対して所得税を課税することで正確な所得税を算出する。もっとも，すでに，源泉税として法人税相当額を支払っているのであるから，その分を控除して，納付すべき所得税額を算出する。こうすることによって，二重課税が排除されると考えるのである（図表1参照。酒井克彦「会社の利益処分と所得税－役員への賞与，配当に係る二重課税問題－」税大ジャーナル8号49頁（2008）参照）。しかし，インピュテーション方式は，その計算が複雑になりやすいという問題点が指摘されている。

(イ)　受取配当税額控除方式

我が国が採用する受取配当税額控除方式では，所得税法において，例えば，「配当所得の10％を税額から控除する」というかたちで規定される（所法92）。この方式によれば，「二重課税の排除に忠実であるものの，その計算が理解しにくい」という上記のインピュテーション方式の問題点を克服することができる。しかしながら，一定額を税額から控除するという規定では，二重課税の調整に正確性を欠いているという指摘もできる。

(3)　納税義務者としての法人

法人税の納税義務者は次に掲げるとおりである。

①　普通法人

②　協同組合等

③　公益法人等

④　人格のない社団等

これらのうち，③および④については，法人税法施行令5条《収益事業の範囲》に列挙している収益事業（☞収益事業とは）を営む場合に限り納税義務があるとされている（なお，外国法人については，14国際租税法（🔍172頁）を参照）。

☞　**収益事業**とは，販売業，製造業その他の政令で定める事業で継続して事業場を設けて営まれるものをいう（法法2十三，法令5）（🔍¶レベルアップ3！－113頁参照）。

具体的には，法人税法施行令5条には，①物品販売業，②不動産販売業，③金銭貸付業，④物品貸付業，⑤不動産貸付業，⑥製造業，⑦通信業（放送業を含む。），⑧運送業（運送取扱業を含む。），⑨倉庫業，⑩請負業（事務処理の委託を受ける業を含む。），⑪印刷業，⑫出版業，⑬写真業，⑭席貸業，⑮旅館業，⑯料理店業その他の飲食店業，⑰周旋業，⑱代理業，⑲仲立業，⑳問屋業，㉑鉱業，㉒土石採取業，㉓浴場業，㉔理容業，㉕美容業，㉖興行業，㉗遊技所業，㉘遊覧所業，㉙医療保健業，㉚技芸教授業（洋裁，和裁，着物着付け，編物，手芸，料理，理容，美容，茶道，生花，演劇，演芸，舞踊，舞踏，音楽，絵画，書道，写真，工芸，デザイン（レタリングを含む。），自動車操縦もしくは小型船舶の操縦の教授等），㉛駐車場業，㉜信用保証業，㉝無体財産権提供業，㉞労働者派遣業が示されている。

⑷ 法人税の計算

法人税は一定期間の法人の所得に対する租税であるから，法人税の計算を理解するに当たっては，まず，法人の所得が明らかにされなければならない。法人の所得とは基本的には法人の利益であり，その計算は，一定期間における収益からそれを得るのに必要な費用を控除する方法で計算される（法法22①）。

✍ 所得税と法人税の所得計算の比較をイメージ図で表すと図表2のように異なる（🔍9⑶―59頁も参照）。

所得税法も法人税法も「所得」に対する課税を行うという点では同じであるが（所得課税法），所得金額の計算ルールは大きく異なる。「所得」の計算をビーカーに残っている水の量でみることができるとすると（この際赤字を捨象して考える。），所得税法における所得の計算は10種類に分けたビーカーごとに行い，それぞれに適用される計算方法が異なるのに対して，法人税法における所得金額の計算は1つのビーカーで計算するの

図表2

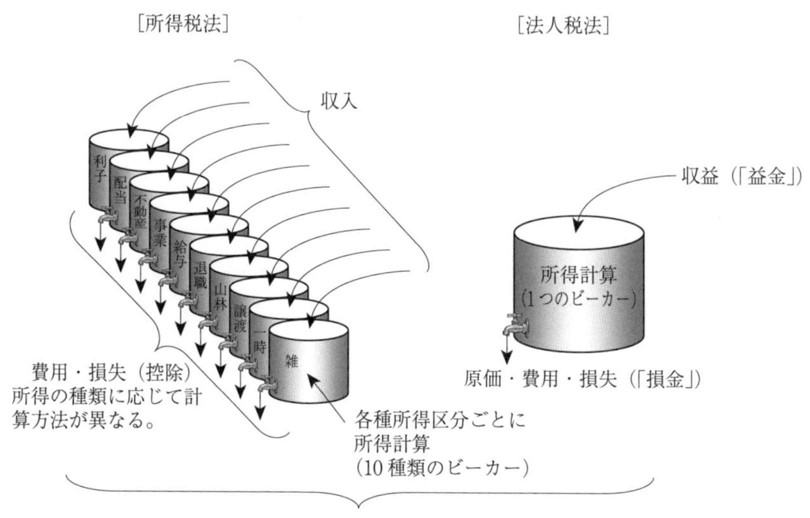

である。両者間においてはこの点が最大の違いである。

法人税法においては，収益あるいは費用という用語の代わりに「益金」「損金」という用語を使用することによって，企業会計上の取扱いと差異を設けている。このことから明らかなように，法人所得の計算において最も重要なことは，「益金」および「損金」の意義を明らかにすることである。

具体的に，法人の所得金額の計算は，一般に公正妥当と認められる会計処理の基準により計算された決算利益をもとに，申告調整（☞申告調整とは）を行うことによってなされる。

☞　**申告調整**とは，確定した決算に基づく損益計算結果（決算利益）に，法人税法上，損金不算入項目および益金算入項目を加算し，損金算入項目および益金不算入項目を減算して，所得金額を算出することをいう。なお，ここにいう「確定した決算」とは，その事業年度の決算につき，株主総会の承認または総社員の同意その他これらに準ずるものがあったことをいう。

⑸　益　金

ア　益金の意義

益金の意義については，法人税法22条２項に規定されている。同条項は，「内国法人の各事業年度の所得の金額の計算上当該事業年度の益金の額に算入すべき金額は，別段の定めがあるものを除き，資産の販売，有償又は無償による資産の譲渡又は役務の提供，無償による資産の譲受けその他の取引で資本等取引以外のものに係る当該事業年度の収益の額とする。」と規定し，益金を「取引」に係る収益として観念している（酒井・裁判例〔法人税法〕178頁）。

この規定から明らかなように，法人税法は，①資産の販売，②有償または無償による資産の譲渡，③有償または無償による役務の提供，④その他の取引による収益の額が「益金」を構成するとしているのである。もっとも，④の取引のうち，資本等取引（☞資本等取引とは）に該当するものは除かれている。

☞　**資本等取引**とは，①資本金等の額の増加または減少を生ずる取引，および②法人が行う利益または剰余金の分配をいう（法法22⑤）。このうち，①を狭義の資本等取引という。企業会計原則は，資本維持の要請から，資本取引と損益取引を厳格に区別し，企業の利益と損失は損益取引のみから生じ，資本取引からは生じないという考え方を採用している。法人税法においても，資本等取引による収益と損失を益金および損金の範囲から排除しているのである。なお，自己株式については，会社法が資産の部ではなく，資本金の控除項目としていることに合わせて，法人税法上も資本等取引として，資本等の金額を減少させる処理を行うこととしている（法法2十六，法令8①十七，十八）。

✍ 法人税法22条2項は，益金を取引に係る収益として観念しており，このことから，原則として実現した利益のみが所得であるという考え方を採用し，未実現の利得を課税の対象から除外していると解されている。このように法人税法においても，取引によって生じた所得をすべて課税対象所得として認識するという点で，包括的所得概念が採用されているとみることができる。すなわち，取引によって生じた収益は，営業取引によるものか営業外取引によるものか，合法なものか非合法なものか，有効なものか無効なものか，金銭の形態をとっているかその他の経済的利益の形態をとっているか等の別なく，益金を構成すると解されている（金子・租税法338頁）。

昭和38年12月付け政府税制調査会「所得税法及び法人税法の整備に関する答申」は，「所得税法及び法人税法における所得概念については，個別経済に即した担税力を測定する見地からみて，基本的には，現行税法に表れているいわゆる純資産増加説（一定期間における純資産の増加――家計費等所得の処分の性質を有するものによる財産減少は考慮しない――を所得と観念する説）の考え方に立ち，資産，事業及び勤労から生ずる経常的な所得のほか，定型的な所得源泉によらない一時の所得も課税所得に含める立場をとるのが適当であると考えられる。」とする。

法人税法22条2項は，無償による資産譲渡や役務提供，その他の無償取引に係る収益も益金に算入される旨規定しているため，初学者にとってはやや分かりづらいであろう。この規定の解釈や位置付けをめぐっては学説上も争いをみせているが，通説は，適正所得算出説を採用している。これは，無償取引の場合には経済的価値の流入がそもそも存在しないにもかかわらず，このような場合に益金を認識するのは，正常な対価で取引を行った者との間の負担の公平を維持し，同時に法人間の競争中立性を確保するために，無償取引からも収益が生ずることを擬制した創設的規定であると解する考え方である（金子・租税法338頁以下）。

✍ これに対して，増加益清算課税説という有力な反論がある。所得課税の論理からは，資産の値上り益はその資産を値上り前に保有していた者に対して課税されるべきであるから，資産を保有していた者である譲渡者に所得が帰属すると考えることができる。これは所得税法の譲渡所得の課税根拠と同じ考え方である（🔍9(3)クー66頁参照）。この考え方から，譲渡者は，譲渡資産に係る価値変動につき譲渡を機会として清算し課税を受けることになるというのである。他方，無償による役務提供については，無償貸付利息を考えた場合，貸付利息相当額は貸付前の債権の割引現在価値と貸付債権の回収時の差額に相当するため，債権について利息相当額分だけ価値の値上りを認識することができ，これは債権者の資産価値の増加に伴う収益であると考えるのである（岡村・法人税法42頁）。この立場は，無償取引からの益金認識を所得課税の考え方から当然に導出できる課税ルールであると捉えるため，法人税法22条2項を確認的規定と位置付ける考え方と親和性がある。

イ　受取配当等の益金不算入

法人税法上，法人が他の法人から受ける剰余金の配当，利益の配当，剰余金の分配等については，原則的に益金に算入しないこととされている（法法23①）。

前述のとおり，我が国の租税法は，原則的に，法人税を所得税の前払いとみる立場に立ち，いずれ個人株主のところに配当されることになるという考え方のもと，終局的には，法人利益に対する法人税と個人株主が受けた配当に対する所得税との二重課税を所得税の税額控除（配当控除）において調整することとしている。しかしながら，第一法人の利益が第二法人に配当され，さらに，第二法人が配当を益金に含めたところで法人所得を計算して，それをもとに法人税が課されると，第二法人から配当を受けた個人の段階で二重にかかった法人税とその個人に課税される所得税との三重課税の調整が必要となる。このような三重課税，四重課税排除の所得税計算は技術的に難しいことから，法人が法人から受けた配当については，そもそも法人税を課税しない仕組みが構築されているのである。

このことは，受取法人の段階で課税をする以前に第一法人の段階で法人税が課されているから，その段階で二重課税を防止するためと説明することもできる。

図表3

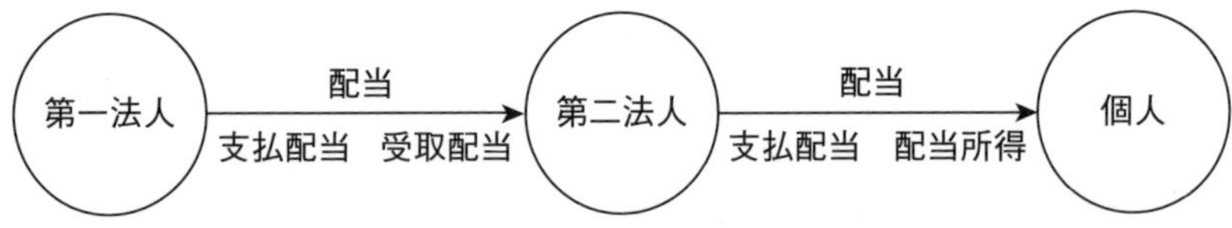

✍　内国法人が外国子会社から受ける剰余金の配当等の額がある場合についても，その配当等の金額は益金の額に算入しない（法法23の2①）。

✍　完全子法人株式等（☞完全子法人株式等とは）と関連法人株式等（☞関連法人株式等とは）については，100％の益金不算入が認められている（ただし，関連法人株式等については，負債利子の額を控除）。他方で，非支配目的株式等（☞非支配目的株式等とは）の配当等についてはその配当等の額の20％が，その他の株式等（☞その他の株式等とは）の配当等についてはその50％が益金不算入の対象とされている。

☞　**完全子法人株式等**とは，配当等の計算期間を通じて完全支配関係（100％の持株関係）

があった法人の株式等（法法23⑤，法令22の２）をいう。

☞ **関連法人株式等**とは，法人が３分の１を超える持株割合を有する株式等で，配当等の支払の基準日以前６か月以上引き続いて有しているもの（完全子法人株式等を除く。法法23⑥，法令22の３）をいう。

☞ **非支配目的株式等**とは，その配当等の基準日において５％以下の持株割合を有する株式等をいう（完全子法人株式等を除く。法法23⑦，法令22の３の２）。

☞ **その他の株式等**とは，完全子法人株式等，関連法人株式等，非支配目的株式等のいずれにも該当しない株式等をいう。

図表４

	普通法人等	協同組合等の事業分量分配金	保険会社契約者配当金	導管方法人〔SPC，投資法人，特定信託〕
二重課税排除・損金算入制度	益金不算入方式	× （損金算入）	× （損金算入）	支配配当控除方式

図表５　受取配当等の益金不算入割合

	持株割合	益金不算入割合
完全子法人株式等	100％	100％
関連法人株式等	３分の１超	100％（負債利子控除）
非支配目的株式等	５％以下	20％
その他の株式等	上記以外	50％

ウ　資産の評価益の益金不算入

企業利益は対外的取引によって生じた損益をもって計算すべきとの考え方があるが，そのような考え方から，法人税法も原則的には，資産の評価換えによる増加益は収益に含まないこととしている（法法25①）。

✍ 売買目的有価証券（法令119の12）については評価益を益金に算入する（時価法）こととされており（法法61の３①一，法令119の13），また，空売り，信用取引，発行日取引，引受けについても繰延ヘッジ処理の対象とされている場合を除き，益金または損金に算入する（法法61の４①）。これをみなし決済というが，これも時価評価を行うという意味である。なお，金融機関等の更生手続の特例等に関する法律などによる評価換え（法法25②）なども例外的に措置されている。

✍ 法人税法は，短期売買商品等についても期末時価評価の対象としているが（法法61①），ここにいう，短期売買商品等には，金・銀・白金といった資産のほか，仮想通貨も含まれる。仮想通貨の租税法上の取扱いは従来解釈に委ねられていたところであるが，令和元年度税制改正においてはじめて法人税法がその取扱いを規定した。仮想通貨については，「活発な市場」が存在するものに限って時価評価の対象とされている。なお，法人税法上，仮想通貨とは，資金決済に関する法律2条《定義》5項に規定する仮想通貨をいうものと定めている。

エ　還付金の益金不算入

法人が，その所得に対する法人税等の還付を受けたり，その還付を受けるべき金額が未納の租税に充当された場合には，その還付金相当額は，益金に算入しない（法法26①一）。法人税は，そもそも所得の中から納付すべきものであり，所得計算後に確定するものであるから，納付の際にも損金の額に算入されない（法法38）。したがって，その還付金が益金に算入されないのは当然であるといえよう。

オ　権利確定主義

権利確定主義とは，所得税法，法人税法に共通する考え方であり，権利の確定するタイミングをもって収入や収益を計上する原則をいう。判例・学説はこの考え方を採用している（大竹貿易事件最高裁平成5年11月25日第一小法廷判決・民集47巻9号5278頁）。

具体的にいえば，製造販売業であれば，商品・製品の引渡基準が原則的にこれに当たり，サービスの提供事業であれば役務提供基準が原則的にこれに当たるといってもよい（法法22の2①）。もっとも，引渡基準とはいっても，いつのタイミングで引渡しの日とみるかについては，扱う商品・製品の性質や取引慣行などによって，発送日によるべきかあるいは検収日によるべきかなどが異なるというべきであろう。

今日の包括的所得概念のもとでは，所得の発生原因や源泉を問わずに課税の対象を捉えるため，権利の裏付けのない不法所得も課税の対象となりうる。すると，所有権などの権利の裏付けのない所得については，形式的な意味での権利確定主義では課税のタイミングを説明することができない。そこで，学説は，不法所得であっても，かかる所得が納税者のもとにおいて管理支配されているのであれば，そのタイミングで課税がなされるべきと考え，これを含めて広義の権利確定主義と捉えている。したがって，厳格な意味での権利の確定を原則とし（狭義の権利確定主義），例外として管理支配基準によって整理することとしている（権利確定主義については，酒井・プログレッシブⅡ37頁以下参照）。

⑹ 損　金

ア　損金の意義

損金の意義について，法人税法22条３項は，「内国法人の各事業年度の所得の金額の計算上当該事業年度の損金の額に算入すべき金額は，別段の定めがあるものを除き，次に掲げる額とする。」とし，次の３つを掲げている。なお，「別段の定め」としては，後述する償却費，資産の評価損，役員の給与等，寄附金，交際費，圧縮損，引当金・準備金などがある（酒井・裁判例〔法人税法〕334頁）。

① 収益に係る売上原価，完成工事原価その他これらに準ずる「原価」の額

② ①に掲げるもののほか，その事業年度の販売費，一般管理費その他の「費用」（償却費以外の費用でその事業年度終了の日までに債務の確定しないものを除く。）の額

③ 「損失」の額で資本等取引以外の取引に係るもの

上記の規定から分かるように，損金とは，原価・費用だけでなく損失をも含む広い概念である。

イ　原価の額

法人税の課税所得の計算上，損金の額に算入される売上原価等の原価は，その事業年度の収益に係るものである（上記ア①）。この「収益に係る」というのは，棚卸資産（商品や製品）が販売され実現した収益に対応する原価を意味している。期末に在庫として残っている商品等の原価までを含めているわけではない。売上原価等は，費用収益対応の原則（☞費用収益対応の原則とは）に基づき，収益に個別的に対応させて把握することを予定しているが，大量の棚卸資産の購入販売を行っている企業にとって，個別に対応関係を把握することは困難である。そこで，期首棚卸資産（事業年度初めに前期から繰り越されてきた商品や製品）と当期仕入額の合計額から期末棚卸資産（事業年度末の在庫）の評価額（法法29，法令28）を控除した金額を計算して売上原価を算出する。

☞ **費用収益対応の原則**とは，継続的事業の所得計算において，費用につき，それが寄与した収益と対応させ，その収益から控除しなければならないとする考え方である（酒井・プログレッシブⅠ55頁参照）。法人税法上，損金算入が認められる費用は，「当該事

業年度の…費用」とされており（法法22③），その事業年度の収益の獲得に寄与した費用が意味されている。その意味で当事業年度に支払った費用であっても，翌事業年度以降の期間の収益に対応するものは当期の損金にはならない。

✍ 企業会計原則注解（注21）は，次のような棚卸資産の評価方法を認めている。

① 個別法

棚卸資産の取得原価を異にするに従い区別して記録し，その個々の実際原価によって期末棚卸品の価額を算定する方法である。

② 先入先出法

最も古く取得されたものから順次払出しが行われ，期末棚卸品は，最も新しく取得されたものからなるものとみなして期末棚卸品の価額を算定する方法である（ジュースをバックヤード側から補充するコンビニエンスストアの大型冷蔵庫のイメージ）。

③ 平均原価法

取得した棚卸資産の平均原価を算出し，この平均原価によって期末棚卸品の価額を算定する方法である。平均原価は，総平均法または移動平均法（まだ飲み干していないコップに違うメーカーのビールを注がれてしまうイメージ）により算出する。

④ 売価還元原価法

異なる品目の資産を値入率の類似性に従って適当なグループにまとめ，一グループに属する期末商品の売価合計額に原価率を適用して期末棚卸品の価額を算定する方法である。この方法は，取扱品種のきわめて多い小売業および卸売業における棚卸資産の評価に適用される。

法人税法施行令は原価法として，次の3つの方法も提示している。

❶ 総平均法

期首棚卸資産の取得価額の総額と期中に取得した棚卸資産の取得価額の総額との合計額をそれらの総数量で除した価額を期末棚卸資産の1単位当たりの取得価額とする方法である。

❷ 最終仕入原価法

その事業年度の最後に取得したものの単価を期末棚卸資産の1単位当たりの取得価額とする方法である。納税者がいずれの評価方法をも選択しなかった場合には，この方法によることとされている。

❸ 売価還元法

期末棚卸資産の通常の販売価額の総額に原価率を乗じて計算した金額を取得価額とする方法である。

ウ　費用の額

㈠ 販売費，一般管理費

法人税法22条3項にいう，「販売費，一般管理費その他の費用」とは，売上原価や損失が別途定められていることからすれば，これらを含まないものと理解すべきであろう。「その他の費用」には，支払利息，手形割引料（手形売却損），社債利息などの営業外費用が含まれると解されている。

(イ) 減価償却費

固定資産のうち使用または時の経過によって価値の減少するものを減価償却資産という。費用収益対応の原則からすれば，減価償却資産の取得費は，取得の年度に一括して費用に計上するのではなく，使用または時の経過によってそれが減価するのに応じて徐々に費用化すべきである。そこで，法人税法は，一定の計算方法に従って，固定資産の取得費を各事業年度の費用に配分するとしているが，この計算のことを減価償却計算といい，この計算によって各事業年度の費用とされたものを減価償却費という。減価償却は，投下資本の回収や資

Tax Lounge　後入先出法の廃止

最も新しく取得されたものから順次払出しが行われ，期末棚卸品は最も古く取得されたものからなるものとみなして期末棚卸品の価額を算定する方法として後入先出法がある（牛丼屋のカウンターに置いてある紅ショウガのイメージ）。この後入先出法は，長所として，物価変動時においても，期首の棚卸資産に食い込んだ払出しが行われない限り，期首の棚卸資産に含まれている含み損益が損益計算から排除されるので，同じ物価水準による費用収益の対応の計算が可能となるという利点がある反面，原価配分の仮定と物の流れが一致しないことや，物価変動時に，期末棚卸資産の貸借対照表価額が時価と乖離することになるという点が短所とされる。

海外市況に大きく影響を受ける棚卸資産を扱う企業は，物価が上昇しているときに貸借対照表に計上された商品から「含み益」を排除できる後入先出法を活用していたが，企業会計基準委員会が平成20年９月に発表した改正企業会計基準第９号「棚卸資産の評価に関する会計基準」により，後入先出法は平成22年４月１日から開始する事業年度以降から廃止された。これは，国際的な会計基準に合わせること（コンバージェンス）が強調されたことによるものであるが，法人税法はこれにあわせて棚卸資産の評価方法の選択肢から後入先出法を排除した。

なお，平成８年11月付け政府税制調査会「法人課税小委員会報告」では，「棚卸資産の評価方法については，棚卸資産の種類や事業の形態に応じ，それに適した方法があるので，複数の評価方法が必要である。これらの評価方法のうち，後入先出法について，課税上これを無条件に認めているのは保守的に過ぎるとの指摘があった」ものの，「国際的な市況商品のように価格変動が激しい商品の場合には後入先出法による方が各事業年度の損益を適正に反映することになること等から，これを廃止することについては慎重な検討が必要である。」としていた。

産更新のための資金準備としての意味をも包摂している。

減価償却の計算においては，その要素である取得価額，耐用年数（☞耐用年数とは）および残存価額（☞残存価額とは）を明らかにし，次に一定の償却方法によって償却費を計算する。

その償却の方法は，①定額法（☞定額法とは），②定率法（☞定率法とは），③生産高比例法（☞生産高比例法とは）および④リース期間定額法（☞リース期間定額法とは）が適用されることとなっている（法令48）。

例えば，定額法の考え方は，次のような式で表すことができる。

取得価額	×	償却率	＝	減価償却費

☞　**耐用年数**とは，減価償却資産が使用に耐えうる年数のことをいう（耐用期間もほぼ同義）。租税法上の耐用年数は，耐用年数省令で定められているところに従う。

☞　**残存価額**とは，減価償却資産が使用可能期間を経過したときにおいて予想される資産の処分可能価額をいう。なお，法人税法上，残存価額の制度は平成19年度税制改正において廃止されたため，平成19年3月31日以前に取得した資産についてのみ残っている（酒井・裁判例〔法人税法〕386頁）。

☞　**定額法**とは，固定資産の耐用期間において，毎期均等額の減価償却費を計上する方法をいう。

☞　**定率法**とは，固定資産の耐用期間において，毎期期首未償却残高に一定率を乗じた減価償却費を計上する方法をいう。

☞　**生産高比例法**とは，固定資産の耐用期間において，毎期当該資産による生産または用役の提供の度合に比例した減価償却費を計上する方法をいう。

$$\text{取得価額}\times\frac{\text{その事業年度の採掘数量}}{\text{耐用年数または採掘予定年数の期間内における採掘予定数量}}$$

☞　**リース期間定額法**とは，リース資産について，次の算式により計算した金額を各事業年度の償却限度額として償却する方法である（法令48の2①六）。

$$(\text{取得価額}-\text{残価保証額})\times\frac{\text{その事業年度のリース期間の月数}}{\text{リース資産のリース期間の月数}}$$

☞　なお，平成28年度税制改正において，建物附属設備および構築物について定率法が廃止されているが，現行法の取扱いをまとめると図表6のとおりとなる（法令48の2各号）。

図表6

	平成19年4月1日以後 平成28年3月31日以前取得	平成28年4月1日以降取得
建物（法令13一）	定額法	定額法
建物附属設備（法令13一）	定額法・定率法	定額法
構築物（法令13二）		
機械および装置（法令13三）	定額法・定率法	定額法・定率法
船舶（法令13四）		
航空機（法令13五）		
車両および運搬具（法令13六）		
工具，器具および備品（法令13七）		
無形固定資産（法令13八）	定額法	定額法

(ウ) 役員給与等

法人税法は，定期同額給与，事前確定届出給与，業績連動給与の3種類の役員給与について，損金算入を認めている（法法34①）（🔍¶レベルアップ1！－110頁参照）。

(a) 定期同額給与　定期同額給与とは，支給時期が1か月以下の一定の期間ごとに支給される給与で，かつ，当該事業年度の各支給時期における支給額が同額である給与，その他これに準ずる給与をいう（法法34①一，法令69①）。

(b) 事前確定届出給与　事前確定届出給与とは，その役員の職務につき所定の時期に確定額を支給する旨の定めに基づいて支給する給与で，納税地の所轄税務署長にその定めの内容に関する届出をしているものをいう（法法34①二，法令69②～⑤）。

したがって，あらかじめ支給額や支給時期の確定した給与については，毎月の定期同額給与のほかに，半年ごとの支給日を決めた特定月増額支給の給与であっても損金の額に算入することができる。

(c) 業績連動給与　業績連動給与とは，利益や売上等の会社の業績に連動して金額の多寡が決まる給与のうち同族会社に該当しない法人が業務を執行する役員に対して支給する給与で，所定の要件を満たすものをいう（法法34①三，法令69⑨～⑩，法規22の3⑤）。

業績連動給与にはいくつかの要件があるが，大別すると，①算定方法が，その事業年度の利益に関する指標等を基礎とした客観的なものであること，②金銭による給与の場合，その金銭の額の算定の基礎とした利益の状況を示す指標等の数値が確定した日の翌日から原則として1か月以内に交付されること，③損金経理をしていることの3点である。これらは法人の恣意性を排除することを目的とする要件であるといえよう。

☞ 業績連動給与については近年たびたび改正がなされているが，平成28年度税制改正により，利益連動給与の算定の基礎となる「利益に関する指標」の範囲の明確化が図られることとなり，同指標としてROE（自己資本利益率）等一定の指標が含まれることが明確化された。その後，平成29年度税制改正において，「利益連動給与」から現在の「業績連動給与」に名称が変更され，所定の時期に確定した数の適格株式等を交付する給与がその対象に含められ，その他，平成31年度税制改正においては，業績連動給与に係る報酬委員会等の決定等の手続についても見直しが加えられるなどしている。

(エ) 寄附金

法人税法は，損金算入限度額（☞損金算入限度額とは）を超える寄附金の額については，損金に算入しないと規定している（法法37①）。そして，寄附金については，寄附金，拠出金，見舞金その他いずれの名義をもってするかを問わず，法人が金銭その他資産の「贈与」をした時の価額によると規定している（法法37⑦）。なお，広告宣伝および見本品の費用その他これらに類する費用ならびに交際費，接待費および福利厚生費とされるべきものは寄附金から除外されている。

✍ ここにいう「贈与」概念は民法の借用概念であると理解されている（岡村・法人税法157頁）。民法549条《贈与》は，「贈与は，当事者の一方が自己の財産を無償で相手方に与える意思を表示し，相手方が受諾をすることによって，その効力を生ずる。」と規定する。しかしながら，法人税法上の寄附金は，通常の意味における寄附金よりもはるかに広い概念であると理解されている（金子・租税法407頁）。

✍ 法人税法上の寄附金課税と所得税法上の寄附金控除は，大きく議論が異なるものであるから混同しないように注意が必要である。

☞ **損金算入限度額**とは，次の算式によって計算された額をいう。

損金算入限度額＝

$$\frac{\overset{\text{（資本金基準額）}}{\text{資本金等の額}\times(\text{事業年度の月数}/12)\times 0.0025}+\overset{\text{（所得基準額）}}{\text{所得の金額}\times 0.025}}{4}$$

通説は，寄附金には費用性のあるものと利益の分配に近い費用性のないものがあるとしたうえで，これを具体的に区分することが困難であることから，一定の算式による形式的な損金算入限度額を用意していると理解する（法令73①一）。

(オ) 交際費等

交際費等とは，交際費，接待費，機密費その他の費用で，法人が，その得意先，仕入先その他事業に関係のある者等に対する接待，供応，慰安，贈答その他これらに類する行為のために支出するものをいう（措法61の４④）。ただし，飲食その他これに類する行為のために要する費用で，その支出する金額を飲食等に参加した者の数で除して計算した金額が5,000円以下である費用は除かれる（措法61の４④二，措令37の５①）。

交際費等の金額は，原則その全額が損金不算入とされていたが，交際費等のうち飲食のための支出に要する費用については，その課税を大幅に緩和し，もって企業の経済活動の活性化を図ることを目的とし，平成26年度税制改正において，交際費等の額のうち接待飲食費の額の50％相当額を超える部分の金額のみが損金不算入とされた（措法61の４①）。なお，期末の資本金の額または出資金の額が１億円以下である法人については，損金不算入額を接待飲食費の額の50％相当額を超える部分の金額とする方法と定額控除限度額（年800万円）とする方法との選択性とされている（措法61の４②⑤）。

☞ 交際費等課税制度は，上記で確認してきた役員給与課税や寄附金課税などとは異なり，

Tax Lounge　法人の行う寄進

クリントン政権の労働長官であったロバート・B・ライシュは，「企業法人格の廃止」という抜本的な変革を提言していた。そこでは，法人税の撤廃，雇用を通した社会保障の全廃，企業の刑事責任を追及する慣行の廃止などを提案したのである。元来，人間に帰属しているはずの義務と権利が企業にも付与されている点が，民主的な意思決定プロセスを歪めているというのだ（同『暴走する資本主義』（東洋経済新報社2008））。

ところで，法人を実在説的に捉えるべきか，擬制説的に捉えるべきか，という点の論争には決着点を見出しづらい。いずれの立場を採るにしても，寄附金税制などを考えると，そもそも寄進や喜捨という観念を法人が持ちうるのかという素朴な疑問が起こりうる。心を有しない企業の行動として，神社にお布施をし，玉串料を支払うという行為をどのように理解すべきであろうか。それは，寄附という概念で説明できるものなのであろうか。効果的・直接的であるかどうかは別として，交際費や広告宣伝費などに結び付けられるものではなかろうか。

しばしば，法人税法上の寄附金概念については，一般にいう寄附金よりも広いものと捉えられているが，むしろ，寄附金税制そのものを疑問視する向きもあるのである。

法人税法ではなく，あくまでも租税特別措置法において定められた課税制度であることに注意が必要である。すなわち，同制度は期限付きのいわゆる時限立法（☞時限立法とは）に基づくものであるところ，昭和29年の創設時からその内容こそ変われども制度自体はその都度延長され現在にいたっている。実際，令和2年度税制改正により適用期限がさらに2年延長されている。

☞ **時限立法**とは，一定の有効期間を付した法令のことをいい，「限時法」や「時限法」などと呼ばれることもある。丁寧に定義するとすれば，法令の有効期間がその法令自体の中で明確に限定されており，その失効時期の到来とともに特別な立法措置を必要とせずにその効力が失われることになるものとなろう（参議院法制局HP参照）。

㈲ 使途不明金と使途秘匿金

目的や内容，特に相手方が明らかではない支出のことを一般に「使途不明金」という。法人税法上，使途不明金を損金に算入してはいけないという明文上の規定は存在しない。しかしながら，これまでの課税実務は使途不明金の損金算入を否定してきたし，このような取扱いは判例が肯定してきたところでもある。

課税実務においては，使途不明金を「費途不明金」と称して，これを損金の額に算入しないとの通達を基礎に課税を行っている。

> **法人税基本通達9-7-20《費途不明の交際費等》**
> 　法人が交際費，機密費，接待費等の名義をもって支出した金銭でその費途が明らかでないものは，損金の額に算入しない。

これに対して，ゼネコン汚職をきっかけに平成5年以降導入された政策的措置が使途秘匿金課税である。「使途秘匿金」とは，金銭の支出や資産の引渡しのうち，相当の理由がなく，その相手方の氏名または名称と住所または所在地を帳簿書類に記載していないものをいう（措法62②）。この場合，帳簿書類に記載していないことが相手方秘匿のためではないと認める場合には，税務署長は，それを使途秘匿金に含めないことができる（措法62③）。

使途秘匿金課税においては，「使途秘匿金×40％」が通常の法人税に加算して課税される（措法62①）。

㈹ 引当金

企業会計の考え方に従えば，「引当金」とは，①将来の特定の費用または損失であって，②その発生が当期以前の事象に起因し，③発生の可能性が高く，かつ，④その金額を合理的に見積もることができるものとされており，多くの引当金の計上を許容しているが，法人税法は，法定引当金として貸倒引当金のみを規定している。

従来は，法人税法上も貸倒引当金に限らず多くの引当金を認めていたが，引当金については，次にみる債務確定基準の考え方に抵触することから，法人税法上の法定引当金は，数次の税制改正によってその対象が縮小されてきた。例えば，かつては，返品調整引当金，賞与引当金，退職給与引当金，特別修繕引当金，製品保証等引当金の6つも存在していたが，課税ベースの拡大のため順次縮小，廃止され，平成30年度税制改正において返品調整引当金が廃止されたことにより，現在残る引当金は貸倒引当金のみとなった。

(ク) 債務確定基準

法人税法は，「債務の確定しない」費用は，損金算入することができない旨規定している（法法22③二かっこ書き）。このことを「債務確定基準」というが，権利確定主義が判例や学説によって説明される考え方であるのに対して，債務確定基準は法人税法に明確に規定されている考え方である。

この債務確定基準について，法人税基本通達は次のように3つの判断基準をもって判断する態度を示している。

Tax Lounge　交際費は悪者？

昭和31年12月付け臨時税制調査会答申は，次のように述べている。すなわち，「戦後資本蓄積の促進に資するため，各種の税法上の特別措置がとられたが，昭和29年，企業資本充実のため資本再評価の強制等が行われた機会に，いわゆる交際費の損金算入否認の制度が設けられた。この措置は，他の資本蓄積策と並んで，法人の交際費等の濫用を抑制し，経済の発展に資するねらいをもっているものであり，単に濫費を抑制するというねらいのほか，資本蓄積を促進するための措置であるといわれている。すなわち，交際費の相当部分は，営業上の必要に基づくものであり，ただちにその全部を濫費とはいえない。しかし，戦後，企業の経理が乱れ，一方では役員および従業員に対する給与が旅費，交通費等の形で支給される傾向が生ずるとともに他方役員および従業員の私的関係者に会社の経費で接待をするとか，事業関係者に対しても，事業上の必要を超えた接待をする傾向が生じている。このため企業の資本蓄積が阻害されていることは，争えない事実である。」と論じるのである。かような見方は現在においても妥当するものであろうか。

法人税基本通達2-2-12《債務の確定の判定》

法第22条第3項第2号《損金の額に算入される販売費等》の償却費以外の費用で当該事業年度終了の日までに債務が確定しているものとは，別に定めるものを除き，次に掲げる要件の全てに該当するものとする。

(1)　当該事業年度終了の日までに当該費用に係る債務が成立していること。

(2)　当該事業年度終了の日までに当該債務に基づいて具体的な給付をすべき原因となる事実が発生していること。

(3)　当該事業年度終了の日までにその金額を合理的に算定することができるものであること。

エ　損失の額

(ア)　資産の評価損

法人がその有する資産の評価換えをして評価損を認識したとしても，その評価損は，法人税の課税所得の計算上，損金の額に算入されない（法法33①)。また，評価換えにより減額された資産の帳簿価額は，その減額がされなかったものとみなされる（法法33⑥)。

もっとも，法人の有する資産につき災害による著しい損傷などが生じ，その時価が帳簿価額を下回るようになった場合には，評価換えをして帳簿価額を減額し，その減額した金額を損金の額に算入することができることとされている（法法33②～④)。

(イ)　繰越欠損金

法人の各事業年度の損金の額が益金の額を超える場合のその超える部分の金額を「欠損金」といい（法法2十九)，ある事業年度に生じた欠損金を過去の年度の利益と通算することを「繰戻し」，翌事業年度以後の利益と通算することを「繰越し」という。法人税法は，欠損金の生じた事業年度において青色申告を行い，かつ過去の関係事業年度において青色申告をしていたことを要件として，確定申告書を提出する法人の各事業年度開始の日前10年以内に開始した事業年度において生じた欠損金額は，繰越控除前の所得金額の50％を限度として，その事前年度の所得の金額の計算上，損金の額に算入することとしている（法法57)。ただし，中小法人等については，上記の繰越欠損金の使用制限はない。

現行の繰越欠損金に係る規定は，平成27年度税制改正および平成28年度税制改正により整備されたものである。すなわち，改正により繰越期間が9年から

10年へと延長される反面，控除限度額の引下げがなされている。年度ごとの控除限度と繰越期間をまとめれば図表７のとおりとなる（それぞれの事業年度開始日：４月１日～３月31日）。

図表７

	平成26年度	27年度	28年度	29年度	30年度以降
控除限度	80%	65%	60%	55%	50%
繰越期間	９年	９年	９年	９年	10年

(7) 公正処理基準とトライアングル体制

法人税法22条４項は，当該事業年度の収益の額および損金の額については，「別段の定めがあるものを除き，一般に公正妥当と認められる会計処理の基準に従って計算されるものとする。」と規定する。この規定は，一般に「公正妥当な会計処理の基準」とも「公正処理基準」（🔍¶レベルアップ２！－111頁参照）とも呼ばれる。この規定は，昭和42年度税制改正によって導入された。この規定が創設的規定であるか確認的規定であるかについては論争がある（酒井・プログレッシブⅢ９頁）。

これまで確認したように，益金や損金の額は，法人税法22条２項および３項に規定されているのであるが，収益や原価，費用等の範囲についての法人税法上の規定はきわめて包括的であり，およそすべての項目を具体的かつ網羅的に定めているわけではない。そこには，特段の事情がない限り，会計的手法によって認識される収益・費用がそのまま法人税法上の益金または損金を構成するという大前提が予定されているのである。

ただし，注意が必要なのは，法人税法22条２項，３項，４項において，「別段の定めがあるものを除き」とされている点である。ここで「別段の定め」とは，法人税法上の諸規定を指すが，法人税法に別段の定めがおかれている領域については，企業会計の取扱いは及ばないのである。例えば，上記で売買目的有価証券の時価評価益の益金算入（あるいは評価損の損金算入）を確認したが，それはあくまでも法人税法61条の３《売買目的有価証券の評価益又は評価損の益金又は損金算入等》という定めによった処理であって，ここに企業会計上のルールを持ち込むことは認められないのである。

平成30年度税制改正において，法人税法22条の２が新設され，いわゆる引渡基準および役務提供基準が明文化されることとなった。これは，平成30年３月30日に企業会計基準第29号「収益認識に関する会計基準」が公表されたことを受け，法人税法が収益認識へのスタンスを明らかにしたものと解される。図表８のように，租税法（法人税法）・会社法・企業会計の三者については，かつて調和が図られてきた時代もあったが，今般，乖離が見受けられる部分も多い。

図表８

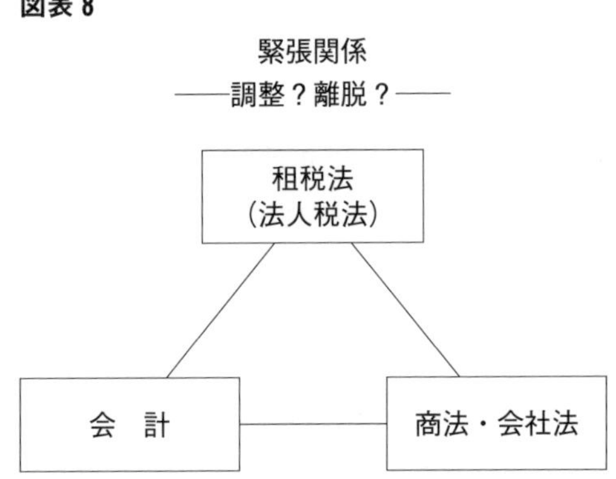

✍　会社法431条は，「株式会社の会計は，一般に公正妥当と認められる企業会計の慣行に従うものとする。」と定めている（会社614，商19も参照）。

(8)　グループ法人税制等

近年，企業統治のあり方の変化に対応し，組織再編制度，連結会計制度，会社法など企業の組織形態に関する法制度が整備され，これに対応して，法人税法においても，平成13年度以降，組織再編税制や連結納税制度などが整備されてきている。

企業グループを対象とした法制度や会計制度が定着しつつある中，さらに持株会社制度のような法人の組織形態の多様化に対応するとともに，課税の中立性や公平性等を確保する必要が生じてきたことから，平成22年度税制改正においても，さらに，資本に関係する取引等に係る税制の見直しが行われた。これがいわゆる「グループ法人税制」と呼ばれるものである。

具体的には，内国法人が譲渡損益調整資産を当該内国法人との間に完全支配関係がある他の内国法人に譲渡した場合に，その譲渡損益調整資産に係る譲渡利益額または譲渡損失額に相当する金額について，譲渡損益はその時に課税せずにおく（繰り延べる）という制度である（法法61の13①）。

なお，この繰り延べた譲渡損益は，譲渡損益調整資産（☞譲渡損益調整資産とは）を譲り受けた当該他の内国法人（譲受法人）において当該譲渡損益調整資産の譲渡，償却等の一定の事由が生じた場合に，当該譲渡損益調整資産を譲渡した法人（譲渡法人）においてその計上を行うこととなる（法法61の13②）。

☞ **譲渡損益調整資産**とは，固定資産，土地，有価証券，金銭債権および繰延資産で，次に掲げるもの以外のものをいう。

① 売買目的有価証券

② 譲受法人において売買目的有価証券とされる有価証券

③ その譲渡の直前の帳簿価額が1,000万円に満たない資産

(9) グループ通算制度

「グループ通算制度」とは，完全支配関係にある企業グループ内の欠損法人の欠損金額の合計額（所得法人の所得の金額の合計額を限度）を所得法人の所得の金額の比で配分し，所得法人において損金算入する制度をいう。要するに，企業グループ内で損益通算を行うことができる仕組みである。これは，従来の連結納税制度を見直した制度である。グループ通算制度のもとでは，①この損金算入された金額の合計額を欠損法人の欠損金額の比で配分し，欠損法人において益金算入し，②グループ通算制度の適用法人または通算グループ内の他の法人の所得の金額または欠損金額が期限内申告書に記載された所得の金額または欠損金額と異なる場合には，期限内申告書に記載された所得の金額または欠損金額を①の所得の金額または欠損金額とみなして上記の損金算入または益金算入の計算をする。

この制度は令和2年度税制改正によって導入されたものであり，令和4年4月1日以後に開始する事業年度から適用することとされている。

(10) 組織再編税制

近年，経済の国際化が進展するなど，我が国企業の経営環境が大きく変化する中で，企業の競争力を確保し，企業活力が十分発揮できるよう，柔軟な企業組織再編成を可能とするための会社法改正などによる法制整備が着々と進めら

れてきた。そして，これに呼応するかたちで，企業組織再編成の促進のための税制面での対応が不可欠であることが指摘されるにいたり，平成13年度税制改正において，税制全般にわたる抜本的な税制改正が展開された。

組織再編税制においては，合併，分割，現物出資，事後設立，株式交換，株式移転を含めて制度が構築されている。

原則として，法人が組織再編成により資産を他の法人に移転したときには，時価による譲渡があったものとして所得計算が行われることになるが，組織再編成に伴う資産移転について課税が生じてしまうと，本来の組織再編成を阻害しかねない。他方で，欠損法人との合併などによって，課税を逃れることを目的とした組織再編成を防止する必要もあろう。このような見地から，法人税法は，組織再編成について「適格組織再編成」と「非適格組織再編成」とに分けて，それぞれの課税ルールを定めている。適格組織再編成に該当する場合，法人間で移転する資産のキャピタルゲインやロスは認識されず，すなわち，帳簿価額による引継ぎまたは譲渡を行ったものとして課税所得の計算をすることによって，課税の繰延べが行われる（法法62の２～62の５）。他方，非適格組織再編成の場合には，法人間で移転する資産のキャピタルゲインやロスが認識されるとともに，株主についても株式の含み益に対するみなし配当課税がなされることになる。近年，組織再編税制の要件を利用した租税回避事例とそれに対する司法判断が注目を集めており（ヤフー事件最高裁平成28年２月29日第一小法廷判決・民集70巻２号242頁），組織再編税制の展開からも目を離すことはできない。

⑾　法人税額の計算

法人税の額は，法人の各事業年度の所得の金額に法人税率（☞法人税率とは）を適用することによって算出される。この際，算出された税額から，一定の税額控除がなされる。具体的には，①法人が支払を受ける利子・配当等について源泉徴収された所得税の控除（法法68），②外国政府に納付する税額との二重課税を調整するための外国税額控除（法法69），③仮装経理に基づく過大申告の更正に伴う法人税額の控除がある（法法70）。

☞　**法人税率**とは，所得金額に乗ずる比率として，法人税法に定められたものである。
現行の各事業年度の所得に対する法人税率は，法人の種類別に図表９のとおりである（法法66，措法42の３の２，67の２，68）。

図表 9　現在の法人税率

<table>
<tr><th colspan="4">区分</th><th>税率</th></tr>
<tr><td rowspan="4">普通法人</td><td rowspan="3">資本金1億円以下の法人など</td><td rowspan="2">年800万円以下の部分</td><td>下記以外の法人</td><td>15%</td></tr>
<tr><td>適用除外事業者</td><td>19%</td></tr>
<tr><td colspan="2">年800万円超の部分</td><td>23.20%</td></tr>
<tr><td colspan="3">上記以外の普通法人</td><td>23.20%</td></tr>
<tr><td colspan="2" rowspan="4">協同組合等</td><td colspan="2" rowspan="2">年800万円以下の部分</td><td>15%</td></tr>
<tr><td>【16%】</td></tr>
<tr><td colspan="2" rowspan="2">年800万円超の部分</td><td>19%</td></tr>
<tr><td>【20%】</td></tr>
<tr><td rowspan="6">公益法人等</td><td rowspan="2">公益社団法人，公益財団法人または非営利型法人</td><td rowspan="8">収益事業から生じた所得</td><td>年800万円以下の部分</td><td>15%</td></tr>
<tr><td>年800万円超の部分</td><td>23.20%</td></tr>
<tr><td rowspan="2">公益法人等とみなされているもの</td><td>年800万円以下の部分</td><td>15%</td></tr>
<tr><td>年800万円超の部分</td><td>23.20%</td></tr>
<tr><td rowspan="2">上記以外の公益法人等</td><td>年800万円以下の部分</td><td>15%</td></tr>
<tr><td>年800万円超の部分</td><td>19%</td></tr>
<tr><td colspan="2" rowspan="2">人格のない社団等</td><td>年800万円以下の部分</td><td>15%</td></tr>
<tr><td>年800万円超の部分</td><td>23.20%</td></tr>
<tr><td colspan="2" rowspan="6">特定の医療法人</td><td rowspan="4">年800万円以下の部分</td><td rowspan="2">下記以外の法人</td><td>15%</td></tr>
<tr><td>【16%】</td></tr>
<tr><td rowspan="2">適用除外事業者</td><td>19%</td></tr>
<tr><td>【20%】</td></tr>
<tr><td colspan="2" rowspan="2">年800万円超の部分</td><td>19%</td></tr>
<tr><td>【20%】</td></tr>
</table>

【　】は，協同組合等または特定の医療法人が連結親法人である場合の税率である。

(注) 対象となる法人は以下のとおりである。

(1) 各事業年度終了の時において資本金の額もしくは出資金の額が1億円以下であるものまたは資本もしくは出資を有しないもの（特定の医療法人を除く。）。ただし，各事業年度終了の時において次の法人に該当するものについては，除かれる。

イ　相互会社および外国相互会社

ロ　大法人（次に掲げる法人をいう。以下同じ。）との間にその大法人による完全支配関係がある普通法人

(イ) 資本金の額または出資金の額が5億円以上の法人

(ロ) 相互会社および外国相互会社

(ハ) 受託法人

ハ　100%グループ内の複数の大法人に発行済株式または出資の全部を直接または間接に保有されている法人（ロに掲げる法人を除く。）

ニ　投資法人

ホ　特定目的会社

ヘ　受託法人

(2) 非営利型法人以外の，一般社団法人および一般財団法人

（国税庁HPより一部修正）

図表10　法人税率の推移

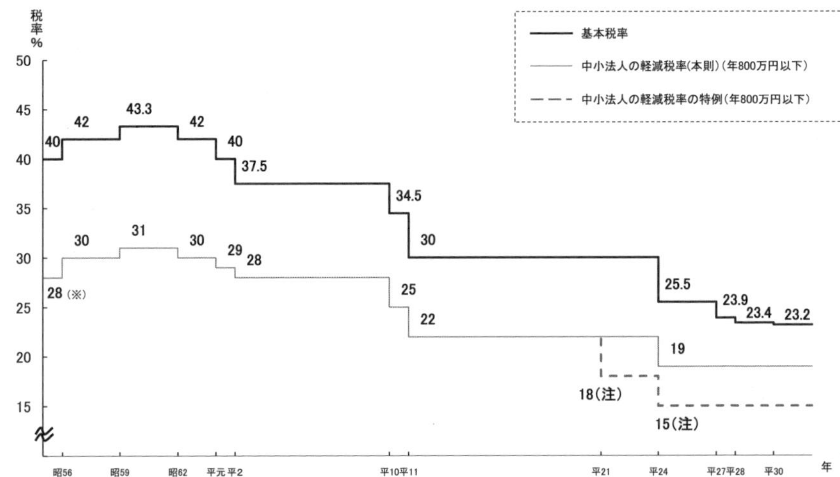

(注) 1　中小法人の軽減税率の特例（年800万円以下）について，平成21年4月1日から同24年3月31日の間に終了する各事業年度は18%，同年4月1日前に開始し，かつ，同日以後に終了する事業年度については経過措置として18%，平成24年4月1日から令和3年3月31日の間に開始する各事業年度は15%。

(※)　昭和56年3月31日の間に終了する事業年度については年700万円以下の所得に適用。

（財務省HPより一部修正）

¶レベルアップ1！　隠蔽仮装行為による役員給与

売上げの一定額が脱税により除外されていた場合，その売上脱漏部分は益金に計上されるべきであるが，反面その除外されていた金額を役員が使用していた場合に，それが役員給与となり，追加で損金に計上されるべきであるとすれば，売上除外相当額の損金計上を認め法人における脱税額がなくなることになる（売上除外の益金計上＝役員給与の損金計上）。

この点につき，名古屋地裁平成4年2月28日判決（税資188号499頁）は，「原告からGらに対して毎月支給されていた役員報酬が原告の正規の帳簿に記載され，決算によって承認されていたものであるのに対し，本件金員は，正規の帳簿には全く記載されず，原告の決算上も現れないもので，いわゆる裏帳簿に記載された売上除外による本件簿外利益の中から秘密裡に支給されていたことを認めることができ，そうであるとすると，本件金員の支給は，たとえ定時に定額を支給するものであっても，そのほかにGらに対して定期的に定額が支給されていた役員報酬とは全く異なり，隠れた利益処分の趣旨で支給されていたものであり，支給形態も例外的で異常なものであったというべきである。」と判示して損金性を否定している。

なお，現在は，法人税法55条《不正行為等に係る費用等の損金不算入》1項において，「内国法人が，その所得の金額若しくは欠損金額又は法人税の額の計算の基礎となるべき事実の全部又は一部を隠蔽し，又は仮装すること（…『隠蔽仮装行為』という。）によりその法人税の負担を減少させ，又は減少させようとする場合には，当該隠蔽仮装行為に要する費用の額又は当該隠蔽仮装行為により生ずる損失の額は，その内国法人の各事業年度の所得の金額の計算上，損金の額に算入しない。」と規定されており（酒井・租税法と私法9 184頁参照），立法により手当てされている。

¶レベルアップ2！　公正処理基準

昭和41年12月付け政府税制調査会答申は，「税法は，特別な政策的配慮に基づくときであっても，できる限りその仕組みを考えて適正な企業利益の計算を妨げないこととするとともに，負担の公平という角度からややもすれば画一的に取り扱いがちの課税所得の計算についても，適正な企業会計の慣行を奨励する見地から，客観的に計算ができ，納税者と税務当局との間の紛争が避けられると認められる場合には，幅広い計算原理を認めることを明らかにすべきである。」とする。

法人税法22条4項の規定の解釈をめぐっては意見が分かれる。すなわち，同条項がいう「会計処理の基準」を企業会計原則と理解する見解がある反面，企業会計原則は法規範ではないから，その内容は必ずしも客観的な規範性を有するものばかりとはいえないとして，企業会計原則を指すと解するのは妥当ではないとの見解がある。そこでは，同条項の「会計処理の基準」とは，私法準拠の立場から商法（会社法）上の基準を指すとするのである。

会社計算規定は，すでに平成14年の商法改正によって省令化されたが，その省令は，会社法制定によって「会社計算規則」として独立している。また，企業会計との関係について，旧商法32条2項においては，「商業帳簿ノ作成ニ関スル規定ノ解釈ニ付テハ公正ナル会計慣行ヲ斟酌スベシ」と定められていたが，会社法431条においては，「株式会社の会計は，一般に公正妥当と認められる企業会計の慣行に従うものとする。」と定められるにいたっている。この「企業会計の慣行」に関しては，会社計算規則3条《会計慣行のしん酌》において，「この省令の用語の解釈及び規定の適用に関しては，一般に公正妥当と認められる企業会計の基準その他の企業会計の慣行をしん酌しなければならない。」と規定されている。この「一般に公正妥当と認められる企業会計の基準」という用語は，内閣府令である「財務諸表等の用語，様式及び作成方法に関する規則（財務諸表等規則）」1条《適用の一般原則》1項において使用されている用語と同じである。さらに，財務諸表等規則1条2項においては，企業会計審議会により公表された企業会計の基準は，「一般に公正妥当と認められる企業会計の基準」に該当するとされている。

このように考えると，一度，商法（会社法）を経由したうえで，企業会計の基準に従うと考えるべきか，ストレートに企業会計の基準に従うと考えるべきかの差異ということになろう（三層構造的理解。酒井・フォローアップ16参照）。

他面，法人税法22条4項の「会計処理の基準」を企業会計に求める見地から，この点に関して眺めるとどうであろうか。例えば，棚卸資産の販売収益の計上時期の問題がある。平成30年度税制改正以前においては，法人税法上，棚卸資産の販売収益計上の時期については，原則的基準についての明文の規定が存在せず，あるのは特例として同法63条《リース譲渡に係る収益及び費用の帰属事業年度》および64条《工事の請負に係る収益及び費用の帰属事業年度》において，割賦販売，延払条件付譲渡等および長期請負工事に係る収益の帰属事業年度について規定するのみであった（前述したとおり，現在は法人税法22条の2の創設によって，販売収益の計上時期に関する通則的取扱いが明文によって明らかとされている。）。したがって，通常の棚卸資産の販売等に係る収益計上時期については，法人税法22条4項に規

図表11

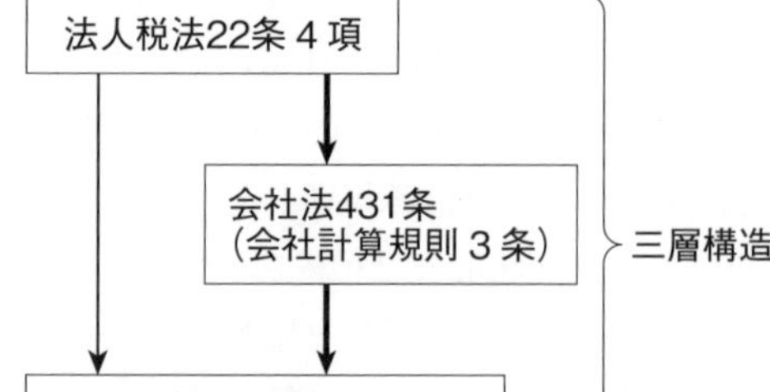

定する一般に公正妥当と認められる会計処理の基準に従って計上することになっていたのである。

さて，企業会計における棚卸資産の収益計上時期については，企業会計原則第二の三《営業利益》のＢにおいて，「売上高は，実現主義の原則に従い，商品等の販売又は役務の給付によって実現したものに限る」とし，販売基準が採用されている。この実現主義について，税法と企業会計原則との調整に関する意見書（昭和27年企業会計基準審議会中間報告）は，「実現主義の基本的な原則は販売基準である」とし，「『実現』に関する会計上の証拠は，原則として，企業の生産する財貨または役務が外部に販売されたという事実に求められるので，これをとくに販売基準とも名づける。…販売基準に従えば，一会計期間の収益は，財貨または役務の移転に対する現金または現金等価物（手形，売掛債権等）その他の資産の取得による対価の成立によって立証されたときにのみ実現する」とする。

法人税法上の公正処理基準が企業会計原則との調整のうえに存在することを意味するとすれば，法人税法22条４項にいう「会計処理の基準」とは企業会計という整理になる。

簡単には決着のつかない議論ではあるが，法人税法が租税法律主義の要請を受けている限り，商法（会社法）の示す企業会計のルールに従うと考えるべきであろう。このような意味では「三層構造」の関係にあるといえよう（酒井・プログレッシブⅢ１頁）。

¶レベルアップ３！　収益事業の範囲

収益事業の範囲をめぐってはしばしば訴訟上の争点になる。

ペット葬祭業が法人税法施行令５条《収益事業の範囲》に規定する収益事業に該当するか否かが争点とされた事例において，最高裁平成20年９月12日第二小法廷判決（集民228号617頁）は，「本件ペット葬祭業は，外形的に見ると，請負業，倉庫業及び物品販売業並びにその性質上これらの事業に付随して行われる行為の形態を有するものと認められる。法人税法が，公益法人等の所得のうち収益事業から生じた所得について，同種の事業を行うその他の内国法人との競争条件の平等を図り，課税の公平を確保するなどの観点からこれを課税の対象としていることにかんがみれば，宗教法人の行う上記のような形態を有する事業が法人税法施行令５条１項10号の請負業等に該当するか否かについては，事業に伴う財貨の移転が役務等の対価の支払として行われる性質のものか，それとも役務等の対価でなく喜捨等の性格を有するものか，また，当該事業が宗教法人以外の法人の一般的に行う事業と競合するものか否か等の観点を踏まえた上で，当該事業の目的，内容，態様等の諸事情を社会通念に照らして総合的に検討して判断するのが相当である。」と説示する。

そして，最高裁は，ペット葬祭業者の提供するサービスに対して料金表等により一定の金額が定められ，依頼者がその金額を支払っていることから，サービスの対価として支払われたものは喜捨等の性格を有するものということはできないとした。また，本件ペット葬祭業は，その目的，内容，料金の定め方，周知方法等の諸点において，宗教法人以外の法人が一般的に行う同種の事業と基本的に異なるものではなく，これらの事業と競合するものといわざるをえないことから「請負業等」に該当するとして収益事業該当性を肯定している。

宗教法人が本来の宗教活動の一部と認められる事業を行った場合には，収益事業に該当しないとして課税実務上取り扱われている。このことは，法人税基本通達15-１-７《収益事業の所得の運用》が，「公益法人等が，収益事業から生じた所得を預金，有価証券等に運用する場合においても，当該預金，有価証券等のうち当該収益事業の運営のために通常必要と認められる金額に見合うもの以外のものにつき収益事業以外の事業に属する資産として区分経理をしたときは，その区分経理に係る資産を運用する行為は，…収益事業に付随して行われる行為に含めないことができる。」としていることから分かる。他方，同通達15-１-10《宗教法人，学校法人等の物品販売》(1)９は，「宗教法人におけるお守り，お札，おみくじ等の販売のように，その売価と仕入原価との関係からみてその差額が通常の物品販売業における売買利潤ではなく実質は喜捨金と認められる場合のその販売は，物品販売業に該当しないものとする。」としたうえで，「ただし，宗教法人以外の者が，一般の物品販売業として販売できる性質を有するもの（例えば，絵葉書，写真帳，暦，線香，ろうそく，供花等）をこれらの一般の物品販売業者とおおむね同様の価格で参詣人等に販売している場合のその販売は，物品販売業に該当する。」としている。この通達からは，一般の営利事業者との比較を前提とした収益事業性判断が採用されていることが分かる（このような考え方をイコール・フッティングという。）。中立的な観点から，競争阻害をしないように租税法は解釈適用されなければならないという考え方をとれば，イコール・フッティングにも理解を寄せることができる（酒井・ブラッシュアップ190頁）。

11 相続税法

(1) 相続税

ア 総 論

相続税とは，人の死亡を契機として，相続などにより，相続人等が財産を取得した時に，相続財産の価額を基準として課される財産税をいう。

相続人は，相続開始の時から被相続人の財産に属した一切の権利義務を承継する（民896）。相続人が２人以上いる共同相続の場合には，遺産分割により個々の相続財産の権利者が決まるまで，共同相続人が相続財産を共有することになり（民898），各共同相続人は，その相続分に応じて被相続人の権利義務を承継する（民899）。相続分には，被相続人が遺言により指定する指定相続分（民902）と民法の規定により計算した法定相続分（民900，901）がある（池本征男＝酒井克彦『裁判例からみる相続税・贈与税〔４訂版〕』12頁（大蔵財務協会2021））。

法定相続人とは，民法に規定する相続人をいい，相続の放棄をした者があっても相続の放棄をしなかったものとして計算する。また相続税の申告書の提出日までに出生していない胎児については，法定相続人にカウントしないものとされている（池本＝酒井・前掲書188頁）。

(ア) 相続財産

相続財産とは，本来の相続財産とみなし相続財産を合わせたものをいう。

本来の相続財産とは，民法の規定により相続や遺贈（死因贈与を含む。）によって取得する財産のことをいう。相続人は，相続の開始により一身専属権を除いて，被相続人の財産に属した一切の権利および義務を承継する（民896）。

✍ 被相続人が所有していた不動産や動産のみならず，①物権，②債権，③著作権や工業所有権などの無体財産権，④法律上の根拠を有しないものであっても経済的価値が認められるもの（営業権など）も含まれる。土地，家屋，立木，事業用財産，株式，出資，公社債，投資信託の受益権，家庭用財産，貴金属，宝石，書画，骨とう，自動車，預貯金，現金などの一切の財産が相続税の課税財産となる（相法２）。

また，相続税法は，課税の公平を図るために，本来の相続財産のほか相続や遺贈によって取得したものとみなされる財産についても課税の対象としており

（相法３），その財産のことをみなし相続財産という。みなし相続財産については，①その取得者が相続人であるときは，その財産を相続により取得したものとみなされ，②その取得者が相続人以外の者（相続放棄をした者を含む。）であるときは，その財産を遺贈により取得したものとみなされる（相法３①）。

✍ 具体的には，生命保険金等，退職手当金，功労金，生命保険契約に関する権利，定期金に関する権利，保証期間付定期金に関する権利，契約に基づかない定期金に関する権利などがある。

なお，相続税の課税対象としては，そのほか，相続財産法人から分与を受けたものや相続開始前３年以内に被相続人から贈与により取得した財産，相続時精算課税（🔍☞相続時精算課税とは－128頁）の適用を受けた財産などが含まれる。

(イ) 非課税財産

非課税財産については相続税の課税対象から排除される。

ここにいう非課税財産とは，相続や遺贈によって取得した財産ではあっても，次に掲げるような相続税の課税対象とされない財産のことをいう（相法12）。

① 財産の性質，国家的見地または国民感情から非課税とするもの

(i) 皇位とともに皇嗣が受ける物（三種の神器など。相法12①一）

(ii) 墓地，霊廟，祭具，仏壇など（相法12①一）

庭内神し，神棚，神体，神具，仏壇，位はい，仏像，仏具，古墳等で日常礼拝の用に供されているものをいうが，商品，骨とう品または投資の対象として所有しているものは含まれない（相基通12-２）。

② 公益性の立場から非課税とするもの

宗教，慈善，学術その他公益を目的とする事業（☞公益を目的とする事業とは）を営む者が相続等によって取得した財産で，その公益を目的とする事業の用に供することが確実なものである（相法12①三）。

③ 社会政策的な見地から非課税とするもの

(i) 心身障害者共済制度（☞心身障害者共済制度とは）に基づく給付金の受給権（相法12①四）

(ii) 相続人が受け取った生命保険金等のうち一定の金額（相法12①五）

相続人が取得した生命保険金等のうち，一定の金額は非課税財産とされている（相法12①五）。この場合の相続人には，相続を放棄した者や相続権を失った者（相続欠格，廃除された者）は含まれない（相法15②）。

(iii) 相続人が受け取った退職手当金等のうち一定の金額（相法12①六）

相続人が取得した退職手当金等のうち，一定の金額は非課税財産とされている（相法12①六）。この場合の相続人には，相続を放棄した者や相続権を失った者（相続欠格，廃除された者）は含まれない（相法15②）。例えば，すべての相続人が取得した退職手当金等の合計額が「退職手当金等の非課税限度額」以下である場合の「退職手当金等の非課税限度額」は，「500万円×法定相続人の数」となる。

(iv) 国等に贈与した相続財産

相続税の申告書の提出期限までに国等に贈与した相続財産は，非課税財産となる（措法70①）。ただし，その贈与した者またはその親族（これらの者と特別の関係にある者を含む。）の相続税や贈与税の負担が不当に減少する結果となると認められる場合は，この特例が適用されない（措法70①）。

(v) 特定公益信託の信託財産に支出した相続財産に属する金銭

相続税の申告書の提出期限までに特定公益信託の信託財産に支出した金銭は，非課税財産となる（措法70③）。ただし，その支出した者またはその親族（これらの者と特別の関係にある者を含む。）の相続税や贈与税の負担が不当に減少する結果となると認められる場合は，この特例が適用されない（措法70③）。

☞ **公益を目的とする事業**とは，①社会福祉事業，②更生保護事業，③学校教育法１条による学校（小学校，中学校，高等学校，大学，高等専門学校，盲学校，聾学校，養護学校および幼稚園をいう。）を設置し，運営する事業，④その他の宗教，慈善，学術その他公益を目的とする事業で，その事業活動によって文化の向上，社会福祉への貢献その他公益の増進に寄与することが著しいと認められる事業を行うものをいう（相令２）。

☞ **心身障害者共済制度**とは，地方公共団体の条例において定められた制度であって，①心身障害者の扶養者を加入者とし，②その加入者が地方公共団体に掛金を納付することにより，③その地方公共団体が心身障害者のために給付金を定期的に支給することを定めているものをいう（相令２の２）。

図表1　相続税の課税対象

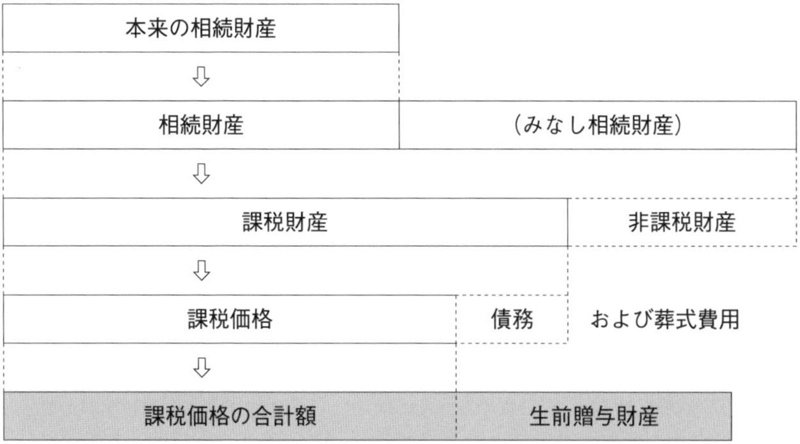

本来の相続財産
⇩
相続財産　（みなし相続財産）
⇩
課税財産　非課税財産
⇩
課税価格　債務　および葬式費用
⇩
課税価格の合計額　生前贈与財産

(ウ) 課税方式

相続税には，被相続人の遺産額を課税標準とする遺産課税と，相続人の取得した遺産の価額を課税標準とする遺産取得課税の2つがある。我が国では戦前より遺産課税が採用されてきたが，シャウプ勧告によって遺産取得課税の考え方が採用された。そもそも，シャウプ博士の母国アメリカやイギリスでは，遺産課税が採られている。賦課・徴収方式として考えた場合，遺産課税方式は，遺産分割の方法が変わっても相続税額に変更がないという意味で執行上簡易性にすぐれているともいえよう。もっとも，取得した遺産そのものに担税力を見出し，その担税力の大きさに応じて課税するという公平原則に力点をおいたシャウプ勧告の考え方からすれば，取得財産の個人的担税力に応じた課税が実現できるという点では，遺産取得課税方式はすぐれた課税方式であるといえる。難点としては，遺産分割の方法次第で租税負担の軽減を可能とするなど租税回避がしやすいという点を挙げることができよう。

我が国の相続税は，シャウプ勧告が示した遺産取得課税方式を昭和33年に改正し，遺産額と相続人の数によって相続税の総額が定まる法定相続分課税方式に改められており，現在の相続税制度は，遺産課税と遺産取得課税との両方の要素を加味したものと理解されている。

図表２

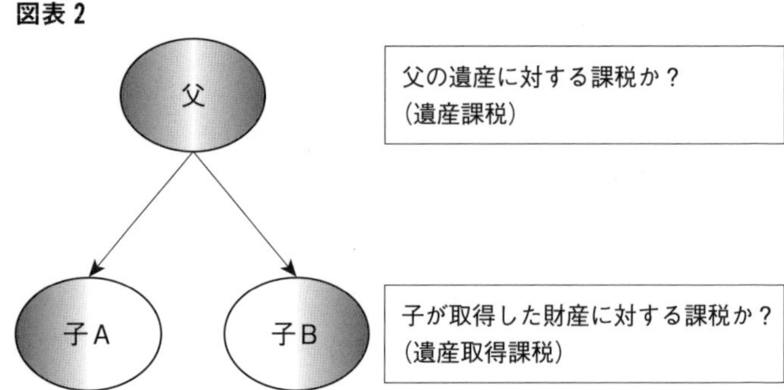

✍　前述のとおり，現行の課税方式である，遺産取得課税を前提に相続税の総額を遺産総額と法定相続人数等により計算する方式について，平成19年11月に政府税制調査会は，「抜本的な税制改革に向けた基本的考え方」において，①同じ額の財産を取得しても税額が異なる可能性がある（財産取得者の水平的公平が損なわれる）こと，②１人の相続人等の申告漏れにより，他の共同相続人等にも追徴税額が発生すること，③居住等の継続に配慮した現行の各種特例は，現行方式のもとでは，居住等を継続しない他の共同相続人等の租税負担をも軽減する効果があるため，これらの特例の拡充は課税の公平面での不平等の増幅につながること，といった問題点に留意する必要があると指摘した。

その後，政府税制調査会は，平成20年11月付けの「平成21年度の税制改正に関する答申」において，「現行の課税方式のままでは，課税の公平性からみた不平等の増大を招く。」として，「現行方式を見直し，本来の遺産取得課税方式に改めることによって，各人の相続税額が，取得した財産に基づき，他の共同相続人等の財産取得や税務申告の状況に左右されずに算出される方式とすべきである」との議論がなされた。もっとも，「現行方式については，相続税の総額が遺産総額と法定相続人数等により一義的に定まり，遺産分割のされ方に対して中立的であることなどから，肯定的に評価する意見」もあることから，「課税方式の見直しについては，課税の公平性や相続のあり方に関する国民の考え方とも関連する重要な問題であることから，幅広い国民の合意を得ながら議論を進める必要がある。」と述べている。

✍　なお，令和２年12月10日付け「令和３年度税制改正大綱（自由民主党・公明党）」は，次のように相続税制のあり方について述べている。

「わが国の贈与税は，相続税の累進回避を防止する観点から，高い税率が設定されており，生前贈与に対し抑制的に働いている面がある。一方で，現在の税率構造では，富裕層による財産の分割贈与を通じた負担回避を防止するには限界がある。

諸外国では，一定期間の贈与や相続を累積して課税すること等により，資産の移転のタイミング等にかかわらず，税負担が一定となり，同時に意図的な税負担の回避も防止されるような工夫が講じられている。

今後，こうした諸外国の制度を参考にしつつ，相続税と贈与税をより一体的に捉えて課税する観点から，現行の相続時精算課税制度と暦年課税制度のあり方を見直すなど，格差の固定化の防止等に留意しつつ，資産移転の時期の選択に中立的な税制の構築に向けて，本格的な検討を進める。」

仮に，上記の与党大綱が示す路線が採用され，贈与税と相続税との累積課税制度の導入と累積的な基礎控除の創設が行われるとすれば，かかる控除を納税者に適用すべきなどとする資産取得課税方式への議論がさらに進展することも考えられる。

(エ) 課税価格

相続税の課税価格とは，相続または遺贈による財産の取得者が取得した財産の価額の合計額をいう（相法11の2）。相続税は，純財産に課税する仕組みとなっており，被相続人の債務で相続開始の際に現存するもので確実なものや被相続人に関する葬式費用などは，債務控除（☞債務控除とは）として相続財産から控除される。なお，相続または贈与により財産を取得した者が，その被相続人から相続開始前3年以内に贈与により財産を取得している場合には，その贈与財産価額を課税価格に加算することとされている。

相続税は，課税価格の合計額が遺産に係る基礎控除額（☞遺産に係る基礎控除額とは）を超えている場合にのみ課税される（この超えている金額を「課税遺産総額」という。）。この課税遺産総額を法定相続人が法定相続分に応じて取得したものとした場合の各取得金額に，10％から50％の超過累進税率を乗じてそれぞれの税額を計算し，その税額を合計した金額が相続税の総額となる。この総額を各人ごとの課税価格の割合によって配分した金額が各相続人の算出税額となる。納付すべき相続税額は，この算出税額から各納税者が適用を受けられる控除を行い算出する。

☞ **債務控除**とは，相続人や包括受遺者が債務を承継し，あるいは葬式費用を負担した場合に，その負担部分を相続財産の価額から控除することをいう（相法13①）。これは，相続税が無償の財産取得に担税力を見出して課税するものであることに理論的根拠を有する。

相続財産の価額から控除される債務は，相続開始の際に現に存するもの（相法13①）で，確実と認められるものに限られる（相法14①）。したがって，相続財産の中から支弁する相続財産に関する費用（管理や保存の費用，例えば，遺言執行費用，弁護士費用，税理士報酬など）は，債務控除の対象とならない（相基通13‐2）。

☞　**遺産に係る基礎控除額**とは，3,000万円と600万円に法定相続人の数を乗じて計算した金額との合計額である。

3,000 万円	＋	600 万円× 法定相続人数	＝	基礎控除額

イ　納税義務者

相続税の納税義務者は，相続・遺贈または死因贈与により財産を取得した個人である。法人は，遺贈によって財産を取得した場合でも相続税は課されないが，租税回避防止の観点から，一定の場合には相続税が課されることとされている。

①　相続税法９条の４《受益者等が存しない信託等の特例》第１項または２項に規定する信託の受託者（個人以外の受託者に限る。）について同条１項または２項の規定の適用がある場合には，当該信託の受託者を個人とみなして相続税が課される。

②　代表者もしくは管理者の定めのある人格のない社団もしくは財団を設立するために財産の提供があった場合またはその社団もしくは財団に対し財産の遺贈もしくは贈与があった場合には，当該代表者もしくは管理者の定めのある人格のない社団もしくは財団を個人とみなして相続税が課される。

③　持分の定めのない法人（持分の定めのある法人で持分を有する者がないものを含む。）を設立するために財産の提供があった場合またはこれらの法人に対し財産の遺贈もしくは贈与があった場合において，当該財産の提供または遺贈もしくは贈与をした者の親族その他これらの者と相続税法64条《同族会社等の行為又は計算の否認等》１項に規定する特別の関係がある者の相続税または贈与税の負担が不当に減少する結果となると認められるときには，当該持分の定めのない法人を個人とみなして相続税が課される。

ウ　相続税の計算

㋐　相続税総額

①　相続や遺贈により財産を取得した者ごとに，各人の相続税の課税価格を計算してその合計額を求める。

(i)　相続人Ａ

（取得財産）＋（みなし相続財産）－（非課税財産）－（債務控除）

＝（相続人 A の課税価格）

(ii) 相続人B

(取得財産)＋(みなし相続財産)－(非課税財産)＋(生前贈与財産)

＝(相続人Bの課税価格)

(iii) 相続人C

(取得財産)＋(みなし相続財産)－(非課税財産)

＝相続人Cの課税価格

(iv) 課税価格の合計額

(相続人Aの課税価格)＋(相続人Bの課税価格)＋(相続人Cの課税価格)

② 上記①によって計算した課税価格の合計額から，遺産に係る基礎控除額を差し引いて課税遺産総額を求める。

(課税遺産総額)＝(課税価格の合計額)－(遺産に係る基礎控除額)

③ 上記②によって計算した課税遺産総額について，各相続人が法定相続分に応じて取得したものと仮定した金額を求める。

(i) 相続人A

(課税遺産総額)×(相続人Aの法定相続分)＝(相続人Aの法定相続分取得金額)

(ii) 相続人B

(課税遺産総額)×(相続人Bの法定相続分)＝(相続人Bの法定相続分取得金額)

(iii) 相続人C

(課税遺産総額)×(相続人Cの法定相続分)＝(相続人Cの法定相続分取得金額)

④ 上記③によって計算した各相続人の法定相続分取得金額について相続税率(☞相続税率)を適用し，相続税の総額の基礎となる税額を計算してその合計額を求める。

(i) 相続人A

(相続人Aの法定相続分取得金額)×(税率)

＝(相続人Aに係る相続税総額の基礎となる税額)

(ii) 相続人B

(相続人Bの法定相続分取得金額)×(税率)

＝(相続人Bに係る相続税総額の基礎となる税額)

(iii) 相続人C

(相続人Cの法定相続分取得金額)×(税率)

＝(相続人Cに係る相続税総額の基礎となる税額)

(iv)　相続税総額

$$相続税総額=\left(\begin{array}{l}相続人Aに係る相続税\\総額の基礎となる税額\end{array}\right)+\left(\begin{array}{l}相続人Bに係る相続税\\総額の基礎となる税額\end{array}\right)+\left(\begin{array}{l}相続人Cに係る相続税\\総額の基礎となる税額\end{array}\right)$$

☞　**相続税率**は，次の速算表に当てはめて計算することができる。

図表３　相続税の速算表（平成27年１月１日以後の場合）

法定相続分に応ずる取得金額	税率	控除額
1,000万円以下	10%	―
3,000万円以下	15%	50万円
5,000万円以下	20%	200万円
１億円以下	30%	700万円
２億円以下	40%	1,700万円
３億円以下	45%	2,700万円
６億円以下	50%	4,200万円
６億円超	55%	7,200万円

(イ)　各相続人の算出税額の計算

各相続人が納付すべき相続税額は，①次の算式により算出税額を求めたうえで，②相続税額の２割加算（☞２割加算とは）を行い，③２割加算後の金額から配偶者の税額軽減額や未成年者控除額などの税額控除額を差し引いて計算する。

$$相続税総額\times\frac{各相続人の課税価格}{課税価格の合計額}=各相続人の相続税額$$

☞　**２割加算**とは，被相続人の一親等の血族（代襲相続人を含む。）および配偶者以外の者が相続等により財産を取得した場合に，上記により計算した相続税額に100分の20に相当する金額を加算することをいう。この２割加算した金額がその者の相続税額となる（相法18①）。

〔参考〕**各相続人等の相続税額の計算例**（池本＝酒井・前掲書191頁より一部修正）

設問　被相続人甲の相続税の課税価格は３億5,000万円であり，相続人は，その妻乙，長男A，長女Bの３人である。各相続人が法定相続分で取得した場合，相続税はいくらか。

解答　各相続人の相続税額の計算は次のとおり。

①　課税遺産総額の計算

（相続税の課税価格）　（遺産に係る基礎控除額）　（課税遺産総額）
３億5,000万円　－（3,000万円＋600万円×３人）＝　３億200万円

② 相続税の総額の計算
乙 （3億200万円×1／2）×40％－1,700万円＝4,340万円
A （3億200万円×1／4）×30％－ 700万円＝1,565万円
B （3億200万円×1／4）×30％－ 700万円＝1,565万円
相続税の総額は7,470万円
③ 各相続人の算出税額の計算
乙 7,470万円×1／2＝3,735万円⇒配偶者の税額軽減がある。
A 7,470万円×1／4＝1,867.5万円
B 7,470万円×1／4＝1,867.5万円

(ウ) 各種控除

各相続人の算出税額の計算の後，各相続人ごとに各種控除の適用がある場合には，それぞれ控除をして，各相続人の納付すべき税額が算出される。以下では，各種控除のうち主なもののみを説明する。

(a) 贈与税額控除　相続または遺贈により財産を取得した者のうち，相続開始前3年以内に被相続人から贈与により財産を取得したことがある者については，その贈与により取得した財産の価額が相続税の課税価格に加算されるので（前掲ア(エ)－121頁参照），贈与税と相続税の二重課税を避ける観点から，贈与を受けた財産に課された贈与税額は，その者の相続税額から控除する（相法19①）。この場合の贈与税額控除額は，次の算式により計算する（相令4）。

$$\text{その年分の贈与税額} \times \frac{\text{その年分の贈与税の課税価格}}{\text{その年分の贈与財産のうち生前贈与加算額}} = \text{贈与税額控除}$$

(b) 配偶者の税額軽減　配偶者に対する相続税については，①配偶者が被相続人の財産形成に寄与していること，②被相続人の死亡後における生存配偶者の生活保障が必要なこと，③同一世代間の財産移転であり次の相続までの期間が短いことなどの観点から，その負担の軽減を図るための税額控除が設けられている（相法19の2①）。

具体的には配偶者の税額軽減額は，次の①と②のいずれか少ない金額となる。

① 配偶者の算出税額から贈与税額控除額を控除した後の税額
② 次の算式によって計算した金額

$$\text{相続税の総額} \times \frac{\text{次の(i)の金額と(ii)の金額いずれか少ない金額}}{\text{相続税の課税価格の合計額}}$$

(i) 課税価格の合計額のうち，配偶者の法定相続分相当額（1億6,000万円

に満たない場合は1億6,000万円）

(ii)　配偶者の課税価格相当額（千円未満切捨て）

(c)　**未成年者控除**　相続や遺贈によって財産を取得した者が経済力の乏しい未成年者である場合には，成年に達するまでの養育費がかかる点を配慮して，未成年者控除が設けられている（相法19の3①）。

《適用対象者》

①　相続開始時において20歳（民法改正に伴い令和4年4月1日以降は18歳。以下同じ。）未満の無制限納税義務者であること

②　法定相続人であること

③　相続，遺贈により財産を取得した者であること

《控除額の計算》

10万円×（20歳－相続時の年齢）

＊相続時の年齢⇒1年未満の端数は切捨て

(d)　**障害者控除**　相続や遺贈によって財産を取得した者が障害者である場合には，通常の人よりも生活費が多くかかる点を配慮して，障害者控除が設けられている（相法19の4①）。

《適用対象者》

①　相続開始時において85歳未満の障害者で，居住無制限納税義務者であること

②　法定相続人であること

③　相続，遺贈により財産を取得した者であること

《控除額の計算》

一般障害者　　10万円×（85歳－相続時の年齢）

特別障害者　　20万円×（85歳－相続時の年齢）

＊相続時の年齢⇒1年未満の端数は切捨て

(e)　**相次相続控除**　短期間に何回も相続があると，そのつど相続税がかかり，長期間にわたって相続がなかった者に比して，税負担が重くなることから，相続税の負担調整のための措置として，相次相続控除が設けられている（相法20①）。

《適用対象者》

①　相続・遺贈（第二次相続）により財産を取得した者であること

② 被相続人がその相続開始前10年以内に開始した前回の相続（第一次相続）により財産を取得していること

③ 被相続人がその相続開始前10年以内に開始した前回の相続（第一次相続）により取得した財産について相続税が課されていること

《控除額の計算》（相法20①，相基通20－3）

$$A \times \frac{C}{B-A} \times \frac{D}{C} \times \frac{10-E}{10}$$

＊$\frac{C}{B-A}$が$\frac{100}{100}$を超えるときは，$\frac{100}{100}$とする。

A：第二次相続の被相続人が第一次相続で取得した財産につき課せられた相続税額（延滞税，利子税および各種加算税を除く。）

B：第二次相続の被相続人が第一次相続で取得した財産の価額（債務控除後）

C：第二次相続で相続人および受遺者の全員が取得した財産の価額の合計額（債務控除後）

D：第二次相続でその相続人が取得した財産の価額（債務控除後）

E：第一次相続開始の時から第二次相続開始の時までの期間に相当する年数（1年未満の端数は切捨て）

(f) **小規模宅地等の特例**　個人が，相続や遺贈によって取得した財産のうち，その相続開始の直前において被相続人または被相続人と生計を一にしていた被相続人の親族（以下「被相続人等」という。）の事業の用または居住の用に供されていた宅地等のうち一定のものがある場合には，その宅地等のうち一定の面積までの部分（以下「小規模宅地等」という。）については，相続税の課税価格に算入すべき価額の計算上，図表4に掲げる区分ごとにそれぞれに掲げる割合を減額する。

✍ 「宅地等のうち一定のもの」とは，建物または構築物の敷地の用に供されている宅地等（農地および採草放牧地は除く。）をいい，棚卸資産およびこれに準ずる資産を除く。

図表4

<table>
<tr><th colspan="3">相続開始の直前における宅地等の利用区分</th><th colspan="2">要件</th><th>限度面積</th><th>減額される割合</th></tr>
<tr><td rowspan="5">被相続人等の事業の用に供されていた宅地等</td><td colspan="2">貸付事業以外の事業用の宅地等</td><td>①</td><td>特定事業用宅地等に該当する宅地等</td><td>400㎡</td><td>80%</td></tr>
<tr><td rowspan="4">貸付事業用の宅地等</td><td rowspan="2">一定の法人に貸し付けられ，その法人の事業（買付事業を除く。）用の宅地等</td><td>②</td><td>特定同族会社事業用宅地等に該当する宅地等</td><td>400㎡</td><td>80%</td></tr>
<tr><td>③</td><td>貸付事業用宅地等に該当する宅地等</td><td>200㎡</td><td>50%</td></tr>
<tr><td>一定の法人に貸し付けられ，その法人の貸付事業用の宅地等</td><td>④</td><td>貸付事業用宅地等に該当する宅地等</td><td>200㎡</td><td>50%</td></tr>
<tr><td>被相続人等の貸付事業用の宅地等</td><td>⑤</td><td>貸付事業用宅地等に該当する宅地等</td><td>200㎡</td><td>50%</td></tr>
<tr><td colspan="3">被相続人等の居住の用に供されていた宅地等</td><td>⑥</td><td>特定居住用宅地等に該当する宅地等</td><td>330㎡</td><td>80%</td></tr>
</table>

（国税庁HPより）

(g)　相続時精算課税適用者に係る贈与税額控除　相続時精算課税（☞相続時精算課税とは）の適用を受けた特定受贈者は，特定贈与者について相続等が開始すると，相続時精算課税の適用を受けた財産の価額が相続税の課税価格に加算することになるので，相続時精算課税適用財産について課せられた贈与税がある場合には，その者の相続税額（贈与税額控除から外国税額控除をした後の金額が赤字の場合は零）から相続時精算課税に係る贈与税額に相当する金額を控除する（相法21の15③，21の16④）。この場合の控除する金額は，贈与税の外国税額控除前の税額であり，その贈与税額に課された延滞税，利子税および各種加算税に相当する税額を含まない（相法21の15③，21の16④）。

なお，その者の相続税額から控除し切れない金額があるときは，その控除し切れない金額（相続時精算課税適用財産について贈与税の外国税額控除の適用を受けた場合には，控除し切れない金額から外国税額控除額を差し引いた残額）に相当する税額の還付を受けることができる（相法33の2①）。

☞　**相続時精算課税**とは，生前贈与を容易にするために，平成15年度税制改正によって導入された制度である。この制度は，受贈者の選択により，現行の贈与税制度に代えて，贈与時には贈与財産のうち2,500万円を超えた部分の金額につき一律20%による贈与税を課しておき，その後相続が発生した段階で，その贈与財産と相続財産とを合計した価額をもとに計算をした相続税額から，すでに納付した相続時精算課税における贈与税に相当する金額を控除した額をもって，その納付すべき相続税額とする制度である（相法21の9～21の18）。原則として，60歳以上の者から20歳（18歳）以上の子または孫（代襲相続人に限らない。）への贈与について選択できる制度であって，その贈与者からの一生の贈与金額につき累計2,500万円までは贈与税が課されず（贈与税の負担なし。），それを超える部分には一律20％の税率で贈与税が課される。暦年課税（通常の贈与税課税）との選択適用であるが，一度選択すると，取消しはできず，途中で暦年課税に戻すことはできない。贈与者の死亡による相続の際，それまでに相続時精算課税制度を選択して贈与した金額は，すべて相続財産に加えて相続税の対象として計算される。その際，すでに支払った贈与税額は，相続税額から差し引く（超過する場合は還付）。

ところで，なぜ，生前贈与を容易にする必要が要請されているのであろうか。まず，第一に我が国の高齢化社会の進展に伴い，相続による次世代への資産移転の時期が従来よりも大幅に遅れてきていることが挙げられる。また，高齢者の保有する資産の有効活用が，社会経済の活性化に資するとも考えられよう。こういった生前贈与の社会的要請を踏まえて，生前贈与による資産移転の円滑化を目的とした税制が必要であると考えられたのである。

(2) 贈与税

ア　概　要

相続税は，相続の開始時に現存する財産について課税する租税であるが，このことから，相続が開始されると予想される者が生前に贈与（☞贈与とは）により財産を移転して，相続税の負担を軽減あるいは回避することが可能となる。

そこで，これを防止するために，生前になされた贈与財産についても課税する必要があると考えられた。それが贈与税である。

したがって，相続税が個人のみを対象としているのであるから，それを補完する贈与税は当然に個人からの贈与のみを対象とすることになる。すなわち，贈与税は，個人からの贈与によって財産を得た個人が納税義務者となり，贈与によって得た財産が課税対象となる。なお，個人が法人から贈与を得た場合には，所得税（一時所得）が課税される。

贈与税には，前述した相続時精算課税と暦年課税の2つの課税制度がある。暦年課税とは，贈与を受けた人（受贈者）がその年の1月1日から12月31日までの1年間を計算期間として課税する制度である。

贈与税の申告期間は2月1日から3月15日である。

☞ **贈与**とは，当事者の一方が自己の財産を無償で相手方に与える意思を表示し，相手方がこれを受諾することによって成立する契約である（民549）。贈与の意思表示は書面でも口頭でもよいが，①書面による贈与は取り消すことができないのに対し，②書面によらない贈与は，その履行の終わらない部分に限り，いつでも取り消すことができる（民550）。履行が終わったとは，贈与者の意思が外部に対して明確に示された状態を意味し，動産や不動産の引渡しがこれに当たる。

贈与には，通常の贈与のほか，次の特殊な形態の贈与がある。

① 定期贈与…毎年100万円を贈与するというように，継続的に一定の財産を与える契約をいう。定期贈与は，特別の意思がない限り，当事者の一方の死亡により効力を失う（民552）。

② 負担付贈与…土地を贈与するが，その土地の購入に要した借入金の一部を負担させるというように，受贈者に一定の給付義務を負担させる契約をいう。贈与者は，受贈者が負担をしないときは契約を解除できる（民551，553）。

③ 死因贈与…「死んだら山林をあげる」というように，贈与者の死亡によって効力を生ずる贈与をいう。死因贈与には，遺贈に関する規定が準用される（民554）。

イ　納税義務者

贈与税の納税義務者は，生前贈与により財産を取得した個人である。贈与税の納税義務者も相続税と同様，原則として個人ではあるが，租税回避を防止する観点から，人格のない社団または財団に財産の贈与がなされた場合や，公益法人等に対して財産の贈与がなされた場合，あるいはこれらを設立するために財産の贈与があった場合には，これらを個人とみなして贈与税が課されることとされている。

ウ　贈与税の計算

㋐ 贈与税の課税価格

贈与税の課税価格は，その年の1月1日から12月31日までの間に贈与により取得した財産および贈与により取得したとみなされる財産の価額の合計額である。ただし，贈与により取得した財産のうちに非課税財産があるときは，課税価格に算入しない。

㋑ 非課税財産

贈与税は，原則として贈与（遺贈を除く。）によって取得したすべての財産に課税されることとされているが，社会政策的な見地や種々の政策的な理由により，非課税財産が設けられている。具体的には次のものである。

① 法人から贈与によって取得した財産

② 扶養義務者からの生活費・教育費

③ 宗教・学術その他公益を目的とする事業を行う者が贈与を受けた財産

④ 公職の候補者が選挙運動に関し贈与された金銭等

⑤ なお，近時の税制改正では，「直系尊属から教育資金の一括贈与を受けた場合の贈与税の非課税措置」（1,500万円限度）や，「直系尊属から住宅取得等資金の贈与を受けた場合の贈与税の非課税措置」が設けられている（(3)その他にて後述（🔍133頁））。

贈与税は，贈与（死因贈与を除く。）により財産を取得した場合，その取得という事実を課税原因とする租税であるから，必要経費とか債務控除等の概念がフィットしない。

具体的には次により計算された金額が課税価格となる。

《課税価格の計算》

(ウ) 贈与税額の計算

贈与税は，課税価格から，「基礎控除」および「配偶者控除」を控除した後の金額に税率を適用して（相法21の7），外国税額控除の適用がある場合には，外国で課された税額を控除して（相法21の8），納付すべき税額を計算する。

具体的には次により計算された金額が納付すべき贈与税額となる。

《贈与税額の計算》

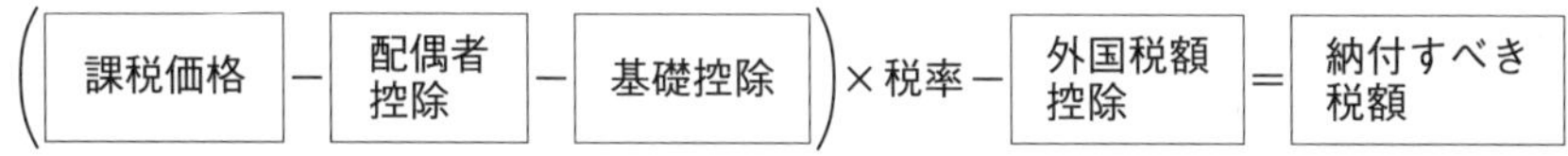

(エ) 配偶者控除

一般に我が国では，夫婦間で形成された財産は夫婦の協力によって形成されたものであるとの考え方が強く，したがって，夫婦間における贈与については，それを贈与と認識する考え方があまり浸透していないのが実情である。このような夫婦間における贈与という認識の薄いことに加えて，親子相互間の扶養義務の観念が薄らいでいることから，配偶者の老後の生活保障を意図して夫婦間において財産を贈与することが少なくない。このような点を考慮して，贈与税の配偶者控除が用意され，贈与税を軽減することとしている。

婚姻期間が20年以上（民法に規定する婚姻の届出があった日から贈与の日までの期間）

の配偶者から，一定の居住用不動産またはその取得資金の贈与を受けた場合には，その贈与を受けた居住用不動産等の課税価格から2,000万円までの金額を配偶者控除として控除できる（相法21の6）。

(オ)　贈与税の基礎控除

贈与税は，相続税の補完税という性格の租税であるから，厳密にいえば，行われる生前の贈与については，すべて課税するのが本来の形であるが，少額の場合まで課税することは適当ではないと考えられている。そこで，基礎控除が設けられている。

基礎控除の金額は，110万円であり（相法21の5，措法70の2の2），申告の有無に関係なく控除される。

(カ)　税　率

贈与税の税率は，次のような超過累進構造となっている。

贈与税額は，贈与税の配偶者控除および基礎控除後の課税価格について，この税率を適用して計算する（相法21の7）。なお，親子等世代間の財産の移転の促進を図る観点から平成27年1月1日以後の贈与税の税率構造は，次の2種類に分けられることとなった（図表5参照）。すなわち，祖父母や父母などの直系尊属から，その年の1月1日において20歳（18歳）以上の子あるいは孫などへなされる贈与については「特例贈与財産」の贈与として特例税率を用いて計算する。特例贈与財産以外の財産（一般贈与財産）については，一般税率が用いられるが，例えば，兄弟間の贈与，夫婦間の贈与，親から子への贈与で子が未成年者の場合などは一般税率が適用されることになる。

図表5 贈与税の税率構造

【一般贈与財産】

基礎控除後の課税価格	税率	控除額
200万円以下	10%	−
300万円以下	15%	10万円
400万円以下	20%	25万円
600万円以下	30%	65万円
1,000万円以下	40%	125万円
1,500万円以下	45%	175万円
3,000万円以下	50%	250万円
3,000万円超	55%	400万円

【特例贈与財産】

基礎控除後の課税価格	税率	控除額
200万円以下	10%	−
400万円以下	15%	10万円
600万円以下	20%	30万円
1,000万円以下	30%	90万円
1,500万円以下	40%	190万円
3,000万円以下	45%	265万円
4,500万円以下	50%	415万円
4,500万円超	55%	640万円

(3) その他

ア 直系尊属から住宅取得等資金の贈与を受けた場合の非課税

平成27年1月1日から令和3年12月31日までの間に，父母や祖父母などの直系尊属から住宅取得等資金（☞住宅取得等資金）の贈与を受けた20歳以上の受贈者（合計所得金額が2,000万円以下に限る。）は，贈与を受けた年の翌年3月15日までにその住宅取得等資金を自己の居住の用に供する一定の家屋の新築もしくは取得または一定の増改築等（以下「取得等」という。）の対価に充てて，その家屋を同日までに自己の居住の用に供すると，住宅取得等資金のうち「住宅資金非課税限度額」（☞住宅資金非課税限度額）までの金額について贈与税が非課税となる（措法70の2）。

✍ **住宅取得等資金**とは，受贈者が自己の居住の用に供する一定の家屋を取得等するための対価に充てる金銭をいう。

✍ **住宅資金非課税限度額**とは，次の表によって計算する（図表6）。

図表6

①　住宅用家屋の取得等に係る対価の額または費用の額に含まれる消費税等の税率が10%である場合

住宅用家屋の取得等に係る契約の締結期間	良質な住宅用家屋	左記以外の住宅用家屋
平成31年4月～令和2年3月	3,000万円	2,500万円
令和2年4月～令和3年3月	1,500万円	1,000万円
令和3年4月～令和3年12月	1,200万円	700万円

②　上記①以外の場合

住宅用家屋の取得等に係る契約の締結期間	良質な住宅用家屋	左記以外の住宅用家屋
～平成27年12月	1,500万円	1,000万円
平成28年1月～令和2年3月	1,200万円	700万円
令和2年4月～令和3年3月	1,000万円	500万円
令和3年4月～令和3年12月	800万円	300万円

✍　令和2年12月10日付け「令和3年度税制改正大綱（自由民主党・公明党）」は，令和3年4月1日から同年12月31日までの間に住宅用家屋の新築等に係る契約を締結した場合における非課税限度額を，次のとおり，令和2年4月1日から令和3年3月31日までの間の非課税限度額と同額まで引き上げる旨の改正提案を示している。

	現行	改正案
消費税等の税率10%が適用される住宅用家屋の新築等	1,200万円	1,500万円
上記以外の住宅用家屋の新築等	800万円	1,000万円

イ　直系尊属から教育資金の一括贈与を受けた場合の非課税

平成25年4月1日から令和3年3月31日までの間に，個人（30歳未満の者に限る。）が，①その直系尊属と金融機関（信託会社，銀行等および第一種金融商品取引業者）に信託等をした場合には，信託受益権または金銭等の価額のうち1,500万円までの金額に相当する部分の価額について，金融機関等の営業所等を経由して「教育資金非課税申告書」を提出することにより贈与税が非課税となる（措法70の2の2②）。

✍ 令和２年12月10日付け「令和３年度税制改正大綱（自由民主党・公明党）」は，令和３年度税制改正において２年間の延長を提案している。

ウ　直系尊属から結婚・子育て資金の一括贈与を受けた場合の非課税

受贈者（20歳以上50未満の者に限る。）の結婚・子育て資金に充てるためにその直系存続が金銭等を拠出し，金融機関（信託会社，銀行等および第一種金融商品取引業者）に信託等をした場合には，信託受益権または金銭等の価額のうち1,000万円（結婚関係については300万円を限度とする。）までの金額に相当する部分の価額については，平成27年４月１日から令和３年３月31日までの間に拠出されるものに限り贈与税が非課税とされる（措法70の２の３）。

✍ 令和２年12月10日付け「令和３年度税制改正大綱（自由民主党・公明党）」は，令和３年度税制改正において２年間の延長を提案している。

エ　事業承継税制

我が国の中小企業は全企業の99.7%を占め，日本経済を支える重要な基盤となっている（図表７参照）。しかしながら，少子高齢化が進むにつれて後継者不足による廃業が喫緊の問題となり，経済停滞への影響が懸念される中，税制面から事業承継をバックアップするものとして，事業承継税制がある。事業承継税制には，次のとおり法人版（中小企業用）のものと個人版（個人事業主用）のものが設けられている。

図表７　我が国における全企業に占める中小企業の割合等

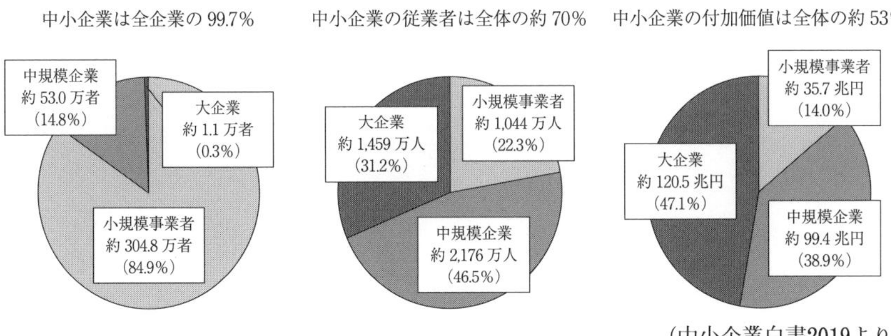

（中小企業白書2019より）

(ア)　法人版事業承継税制

これは，後継者である受贈者・相続人等が，中小企業における経営の承継の円滑化に関する法律（以下「円滑化法」という。）の認定を受けている非上場会社の株式等を贈与または相続等により取得した場合において，その非上場株式等に係る贈与税・相続税について，一定の要件のもと，その納税を猶予し，後継者の死亡等により，納税が猶予されている贈与税・相続税の納付が免除されるという制度である。

事業承継税制には，租税特別措置法70条の7《非上場株式等についての贈与税の納税猶予及び免除》以下の規定による措置（以下「一般措置」という。）と同法70条の7の5《非上場株式等についての贈与税の納税猶予及び免除の特例》以下の規定による措置（以下「特例措置」という。）の2つの制度があり，特例措置については，平成30年1月1日から令和9年12月31日までの10年間の制度とされている。

一般措置は，贈与税の申告において，会社の後継者が贈与を受けた一定の非上場株式等（一定の部分に限る。）に対応する贈与税額を一定の要件のもとに非上場株式等の贈与者が死亡する日等まで納税を猶予する制度である。この制度の適用を受けた非上場株式等は，原則として贈与者の死亡の際，受贈者が贈与者から相続や遺贈によって取得したものとみなされ，相続税の課税の対象とされ，その時に納税が猶予されていた贈与税額が免除される。

図表 8

○ この法人版事業承継税制には，「**一般措置**」と「**特例措置**」の２つの制度があり，**特例措置**については，**事前の計画策定等**や**適用期限**が設けられているが，**納税猶予の対象となる非上場株式等の制限（総株式数の最大３分の２まで）の撤廃**や**納税猶予割合の引上げ（80％から100％）**がされているなどの違いがある。

（参考）特例措置と一般措置の比較

	特例措置	一般措置
事前の計画策定等	５年以内の特例承継計画の提出（平成30年４月１日から令和５年３月31日まで）	不要
適用期限	10年以内の贈与・相続等（平成30年１月１日から令和９年12月31日まで）	なし
対象株数	全株式	総株式数の最大３分の２まで
納税猶予割合	100％	贈与：100％　相続：80％
承継パターン	複数の株主から最大３人の後継者	複数の株主から１人の後継者
雇用確保要件	弾力化	承継後５年間 平均８割の雇用維持が必要
事業の継続が困難な事由が生じた場合の免除	あり	なし
相続時精算課税の適用	60歳以上の者から20歳以上の者への贈与	60歳以上の者から20歳以上の推定相続人（直系卑属）・孫への贈与

（国税庁HPより一部修正）

(イ) 個人版事業承継税制

これは，円滑化法の認定を都道府県知事から受ける後継者である受贈者（以下「特例事業受贈者」という。）が，青色申告（正規の簿記の原則によるものに限る。）に係る事業（不動産貸付業等を除く。）を行っていた贈与者から，その事業に係る特定事業用資産のすべてを平成31年１月１日から令和10年12月31日までの贈与により取得をした場合には，その青色申告に係る事業の継続等，一定の要件のもと，特例事業受贈者が納付すべき贈与税のうち，特定事業用資産に係る課税価格に対応する贈与税の納税が猶予され，特例事業受贈者が死亡した場合等には，その全部または一部が免除されるという制度である。

ただし，免除されるまでに，特定事業用資産を特例事業受贈者の事業の用に供さなくなった場合など一定の場合には，納税猶予税額の全部または一部について納税の猶予が打ち切られ，その税額と利子税額を納付しなければならない。

¶レベルアップ1！「住所」とは何か？：武富士事件

被相続人から外国法人A社の出資口数の贈与を受けたことについて贈与税の決定処分等を受けた納税者（原告・被控訴人・上告人）が，贈与時に日本に住所を有していなかったから，平成11年改正前の相続税法1条の2第1号により納税義務を負わないとして，かかる処分の取消しを求めた事案がある（酒井・概念論2参照）。

「住所」が国内にあるか否かが贈与税課税の重要なポイントであるのにもかかわらず，果たしてその「住所」とはいかなるものなのかについて，相続税法は何ら規定をしていない。すなわち，「住所」の定義が明確にはされていないのである。そこで，租税法の解釈の仕方としては，その「住所」という概念は民法から借りてきたものと考え（このような概念を「借用概念」という。このことは後ほど学習する。🔍21－255頁参照），民法の考え方に合わせて解釈しようとするのが通説の立場である（借用概念統一説）。この立場からは，民法22条《住所》が「各人の生活の本拠をその者の住所とする。」と規定しているため，相続税法上の住所についても同様に理解することになる。もっとも，「生活の本拠」といっても，何をもって生活の本拠というのかについては議論のあるところであるが，居住の意思を尊重する立場からすれば，国内に住所を有しないようにして贈与税の負担を回避しようとしたという意思が認定された場合には，贈与税回避という一過性の目的のための住所移転であり，「生活の本拠」が国外にあったということにはならない可能性がある。このことは，「贈与税回避という目的はけしからん」という意味で論じるのでは決してなく，その意思が贈与税回避にあったということは，「生活の本拠」ではなく，一過性の目的のためだけの住所移転であったと認定されることになるというわけである。例えば，越境入学をするという意思を有し，その目的で住所移転をしたという場合に，「生活の本拠」というにふさわしいかどうかを判断するに当たって，その意思を重視することにより「生活の本拠」とはみないと考えることができるのと同様である。

この事件において，東京高裁平成20年1月23日判決（判タ1283号119頁）は，「法令において人の住所につき法律上の効果を規定している場合，反対の解釈をすべき特段の事由のない限り，その住所とは，各人の生活の本拠を指すものと解するのが相当であり（最高裁判所昭和29年10月20日大法廷判決・民集8巻10号1907頁参照），生活の本拠とは，その者の生活に最も関係の深い一般的生活，全生活の中心を指すものである（最高裁判所昭和35年3月22日第三小法廷判決・民集14巻4号551頁参照）。そして，一定の場所が生活の本拠に当たるか否かは，住居，職業，生計を一にする配偶者その他の親族の存否，資産の所在等の客観的事実に，居住者の言動等により外部から客観的に認識することができる居住者の居住意思を総合して判断するのが相当である。なお，特定の場所を特定人の住所と判断するについては，その者が間断なくその場所に居住することを要するものではなく，単に滞在日数が多いかどうかによってのみ判断すべきものでもない（最高裁判所昭和27年4月15日第三小法廷判決・民集6巻4号413頁参照）。」としたうえで，「被控訴人が上記の方法による贈与税回避を可能にする状況を整えるために香港に出国するものであることを認識していたこと，…被控訴人は，その香港における滞在日数，上記の方法による贈与税回避の計画を考慮して容易に調整することができたものと認められること」などから，住所が国内にあったと判断を下している。

これに対し，上告審最高裁平成23年2月18日第二小法廷判決（集民236号71頁）は，「法〔筆者注：相続税法〕1条の2によれば，贈与により取得した財産が国外にあるものである場合には，受贈者が当該贈与を受けた時において国内に住所を有することが，当該贈与についての贈与税の課税要件とされている（同条1号）ところ，ここにいう住所とは，反対の解釈をすべき特段の事由はない以上，生活の本拠，すなわち，その者の生活に最も関係の深い一般的生活，全生活の中心を指すものであり，一定の場所がある者の住所であるか否かは，客観的に生活の本拠たる実体を具備しているか否かにより決すべきものと解するのが相当である（最高裁昭和29年(オ)第412号同年10月20日大法廷判決・民集8巻10号1907頁，最高裁昭和32年(オ)第552号同年9月13日第二小法廷判決・裁判集民事27号801頁，最高裁昭和35年(オ)第84号同年3月22日第三小法廷判決・民集14巻4号551頁参照）。」としたうえで，「これを本件についてみるに，前記事実関係等によれば，上告人は，本件贈与を受けた当時，本件会社の香港駐在役員及び本件各現地法人の役員として香港に赴任しつつ国内にも相応の日数滞在していたところ，本件贈与を受けたのは上記赴任の開始から約2年半後のことであり，香港に出国するに当たり住民登録につき香港への転出の届出をするなどした上，通算約3年半にわたる赴任期間である本件期間中，その約3分の2の日数を2年単位（合計4年）で賃借した本件香港居宅に滞在して過ごし，その間に現地において本件会社又は本件各現地法人の業務として関係者との面談等の業務に従事しており，これが贈与税回避の目的で仮装された実体のないものとはうかがわれないのに対して，国内においては，本件期間中の約4分の1の日数を本件S居宅に滞在して過ごし，その間に本件会社の業務に従事していたにとどまるというのであるから，本件贈与を受けた時において，本件香港居宅は生活の本拠たる実体を有していたものというべきであり，本件S居宅が生活の本拠たる実体を有していたということはできない。」とし，原審の判断に対し，「一定の場所が住所に当たるか否かは，客観的に生活の本拠たる実体を具備しているか否かによって決すべきものであり，主観的に贈与税回避の目的があったとしても，客観的な生活の実体が消滅するものではない」としてその判断をくつがえした（酒井・ブラッシュアップ272頁，酒井「租税法上の『住所』の認定を巡る諸問題」税大ジャーナル25号1頁（2015））。

¶レベルアップ2！　財産の評価

相続税法の適用においては，相続税や贈与税の対象となった資産の価額を認定する必要があるが，これは一般的には，「時価」によることとされている（相法22）。しかしながら，「時価」とはいっても，何をもって時価というのかは必ずしも条文上明らかにされているわけではない。ここにいう「時価」とは，客観的交換価値と理解されている。

例えば，最高裁平成22年7月16日第二小法廷判決（集民234号263頁）は，「相続税法22条は，贈与等により取得した財産の価額を当該財産の取得の時における時価によるとするが，ここにいう時価とは当該財産の客観的な交換価値をいうものと解され，本件法人の出資についても，この観点からその価額が評価されるべきである。」とする。このような判断は，多くの裁判例が採用するところである。

では，ここでいう「客観的な交換価値」とはいかなるものを指すのであろうか。この点，例えば，東京地裁平成7年7月20日判決（行集46巻6号701頁）は，「時価とは，課税時期において，それぞれの財産の現況に応じ，不特定多数の当事者間で自由な取引が行われた場合に通常成立する価額をいう」としている。

国税庁は財産評価基本通達という行政解釈通達を発遣し，この時価の認定についての比較的詳細なルールを定めている。しかしながら，すべての財産につき，客観的な交換価値の一切を通達で認定することには当然ながら限界があることから，同通達には，「この通達の定めによって評価することが著しく不適当と認められる財産の価額は，国税庁長官の指示を受けて評価する。」とする個別評価の方法（評基通6）が設けられている（酒井・チェックポイント〔相続税〕3頁も参照）。

12 消費税法

(1) 概　要

消費税は，資産やサービスの消費に着目して租税の負担を求めるものであり，原則として，すべての物品の販売やサービスの提供を課税対象とし，製造から卸へ，卸から小売へ，小売から消費者へと行われるすべての取引段階で，それぞれの事業者の取引金額に対して10％（国7.8％：地方2.2％）の税率で課される間接税である。

消費税は，昭和63年度の税制の抜本的改革によって，従来実施されてきた特定の物品やサービスに課税する物品税等の個別間接税を廃止して（例えば，国税として物品税，トランプ類税，入場税，通行税，砂糖消費税，地方税として電気税，ガス税，木材取引税など），我が国においては，初めて消費一般に広く薄く負担を求める租税として創設された。

平成９年４月からは地方消費税が創設され，消費税率４％と地方消費税（消費税の25％＝消費税に換算すると１％）とをあわせた５％の税率で課税されていたが，平成26年４月１日から消費税6.3％，地方消費税1.7％の合計８％に引き上げられた。

そして，令和元年10月１日から消費税7.8％，地方消費税2.2％の合計10％に引き上げられ現在にいたる。なお，この10％の引上げに当たって軽減税率制度が導入されたことにより，一定の飲食料品および新聞については軽減税率として８％（国6.24％，地方1.76％）の消費税が課されることとなっている（軽減税率の詳細については，🔍¶レベルアップ４！－158参照）。

我が国の消費税率は，主要国の中では低い水準にあるが，諸外国では，消費税（付加価値税（VAT））は基幹税として主要な位置を占めており，EU 加盟国では，標準税率を15％以上とすることが義務付けられている（図表１）。なお，第１章の7タックスミックスの箇所でも確認したとおり，現在の我が国の税収のうち，所得税と消費税がそれぞれ20％弱を占めており，これら２つの租税が税収の柱であるといえよう。こうした中，少子高齢化によって我が国の財政がひっ迫している状況下において，今後さらなる消費税率の引上げが行われる可能

図表１　付加価値税率（標準税率および食料品に対する適用税率）の国際比較

（2020年１月現在）

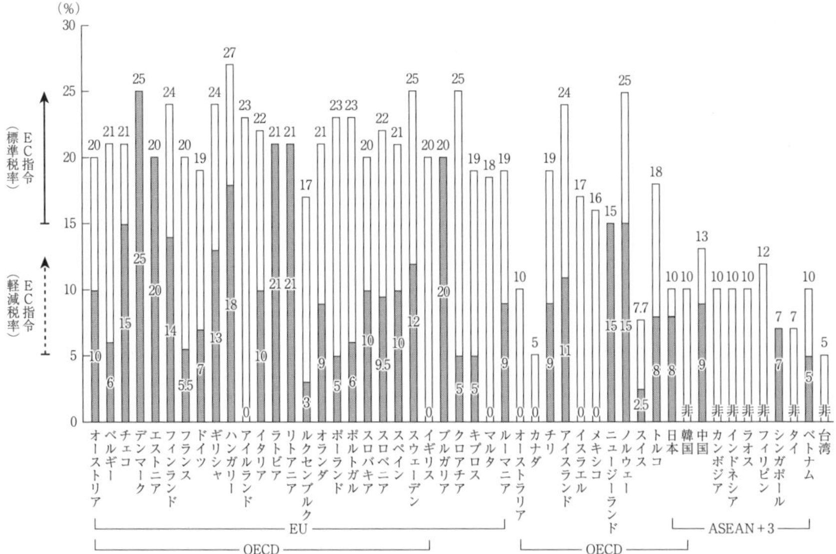

（備考）１．日本については，10％（標準税率）のうち2.2％，８％（軽減税率）のうち1.76％は地方消費税（地方税）である。

２．カナダでは，連邦税である財貨・サービス税（付加価値税）に加え，ほとんどの州で州税として付加価値税等が課される（例：オンタリオ州８％）。

３．OECD加盟国のうちアメリカでは，売買取引への課税として付加価値税ではなく，州，郡，市により小売売上税（地方税）が課されている（例：ニューヨーク州およびニューヨーク市の合計8.875％）。

４．ASEAN加盟国のうちブルネイには売買取引に課される税が存在せず，マレーシアでは2018年９月に付加価値税が廃止され，売上・サービス税が導入され，ミャンマーでは売買取引への課税として取引高税が課されている。

５．上記中，▮が食料品に係る適用税率である。「０」と記載のある国は，食料品についてゼロ税率が適用される国である。「非」と記載のある国は，食料品が非課税対象となる国である。なお，軽減税率・ゼロ税率の適用および非課税対象とされる食料品の範囲は各国ごとに異なり，食料品によっては上記以外の取扱いとなる場合がある。

６．EC指令においては，ゼロ税率および５％未満の軽減税率は否定する考え方が採られている。ただし，1991年時点でこれらを施行していた国は，引き続き適用することができる。

７．OECD平均は日本および付加価値税の存在しないアメリカを除外している。ASEAN＋３平均は日本ならびに付加価値税の存在しないブルネイ，マレーシアおよびミャンマーを除外している。

（出所）各国大使館聞き取り調査，欧州連合および各国政府ホームページ等による。

（財務省HPより一部修正）

性は高い。論者によって幅はあるが，消費税については1％の引上げによって2兆円超の税収増加が見込まれるともいわれており，将来的には消費税が最も税収の高い租税となることもありうるであろう。

⑵　消費税の仕組み

消費税では，生産，流通の過程で租税が累積されることのないよう仕入れの段階に含まれている税額を売上げに対する税額から差し引く仕組みとして，日本版インボイス制度（☞日本版インボイス制度とは）が採用されている。すなわち，仕入れに含まれている消費税額を控除する際，帳簿上の記録等をもとに税額が計算できるようになっているのである。

✍　**日本版インボイス制度**とは，仕入税額の控除を帳簿方式に基づいて行う方式をいう。これに対して，EU型インボイス制度とは，税額票方式ともいい，売手の発行する請求書等に税額が記載されている限り，記載されている税額を限度として仕入税額の控除を認めることとするものである。日本版インボイス制度が採用されたのは，EU型インボイス制度を採用すると請求書に税額を記載することが煩雑であるなどといった中小企業

図表2　消費税の仕組み

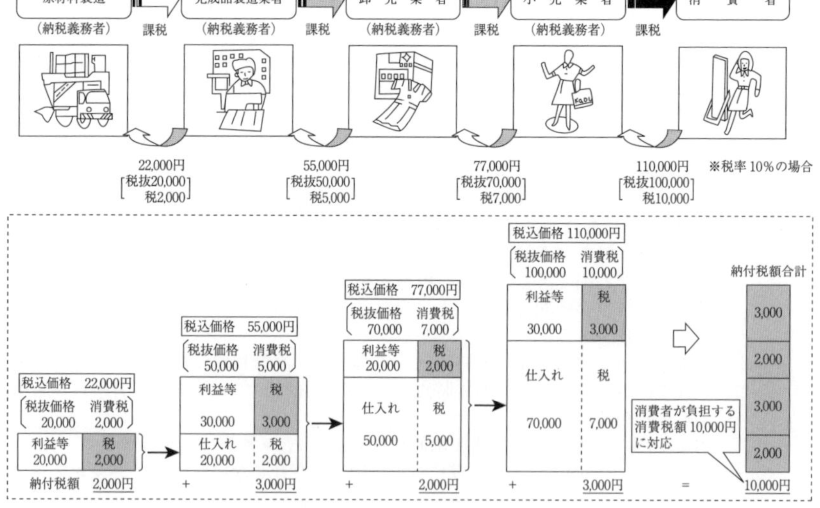

（注）「税」，「消費税」には地方消費税を含む。

（財務省HPより）

等からの批判を受けての妥協の産物である。なお，令和5年10月1日からは，(6)で述べる適格請求書等保存方式が導入されることから，日本版インボイス制度は廃止されることとなった（150頁参照）。

(3) 納税義務者

消費税の納税義務者は，国内取引（☞国内取引とは）については課税資産の譲渡等を行った者であり（消法5①），輸入取引（☞輸入取引とは）については課税貨物を保税地域から引き取る者であり（消法5②），消費者ではない。

☞ **国内取引**とは，「国内において事業者が行った資産の譲渡等」をいう（消法4①）。したがって，「事業者」でない一般の個人が中古自動車を友人に売却しても消費税の課税対象となる国内取引に該当しない。

☞ **輸入取引**とは，外国貨物を保税地域から引き取ることをいう。なお，ここにいう「外国貨物」とは，輸入の許可を受けた貨物および外国から本邦に到着した貨物で輸入が許可される前のものをいう（消法2①十，関法2①三）。

(4) 消費税の計算

ア　概　要

消費税の課税対象は，国内取引と輸入取引とに分かれる。

国内取引に係る消費税の課税標準は，課税資産の譲渡等の対価の額であり（消法28①），非課税取引については，課税の対象とはならない。なお，国内取引に該当する場合であっても，その物品が輸出されたり，あるいはサービスが国外で提供されるような場合には，消費税は免除される（消法7，45①五，七，46，52，53等）。

ここにいう「非課税取引」とは，①消費税の性格や②社会政策的な配慮などから，消費税の課税対象とすることになじまないものをいう（消法6①別表1）。

①　消費税の性格から課税対象とすることになじまないもの

(a)　土地の譲渡や貸付け
(b)　有価証券，支払手段等の譲渡
(c)　貸付金や預金の利子，保険料等
(d)　郵便切手類，印紙，証紙の譲渡
(e)　商品券，プリペイドカードなどの物品切手等の譲渡
(f)　国，地方公共団体等が法令に基づき徴収する手数料等

(g)　国際郵便為替，国際郵便振替，外国為替業務の手数料

②　社会政策的な配慮に基づくもの

(h)　公的な医療保険制度に係る療養，医療，施設医療等

(i)　介護保険サービス，社会福祉事業等

(j)　学校教育法上の学校，専修学校，各種学校等の授業料，入学金，施設設備費，入学・入園検定料等

(k)　出産費用等

(l)　埋葬料，火葬料

(m)　一定の身体障害者用物品の譲渡，貸付け等

(n)　教科用図書の譲渡

(o)　住宅の貸付け

Tax Lounge　福祉目的税化への動き

福祉目的税構想は，昭和53年に一般消費税の導入が検討されたときにも問題となった。昭和53年９月の政府税制調査会一般消費税特別部会報告の「審議経過の概要」によると，次のような見解が示されている。

《反対論》

①　大幅な財政赤字の解消が急務であるから，福祉関連といえども新税収入の特定化は望ましくない。

②　従来，目的財源は受益と負担の対応関係が明確なものに限られているから，このような対応関係のない社会保障目的税は問題が多い。

③　社会保障目的税は財政の硬直化を招くおそれがある。

《賛成論》

①　広く福祉関連支出の目的財源とする場合は，福祉関連支出の伸びが新税の伸びを上回ると予想されるから，財政の硬直化を招くという指摘は当たらない。

②　目的財源といっても必ずしも受益と負担の対応関係が必要なわけではなく，国民福祉のため新税を目的財源化することにも十分意義がある。

③　新税を目的財源とすれば，歳出と租税負担を一体として，所得再分配効果をみることが可能となり，新税の逆進性問題を回避できる。

④　社会保障の充実は貯蓄の必要性を減少させるから，福祉目的税化は新税の消費抑制効果を緩和する。

消費税を国民福祉税あるいは福祉目的税に改めるという構想は，平成６年12月に細川護熙内閣が景気政策としての所得税減税について最終的な決断を下そうとした際に，突如浮上した。しかし，この構想はわずか１日で撤回された。

有価証券，支払手段等の譲渡が非課税取引に該当することは上記のとおりであるが，平成29年に資金決済法が改正され，仮想通貨が支払手段に位置付けられたことに伴い，非課税とされる支払手段の範囲に仮想通貨が追加された（金子・租税法798頁）。すなわち，仮想通貨の譲渡に関しては消費税は課税されない。

また，輸入取引に係る消費税の課税標準は，その貨物につき関税定率法の規定に準じて算出した価格に，輸入に当たって課される個別消費税（酒税・たばこ税等）および関税の額に相当する金額を加算した金額であるが（消法28③），非課税貨物については課税範囲から除外されている。

ここにいう非課税貨物とは，保税地域から引き取られる外国貨物のうち，①有価証券等，②郵便切手等，③印紙，④証紙，⑤物品切手，⑥身体障害者用物品，⑦教科用図書を指し，国内における非課税取引とのバランスを図るため（金子・租税法798頁），非課税とされている（消法６②）。

✍ 消費税は国内において消費される商品やサービスについて負担を求めるものであるから，課税事業者が輸出取引を行う場合や，国際通信，国際運輸等のいわゆる輸出類似取引を行う場合にも，消費税が免除される（輸出免税）。なお，免税ショップを経営する事業者が，外国人旅行者や駐留軍人等に対して一定の方法で販売する特定の輸出携帯品についても免税とされる（消法８，消令18）。

イ　計算方法

納付税額の計算は，次の(ア)および(イ)による。

(ア)　原則的な計算方法

課税期間の納付すべき消費税額および地方消費税額は，次の算式により算出する。

消費税の納付税額＝（売上げに係る消費税額）課税期間の課税売上高×7.8％（軽減税率の適用となる取引については6.24％）

－（仕入れに係る消費税額）課税期間の課税仕入高$\times\frac{7.8}{110}$（軽減税率の適用となる取引については$\frac{6.24}{108}$）

地方消費税の納付税額＝消費税の納付税額$\times\frac{22}{78}$

(イ)　簡易課税制度

基準期間の課税売上高が5,000万円以下の事業者は，仕入控除税額を計算するに当たり，原則的な計算方法（＝実額で計算する方法）に代えて，簡易課税制度を適用することができる。すなわち，次のとおり事業の区分に応じたみなし仕入率を使って仕入れに係る消費税額を計算する（＝「みなす」）ことができる（🔍¶レベルアップ２！－153頁参照）。

図表3　簡易課税制度の事業区分とみなし仕入率

(a)	第一種事業	（卸売業）	90%
(b)	第二種事業	（小売業）	80%
(c)	第三種事業	（製造業等）	70%
(d)	第四種事業	((a)，(b)，(c)および(e)，(f)以外の事業)	60%
(e)	第五種事業	（金融・保険業，サービス業等）	50%
(f)	第六種事業	（不動産業）	40%

つまり，仕入控除税額は，「売上げに係る消費税額×みなし仕入率」で算出されることとなる。

✍　一般に消費税の特色としては，①課税ベースが広いこと（消費中立性），②単一低税率であること（簡素性），③免税事業者の範囲が広いこと，④簡易課税制度が採用されていること，⑤課税期間が長いこと，⑥逆進性（☞逆進性とは）により公平原則が阻害されることなどが挙げられる（🔍5－33頁も参照）。

公平原則との関係でみると，とりわけ平成９年３月末まで採用していた限界控除制度が簡易課税制度と相まって我が国の消費税の特徴として示されることがある。これらは，納税義務のない免税事業者の場合には受け取った消費税相当額が収益になるという，いわゆる益税問題を惹起するため，しばしば議論がなされてきたところであり，それらの議論を踏まえ，導入からの時間の経過とともに導入当初の緩和的なこれらの措置は次第に廃止の方向に向かっている（🔍17－223頁も参照）。

また，軽減税率の導入に伴い計算が複雑になったことも否めず，従来の我が国の消費税制度の利点でもあった簡素性は認められなくなったともいえよう。もっとも，累進税率を採用する所得税と比較すればはるかに簡素であろう。

✍　**逆進性**とは，高所得者と低所得者とを比べたとき，可処分所得に占める消費税の割合が，低所得の者であればあるほど高くなる現象をいう。一般的に，所得の高低にかかわらず生活必需品や食品の消費税率について軽減税率（あるいはゼロ税率）を採用することにより，この逆進性は一定程度緩和できるといわれている。

ウ　仕入税額控除の要件

仕入税額控除の適用を受けるためには，その事実を記載した帳簿およびその事実を証する請求書等の保存が必要である（消法30⑦）。

消費税導入時は「帳簿」の記載・保存が仕入税額控除の要件とされていたが，

制度の信頼性，正確性を高める観点から平成16年度税制改正により，取引の相手方から受領した「請求書，領収書等」の証票の保存があわせて必要とされるようになった。

このことから，帳簿方式ではあるが，現在では実質的にはEU型インボイス制度（🔍✍日本版インボイス制度－144頁も参照）にある程度近い制度となっている。

✍ 請求書等に以下の事項の記載がないと，仕入税額控除は認められない。

① 仕入先の氏名
② 取引の年月日
③ 資産またはサービスの内容
④ 仕入の対価の額
⑤ 納税者の氏名

⑸ 申告・納付

ア 国内取引

① 課税期間

個人事業者………暦年
法　　　人………事業年度

② 確定申告書の提出期限および納付期限

個人事業者………翌年の３月末まで
法　　　人………課税期間の末日の翌日から２か月以内

③ 中間申告と納付

イ 輸入取引

課税対象となる外国貨物を引き取ろうとする者は，その外国貨物を保税地域から引き取る時までに，消費税および地方消費税をその保税地域の所轄税関長に申告し，納付する必要がある。

図表4

直前課税期間の年間消費税額	必要とされる中間申告および納付の回数
4,800万円超	11回（毎月→1／12ずつ）
4,800万円以下 400万円超	3回（3か月ごと→1／4ずつ）
400万円以下 48万円超	1回（6か月後→1／2）
48万円以下	中間申告・納付は不要（ただし任意の中間申告制度あり）

✍ 諸外国における消費税の課税期間は1か月ないし数か月が多く，我が国の消費税の特徴として課税期間が長いことが挙げられる。

これは，消費税の課税期間を所得税および法人税のそれに合わせる方が，納税者に便利でコストも軽減されるという点が考慮されたものである。実際，所得税・法人税と同時に申告・納付を行うことができるという点は納税義務者にとってはメリットといえよう。しかしながら，課税期間が長くなればなるほど消費者から預かった税額のいわゆる「運用益」が多くなるともいえるし，消費税はその性格上滞納の発生割合が高いということも問題視されるべきであろう。そこで，消費税法は，中間申告・納付の制度を導入しており，最近の改正では中間申告・納付の回数を増やす方向にある。

⑹　適格請求書等保存方式

令和5年10月1日から消費税の仕入税額控除の方式として「適格請求書等保存方式」が導入される。適格請求書等保存方式のもとでは，税務署長に申請して登録を受けた課税事業者である「適格請求書発行事業者」が交付する「適格請求書」等の保存が仕入税額控除の要件となる。

同方式の導入スケジュールは図表5のとおりである。

適格請求書とは，「売手が買手に対して正確な適用税率や消費税額等を伝え

図表5

	令和元年 10月1日	令和5年 10月1日
現行（請求書等保存方式）	区分記載請求書等保存方式	適格請求書等保存方式

（国税庁 HPより）

るための書類」をいい，適格請求書発行業者が発行するものである。

なお，適格請求書には，次の事項が記載されることになる。

① 適格請求書発行事業者の氏名または名称および登録番号
② 取引年月日
③ 取引内容（軽減税率の対象となる場合はその旨）
④ 税率ごとに合計した税抜または税込対価の額および税率
⑤ 消費税額等
⑥ 書類の交付を受ける者の氏名または名称

適格請求書発行事業者は，適格請求書を交付することが困難な一定の場合を除き，取引相手の求めに応じて，適格請求書を交付する義務と交付した適格請求書の写しを保存する義務が課される。適格請求書発行事業者の登録を受けるためには，税務署長に申請書を提出する必要がある。なお，課税事業者でなければ，登録を受けることはできない（申請書は令和3年10月1日から提出することが可能とされている。）。

適格請求書発行事業者の氏名または名称および登録番号等はインターネットを通じて確認できる。

図表6

（国税庁HPより）

¶レベルアップ1！　帳簿書類の保存義務

消費税法の採用する申告納税方式のもとでは，納税義務者のする申告が事実に基づいて適正に行われることが肝要であり，必要に応じて税務署長等がこの点を確認することができなければならない。そこで，事業者は，帳簿を備え付けてこれにその行った資産の譲渡等に関する事項を記録したうえ，当該帳簿を保存することが義務付けられており（消法58），国税庁，国税局または税務署の職員は，必要があるときは，事業者の帳簿書類を検査して申告が適正に行われたかどうかを調査することができるものとされ（通法74の2①三。🔍25(3)−301頁参照），税務職員の検査を拒み，妨げ，または忌避した者に対しては罰則が定められていて（通法127），税務署長が適正に更正処分等を行うことができるようにされている。

ところで，平成16年改正前の消費税法30条7項では，「帳簿又は請求書等を保存」することが仕入税額控除の適用要件とされていたが，この場合，帳簿または請求書等を保存さえしておけば，それを税務調査の際に提示しなくても同控除の適用があるか否かが争点となった事例がある。

最高裁平成16年12月16日第一小法廷判決（民集58巻9号2458頁）は，「法〔筆者注：消費税法〕が事業者に対して…帳簿の備付け，記録及び保存を義務付けているのは，その帳簿が税務職員による検査の対象となり得ることを前提にしていることが明らかである。そして，事業者が国内において課税仕入れを行った場合には，課税仕入れに関する事項も法58条により帳簿に記録することが義務付けられているから，税務職員は，上記の帳簿を検査して上記事項が記録されているかどうかなどを調査することができる。

法30条7項は，法58条の場合と同様に，当該課税期間の課税仕入れ等の税額の控除に係る帳簿又は請求書等が税務職員による検査の対象となり得ることを前提にしているものであり，事業者が，国内において行った課税仕入れに関し，法30条8項1号所定の事項が記載されている帳簿を保存している場合又は同条9項1号所定の書類で同号所定の事項が記載されている請求書等を保存してい

Tax Lounge　**事業区分の判定**

事業区分の判定は難しいといわれている。例えば，商品を販売業者に販売するために裁断等する行為については，ある参考書によると，うなぎを仕入れてこれをさばいて小売業者に販売するのは，卸売業としての第一種事業に当たると解されているが，仕入れたうなぎをさばいて串に刺して販売した場合は製造業等としての第三種事業に該当するとされている。このように，単なる卸売業なのか製造業等なのかの判断基準は必ずしも明らかであるとはいえそうにない。ほかにも，仕入れた海苔を裁断し，袋に小分けして飲食店に販売しただけでは製造がなされたとはされていない。しかし，木材を仕入れてこれを角材にして販売すると，それは製造業等に該当すると解されている（漢昭弘『図解消費税〔令和2年版〕』447頁（大蔵財務協会2020））。事例の蓄積を待つほかないかもしれないが，不安定さを感じるところである。

る場合において，税務職員がそのいずれかを検査することにより課税仕入れの事実を調査することが可能であるときに限り，同条1項を適用することができることを明らかにするものであると解される。」とする。

また，「法30条7項の規定の反面として，事業者が上記帳簿又は請求書等を保存していない場合には同条1項が適用されないことになるが，このような法的不利益が特に定められたのは，資産の譲渡等が連鎖的に行われる中で，広く，かつ，薄く資産の譲渡等に課税するという消費税により適正な税収を確保するには，上記帳簿又は請求書等という確実な資料を保存させることが必要不可欠であると判断されたためであると考えられる。」としたうえで，「事業者が，…法30条7項に規定する帳簿又は請求書等を整理し，これらを所定の期間及び場所において，法62条に基づく税務職員による検査に当たって適時にこれを提示することが可能なように態勢を整えて保存していなかった場合は，法30条7項にいう『事業者が当該課税期間の課税仕入れ等の税額の控除に係る帳簿又は請求書等を保存しない場合』に当たり，事業者が災害その他やむを得ない事情により当該保存をすることができなかったことを証明しない限り（同項ただし書），同条1項の規定は，当該保存がない課税仕入れに係る課税仕入れ等の税額については，適用されないものというべきである。」と判示した（酒井・ブラッシュアップ306頁）。

消費税は，前段階控除方式による間接税であるから，そもそも取引の前段階において納付された税額について負担する必要はない制度設計となっているのであるが，上記の最高裁判決は，そのようなシステムを採用する消費税法においても，税務職員が帳簿書類の確認ができるような状態で帳簿書類を保存していなければならない旨判示しており，大変注目された。また，調査の段階で「『適時に』これを提出することが可能なように態勢を整えて保存」とするくだりでの「適時性」についても議論のあるところであろう（酒井・フォローアップ18参照）。

¶レベルアップ2！　簡易課税制度の事業区分判定

簡易課税制度では，製造業者は第三種事業に該当し70％のみなし仕入率が適用されるが，これがサービス業であると第五種事業となり，50％のみなし仕入率になる。この場合の事業区分判定はどのようになされるべきであろうか。歯科技工士の事業が，消費税課税上サービス業ではなく製造業に当たるとされた事例として，名古屋地裁平成17年6月29日判決（訟月53巻9号2665頁）がある。

税務当局は，日本標準産業分類に従って判断すべきと主張したが，同地裁は，「少なくとも，製造業及びサービス業の語義を厳格に解釈すべき消費税法の適用を念頭に置く局面においては，日本標準産業分類が，歯科技工所をサービス業ないしサービス業としての性格を有する医療業と分類することは合理性を有するとはいえず，歯科技工所との関係では，日本標準産業分類に従って第三種事業と第五種事業を区分する本件通達の合理性を認めることはできない。そうすると，日本標準産業分類に従って第三種事業と第五種事業を区分することが消費税法ないし消費税法施行令の制定者の意思に沿っており，歯科技工所が第五種事業であるとする被告の主張は採用できない。」として，「歯科技工士は，

Tax Lounge　**消費税優遇税制と「ドーナツ購入クラブ」**

飲食料品等に係る軽減税率の導入に当たっては，すでにそのような取扱いを導入し運用してきたEU諸国の事例が参考にされるなどした。

例えば，食料品のうち基礎的な食料品については軽減税率にするなど優遇することに反対する向きは少ないが，これが高級食料品についてまで軽減税率にするとなると異を唱える向きも多いであろう。また，何が食料品で何が飲食サービスなのかという点でも難しい問題が隣り合わせにあることを忘れてはならない（🔍¶レベルアップ4！，5！参照）。

イギリスでは，マクドナルドでハンバーガーを購入した場合，その場で食べると飲食サービスの提供であるから標準税率（20%）が適用されるが，テイクアウトにすると食料品になるから軽減税率が適用される。特に，同国ではゼロ税率が適用されることから，テイクアウトといって購入し，その場で食べるという事態が起こることになった。そこで，イギリスでは温度基準を設定し，Hot Foodをテイクアウトしたりケータリングサービスを利用する場合には，レストランサービスと同様の標準税率を適用することとした。

カナダでは，ドーナツ等の菓子については，その場で食べるか持ち帰るかによって区別しているが，実際には，いつ食べるかというタイミングを販売時に判断することが不可能なので，5個以下の販売の場合には飲食サービスとして標準税率が適用され，6個以上の場合には食料品としてゼロ税率が適用されている。そのため，見知らぬ者が集まって，にわか「ドーナツ購入クラブ」が結成され共同購入により安く購入するという事態が生じているのである。

今後，我が国の軽減税率をめぐってはどのような事態が生じるのであろう。

印象採得，咬合採得，試適，装着等，患者と直接接することが禁止され，まして，歯科技工士が患者と対面することも考えられない歯科技工所で営まれる本件事業は，原材料を基に患者の歯に適合するように成形した補てつ物を納入し，これの対価として一定の金員を受け取るという内容であり，有形物を給付の内容とすることが明らかであるから，本件事業が製造業に当たると解するのが相当である。また，患者に対して無体の役務を提供しているとみることは困難であるから，サービス業には当たらない。」との判断を下した。

なお，その後，控訴審名古屋高裁平成18年2月9日判決（訟月53巻9号2645頁）において，日本標準産業分類に依拠することも妥当とされ，サービス業に当たるとする判断が示されている（上告審最高裁平成18年6月20日第三小法廷決定（税資256号順号10431）により不受理とされ，確定している。酒井・ブラッシュアップ316頁）。

¶レベルアップ3！　国境を越えた役務の提供に対する消費税の課税の見直し

平成27年度税制改正において，国境を越えた役務の提供に対する消費税の課税の見直しがなされた。

(ア)　内外判定基準の見直し

電子書籍・音楽・広告の配信等の電気通信回線を介して行われる役務の提供を「電気通信利用役務の提供」と位置付け，内外判定基準を役務の提供に係る事務所等の所在地から，役務の提供を受ける者の住所地等とする。

なお，電気通信利用役務の提供には，著作物の利用の許諾に該当する取引が含まれる。

(イ)　課税方式の見直し（事業者向け電気利用通信役務の提供に対するリバースチャージ方式の導入）

国外事業者が行う電気通信役務の提供のうち，当該役務の性質または当該役務の提供に係る契約条件等により，当該役務の提供を受ける者が事業者に限られるものを「事業者向け電気通信利用役務の提供」と位置付け，その取引に係る消費税の納税義務を役務の提供を受ける事業者に転換する（リバースチャージ方式の導入）。

①　リバースチャージ方式の導入に係る課税対象，納税義務者の規定の見直し

(i)　消費税の課税対象である資産の譲渡等から事業者向け電気通信利用役務の提供を除くとともに，事業として他の者から受けた事業者向け電気通信利用役務の提供（特定仕入れ）を課税対象とする。

(ii)　納税義務の対象となる課税資産の譲渡等から事業者向け電気通信利用役務の提供を除くとともに，国内において行った課税仕入れのうち特定仕入れに該当するもの（特定課税仕入れ）を納税義務の対象とする。

図表７　内外判定の見直し－B to C 取引について

日本の消費者が，国内事業者Ｘからネットを通じて購入するデジタルコンテンツ（音楽，電子書籍，映画等）は国内取引として消費税が課されるが，国外事業者Ｙからネットを通じて購入するデジタルコンテンツは国外取引として課税の対象外とされている。その結果，同種同等のデジタルコンテンツを購入する日本の消費者の間の税負担の公平が阻害されており，また，Ｘ社とＹ社との間の競争条件を歪める結果となっている。

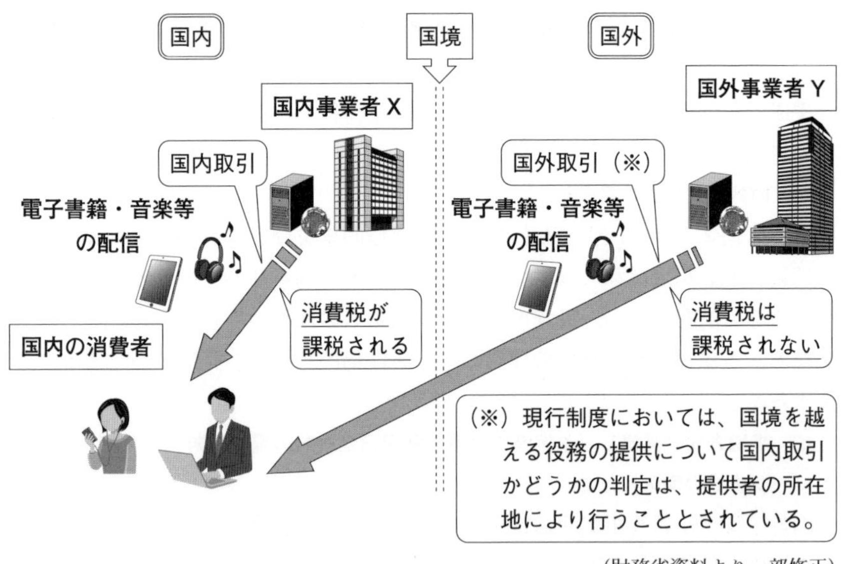

（財務省資料より一部修正）

図表 8　内外判定の見直し－B to B 取引について

国内事業者A（サービスの提供を受ける者）が国内事業者B（サービスの提供者）からソフトウェアを購入した場合は，国内取引として消費税が課されるが，国外事業者C（サービスの提供者）からソフトウェアを購入した場合は，国外取引として課税の対象外とされている。

B to B 取引においては，原則として，消費税の課税対象となる国内取引については仕入税額の控除が行われるため，消費税負担による国外取引との価格差は解消されることとなるが，見かけの価格（支払総額）が異なるため，国内事業者Bと国外事業者Cとの間の競争条件を歪めているとの指摘がある。

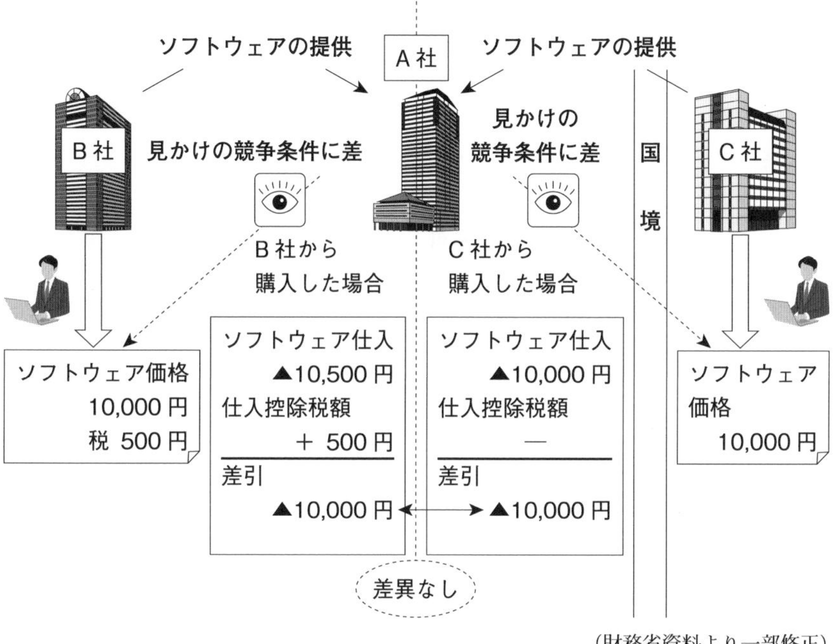

（財務省資料より一部修正）

図表９　リバースチャージ

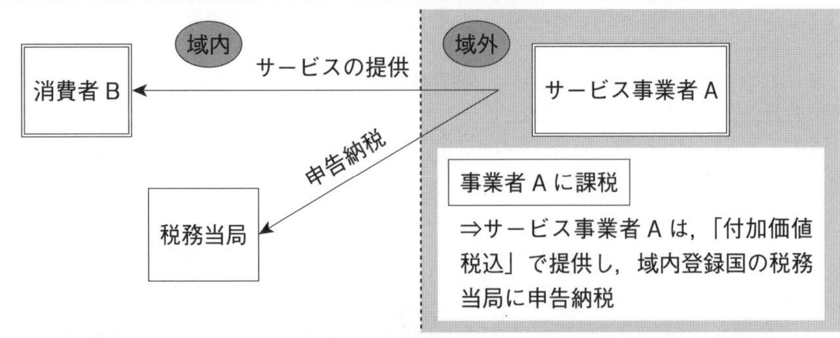

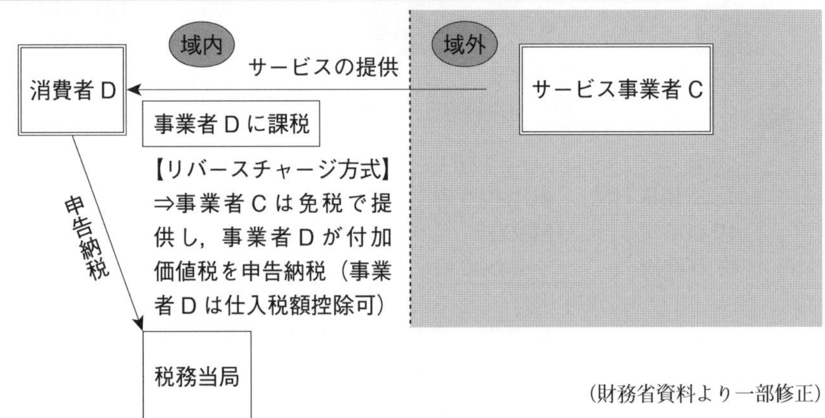

（財務省資料より一部修正）

②　事業者向け電気通信利用役務の提供を行う国外事業者の義務

国内において事業者向け電気通信利用役務の提供を行う国外事業者は，当該役務の提供に際し，あらかじめ，当該役務の提供に係る特定課税仕入れを行う事業者が消費税の納税義務者となる旨を表示しなければならない。

¶レベルアップ４！　軽減税率（複数税率）の導入

令和元年10月１日に消費税率が10％に引き上げられたことに伴い，消費税の逆進性を緩和し低所得者層の負担を軽減するための措置として（金子・租税法811頁），一定の飲食料品および新聞については軽減税率として８％（国6.24％，地方1.76%）の税率が適用されることとされた。

軽減税率（複数税率）の導入に関しては反対意見も根強いところであるが，例えば，平成6年6月付け政府税制調査会「税制改革についての答申」によると，複数税率の導入については，「①国民の消費態様が多様化している今日，対象品目を客観的な基準により選択する事は困難である，②対象品目とそれ以外の価格に異なる影響を与えることになる，③納税義務者の事務負担をはじめ，国民全体で膨大な社会的・経済的コストを払うこととなる」等の問題から複数税率の導入に否定的な見解が示されていた。さらに，同答申は，「軽減税率を設ける場合には，これによる減収分を補うため，標準税率の引上げ幅を大きくしなければならない」とも指摘していたところである（その他，森信茂樹「消費税をめぐる諸課題 軽減税率，インボイス」租税研究767号128頁（2013）なども参照）。

そもそも，平成3年度税制改正において，第二種社会福祉事業，学校の入学金，助産，埋葬料，学校入学金などが非課税とされたが，議論の中心的存在であった食料品に対する軽減税率あるいは非課税措置は見送られていたという背景がある。

そうした紆余曲折を経て，消費税率10%への引上げとともに導入された軽減税率であるが，その対象の選定をめぐって多くの議論がなされてきた。課税の中立性の問題や，線引きをめぐる実務上の課題などにスポットが当てられてきたが，何を軽減税率の対象とするかの議論は，かつて物品税が抱えていた問題でもある。結論として，令和元年10月1日より以下のとおりの対象品目とされた（消費税法改正附則34条《31年軽減対象資産の譲渡等に係る税率等に関する経過措置》）。

図表10

飲食料品	食品表示法に規定する食品（酒類を除く。）をいい，一定の一体資産を含む。外食やケータリング等は含まれない。
新聞	一定の題号（○○新聞など）を用い，政治経済，社会，文化等に関する一般社会的事実を掲載する週2回以上発行されるもので，定期購読契約に基づくもの。

食品表示法に規定するものを軽減税率の対象とする「飲食料品」と定義していることは，一見すると分かりやすくも思える。しかしながら，一消費者たる一般市民からすると相当に分かりにくい現状がある。例えば，有名な栄養ドリンクとして「リポビタンD」や「オロナミンC」があるが，「リポビタンD」は10%の消費税率が課されるのに対して，「オロナミンC」は軽減税率の対象

とされている。これは「リポビタンD」が医薬部外品であるのに対して，「オロナミンC」は清涼飲料水として扱われていることによるのであるが，税の中立性の観点からは問題があるのではなかろうか（税の中立性については，🔍5－35頁参照）。そのほかにも，「本みりん」は酒類として10％の税率が課されるのに対して，「みりん風調味料」はアルコール度数が１％未満のため軽減税率の対象品目に当たる。また，ミネラルウォーターは軽減税率の対象となるのに，水道水は対象とならないなど，一般市民には分かりづらいところが多いのが現状である。

新聞についても同様の問題が存在するが，軽減税率制度の抱える問題点は多い。

✍ 「軽減税率」という呼び方は平成25年度与党税制改正大綱から用いられているもので，本来的には「複数税率」と呼称すべきとの意見も多い（例えば，増井良啓教授は，「『軽減』税率というと口当たりが良いが，正確には『複数』税率というべきである。」と指摘される（増井「再分配の手法と税制」租税法研究44号７頁（2016）））。

¶レベルアップ５！　軽減税率と通達

映画館で映画を見るとき，映画館の売店でポップコーンを買うという人は多いであろう。さて，このポップコーンは軽減税率の対象なのであろうか，あるいは10％の課税となるのであろうか。実はここには複雑な取扱いがある。すなわち，課税実務上，映画館内で食べる場合には軽減税率の対象となるのに対し，売店近くのロビーなどで食べる場合には10％の課税がなされることとされている（つまり，映画を見ながら食べるポップコーンは軽減税率の対象になるということである。）。

上記¶レベルアップ４！で確認したとおり，飲食料品の範囲からは「外食」が除かれているのであるが，要するに，いわゆるテイクアウトの場合には軽減税率が適用されるのに対し，イートインの場合には10％の税率が適用されるということである。では，上記のポップコーンの問題のほかに，ショッピングモールのフードコートでの食事や，移動販売車で販売されているお弁当，デリバリーのピザはどうであろうか。このように考えていくと日常の取引で生じる疑問は枚挙にいとまがないのであるが，このあたりは，国税庁が公表している「消費税の軽減税率制度に関するＱ＆Ａ（個別事例編）」に一応の「答え」が書いである。

ただし，詳しくは第３章の租税法律主義のところで学習するが，租税は国会で承認された法律によってのみ課されるものであって，国税庁の見解に国民が従わなければならないものではない。法律の解釈として国税庁の発遣する通達等を参考とすることに問題はないが，通達を，あたかも法律であるかのごとく捉えることは租税法律主義の観点から認められるものではない。

そうであるとはいえ，軽減税率の対象の判断は上記Q&Aなどに頼らざるをえないという現状があることもまた事実ではある。Q&Aでは細かく事例ごとの判断が列挙されているから，一度読んでみよう。

13 間接税・酒税法等

(1) 間接税

直接税が納税義務者と担税者が一致する税であったのに対して，間接税とは，納税義務者である事業者が，税額相当分を商品価格に織り込むなどして，実際に商品を購入する者に税金を負担させる（転嫁）ことを法律上予定した税をいう。

図表１　転嫁の仕組み

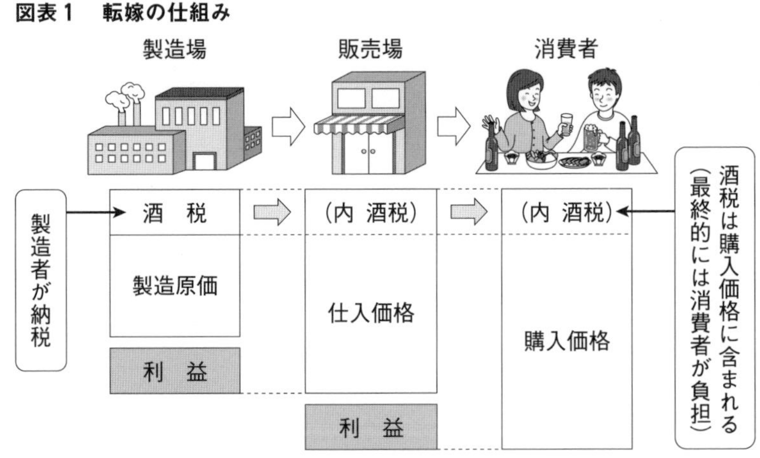

（富川泰敬『図解酒税〔令和元年版〕』２頁（大蔵財務協会2019）より一部修正）

我が国に消費税（🔍12－142頁参照）が創設される前には，物品税をはじめ多数の個別消費税があったが，消費税法の制定とともに，その大部分は消費税に吸収され，現在は，酒税・たばこ税および石油関係税のみが残っているにすぎない。これらの税が現存しているのは，これらの税収が高いということのみならず，国民の健康の維持や環境問題への配慮という点から（🔍3(4)アー25頁参照），これらの消費を多少なりとも抑制する必要があると考えられたためである（金子・租税法828頁）。

本書では，このうち酒税についてのみ触れることとしよう（🔍たばこ税等の税収については，図表４参照）。

⑵ 酒税の仕組み

ア 課税物件としての酒類

酒税は，酒税法により酒類に対して課される消費税である（酒法１）。酒類とは，アルコール分１度以上の飲料をいうが（☞アルコール分とは），アルコール分が90度以上のアルコールは，原則として酒税法の適用を受ける酒類には該当せず，アルコール事業法の規定が適用される。

なお，ここには，薄めてアルコール分１度以上の飲料とすることができるものや，溶解してアルコール分１度以上の飲料とすることができる粉末状のものが含まれている（酒法２①かっこ書き）。

✍ 新型コロナウイルス感染症の拡大によりアルコール除菌液などが品薄となったことに対応するため，アルコール分の高い酒を手指の消毒用として出荷する場合には酒税を課さないとする臨時的な特例が設けられた。１リットル当たり600～800円前後の酒税がかからない計算になる。

Tax Lounge　梅酒（ホームリキュール）を造ると酒税法違反？

酒税法では酒類を種類や品目に応じた税率を適用することとしていることから，製造後に酒類に香味料，色素，糖類などを自由に混和することができると，低率の酒税が課された後に高率の課税を受ける酒類に変質させるなどして，租税負担の軽減を図ることができてしまう。それでは原料や製造方法などから酒類を定義・分類する法の趣旨に反するし，免許制度の意義を失うことになってしまう。そこで，酒税法は，混和後の物品が酒類であるときは，新たに酒類を製造したものとみなすことにしている（みなし製造）。

では，酒類の消費者が自宅で自分や家族が飲むために酒類に他の物品を混和すると，すべて酒税法違反に問われるのであろうか。

酒税法は，①混和前の酒類がアルコール分20度以上のもので，酒税が課税済みである場合，②酒類に混和する物品が，米，麦，ぶどう，アミノ酸など，財務省令に定めるもの以外のものである場合，③混和後，新たにアルコール分１度以上の発酵がないものであることの場合には，みなし製造の規定は適用しないこととされている（酒法43⑨，酒令50⑩）。

したがって，通常の用法で家庭で梅酒を造る場合には，酒税法違反には当たらないといえよう。

☞ **アルコール分**とは，常温（温度15度）のときに，原容量百分中に含有するエチルアルコールの容量をいう（酒法3一）。

なお，アルコールとは，エチルアルコールをいい，メチルアルコールを含まない。エチルアルコールは，メチルアルコールのように毒性がないから，嗜好飲料とされるばかりでなく，化学工業においても，溶媒その他の用途に利用されている。

イ　酒類の製造方法による分類

酒類は，図表2のように分類されている。

ウ　酒税の計算

従量課税方式を採用する酒税法は，すべての酒類に一律に同一の税率を適用する課税方式を採用するのではなく，分類差等課税方式を採用している。酒類を10種類，11品目に分類したうえで，さらに，アルコール分別にそれぞれ異なった税率を適用して，嗜好階層の負担能力に応じた課税を行っている。

✍ ビールとは，麦芽の製造工程（図表3のような工程）で作られるものをいう。

エ　申告と納税

酒税の納税義務者は，原則として酒類の製造者である。酒類製造者は，製造場ごとに，毎月（移出がない月を除く。）移出（☞移出とは）した酒類の課税標準と税額などを記載した申告書を，翌月末日までに製造場の所在地の所轄税務署長

図表2　酒類の製造方法による分類

区分		製造方法の概要	主な酒類
醸造酒	単発酵酒	糖分を含有する物質を発酵させる	ワイン
	単行糖化発酵酒	糖化を経た物質を発酵させる	ビール
	並行糖化発酵酒	糖化と発酵とを並行して行う	清酒
蒸留酒		アルコール含有物を蒸留する	焼酎 ウイスキー
混成酒		酒類に他の物品を混和する	リキュール みりん

（富川・前掲書23頁より）

に提出しなければならない（酒法30の2①）。

☞ **移出**とは，消費税としての酒税の性質から，酒類を流通過程におくための第一歩として，課税物品を製造場から他の場所に移動させる事実行為をいうのであり，売買，贈与等の法律行為を伴う場合に限られるものではないと解されている（物品税法上の「移出」について最高裁昭和33年7月16日第二小法廷決定・刑集12巻12号2585頁参照）。

✍ 酒類を製造場から移出するときまたは保税地域から引き取るときは，原則として，その酒類が消費の段階に入ったものとして，酒税が課せられるのであるが（これを「庫出税方式」という。），消費のための流通段階に入ったとはいえない場合，例えば，酒類の販売のため自己の蔵置場（倉庫）に移出するなど，酒類を他の酒類の原料にするために保税地域から引き取るなどの場合については，酒税は免除される。

また，酒類を外国に輸出する場合についても，酒税法が国内において消費される酒類に対して酒税を課することを建前としていることから，酒税は免除される。

図表3　ビールの一般的な製造工程

①製　麦 （麦芽造り）	○　大麦を浸漬し適度に水分を補給することにより，大麦から根と芽を伸ばす。 （注）　適度に発芽した麦芽を緑麦芽（グリーンモルト）という。 ○　緑麦芽を乾燥室に移して乾燥させる。 ○　乾燥した麦芽を焙燥し，除根機にかけて不要な麦芽根を取り除く。
②麦　汁 造　り	○　麦芽を粉砕し，お湯が入った仕込槽に投入する（一般に，政令で定める物品もこの段階で投入する。）。 ⇒　麦芽の中で眠っていた酵素が働きだし，麦芽及び政令で定める物品中のでんぷんが糖質に分解される。 ○　ろ過して麦汁を取り出す。
③煮沸・ 冷却 （苦味付け）	○　麦汁を煮沸釜に入れ，煮沸中にホップを加える。 ⇒　ホップから成分が溶け出し，麦汁に爽快な苦味やさわやかな香りを付ける。 ○　ホップ粕を取り除き，十分に冷やす。
④アルコール発酵	○　冷やした麦汁を発酵タンクに移し，酵母を添加する。 ⇒　これにより，アルコール発酵がはじまる。 （注）　麦汁に含まれる糖質が酵母によってアルコールと炭酸ガスになり，麦汁はしだいにビールへと変化していく。これが主発酵と呼ばれる工程である。1週間ほどすると，アルコール分4～5%ほどの若ビールができる。
⑤熟　成 （後発酵）	○　主発酵を終えた若ビールを，酵母を含んだまま密閉タンクに移し，低温でゆっくりと後発酵を行う。 ⇒　これにより，主発酵で発生した炭酸ガスがビールに溶け込むとともに，余分な臭みが取り除かれ，おいしいビールになる。 （注）　この熟成工程は「ラガーリング」とも呼ばれ，通常，数十日程度行われる。 ○　こうして出来上がったビールをろ過する。

（注）市販のビールは，この工程の後で「精密ろ過」（又は「火入」），「容器詰め」を行い，商品として出荷する。

（富川・前掲書76頁より一部修正）

図表４　たばこ税等の税収と紙巻たばこの販売数量の推移

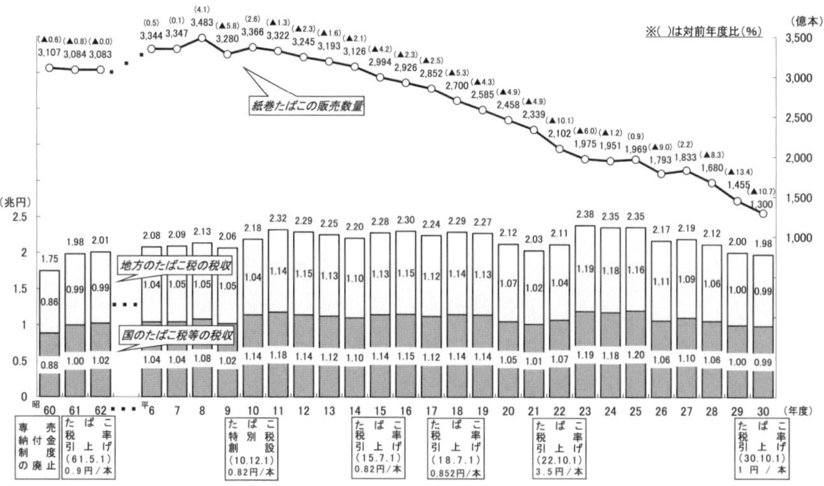

（備考）１．国・地方のたばこ税等の税収は決算額

２．紙巻たばこの販売数量は日本たばこ協会調べによる販売実績。

（財務省HPより）

14　国際租税法

(1)　概　要

我が国では多くの外国企業が活動をし，さまざまな国内企業も海外取引を行っている。企業のみならず，多くの外国人が日本に入国して経済活動をしているし（インバウンド：☞インバウンドとは），多くの日本国籍を有する者が外国の企業で活動をしたり，外国で経済活動を行っている（アウトバウンド：☞アウトバウンドとは）。とりわけ，平成30年には出入国管理及び難民認定法（以下「入管法」という。）の改正もあり，今後は今まで以上に多くの外国人の入国が想定される（この点については，酒井克彦『キャッチアップ外国人労働者の税務』（ぎょうせい2019）に詳しい）。さて，これらの経済活動や消費活動について，どのように課税をするかという問題があるが，場合によっては，外国で課税された所得に再び日本で課税をするというような状況にもなりうる。このような課税を国際的二重課税というが，国際租税法の世界では，この国際的二重課税を放置してよいかどうかという問題があり，次に何らかの手当てが必要であるとするならば，これをいかにして排除すべきであるかという問題が議論されている。

また，その逆に外国で課税されていないにもかかわらず，日本でも課税されないことで，課税の脱漏という状況になることもある。国際的脱税や国際的租税回避の問題についても大きな関心が寄せられている（🔍¶レベルアップ1！－189頁，¶レベルアップ2！－191頁参照）。

これらは，国と国との間における課税上の取扱いに係る問題であり，徴収の問題も含め，この領域を専門とするのが，「国際租税法」という分野である（あくまでも法律の分野であって「国際租税法」という法律があるわけではない。）。

☞　**インバウンド（inbound）**とは，外国人が旅行で日本に訪れることや日本で生活すること，外国の企業が日本国内で事業展開することなどを指す（インバウンド関連の税務上の問題については，酒井・前掲書参照）。

☞　**アウトバウンド（outbound）**とは，日本人が海外旅行をしたり，国外に生活の本拠を移転すること，国内の企業が海外進出をすることなどを指す。

(2) 非居住者・外国法人に対する課税

我が国の所得税法や法人税法は，非居住者ないし外国法人に対しては，国内源泉所得（☞国内源泉所得とは）に対してのみ課税することとしている（所法5②④，7①三，五，法法4③，9）。

☞ **国内源泉所得**とは，我が国の国内に源泉のある所得のことをいう。そこで，ある所得が，我が国の国内に源泉のあるものかどうかが問題となるが，そのことを決める原則をソース・ルール（source rule）という。我が国の所得税法（所法161）および法人税法（法法138）に定めるソース・ルールは，国内において生ずる一定の所得（🔍図表3・4）を国内源泉所得としている。

ア　非居住者

個人所得税の納税義務者は，居住者と非居住者とに区別される。

居住者とは，国内に住所を有し，または現在まで引き続いて1年以上居所を有する個人をいい，非居住者とは，居住者以外の個人をいう。

非永住者（☞非永住者とは）を除く居住者は，外国で得た所得を含むすべての所得が課税の対象とされ，これに対して，非居住者については，我が国の国内に所得の発生源泉地がある国内源泉所得のみが課税の対象とされる。

☞ **非永住者**とは，居住者のうち，日本の国籍を有しておらず，かつ，過去10年以内において国内に住所または居所を有していた期間の合計が5年以下である個人をいう。非永住者に対しては，国内源泉所得が課税されるのは当然として，それ以外に国外源泉所得があったとしても，それが国内において支払われ，または国外から送金されたものは我が国において課税される。

✍ 国籍に基づく推定規定は所得税法施行令に存在する。例えば，同令14条は，次のように規定する。

所得税法施行令14条《国内に住所を有する者と推定する場合》

国内に居住することとなった個人が次の各号のいずれかに該当する場合には，その者は，国内に住所を有する者と推定する。

一　その者が国内において，継続して1年以上居住することを通常必要とする職業を有すること。

二　その者が日本の国籍を有し，かつ，その者が国内において生計を一にする配偶者その他の親族を有することその他国内におけるその者の職業及び資産の有無等の状況に照らし，その者が国内において継続して1年以上居住するものと推測するに足りる事実があること。

2　前項の規定により国内に住所を有する者と推定される個人と生計を一にする配偶者その他その者の扶養する親族が国内に居住する場合には，これらの者も国内に住所を有する者と推定する。

また，所得税法施行令15条は，次のように規定する。

所得税法施行令15条《国内に住所を有しない者と推定する場合》

国外に居住することとなった個人が次の各号のいずれかに該当する場合には，その者は，国内に住所を有しない者と推定する。

一　その者が国外において，継続して1年以上居住することを通常必要とする職業を有すること。

二　その者が外国の国籍を有し又は外国の法令によりその外国に永住する許可を受けており，かつ，その者が国内において生計を一にする配偶者その他の親族を有しないことその他国内におけるその者の職業及び資産の有無等の状況に照らし，その者が再び国内に帰り，主として国内に居住するものと推測するに足りる事実がないこと。

2　前項の規定により国内に住所を有しない者と推定される個人と生計を一にする配偶者その他その者の扶養する親族が国外に居住する場合には，これらの者も国内に住所を有しない者と推定する。

このように国籍を判断材料とする規定も存在する。

非居住者に対する課税は，非居住者の態様により，課税所得となる国内源泉所得の範囲と課税方式を異にしている。すなわち，国内に恒久的施設（permanent establishment: PE ☞恒久的施設（PE）とは）を有する非居住者は，原則としてすべての国内源泉所得が課税対象となる。他方，国内に恒久的施設（PE）を有しない非居住者は，国内の事業の所得（図表3参照。所法161一）以外の国内源泉所得のみが課税対象となり，その課税方式は源泉分離課税によることとされている。つまり，事業の所得については，「恒久的施設なければ課税なし」（No taxation without permanent establishment）という原則が採用されているのである。非居住者に対する課税関係を整理すると，図表3のとおりとなる。

☞　**恒久的施設（PE）**とは，次の3つのものをいう。ただし，我が国が締結した租税条約において，これと異なる定めがある場合には，その適用を受ける非居住者または外国法人については，その条約において定められたものとされる。

① 事業所PE……非居住者または外国法人の国内にある支店，工場その他事業を行う一定の場所をいう。

② 建設PE……非居住者または外国法人の国内にある建設等工事または指揮監督の役務の提供を行う場所をいう。

③ 代理人PE……非居住者または外国法人が国内に置く自己のために契約を締結する権限のある者等（代理人）をいう。

「恒久的施設なければ課税なし」という原則は，貿易取引や事業の準備的活動等を課

図表１　納税義務者の区分と課税所得の範囲・課税方法の概要

納税義務者の区分 ＼ 項目			課税所得の範囲	課税方法
個人	居住者	非永住者以外の居住者（所法２①三）	国の内外で生じたすべての所得（所法５①，７①一）	申告納税または源泉徴収
		非永住者（所法２①四）	国外源泉所得（国外にある有価証券の譲渡により生ずる所得として一定のものを含む。）以外の所得および国外源泉所得で国内において支払われ，または国外から送金された所得（所法５①，７①二）	申告納税または源泉徴収
	非居住者（所法２①五）		国内源泉所得（所法５②，７①三）	申告納税または源泉徴収
法人	内国法人（所法２①六）		国内において支払われる利子等，配当等，定期積金の給付補塡金等，匿名組合契約等に基づく利益の分配および賞金（所法５③，７①四）	源泉徴収
	外国法人（所法２①七）		国内源泉所得のうち特定のもの（所法５④，７①五）	源泉徴収
	人格のない社団等（所法２①八）		内国法人または外国法人に同じ（所法４）	源泉徴収

（国税庁HP「令和２年版源泉徴収のあらまし」より一部修正）

税の対象から除外することによって，国際的経済活動に対する租税の阻害効果をできるだけ排除することを目的とするものであり，今日では国際租税法の一般原則とされている（金子・租税法584頁）。

✍ 平成26年度税制改正において，外国法人および非居住者（外国法人等）に対する課税原則について，従来のいわゆる「総合主義」（☞総合主義とは）から，2010年改訂後のOECDモデル租税条約７条の考え方（Authorised OECD Approach：AOA）に基づき「帰属主義」（☞帰属主義とは）に則した国内法の規定に改正されている（図表２参照）。これは，外国法人等についてはその国内源泉所得に対して課税するという現行の基本的な考え方を維持しつつ，外国法人等が我が国に有するPEに帰属する所得（PE帰属所得）を，国内源泉所得の１つとして位置づけるものである。なお，この取扱いは，平成28年４月１日以後に開始する事業年度から適用されることとされている（『平成26年版改正税法のすべて』672～674頁）。

☞ **総合主義**とは，恒久的施設を国内に有する非居住者等にはすべての国内源泉所得に課税をすべきとする考え方をいう。

図表 2

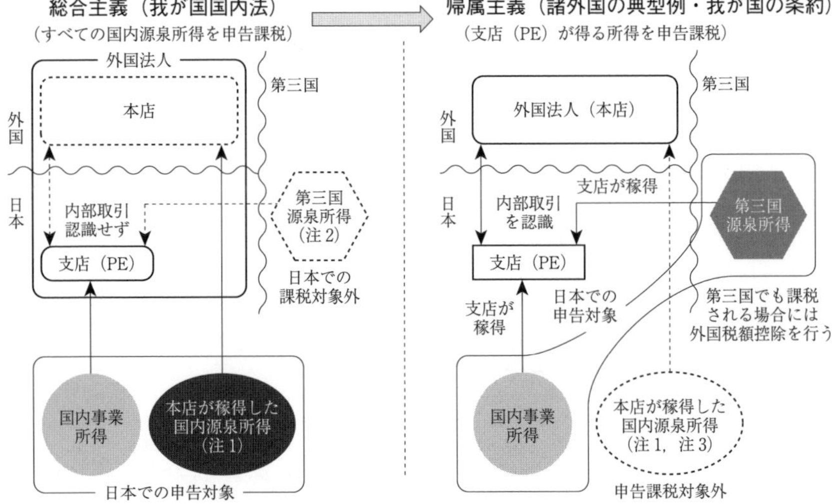

（注1）　本店が支店（PE）を介さずに行う直接投資等
（注2）　支店（PE）が行う国外投融資で第三国において課税されているもの
（注3）　原則として源泉徴収で課税関係終了

（財務省HPより一部修正）

☞　**帰属主義**とは，恒久的施設に帰属するすべての所得に課税すべきとする考え方をいう。

イ　外国法人

外国法人とは，内国法人以外の法人をいう（所法2①七，法法2四）（酒井・概念論❻参照）。また，内国法人とは，国内に本店または主たる事務所を有する法人をいう（所法2①六，法法2三）。

内国法人については，その所得の源泉が国内，国外のいずれにあるかを問わず，すべての所得について課税対象となるが（法法4①，5），外国法人については，国内源泉所得のみが課税の対象とされている（法法4③，9）。外国法人に対する課税関係を整理すると，図表4のとおりとなる。

図表 3 非居住者に対する課税関係の概要

<table>
<tr><td rowspan="2">非居住者の区分
(所法164①)
所得の種類
(所法161①)</td><td colspan="2">恒久的施設を有する者</td><td rowspan="2">恒久的施設を
有しない者
(所法164①二, ②二)</td><td rowspan="2">源泉徴収
(所法212①, 213①)</td></tr>
<tr><td>恒久的施設
帰属所得
(所法164①一イ)</td><td>その他の
国内源泉所得
(所法164①一ロ, ②一)</td></tr>
<tr><td>(事業所得)</td><td rowspan="3">【総合課税】
(所法161①一)</td><td colspan="2">【課税対象外】</td><td>無</td></tr>
<tr><td>①資産の運用・保有により生ずる所得 (所法161①二)
※下記⑦～⑮に該当するものを除く。</td><td colspan="2" rowspan="2">【総合課税(一部)(注2)】</td><td>無</td></tr>
<tr><td>②資産の譲渡により生ずる所得 (〃 三)</td><td>無</td></tr>
<tr><td>③組合契約事業利益の配分 (〃 四)</td><td rowspan="13">【源泉徴収の上,
総合課税】
(所法161①一)</td><td colspan="2">【課税対象外】</td><td>20.42%</td></tr>
<tr><td>④土地等の譲渡対価 (〃 五)</td><td colspan="2" rowspan="3">【源泉徴収の上，総合課税】</td><td>10.21%</td></tr>
<tr><td>⑤人的役務の提供事業の対価 (〃 六)</td><td>20.42%</td></tr>
<tr><td>⑥不動産の賃貸料等 (〃 七)</td><td>20.42%</td></tr>
<tr><td>⑦利子等 (〃 八)</td><td colspan="2" rowspan="9">【源泉分離課税】</td><td>15.315%</td></tr>
<tr><td>⑧配当等 (〃 九)</td><td>20.42%</td></tr>
<tr><td>⑨貸付金利子 (〃 十)</td><td>20.42%</td></tr>
<tr><td>⑩使用料等 (〃 十一)</td><td>20.42%</td></tr>
<tr><td>⑪給与その他人的役務の提供に対する報酬，公的年金等，退職手当等 (〃 十二)</td><td>20.42%</td></tr>
<tr><td>⑫事業の広告宣伝のための賞金 (〃 十三)</td><td>20.42%</td></tr>
<tr><td>⑬生命保険契約に基づく年金等 (〃 十四)</td><td>20.42%</td></tr>
<tr><td>⑭定期積金の給付補塡金等 (〃 十五)</td><td>15.315%</td></tr>
<tr><td>⑮匿名組合契約等に基づく利益の分配 (〃 十六)</td><td>20.42%</td></tr>
<tr><td>⑯その他の国内源泉所得 (〃 十七)</td><td>【総合課税】
(所法161①一)</td><td colspan="2">【総合課税】</td><td>無</td></tr>
</table>

(国税庁HP「令和2年版源泉徴収のあらまし」より)

図表4　外国法人に対する課税関係の概要

所得の種類（法法138）＼外国法人の区分（法法141）		恒久的施設を有する法人：恒久的施設帰属所得（法法141一イ）	恒久的施設を有する法人：その他の国内源泉所得（法法141一ロ）	恒久的施設を有しない法人（法法141二）	源泉徴収（所法212①213①）
（事業所得）		①恒久的施設に帰せられるべき所得（法法138①一）【法人税】	【課税対象外】		無（注1）
②資産の運用・保有（法法138①二）※下記(7)～(14)に該当するものを除く。			【法人税】		無（注2）
③資産の譲渡（法法138①三）※右のものに限る。	不動産の譲渡（法令178一）				無（注3）
	不動産の上に存する権利等の譲渡（〃　二）				
	山林の伐採又は譲渡（〃　三）				無
	買集めした内国法人株式の譲渡（〃　四イ）				
	事業譲渡類似株式の譲渡（〃　四ロ）				
	不動産関連法人株式の譲渡（〃　五）				
	ゴルフ場の所有・経営に係る法人の株式の譲渡　等（〃　六，七）				
④人的役務の提供事業の対価（法法138①四）					20.42%
⑤不動産の賃貸料等（〃　五）					20.42%
⑥その他の国内源泉所得（〃　六）					無
(7)債券利子等（所法161①八）（注5）			【源泉徴収のみ】		15.315%
(8)配当等（〃　九）（注5）					20.42%（注4）
(9)貸付金利子（〃　十）（注5）					20.42%
(10)使用料等（〃　十一）（注5）					20.42%
(11)事業の広告宣伝のための賞金（〃　十三）（注5）		①恒久的施設に帰せられるべき所得（法法138①一）【法人税】	【源泉徴収のみ】		20.42%
(12)生命保険契約に基づく年金等（〃　十四）（注5）					20.42%
(13)定期積金の給付補塡金等（〃　十五）（注5）					15.315%
(14)匿名組合契約等に基づく利益の分配（〃　十六）（注5）					20.42%

（国税庁HP「令和2年版源泉徴収のあらまし」より）

(3) 外国税額控除

居住者や内国法人は国外で得た所得についても我が国の課税対象とされることから，国外で得た所得に対して，その国で課税がなされた後に我が国でも課税がされるという国際的二重課税の状態に陥ることになる。そこで，我が国の租税法は，外国税額控除という制度を用意して，同じ所得に対して二重に課税がなされている場合の調整措置を講じている（1ガーンジー島事件－15頁参照）。

外国税額控除とは，居住者または内国法人が，国外で得た所得に対して，国外で課税を受ける場合に，その国外所得について，再度我が国で課税を受ける国際的二重課税を排除する方法であり，所得税法，法人税法，相続税法および租税条約に規定されている。

国際的二重課税を排除するための方策として，次の3つの方法がある。

① 国外所得免除方式……居住者または内国法人が国外で稼得した所得について，居住地国においては課税をしないという方法をいう。

② 外国税額損金算入方式……居住者または内国法人が国外で負担した税額を我が国の税額計算において，法人税または所得税の計算上，損金または必要経費に算入することによって調整しようとする方法をいう。

③ 外国税額控除方式……居住者または内国法人が国外で負担した外国所得税または外国法人税について，所定の方法により計算した控除限度額を限度と

Tax Lounge　外国法人って何？

日本法を前提とすれば，法人というのは法人格を有する団体ということができるかもしれないが，例えばパプアニューギニアに設立された団体が法人であるかどうかはどのように判断するのであろうか。パプアニューギニアにいう法律上の法人が我が国法人税法上の外国法人というべきなのか，それとも，我が国の法律上の法人と同じ性質を有するものでなければ，いかに彼の地で法人と位置付けられていても，我が国法人税法上の外国法人とはいえないのであろうか。

このように外国法人の捉え方には2つのみちがある。いずれの見解が正しいかをにわかに判断するのは難しい。これは，例えば「配偶者」という概念についても同じである。一夫多妻制の国における「配偶者」は我が国の配偶者概念からはほど遠いものであるとして，所得税法上の「配偶者」から外すという考え方もあるが，その国で適法な婚姻関係にある者は我が国の所得税法上の「配偶者」とみることもできるからである（21Tax Lounge：一夫多妻制と配偶者控除－256頁参照）。

して，負担した外国税額を所得税あるいは法人税から控除する方法をいう。

✍ 外国税額控除は，一般に，直接税額控除（☞直接税額控除とは），間接税額控除（☞間接税額控除とは），タックス・スペアリング・クレジット（みなし外国税額控除）（☞タックス・スペアリング・クレジット（みなし外国税額控除）とは），外国子会社合算税制に係る外国税額控除に分類される。

☞ **直接税額控除**とは，国外から受ける利子，配当，使用料に課される源泉徴収税額および外国支店の所得に課される外国法人税等，居住者または内国法人が，国外で直接納付した税額について控除する方法である。

☞ **間接税額控除**とは，内国法人が外国子会社等から配当を受ける場合，外国子会社等が納付した外国法人税のうち，その配当に対応する部分を内国法人が納付したものとみなして，外国税額控除を行う方法である（内国法人のみが適用でき居住者には適用がない。）。

なお，外国子会社配当等益金不算入制度が創設されることに伴い，平成21年度税制改正において，間接税額控除方式は廃止された。外国子会社に対する外国での課税と，当該外国子会社から内国法人が受ける配当に対する課税との国際的二重課税については，当該配当の95%相当額を益金不算入とすることにより調整される（外国子会社配当等益金不算入制度）。

☞ **タックス・スペアリング・クレジット（みなし外国税額控除）**とは，開発途上国において減免された租税を納付したものとみなして，我が国において外国税額控除を行う方

図表5　国際的な二重課税排除方式の仕組み

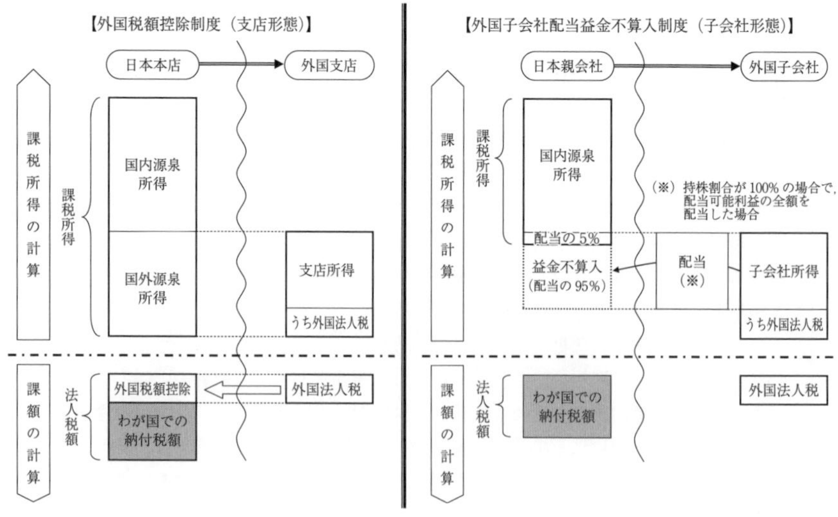

（財務省HPより）

法であるが，あらかじめ租税条約においてその範囲を定めておくものである。これは，国際的二重課税の防止を目的とするものではなく，開発途上国に投資する日本企業に対する優遇税制の一種である。なお，我が国は，開発途上国から強い要望がある場合に，開発途上国への経済協力という政策的配慮から，租税条約上，みなし外国税額控除を規定することに応じてきたが，平成14年11月付け政府税制調査会「平成15年度における税制改革についての答申ーあるべき税制の構築に向けてー」は，この制度の縮減の方向性を打ち出しており，「一部の租税条約にある，適用期限の付されていないみなし外国税額控除についても，今後，条約改正の機会を捉えて廃止・縮減に努めるべきである」と答申している。

(4) 租税条約

租税条約は，国際的二重課税の防止や脱税などを防止することを目的に二国間において締結される条約をいう。我が国は，令和3年3月1日現在，142か国・地域との間に79の租税条約を締結している（図表6）。

憲法98条2項は，日本国が締結した条約を誠実に遵守する旨を規定する。そこで，我が国が他国との間に締結した租税条約については，法源性を有するとされており（🔍18(5)−228頁参照），条約は変形措置を要せずに国内的効力を有し，直接適用のある場合そのまま法律に優位すると解されている（増井良啓＝宮崎裕子『国際租税法』27頁（東京大学出版2008））。そこで，租税条約の規定と国内法の規定が相互にいかなる関係にあるのかが問題となる。条約遵守（憲98②）と租税法律主義（憲84）の両者の要請の折り合いをいかにつけるかという観点が論点となるが，租税条約上の課税制限規範については課税要件明確主義（🔍16(4)−214頁参照）の見地から，国内適用可能性の有無を判断し，次に課税根拠規範については課税要件法定主義（🔍16(3)−213頁参照）の見地から，国内適用可能性を一般的に排除するという考え方が示されている（谷口勢津夫『租税条約論』32頁（清文社1999））。このように考えると，租税条約は課税制限の局面で機能することとなる。

租税条約の目的を，国際的二重課税を排除するために，源泉地国における条約相手国の居住者の課税を減免することとし，源泉地国における租税負担が増加するためには機能しないとする規定をプリザベーション・クローズ（preservation clause）といい，日米租税条約1条2項にはその旨が規定されている。

図表6　我が国の租税条約ネットワーク

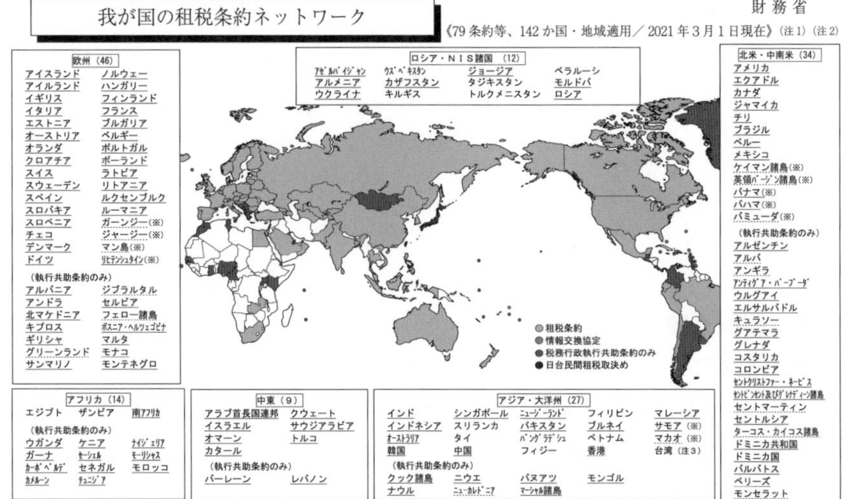

（注1）　税務行政執行共助条約が多数国間条約であること，および，旧ソ連・旧チェコスロバキアとの条約が複数国へ承継されていることから，条約等の数と国・地域数が一致しない。

（注2）　条約等の数および国・地域数の内訳は以下のとおり。

・租税条約（二重課税の除去ならびに脱税および租税回避の防止を主たる内容とする条約）：66本，75か国・地域

・情報交換協定（租税に関する情報交換を主たる内容とする条約）：11本，11か国・地域（図中，(※)で表示）

・税務行政執行共助条約：締約国は我が国を除いて110か国（図中，国名に下線）。適用拡張により128か国・地域に適用（図中，適用拡張地域名に点線）。このうち我が国と二国間条約を締結していない国・地域は55か国・地域。

・日台民間租税取決め：1本，1地域

（注3）　台湾については，公益財団法人交流協会（日本側）と亜東関係協会（台湾側）との間の民間租税取決めおよびその内容を日本国内で実施するための法令によって，全体として租税条約に相当する枠組みを構築（現在，両協会は，公益財団法人日本台湾交流協会（日本側）及び台湾日本関係協会（台湾側）にそれぞれ改称されている。）。

（財務省HPより一部修正）

⑸　外国子会社合算税制（CFC（Controlled Foreign Company）税制）

ア　制度の概要

外国子会社合算税制は，居住者または内国法人が軽課税国（いわゆるタックス・ヘイブン（tax haven：☞タックス・ヘイブンとは））にペーパー・カンパニーを設

立し，これを利用して我が国における租税負担を不当に軽減するような租税回避の行為に対応するために，用意されている税制である（措法40の4①，66の6）。

☞ **タックス・ヘイブン**とは，法人税や所得税などの税率がゼロかきわめて低い国や地域のことをいい，租税回避地ともいう。

このような制度は，我が国の居住者や内国法人が株主となっている外国子会社の所得に対しては我が国の課税権が及ばず，その外国子会社が配当さえ行わなければ株主である我が国の居住者や内国法人には課税が及ばないため，課税の繰延べを行い，この子会社に留保された所得を用いてさらに外国への再投資等を行うことによって，いつまでたっても我が国の課税が及ばないとか，場合によっては永遠に課税を免れることができてしまうことから，このようなことを封じ込めるところにある。

そこで，外国子会社合算税制では，このような租税回避の行為に対処するため，本店所在地における租税負担が我が国の法人税負担に比べて著しく低い外国子会社等の留保所得を，一定の条件のもとに株式の直接・間接の所有割合に応じて我が国の株主の所得とみなして合算課税をすることとしている（措法40の4①，66の6①）。

✍ 同適用の適用対象会社は次のとおりである。

① その有する外国関係会社の直接・間接保有の株式の数等の割合が10％以上である内国法人

図表7　外国子会社合算税制の仕組み

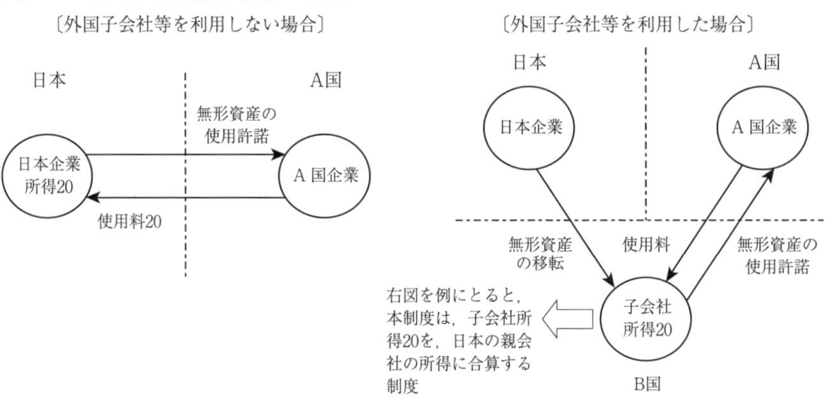

（財務省HPより）

② 外国関係会社との間に実質支配関係（外国法人の残余財産のおおむね全部を請求する権利を有していること等）がある内国法人

③ その有する外国関係会社の上記①の割合が10％以上である一の同族株主グループに属する内国法人

なお，外国子会社合算税制の対象となる外国子会社は，所定の要件に従って，①特定外国関係会社，②対象外国関係会社および③部分対象外国関係会社に分類される。

イ　制度の見直し

外国子会社合算税制はタックス・ヘイブンを利用した国際的租税回避を防止する趣旨の制度であるから，同制度の対象となりうる外国子会社であっても，その本店所在地国において相当の租税負担をしている場合には，その趣旨にかんがみて適用除外にすることが妥当と解される。そこで，平成29年度税制改正までは外国関係会社の種類に応じて，租税負担割合が以下に掲げる割合以上である場合には，外国子会社合算税制を適用しないこととしてきた（トリガー税率）。

① 特定外国関係会社：30％

② 対象外国関係会社：20％

③ 部分対象外国関係会社：20％

しかしながら，このようなトリガー税率をこの制度の適用対象の確定基準とすることには問題も指摘されてきた。すなわち，外国子会社の租税負担割合が20％以上であれば実体のないペーパー・カンパニー等であっても制度の適用外となってしまい（過少包摂：under-inclusion），20％未満であれば実体のある事業を行っている場合であっても親会社所得に合算されてしまうことがあった（過大包摂：over-inclusion）。そこで，BEPS 行動計画３（🔍¶レベルアップ１！BEPS プロジェクト―189頁参照）も踏まえ，令和元年度税制改正において，このような制度を見直して，租税回避リスクの把握を，外国子会社の租税負担割合によって把握する制度から，所得や事業の内容によって把握する次のような制度に改められたのである（増井良啓＝宮崎裕子『国際租税法〔第４版〕』186頁（東京大学出版2019））。

以下，外国子会社合算税制の適用判断について，図表８に従い解説する。

㈠　外国関係会社該当性

次の①または②に該当する外国法人は，外国関係会社に該当する。

図表 8

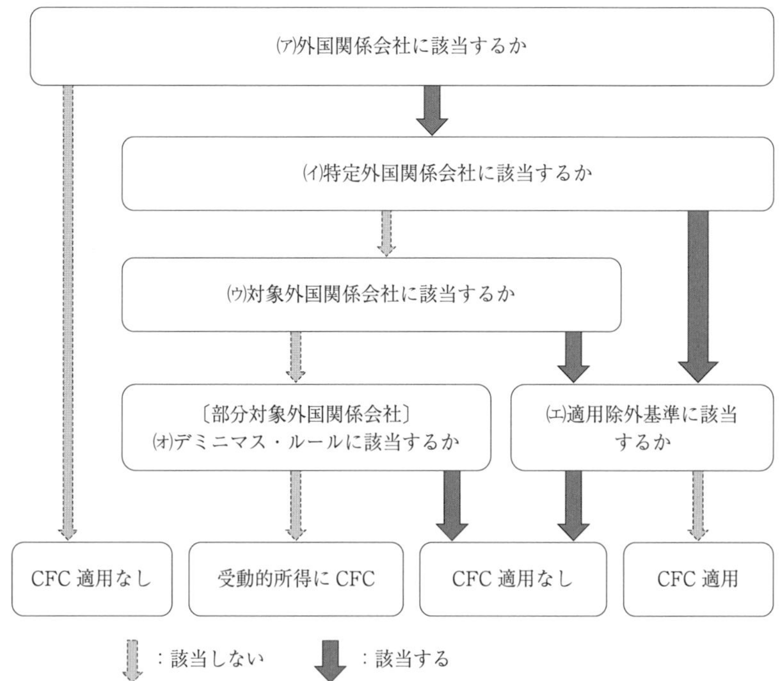

（藤本哲也『国際租税法』172頁（中央経済社2019）の図表を参考に筆者一部修正）

① 50％基準（居住者・内国法人等が直接または間接に株式等の50％超を保有する場合）

② 実質支配基準（内国法人等との間に実質支配関係がある場合）

次のような関係にあることで，会社財産に対する支配関係がある場合は実質的支配関係がある場合に該当する。

(i) 居住者・内国法人がその内国法人の残余財産のおおむね全部について分配を請求することができる関係にあること。

(ii) 財産処分の方針のおおむね全部を決定することができる旨の契約その他の取決めが存在する関係にあること。

(イ) 特定外国関係会社該当性

次の①，②または③に該当する外国関係会社は，特定外国関係会社に該当する。

①　ペーパー・カンパニー

次のいずれも満たさない法人はペーパー・カンパニーに該当する。

(i)　実体基準（主たる事業を行うのに必要な事務所，店舗，工場その他の固定施設を有している法人）

(ii)　管理支配基準（本店所在地国において，事業の管理・支配・運営を自ら行っている法人）

もっとも，上記(i)および(ii)のいずれも満たさない法人であっても，次の(iii)ないし(v)に該当する場合には，ペーパー・カンパニーには該当しないこととされている。

(iii)　持株会社である一定の外国関係会社

(iv)　不動産保有に係る一定の外国関係会社

(v)　資源開発等プロジェクトに係る一定の外国関係会社

②　事実上のキャッシュ・ボックス

次のいずれも満たす法人は事実上のキャッシュ・ボックス（☞事実上のキャッシュ・ボックスとは）に該当する。

(i)　利益基準（一定の受動的所得が総資産の額に占める割合が30％超である法人）

(ii)　受動的資産基準（有価証券，貸付金，固定資産および無形資産等の帳簿価額の合計額が，総資産の額に占める割合が50％超である法人）

③　ブラック・リスト国所在法人

租税に関する情報交換に関する国際的取組みへの協力が著しく不十分として財務大臣が指定する国又は地域に本店または主たる事務所を有する外国関係会社

☞　**事実上のキャッシュ・ボックス**とは，総資産に比して「受動的所得」の占める割合が高い外国関係会社のことをいう。

(ウ)　対象外国関係会社該当性

外国子会社が，独立企業としての実体を備え，かつ，それぞれの業態に応じ，その地において事業活動を行うことに十分な経済合理性があると認められる場合として，次の４つのすべての基準（経済活動基準）を満たす場合には，合算課税の対象とならないこととされている。言い方を換えれば，これら経済活動基準のいずれかを満たさない外国関係会社は，対象外国関係会社に該当することになる。

① 事業基準（主たる事業が株式の保有等の一定の事業でないこと）

② 実体基準（本店所在地国に主たる事業に必要な事務所等を有すること）

③ 管理支配基準（本店所在地国において主たる事業の管理，支配および運営を自ら行っていること）

④ 次のいずれかの基準

(i) 非関連者基準（非関連者との取引割合が50％超であること）

※ 卸売業，銀行業，信託業，金融商品取引業，保険業，水運業，航空運送業または物品賃貸業に適用

(ii) 所在地国基準（主として本店所在地国で事業を行っていること）

※ 卸売業，銀行業，信託業，金融商品取引業，保険業，水運業，航空運送業または物品賃貸業以外の業種に適用

(エ) 適用除外基準該当性

次のそれぞれの会社ごとに，租税負担割合が一定の税率以上であれば，外国子会社合算税制の適用はない。

① 特定外国関係会社の場合…租税負担割合が30％以上

② 対象外国関係会社の場合…租税負担割合が20％以上

(オ) デミニマス・ルール該当性

特定外国関係会社に該当せず，対象外国会社に該当しない会社は「部分対象外国関係会社」と呼ばれるが，このような会社については，会社単位の外国子会社合算税制の適用はないものの，受動的所得（自ら活動をすることなしに得られる所得）については，内国法人から外国関係会社に資産運用的な所得を付け替えることで租税回避が行われることを防止するため，合算課税の対象となる。

受動的所得とは，次のようなものをいう。

① 剰余金の配当等
② 受取利子等
③ 有価証券の貸付対価
④ 有価証券の譲渡損益
⑤ デリバティブ取引に係る損益
⑥ 外国為替差損益
⑦ 金融資産から生じる上記各所得以外の所得
⑧ 有形固定資産の貸付対価
⑨ 無形資産等の使用料
⑩ 無形資産等の譲渡損益
⑪ 資産，人件費，減価償却費の裏付けのない異常所得

このような受動的所得に対しては，外国子会社合算税制の適用があるのであるが，デミニマス・ルールに該当する場合には同制度の適用はない。

❶ 部分対象外国関係会社の租税負担割合が20％以上である場合
❷ 部分適用対象金額が2,000万円以下である場合
❸ 部分適用対象金額が部分対象外国関係会社の税引前所得金額の５％以下である場合

なお，部分適用対象金額とは，上記①～⑪の受動的所得について所定の損益通算を行い，過去７年以内に生じた損失額の控除計算を行った金額をいう。

(6) 移転価格税制

移転価格税制は，内国法人と国外関連者（☞国外関連者とは）との間で行われた取引の対価の額が独立企業間価格（☞独立企業間価格とは）と異なるところで行われたことにより，その法人の所得が減少していると認められる場合には，それらの取引を独立企業間価格におき直してその法人の課税所得を再計算する制度である（措法66の４）。

国内の企業が国外にある国外関連者との間で取引をする場合には，当事者間で価格設定を自由に行えることから，税率の低い国に所得を留保することでグループ全体の租税負担の軽減を図ることが可能となる。そこで，関係企業間で

決めた価格に基づいて計算された国内法人の申告所得を一定の独立企業間価格に基づいて再計算することとしているのである。

☞ **国外関連者**とは，法人と親子関係，兄弟関係にある国外の法人のほか，実質的支配関係のある国外法人をいう（措令39の12）。

☞ **独立企業間価格（アームズ・レングス・プライス）**とは，独立した企業同士が通常の取引条件に従って取引を行うとした場合に成立するであろう取引価格のことを指す。この価格は，次のいずれかの計算方法により計算することとされている（措法66の4②，措令39の12⑧）。

① 基本三法
(i) 独立価格比準法……比較可能な独立企業間の取引価格による方法
(ii) 再販売価格基準法……関連者間取引における買手の第三者への再販売価格から通常の利潤の額を控除して算定する方法
(iii) 原価基準法……関連者間取引における売手の原価の額に通常のマージンの額を加算して計算する方法

② 上記の方法に準ずる方法
(i) 独立価格比準法に準ずる方法
(ii) 再販売価格基準法に準ずる方法
(iii) 原価基準法に準ずる方法

③ その他の方法
(i) 取引単位営業利益法（TNMM 法）あるいはそれに準ずる方法
(ii) 利益分割法（プロフィット・スプリット法）
(a) 寄与度利益分割法
(b) 比較利益分割法
(c) 残余利益分割法

✍ なお，令和2年4月1日以後開始事業年度から，無形資産取引等の価格算定方式として，ディスカウント・キャッシュ・フロー法（DCF 法）が導入される。

ところで，我が国の税務当局あるいは国外関連者の所在地国の税務当局の一方が，移転価格税制を適用した場合には，実際の取引価格と正常な対価と認定された金額との差額分につき，我が国と相手国との両方で課税がなされることとなり国際的二重課税が生じる。そこで，このような場合に，当事者からの申立てに基づいて両税務当局との間で相互協議（☞相互協議とは）が開催され，合意が成立した場合には，その内容に従って双方または一方の税務当局が国内的措置として対応的調整（☞対応的調整とは）を行うこととされている。

☞ **相互協議**とは，租税条約の規定に基づく，我が国の権限ある当局と相手国の権限ある当局との協議をいう。相互協議は国税庁相互協議室が実施する。なお，課税実務上，国税庁相互協議室は，相互協議の申立てがない場合であっても，必要に応じ，相手国の権限ある当局に相互協議の申入れを行うこととされている。

☞ **対応的調整**とは，相手国で移転価格課税を受け，相互協議によって合意が成立したときに，合意に基づく所得金額に応じて計算した際に，過大計上となっていた所得金額を我が国の法人税の計算上減少させ，それに見合う法人税額の減少分を還付することをいう。

⑺ 過少資本税制

法人税の計算上，支払配当は損金に算入できないが，借入金の利子の支払は損金に算入することができる。この制度を利用すれば，我が国に所在する外国企業の外資系企業が，資金を調達する場合に，親会社からの出資を少なめにし，その分，関係会社からの借入金を増やすことによって，我が国の法人税負担を軽減することができる。

そこで，このような関係企業間における租税負担の軽減策に対処するために，過少資本税制が平成4年に創設された（措法66の5）。これは，内国法人の国外支配株主等（☞国外支配株主等とは）および資金供与者等（☞資金供与者等とは）からの借入れが，原則として，その法人の自己資本持分の3倍を超える場合には，その超過額に対応する支払利子を法人税の計算上損金算入することができないこととする制度である。

☞ **国外支配株主等**とは，我が国の法人と50%（自己株式を除く。）以上の出資その他の特別の関係にある非居住者または外国法人のことをいう（措法66の5⑤一）。

☞ **資金供与者等**とは，内国法人に資金を提供する者およびその資金の供与に関係のある者のことをいう（措法66の5⑤二）。

⑻ 過大支払利子税制

企業の所得の計算上，支払利子が損金に算入されることを利用して，借入れを恣意的に設定し過大な支払利子を損金に計上することで，租税負担を圧縮しようとする租税回避行為が可能となる。従前，我が国においては，過大な支払利子を利用した所得移転を防止する措置が十分でなく，支払利子を利用した課税ベースの流出のリスクに対して脆弱であったため，平成24年度税制改正において，過大支払利子税制が創設された（『平成24年版改正税法のすべて』558頁）。もっとも，同制度においては，グループ内の外国法人に対する所得移転を防止することを目的としていたことから，グループ内の外国法人に対する支払利子のみが損金不算入の対象となっていた。その後，2015年9月に取りまとめられたBEPS最終報告書（🔍BEPSについては，¶レベルアップ1！を参照）を踏まえて，第三者に対する支払利子を活用してグループ全体の租税負担を減少させる租税回避に対応するため，令和元年度税制改正において，適用対象の拡大が図られた。

すなわち，同改正により，所得金額に比して過大な利子を支払うことを通じた租税回避を防止すべく，純支払利子等の額（☞純支払利子等の額とは）のうち調整所得金額（☞調整所得金額とは）の一定割合（☞一定割合とは）を超える部分の金額につき当期の損金の額に算入しないこととされた。

☞ **純支払利子等の額**とは，関連者に限らず第三者を含む国外の者に対する支払利子等の額から，これに対応する受取利子の額を控除した残額をいう。

☞ **調整所得金額**とは，当期の所得の金額に，対象純支払利子等の額および減価償却費の額を加え，その他所定の調整を行った金額をいう。従来，受取配当等の益金不算入額等を加算することとされていたが，令和元年度税制改正によって，計算の対象から除外されることとなったため，損金算入限度額は小さくなった。

(9) 国外財産調書制度

近年，国外財産の保有が増加傾向にある中，国外財産に係る課税の適正化が喫緊の課題となっていることなどを背景として，国外財産を保有する者からその保有する国外財産について申告する仕組みとして，平成24年度税制改正により，居住者（非永住者を除く。）で，その年の12月31日において，その価額の合計額が5,000万円を超える国外財産を有する者は，その国外財産の種類，数量および価額その他必要な事項を記載した「国外財産調書」を，その年の翌年の3月15日までに住所地等の所轄税務署に提出しなければならない（国外送金法5①）とする国外財産調書制度が導入された。

なお，国外財産調書の適正な提出に向けたインセンティブとして，過少申告加算税および無申告加算税の特例措置（提出期限内に提出した場合は，過少申告加算税等が5％減額される優遇措置と，提出期限内に提出がない場合は，過少申告加算税等が5％加重される加重措置）が設けられている（国外送金法6）（『平成24年版改正税法のすべて』622頁）。

⑽　国境を越えた取引等に係る課税の国際的調和に向けた取組み

平成27年度税制改正大綱（平成27年１月14日，閣議決定）では，G20・OECD が推進している「BEPS プロジェクト」（🔍¶レベルアップ１！参照）や「非居住者に係る金融口座情報の自動的交換」の取組みの有益性にかんがみて，国際的な租税回避を各国協調して防止することがうたわれた。

同大綱では，国際的な租税回避を各国と協調して防止することは，公平な課税を実現し，税制に対する納税者の信頼を確保するとともに，節税を利用しない企業の競争条件を改善することにその意義があるとして，具体的に，次のような取組みが示されていた。

① 国内外の事業者間の競争条件の公平性を確保する観点から，国外事業者が国境を越えて行う電子商取引を消費税の課税対象とする。

② 国際的な二重非課税を防止する観点から，外国子会社の所在地国において損金に算入される配当を外国子会社配当益金不算入制度の適用対象から除外する。

③ 国境を越えた人の動きに係る租税回避を防止する観点から，出国時における株式等に係る未実現のキャピタルゲインに対する譲渡所得課税の特例を創設する。

④ 現行の財産債務明細書について，所得税・相続税の申告の適正性を確保するため，記載内容を充実するなどの見直しを行う。

⑤ 国際的な脱税および租税回避を防止する観点から，非居住者の金融口座情報を租税条約等に基づき各国税務当局と自動的に交換するため，金融機関に対し非居住者の口座情報の報告を求める制度を整備する。

⑥ 健全な国際的投資交流の促進により我が国経済を活性化する等の観点から，今後とも租税条約の締結・改正を推進し，租税条約ネットワークの迅速な拡充に努める。また，その実現に向けて，関係当局の体制強化等を進める。

その後，BEPS の示した行動計画は，着実に我が国の租税制度において実現されてきている。

¶レベルアップ1！ BEPSプロジェクト

BEPSとは，税源浸食と利益移転（BEPS: Base Erosion and Profit Shifting）のこと，すなわち課税逃れ行為のことをいい，これに対応するOECDの取組みをBEPSプロジェクトという。

OECDでは，近年のグローバルなビジネスモデルの構造変化により生じた多国籍企業の活動実態にかんがみ，各国の税制や国際課税ルールとの間のずれを利用することで，多国籍企業がその課税所得を人為的に操作し，課税逃れを行っている問題（BEPS）に対処するため，2012年よりBEPSプロジェクトを立ち上げた。このBEPSプロジェクトでは，G20（財務大臣・中央銀行総裁会議）の要請により策定された15項目の「BEPS行動計画」に沿って，国際的に協調してBEPSに有効に対処していくための対応策について議論が行われ，2015年9月に「最終報告書」がとりまとめられた（同年10月にG20財務大臣・中央銀行総裁会議（於：ペルー・リマ），11月にG20サミット（於：トルコ・アンタルヤ）に報告）。

この行動計画とは，次のものをいう（国税庁HPより一部修正）。

行動計画1：電子経済の課税上の課題への対処
（原題：Action 1: Addressing the Tax Challenges of the Digital Economy）
電子商取引等の電子経済に対する直接税・間接税の課税上の課題への対応を検討。

行動計画2：ハイブリッド・ミスマッチ取決めの効果の無効化
（原題：Action 2: Neutralising the Effects of Hybrid Mismatch Arrangements）
金融商品や事業体に関する複数国間における税務上の取扱いの差異（ハイブリッド・ミスマッチ）の効果を無効化するため，国内法上・租税条約上の措置を検討。

行動計画3：外国子会社合算税制の強化
（原題：Action 3: Designing Effective Controlled Foreign Company Rules）
軽課税国等に設立された外国子会社を使ったBEPSを有効に防止するため，適切な外国子会社合算税制を設計。

行動計画4：利子控除制限ルール
（原題：Action 4: Limiting Base Erosion Involving Interest Deductions and Other Financial Payments）

相対的に税負担の軽い国外関連会社に過大に支払われた利子について損金算入を制限するルールを検討。

行動計画5：有害税制への対抗

（原題：Action 5：Countering Harmful Tax Practices More Effectively, Taking into Account Transparency and Substance）

各国優遇税制の有害性を経済活動の実質性から判定するための新基準および制度の透明性を高めるための新基準を検討。

行動計画6：租税条約の濫用防止

（原題：Action 6：Preventing the Granting of Treaty Benefits in Inappropriate Circumstances）

条約漁り（第三国の居住者が不当に条約の特典を得ようとする行為）をはじめとした租税条約の濫用を防止するため，OECDモデル租税条約の改定および国内法の設計を検討。

行動計画7：恒久的施設（PE）認定の人為的回避の防止

（原題：Action 7：Preventing the Artificial Avoidance of Permanent Establishment Status）

PE認定の人為的な回避に対処するためOECDモデル租税条約のPEの定義について修正を検討。

行動計画8-10：移転価格税制と価値創造の一致

（原題：Actions 8-10：Aligning Transfer Pricing Outcomes with Value Creation）

○　以下の対応策を講じるため，OECD移転価格ガイドラインの改訂等を検討。

行動8：適正な移転価格の算定が困難である無形資産を用いたBEPSへの対応策

行動9：グループ内企業に対するリスクの移転，過度な資本の配分等によって生じるBEPSの防止策

行動10：その他移転価格算定手法の明確化やBEPSへの対応策

行動計画11：BEPSの規模・経済的効果の分析方法の策定

（原題：Action11：Measuring and Monitoring BEPS）

BEPSによる法人税収の逸失規模について，データの評価・指標の抽出・分析方法の策定を実施。

行動計画12：義務的開示制度
（原題：Action12: Mandatory Disclosure Rules）
プロモーターおよび利用者が租税回避スキームを税務当局に報告する制度（義務的開示制度）を検討。

行動計画13：多国籍企業の企業情報の文書化
（原題：Action13: Guidance on Transfer Pricing Documentation and Country-by-Country Reporting）
共通様式に基づいた多国籍企業情報の報告制度を検討。

行動計画14：相互協議の効果的実施
（原題：Action14: Making Dispute Resolution Mechanisms More Effective）
租税条約に関連する紛争を解決するためのより実効的な相互協議手続を検討。

行動計画15：多数国間協定の策定
（原題：Action15: Developing a Multilateral Instrument to Modify Bilateral Tax Treaties）
世界で約3,000本以上ある二国間租税条約にBEPS対抗措置を効率的に反映させるための多数国間協定を検討。

我が国の対応をみると，このBEPS行動計画に従い国内法を整備してきており，残すところ，あと行動計画12の義務的開示制度のみとなっている。

¶レベルアップ２！　GAFAの行う課税逃れとその対応

「PE（恒久的施設：Permanent Establishment）なければ課税なし」というように，支店や工場などの恒久的施設の存在こそが課税権の根拠となるところ，デジタル経済では，モノの取引がサービスの取引となるため，消費地国にわざわざ課税権の根拠となりうるPEを置かなくとも取引は容易に行うことができる。このことは，課税されることなく，国境を越えるビジネスを行うことを可能とすることを意味している。デジタル財の本質は著作権や特許権などの無形資産（インタンジブル・アセッツ）であるが，企業はタックス・ヘイブン（租税回避地）や低課税国にかかる無形資産を移転することで，所得を集中させて租税を回避することができてしまうのである。いわゆるGAFA（Google（グーグル），Apple

（アップル），Facebook（フェイスブック），Amazon. com（アマゾン・ドット・コム））などの米IT企業は，ビジネスを展開し利益を上げている消費地国（消費者が居住する国，源泉地国）での租税負担の軽減を図るために，タックス・ヘイブンや低課税国に無形資産を移転し，利益を帰属させるグローバルスキームを使ってアグレッシブな課税逃れを行ってきた。

そこで，最近では，従来のPE概念を，デジタル経済にふさわしいものに変えていく必要があるとの指摘がなされている（森信茂樹「巨大IT企業と税制ー課税へ当局の知恵問われる」（東京財団政策研究所HP・平成30年5月16日付け日本経済新聞））。

Tax Lounge　**タックス・ヘブン!?のモナコ**

カジノで有名な場所として，マカオやアメリカのラスベガスを思い浮かべる人は多いが，モナコのカジノもとても有名である。1297年に建国された同国は，古代フェニキア人の時代から貿易港として栄えたが，1789年のフランス革命で市民軍によって没収されフランスに併合されてしまった。ナポレオン失脚後の1815年のウィーン会議においてモナコの独立が認められたものの，イタリアのサルディニア王国の保護国とされ，その後，1861年にサルディニアに占領された部分をフランスへ4億フランで割譲して独立を勝ち得た歴史がある。しかし，この際，フランスに割譲した部分はそれまでのモナコ領の95%にも及び，王宮の周りだけを残して領土のほとんどを失ってしまったのである。そこで，財政再建のために，当時の大公シャルル3世が温泉リゾートとカジノを開いて観光客を呼ぶという政策に出たのが始まりだ。

モナコは，カジノで潤い始めた1869年から個人の所得や資産に対する課税を廃止し，現在では，付加価値税はあるものの，所得税，市民税，固定資産税，不動産取得税がなく，直系親族・夫婦間での相続には相続税がかからない。また，モナコ中心で営業している限り（売上の75%以上がモナコ国内）法人税が減免されることもあって，富裕層にとっては天国のような国であるといってもよい。すなわち，タックス・ヘイブン（tax haven：租税回避地）国どころか，タックス・ヘブン（tax heaven：税金天国）国というわけだ。

さて，モナコが外国と国交を結ぶにはフランスの事前許可が必要であったことから，モナコは国連加盟国でありながら日本との国交がなかったが，2006年12月には我が国と国交を結んでいる（現在，国連加盟国でありながら日本との国交がないのは北朝鮮のみ）。税金天国（タックス・ヘブン）ともいうべきモナコとの間に，我が国は租税条約を締結しているかといえば，実は締結していない。もっとも，「税務行政執行共助条約」という税務行政の共助支援の取決めはなされており，情報交換や徴収共助は図られつつある。今後，租税条約を締結する可能性も否定できないであろう。

具体的には課税の根拠となる結びつき（ネクサス）を現在の物理的な概念（PE）から，ユーザーの要素を取り入れたものに拡大していくことが必要である。そのうえで，そこに帰属する税収の計算にもユーザーの観点を反映させる（消費国への配分を増やす）べきであろう。BEPS ではこの方向で検討が進んでいる。

また，別の議論として，消費を課税ベースとする税制への移行も提案されている。いわゆる仕向け地主義法人税（事業拠点のある国ではなく，製品やサービスを消費する国で課税する方式）や EU 暫定案の売上税・物品税がこれに該当する。しかし，これらの税は，仕入税額控除ができず課税の累積が生じるという経済効率上の問題があるのも事実である。

15 地方税法

(1) 概　要

地方税法は，都道府県税および市町村税について規定する。地方税法では，各地方税の課税要件等の規定が定められているだけではなく，国税における国税通則法や国税徴収法のような手続規定も定められている。地方税法は，次のような構成になっている。

第1章　総則
第2章　道府県の普通税
第3章　市町村の普通税
第4章　目的税
第5章　都等及び固定資産税の特例
第6章　地方税関係手続用電子情報処理組織による地方税関係申告等の特例等
第7章　子計算機を使用して作成する地方税関係帳簿の保存方法等の特例
第8章　地方税における税負担軽減措置等の適用状況等に関する国会報告
第9章　地方税共同機構
附則

そもそも，憲法92条は，「地方公共団体の組織及び運営に関する事項は，地方自治の本旨に基づいて，法律でこれを定める。」と規定しており，この規定からは，地方公共団体に課税権があると解することができるが，より具体的には，地方税法2条《地方団体の課税権》が，「地方団体は，この法律の定めるところによって，地方税を賦課徴収することができる。」と規定しており，地方団体が課税権を有することを明らかにしている。

また，地方税法3条《地方税の賦課徴収に関する規定の形式》は，「地方団体は，その地方税の税目，課税客体，課税標準，税率その他賦課徴収について定をするには，当該地方団体の条例によらなければならない。」とし，憲法の要請する租税法律（条例）主義を規定する。なお，法律は条例の上位法であるので，地方税法に反する条例は違法であり，そのような条例は無効となると解されている。

✍　課税標準等の定めは条例の規定によることとされているが，更正，決定，地方税と他の債権との調整，争訟制度などの規定は，地方税法が直接規定を用意している。

⑵ 道府県民税

道府県民税は道府県が住民に課税する地方税であるが（地方法23～），個人に対する道府県民税と法人に対する道府県民税とでは課税標準に差異がある。

ア 個人に対する道府県民税

道府県内に住所を有する者は，均等割額および所得割額の合計額により，道府県民税が課される。均等割とは，均等額により課税される道府県民税であり，所得割とは所得によって課される道府県民税である。所得割の課税標準は前年の所得であり，原則として所得税法の規定による所得計算の例によることとされている。所得割の標準税率（☞標準税率とは）は４％であり，均等割の標準税率は1,500円である。

個人の道府県民税の確定は，賦課課税方式（☞賦課課税方式とは）によることとされており，賦課徴収は，当該道府県内の市町村が，当該市町村の個人の市町村民税の賦課徴収の例により，当該市町村の個人の市町村民税の賦課徴収とあわせて行うこととされている（地方法41①）。

☞ **標準税率**とは，地方自治体が課税する場合に通常よるべき税率をいう。

☞ **賦課課税制度**とは，行政機関の処分により税額を確定する方法をいい，個人住民税・個人事業税・固定資産税・不動産取得税・自動車税・都市計画税など，地方税制度において採用されている。

イ 法人に対する道府県民税

道府県内に事務所または事業所を有する法人には，均等割額および法人税割額の合計額により道府県民税が課される。道府県内に事務所はないが，寮などを有する場合には，均等割額が課される。

法人税割とは，法人税額または個別帰属法人税額を課税標準として課税するが，その際の標準税率は１％（制限税率（☞制限税率とは）は２％）である。均等割の標準税率は，資本等の額により，1,000万円以下の年額２万円から50億円超の年額80万円まで段階的に定められている。

☞ **制限税率**とは，地方公共団体が課税することのできる税率の上限をいう。

⑶　市町村民税

市町村民税は，市町村が課税する地方税であるが（地方法292～），個人に対する市町村民税と法人に対する市町村民税がある。

ア　個人に対する市町村民税

市町村内に住所を有する者は，均等割額および所得割額の合計額により，市町村民税が課される。市町村内に住所を有しないが，事務所，事業所，家屋等を有する個人には，均等割額が課される。所得割は前年の所得を課税標準とする。所得割の課税標準は６％であり，均等割の標準税率は3,500円である。

税額の確定は賦課課税方式による。なお，給与所得者については，特別徴収（☞特別徴収とは）することとされている。

☞　**特別徴収**とは，地方税の徴収について便宜を有する者に地方税を徴収，納付させることをいう。市町村民税では，給与の支払者を特別徴収義務者としており，給与の支払者が給与の支払の際に徴収をし，地方自治体に納付する。

イ　法人に対する市町村民税

市町村内に事務所または事業所を有する法人は，均等割額と法人税割額の合計により市町村民税が課される。道府県内に事務所はないが，寮などを有する場合には，均等割額が課される。均等割の標準税率は，資本等の額とその事業所の従業員数により，1,000万円以下で50人以下の場合は年額５万円，50億円超50人超の場合には年額300万円と段階的に定められている。法人税割の標準税率は６％（制限税率は8.4％）である。

⑷　地方法人税

地域間の税源の偏在性を是正し，財政力格差の縮小を図ることを目的として，法人住民税法人税割の税率の引下げにあわせて，地方交付税の財源を確保するための「地方法人税」（国税）が平成26年度税制改正により導入された（『平成26年度改正税法のすべて』1030頁）。

法人税を納める義務がある法人は，地方法人税を納める義務があり，各課税事業年度の基準法人税額が課税の対象となる（地方法法４，５）。地方法人税の額は，原則として，各課税事業年度の基準法人税額に10.3％の税率を乗じて計算した金額となる。平成28年度税制改正により法人住民税法人税割が引き下げられたことに伴い，令和元年10月１日以後開始事業年度から10.3％に引き上げられた（従来は4.4％）。

(5) 事業税

ア　法人に対する事業税

地方税法が定める公益法人については，収益事業についてのみ課税されるほかは，原則としてすべての事業に対して法人事業税が課税される。もっとも，各事業年度の所得が課税標準となるのに対して，電気供給業，ガス供給業，生命保険業および損害保険業については，収入金額が課税標準とされている。なお，資本等の金額が１億円を超える法人等については，外形標準課税（☞外形標準課税とは）が行われている（地方法72の２）。

☞ **外形標準課税**とは，所得割のほか資本等の額によって課す資本割と付加価値によって課す付加価値割（☞付加価値割とは）による課税をいう。

☞ **付加価値割**とは，付加価値額に応じた課税であるが，付加価値額とは，各事業年度の支払報酬，利子，賃借料と法人税の所得計算の例による損益の合計額である。

令和元年10月１日以後に開始する事業年度における，資本金等の額１億円超の普通法人の法人事業税の標準税率は次のとおりである。

図表１　法人事業税の税率の改正

法人の種類	税率区分		税率
外形標準課税対象法人	付加価値割		1.2％
	資本割		0.5％
	所得割	年400万円以下の金額	0.4％
		年400万円を超え800万円以下の金額	0.7％
		年800万円超の金額	1.0％
特別法人	所得割	年400万円以下の金額	3.5％
		年400万円超の金額	4.9％
その他の法人	所得割	年400万円以下の金額	3.5％
		年400万円を超え800万円以下の金額	5.3％
		年800万円超の金額	7.0％

イ　個人に対する事業税

個人事業税は，事業を第一種事業，第二種事業および第三種事業に区分したうえで，それぞれ地方税法に定める標準税率に応じて事務所または事業所の所在する都道府県により課税される（地方法72の2③)。第一種事業は，いわゆる営業と呼ばれる事業がこれに当たり，第二種事業は，畜産業，水産業など，第三種事業には，医業，弁護士業などのいわゆる士業と呼ばれる事業がこれに当たる（地方法72の2⑧～⑩)。

個人事業税の標準税率は，次のとおり。

・第一種事業……5％
・第二種事業……4％
・第三種事業……原則5％。マッサージその他の医業に関する事業等については3％とされている（地方法72の49の13①)。

なお，個人事業税は，普通徴収（☞普通徴収とは）の方法によって徴収することとされている（地方法72の49の17)。

☞　**普通徴収**とは，賦課課税方式に相当する地方税の税額確定の方式であり，個人で直接金融機関等で納付することをいう。普通徴収の地方税の場合は，一般に課税標準の申告義務が課されている。

(6)　固定資産税

固定資産税は，固定資産の所有者（個人，法人を問わない。）に対して課される市町村税であるが，道府県も課税特例を定めている（地方法341)。

固定資産とは，土地，家屋および償却資産の総称であるが，自動車税の客体となる自動車等は償却資産から除外されている。なお，墓地，国宝，重要文化財等については，固定資産であっても，課税対象から除外されている。

固定資産税の課税標準は，土地または家屋については基準年度の賦課期日の価格であり，土地課税台帳または土地補充課税台帳，家屋課税台帳または家屋補充課税台帳に登録されたものである。

固定資産税の確定は台帳課税主義（☞台帳課税主義とは）に基づく賦課課税方式によるが，徴収方法は普通徴収によることとされている。

✍　住宅用地については，課税標準となるべき価格の3分の1の額を課税標準とし，200平方メートル以下の住宅用地については6分の1の額を課税標準とする特例がある。

☞ **台帳課税主義**とは，固定資産課税台帳（☞固定資産課税台帳とは）に登録されたところに従って課税を行う固定資産税の課税方式をいう（地方法342①）。固定資産税は，固定資産課税台帳に所有者として登録されている者を納税義務者とし，固定資産課税台帳に登録された固定資産の価格を課税標準として課税される。

このような課税方式を地方税法が採用した理由としては，①固定資産の数が多いため，固定資産税の課税事務を円滑・迅速に行うために確定処分に先立ってすべての固定資産の状況とそれに関する固定資産税の課税要件を客観的に明確にし，それを関係者の閲覧（✍閲覧と縦覧）に供したうえで早目に確定させる必要があること，②納税義務者に，固定資産課税台帳の縦覧を通じて，その所有する固定資産の評価が適正に行われているかどうかをチェックする機会を与えることが挙げられる（金子・租税法749頁）。

☞ **固定資産課税台帳**とは，固定資産の状況，その価格等を明らかにするために，市町村に備えられている固定資産の帳簿である（地方法380①）。

✍ **閲覧と縦覧**　閲覧と縦覧は似ている制度であるが，その対象者や内容などが異なる。行政機関に対して，その保有する文書その他の物件の閲覧を求めることを「閲覧請求」というが（高橋和之ほか『法律学小辞典〔第5版〕』63頁（有斐閣2016）），地方税法は，市町村長に対し，納税義務者その他一定の利害関係者（賃借権者等）の求めに応じて，固定資産課税台帳のうち，これらの者に係る固定資産に関する事項が記載されている部分またはその写しをこれらの者の閲覧に供さなければならないことを定めている（地方法382の2）。他方，「縦覧」とは，一般に自由にみることのできる行政上の書類を私人がみることやその制度をいうが（高橋ほか・前掲書617頁），地方税法は，固定資産税の納税者について，所定の期間，土地価格等縦覧帳簿と家屋価格等縦覧帳簿の縦覧を認めている（地方法416）。これらの制度により，納税者は，自己の所有する固定資産の評価を確認することに加え，自己の土地・家屋と，同一市町村内の土地・家屋の固定資産台帳登録価格を比較することを通じて，自身に対する固定資産税課税が公平になされているかを確認することができるのである（金子・租税法749，750頁）。

✍ 令和2年12月10日付け「令和3年度税制改正大綱（自由民主党・公明党）」は，次のような提案をしている。これは，新型コロナ感染症による影響を受けている現下の悪化した経済的状況にかんがみた措置であると思われる。

① 宅地等および農地の負担調整措置については，令和3年度から令和5年度までの間，据置年度において価格の下落修正を行う措置ならびに商業地等に係る条例減額制度および税負担急増土地に係る条例減額制度を含め，現行の負担調整措置の仕組みを継続する。

② その上で，令和3年度限りの措置として，次の措置を講ずる。

宅地等（商業地等は負担水準が60％未満の土地に限り，商業地等以外の宅地等は負担水準が100％未満の土地に限る。）および農地（負担水準が100％未満の土地に限る。）については，令和3年度の課税標準額を令和2年度の課税標準額と同額とする。

⑺　ふるさと納税

所得税における寄附金控除（🔍9⑷図表9－74頁参照）と，個人住民税における税額控除をあわせた制度としていわゆる「ふるさと納税」がある。所得に応じた一定の制限はあるものの，ふるさと納税として地方公共団体に寄附した金額の全額（ただし，2,000円を超える部分に限る。）について，所得税ないしは個人住民税が減額されることに加え，いわゆる返礼品として寄附先の地方公共団体から物品等を貰うことができるとあって，近年非常に注目を集めている制度である。

具体的な控除額の計算は図表2のとおりである。

図表2　ふるさと納税に係る控除額の計算について

ふるさと納税に係る控除の概要

ふるさと納税（都道府県・市区町村に対する寄附金）のうち2,000円を超える部分については、一定の上限まで、次のとおり、原則として所得税・個人住民税から全額控除される。

① 所得税・・・（ふるさと納税額－2,000円）を所得控除（所得控除額×所得税率(0～45%(※))が軽減）

② 個人住民税（基本分）・・・（ふるさと納税額－2,000円）×10%を税額控除

③ 個人住民税（特例分）・・・（ふるさと納税額－2,000円）×（100%－10%(基本分)－所得税率(0～45%(※))）

→ ①、②により控除できなかった額を、③により全額控除（所得割額の2割を限度）

（※）平成26年度から平成50年度については、復興特別所得税を加算した率となる。

【控除イメージ(※1)】

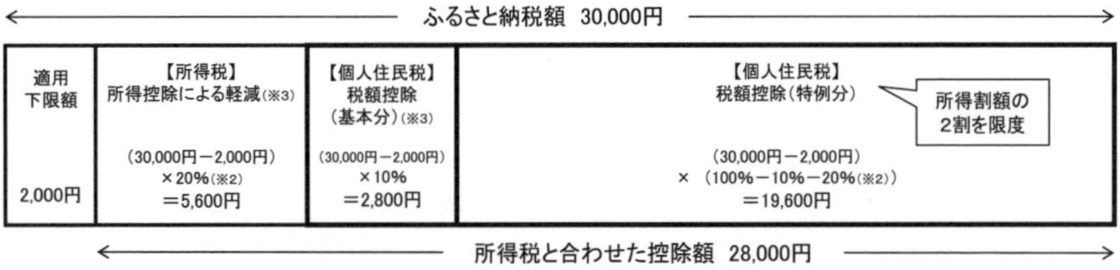

←　ふるさと納税額　30,000円　→

適用下限額	【所得税】所得控除による軽減(※3)	【個人住民税】税額控除（基本分）(※3)	【個人住民税】税額控除（特例分） 所得割額の2割を限度
2,000円	(30,000円－2,000円) ×20%(※2) ＝5,600円	(30,000円－2,000円) ×10% ＝2,800円	(30,000円－2,000円) ×（100%－10%－20%(※2)） ＝19,600円

←　所得税と合わせた控除額　28,000円　→

※1　年収700万円の給与所得者（夫婦子なしの場合，所得税の限界税率は20％）が，地方団体に対し30,000円のふるさと納税をした場合のもの。

※2　所得税の限界税率であり，年収により0～45％の間で変動する。なお，平成26年度から平成50年度については，復興特別所得税を加算した率となる。

※3　対象となる寄附金額は，所得税は総所得金額等の40％が限度であり，個人住民税（基本分）は総所得金額等の30％が限度である。

（総務省HPより）

ただし，注意をしなければいけないのは，ふるさと「納税」といっても，これは本来の意味での「納税」ではなく，本質は「寄附」である。そもそも，寄附とは対価を求めない行為であるにもかかわらず，返礼品を受け取ることがで

図表 3　ふるさと納税の受入額と受入件数

○ ふるさと納税の受入額及び受入件数（全国計）の推移は，下記のとおり。
○ 令和元年度の実績は，約 4,875 億円（対前年度比：約 0.95 倍），約 2,324 万件（同：約 1.005 倍）。

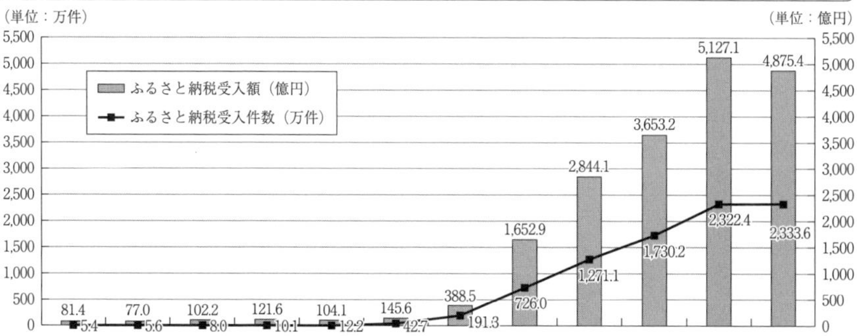

※ 受入額および受入件数については，法人からの寄附金を除外し，ふるさと納税として認められる寄附金のみを計上している。
※ 平成23年東北地方太平洋沖地震に係る義援金等については，含まれないものもある。
※ 表中 () 内の数値はふるさと納税ワンストップ特例制度の利用実績である。

（総務省HPより）

きるという実態については批判の声も多い。この点は，返礼品はあくまでも寄附の対価ではなく，寄附をしてくれた人への地方公共団体からの「お礼」にすぎないと一応は整理されている。

これに加えて，さらに問題視されているのは，都市部から地方への実質的な税収移転の問題である。例えば，東京都世田谷区の住民が，地方の地方公共団体へふるさと納税を通じて寄附をした場合，地方公共団体は寄附を受けた分収入が増える一方，世田谷区は住民税の控除をすることになるため税収が減少する。ふるさと納税が盛んになるにつれて，このような地方公共団体間での税収移転，とりわけ都市部から地方への移転が問題視されている。住民税は，所得税のような国税とは異なり，租税負担と居住地における行政サービスの牽連性が強く（これを応益負担ともいう。），住民税の本質からすれば，ふるさと納税は相いれないことになろう。これは，それぞれの地方公共団体の有する課税自主権を侵害していることにもなりかねない。

もっとも，多くの市民がふるさと納税を通じて租税について考える機会を得ることは，かかる制度のメリットであるともいえ，また，我が国に根付いていない寄附文化の醸成という観点からもふるさと納税に期待される機能は大きい。

なお，近年の返礼品合戦ともいえる過剰なふるさと納税の利用を一定程度制限すべく，令和元年度税制改正において，返礼品の額を寄附額の3割を上限とすることや，返礼品を地場産品とすることなどの改正が行われた。加えて，いわゆる「ワンストップ特例制度」として，一定の要件を満たせば確定申告が不要となる制度も構築されていて，ふるさと納税が利用しやすい環境が整備されつつある。

¶レベルアップ1！　ふるさと納税をめぐる最高裁判決ー納税と寄附ー

ふるさと納税の利用実態は図表3のとおりであるが，寄附に対して商品券や高額な家電といった返礼品を送ることで多額な寄附を募る自治体が現れ，ふるさと納税を管轄する総務省と意見の対立が生じた。従来の制度においては，返礼品額の上限や内容についての制限が存在しなかったため，商品券等を返礼品とすることも違法とはされていなかったのである。そこで，総務省は，平成27年に，返礼品の額につき寄附額の30％までとするなどの縛りを設け，その縛りに反する自治体を同制度の対象から除外するルールを設けるなど（地方法37の2②，314の7②），返礼品に関して大幅な見直しを加え対応を図ることとした。そこで，その指定から外された泉佐野市（大阪府）が，その取消しを求めて国を提訴した事案としていわゆる泉佐野市ふるさと納税訴訟最高裁令和2年6月30日第三小法廷判決（裁判所HP）がある。

ここでは，同判決等を素材に，ふるさと納税制度において，納税者が各自治体に支払う金員が，果たして「税」なのか，それとも「寄附金」なのかという点を考えてみたい。

最高裁令和2年6月30日第三小法廷判決では，泉佐野市が勝訴し，国が同市に対してしたふるさと納税制度の対象に指定しない旨の決定が取り消されたが，同判決には宮崎裕子裁判長の補足意見が付されているので，確認しておこう。

> 「ふるさと納税制度は，『ふるさとやお世話になった地方団体に感謝し，若しくは応援する気持ちを伝え，又は税の使いみちを自らの意思で決めることを可能とすることを趣旨として創設された制度』であることは本件告示の中でも触れられているとおりであるが，『ふるさとやお世話になった

地方団体に感謝し，若しくは応援する気持ちを伝え』という部分は，この制度に基づいて地方団体が受け取るものは寄附金であることを前提としたものとして理解できるのに対して，『税の使いみちを自らの意思で決めることを可能とすること』という部分は，この制度に基づいて地方団体が受け取るものは実質的には税であることを前提として，一定の限度で税の配分を納税者の意思で決められるようにするというものであるから，前者の趣旨とは前提を異にしていることになる。」

「もし地方団体が受け取るものが税なのであれば，地方団体がその対価やお礼を納税者に渡す（返礼品を提供する）などということは，税の概念に反しており，それを適法とする根拠が法律に定められていない限り，税の執行機関の行為としては違法のそしりを免れないことは明らかであろう。他方で，地方団体が受け取るものは寄附金であるとなれば，地方団体が寄附者に対して返礼品を提供したとしても，返礼品は，提供を受けた個人の収入金額と認識すべきものにはなるが，納税の対価でも納税のお礼でもなく，直ちに違法の問題を生じさせることにはならない。」

「本件改正規定は，ふるさと納税制度の創設以来の趣旨をそのまま維持し，同制度に基づいて地方団体が受け取るものは寄附金であるという前提も維持したまま，返礼品の提供を法令上正面から適法なものとして容認し，指定対象期間ごとに指定を受けた地方団体に対する寄附金のみを特例控除の対象とする本件指定制度を導入することを定めるものである。この法改正は，立法府としては，本件改正規定の施行前後を問わず，地方団体が受け取るものは寄附金であるから，返礼品の提供自体が，例えば税の対価であるなどとして違法視されるべき理由はないと考えていたことを確認し，明確化したものといえるであろう。そして，本件改正規定は，ふるさと納税制度の創設当初から掲げられていた，寄附金であることを前提とする制度趣旨と実質的に税であることを前提とする制度趣旨が，共にバランスよく達成されるために不可欠と考えられる返礼品の提供に係る調整の仕組みを，初めて導入したものである。それが本件指定制度であり，今後更に改善が必要となる可能性もあるかもしれないとしても，そのような仕組みが初めて法律に定められたことに大きな意味がある。逆からいえば，本件改正規定の施行前のふるさと納税制度を定める法律は，そのような調整の仕組みを欠いていたということになり，そのために，地方団体が受け取るのは寄附金であるという前提で行われていた返礼品の提供が，地方団体間の実質的な税配分の公平を損なう結果を招くことになるのではないかという問題を顕在化させることになったのである。」

宮崎裕子裁判長が「もし地方団体が受け取るものが税なのであれば，地方団体がその対価やお礼を納税者に渡す（返礼品を提供する）などということは，税の概念に反しており，それを適法とする根拠が法律に定められていない限り，税の執行機関の行為としては違法のそしりを免れないことは明らかであろう」とされる部分の理解は，すでに述べたとおり，租税の本質を通説の立場から論じたものである。

従来のふるさと納税制度については，地方団体間の税収の不平等をもたらすものとして批判の声も多かったところであるが（課税自主権の侵害），その最大の要因が返礼品であったことは紛れもない事実であろう。

同制度が「税の使いみちを自らの意思で決めることを可能とする」制度である以上，地方団体に支出する金員が「税」の性質を帯びていることを完全に否定することは難しいようにも思われる。そうであるとすると，「税」に対して返礼を認めていたこと自体に問題があったのではないかという声が聞こえてきそうである。これに対して，ふるさと納税制度について，地方団体に支出する

Tax Lounge　**「十分の一税」は租税か？寄附か？**

ふるさと納税制度の意義として，日本人に寄附文化を根付かせるものと評価する向きも多い。日本と比べると，欧米諸国には寄附文化が根付いている地域も多いが，これには宗教観の相違もあるであろう。

さて，この点に関して，古くは，ユダヤ人やキリスト教徒等が宗教組織を支援するため支払う「十分の一税」が租税か寄附かという議論があった。『旧約聖書』の「レビ記」や「申命記」では，すべての農作物の10%が神のものであると説かれている。教皇庁はこれを根拠として十分の一税を徴収したといわれている。これについて納税としての義務を課したものと捉えることもできるように思われるが，フルドリッヒ・ツヴィングリ（Huldrych Zwingli）が宗教改革でこれを否定し，自発的に捧げられる自由献金を主張したように，寄附としての性格を有するものもあったようだ。人類の長い歴史をみても，租税と寄附の境目の判断は難しい。

金員を「税」とは捉えずに，あくまでも「寄附金」として理解されてきた面も否定できない。寄附金であれば，寄附をしてくれたことに対してのお礼として返礼品を贈る行為には何ら問題がないという整理になる。返礼品の存在を認めてきた背景や，法改正によって「返礼品の提供を法令上正面から適法なものとして容認」したことは，少なくとも国は上記金員を「寄附金」として捉えている証左といいうるであろう。このように，税としての性質を完全には否定できない下地の上に，寄附金であるからこそ認めうる返礼品たる存在を認めていたことに，制度上の不安定さがあったということになろう。

過去の議論をひとまず置いて，法によって返礼品の存在が真正面から認められた今後にのみ焦点を当てれば，納税者が地方団体に支出する金員は「税」ではなく「寄附金」であるとの理解を法律解釈として導き出せることになるのであろうか。そうであるとすると，そこには「ふるさと納税」という呼称とのミスマッチが存在しているようにも思われるのである。

なお，総務大臣はかかる最高裁の判断を踏まえ，令和2年7月3日付けで，泉佐野市ほか和歌山県高野町および佐賀県みやき町をふるさと納税の対象となる団体として指定した。

¶レベルアップ2！　固定資産税の過誤納還付請求

近時，地方自治体による固定資産税や都市計画税の賦課徴収に過誤があったとして，かかる賦課徴収処分の取消しを求める訴えが頻発している。税理士事務所や法律事務所などがかかる訴訟に関与していることもあって，いわゆる還付ビジネスなどと称されるほどに社会問題となっている。

ここでは，数多く頻出している固定資産税等の還付請求事件の1つである神戸地裁平成24年12月18日判決（裁判所HP）を確認してみよう。

これは，相続によってT市α×番所在の山林790m^2（以下「本件土地」という。）を取得したとして，同土地につきT市長から固定資産税および都市計画税（以下，これらをあわせて「固定資産税等」という。）の賦課決定をされるとともに本件固定資産税等を納付し続けてきた原告が，本件土地が法律上存在していないことが別件訴訟で確定したのであるから本件賦課決定は当然に無効であり，原告が昭和59年度以降払い続けてきた本件固定資産税等相当額はいずれも誤納金となる旨主張した事例である。

この事件において，原告は，①主位的に民法703条《不当利得の返還義務》に基づく不当利得返還請求として，②予備的に国家賠償法１条１項の規定に基づく損害賠償請求として，原告が平成18年度から平成22年度までに納付した本件固定資産税等およびこれに対する還付加算金ないし民法所定の遅延損害金の支払などを求めた。

神戸地裁は，「ア　固定資産税等の課税客体は，土地や家屋などの固定資産であるところ（法342条１項，702条１項，341条１号），…本件土地は，本件賦課決定当初から登記簿上は存在するものの実際には存在しない土地であったものと認められる。

したがって，本件賦課決定は，課税客体という課税要件の根幹に関わる過誤を有するものである。

イ(ア)　この点について，被告は，固定資産税は固定資産課税台帳に記載された情報に基づいて課税されるものであり，台帳課税主義の適用があるとした上で，本件土地は，登記簿上存在していたのであり，被告は台帳課税主義に基づいて本件賦課決定をしたにすぎないから，その手続に何ら違法性はない旨主張する。

(イ)　ところで，台帳課税主義とは，固定資産税の課税を固定資産課税台帳（法380条１項）に登録されたところに従って行うという建前をいい，その具体的な現れとして，法は，固定資産税等について固定資産課税台帳に所有者として登録されている者を納税義務者とし（いわゆる名義人課税主義。343条２項，702条２項），そこに登録された固定資産の価格を課税標準として課するとしている（349条１項，702条２項）。これは，本来，固定資産税等は，固有資産の真実の所有者に対して当該固定資産の適正な時価を課税標準として課されるべきものであるが（法341条５号，343条１項，349条１項，702条１項，２項），課税要件の早期確定による円滑迅速な課税事務処理の要請及び縦覧制度（固定資産税課税台帳の縦覧を通じて，納税者に対して固定資産の評価が適正に行われているか否かを確認する機会及び不服申立ての機会を与えること（法415条，416条参照）。）に基づき，納税義務者及び課税標準の処理につき，特に例外を認めたものと解される。そうすると，台帳課税主義とは，あくまで課税客体となる固定資産が存在することを前提として，その納税義務者及び課税標準につき特則を定めたものと解するのが相当であり，そもそも課税客体が存在しない本件において，適用されるべきものではないというべきである。」として，課税当局の主張を排斥した。

結論的には，本件賦課決定は当初から無効であるとされ，原告は，本件賦課決定に基づき納付した本件固定資産税等の還付請求権（不当利得返還請求権）を有すると判断された。そして，原告には，平成18年度から平成22年度までの本件固定資産税等の還付請求を認めるとともに，被告には，それに加えて法定の還付加算金の支払が命じられた。

¶レベルアップ3！　空き家問題と税制

超少子高齢化社会とも呼ばれる我が国であるが，そこから生ずる問題の1つとしていわゆる空き家問題がある。親が亡くなっても子供が相続放棄をするケースや，身寄りのいない老人が亡くなった場合にはそもそも相続人が不明なことも多い。そうした中で，所有者不明の空き家の存在が社会的な問題となっている。管理者のいない空き家は，老朽化に伴う事故の恐れや，放火リスクなどによる治安の悪化などを引き起こすが，そうした空き家問題に関して，税制においても近年いくつかの対策が講じられている。

その1つが，平成27年度税制改正における固定資産税の見直しである。上記のとおり，住宅用地については課税標準となるべき価格の3分の1ないしは6分の1を課税標準とする特例があるが，空き家についてはその特例の対象外とされることとなった（「空き家対策の推進に関する特別措置法（平成26年法律第127号）」に基づく必要な措置の勧告対象となった特定空き家等に係る土地が対象）。

このような固定資産税における措置の一方で，空き家の譲渡を促進するような税制も設けられている。すなわち，平成28年度税制改正において，一定の空き家に係る譲渡について，所得税における譲渡所得の金額の計算上3,000万円の特別控除を受けることができる仕組みが設けられている。固定資産税の強化が「鞭（ムチ）」であるとすれば，所得税法上の取扱いは「飴（アメ）」ということになろう。なお，所得税法における優遇措置は，令和元年度税制改正において制度拡張と期間の延長がなされている。

さらには，令和2年度税制改正では，一定の条件を満たした低未利用地等（☞低未利用地とは）の譲渡について，所得税法上の譲渡所得の金額の計算において，その譲渡益から100万円を控除することができることとされ（令和2年7月1日から令和4年12月31日までの間にしたものが対象），低未利用地等の譲渡が促進されている。また，同年度改正では，所有者不明土地等に係る固定資産税の課題への対応として，土地または家屋の登記簿上の所有者が死亡し，相続登記がされるまでの間において，現に所有している者（相続人等）に対し，市町村の条例で定めるところにより，氏名・住所等必要な事項を申告させることができる措置や，調査を尽くしてもなお固定資産の所有者が一人も明らかとならない場合，事前に使用者に対して通知したうえで，使用者を所有者とみなして，固定資産課税台帳に登録し，固定資産税を課すことができる措置も講じられることとなった。空き家問題に対する国の姿勢を見て取ることができよう。

☞　**低未利用地**とは，居住の用，事業の用その他の用途に供されておらず，またはその利用の程度が周辺の地域における同一の用途もしくはこれに類する用途に供されている土地の利用の程度に比し著しく劣っていると認められる土地をいう。空き家や空き地のほか，空き店舗，管理のなされていない森林や青空駐車場などが該当することになろう。

第3章

租税法の基礎

16 租税法律主義

(1) 法の支配と租税法律主義

法の支配は，立憲主義の進展とともに，市民階級が立法過程へ参加することによって自らの権利・自由の防衛を図ることを意味する。したがって，権利・自由を制約する法律の内容は国民自身が決定することを建前とする原理であると明確にいいうる。この点で，民主主義と結合するものと考えられた。

租税法律主義（憲84）は，租税を課す根拠として法律または法律の定める条件によらなければならないとする原則をいう。およそ国民の権利義務にかかわることを定めるには，国会の制定する法律を要するのであり，租税が国民から強制的に財産権（憲29）を奪うものであって，国の唯一の立法機関である国会（憲41）の承認を得なければならないことは法治国家の当然の事理であって，あらためて憲法の明文を要することではないといえよう（伊藤正己『憲法〔第3版〕』475頁以下（弘文堂1995））。また，財政における国会中心主義をうたう憲法83条があり，財産権が憲法29条によって保障されていることからすれば当然のことで

Tax Lounge　**租税法律主義思想のはじまり**

イギリスでは，1215年にマグナ・カルタ（☞マグナ・カルタとは）が制定され，その12条は，「いっさいの楯金もしくは援助金は，朕の王国の一般評議会によるのでなければ，朕の王国においてはこれを課さない」と規定している。これによって，専制君主の恣意的な課税ではなく，国民の代表を通じてのみ課税される租税が決定されるという課税自主権を確立したのである。

アメリカでは，米国独立運動の契機となった1773年の「ボストンティーパーティ事件」の際に「代表なければ課税なし」というスローガンが叫ばれた。イギリスの植民地であったため英国議会に代表を送れない米国民は，英国政府に対して納税義務を負わないと主張したのである。

フランスでは，1789年にフランス人権宣言が示され，「すべての市民は，自身でまたはその代表者により公の租税の必要性を確認し，これを自由に承諾し，その使途を追及し，かつその数額・基礎・徴収および存続期間を規定する権利を有する」とされた。

ある（酒井・課税要件60頁）。

✍ **マグナ・カルタ**とは，イギリスの国王ジョンが，バロン（国王からの直接受封者）たちからの要求を入れて，1215年６月15日に与えた勅許状。前文および63か条からなり，その主たる内容は，国王大権の濫用禁止，正当な裁判手続の保障，課税権の制限などを含む封建契約の再確認である（金子宏＝新堂幸司＝平井宜雄代表編『法律学小辞典〔第４版補訂版〕』1168頁（有斐閣2008））。

Tax Lounge　**グアム準州における「代表なければ課税なし」**

アメリカの独立運動の契機となった「ボストンティーパーティ事件」は有名である。イギリス本国が課税強化策として，当時イギリスの植民地であったアメリカに茶条例（Tea Act）を発布した。この過酷な課税に憤慨したアメリカに移り住んだ移民たちが，ボストン港に停泊中のイギリス東インド会社紅茶運搬船を襲撃し，満載されていた茶箱を海中に投げ捨てたという事件である。

この事件およびその後の強圧諸法の制定を契機としてアメリカ独立運動が展開されることになる。そこでは，「代表なければ課税なし」というスローガンが叫ばれた。

つまり，当時，イギリス領の北アメリカ東部に植民していた人たちは，租税を課されていながら，自ら選出した代議士をロンドンの英国議会に送り込むことが許されていなかったのである。すなわち，自分たちの意見の通らない租税制度に従って租税負担のみが強いられるというシステムになっていたのである。自分たちの財産の使途に関わる権利行使の機会を与えられずして，財産上の負担のみが課されていたということを不服に思うのは当然であろう。このスローガンの考え方は，自らが選出した代議士の承認というルートなくして政府が租税負担を求めることは不当であるという人民に保障されるべき権利に係る理念であり，租税法律主義の基礎でもある。

ところで，グアムはアメリカ合衆国の準州である。グアム島民は本国の代表者選挙における参政権がない。ストローポール（Straw poll）と呼ばれる擬似投票は行われるが，直接選挙結果に反映されるわけではないのである。「代表なければ課税なし」というスローガンを叫んで独立したのがアメリカ合衆国である。そのアメリカは，グアム島民にアメリカ大統領選挙における参政権を与えていない。したがって，この帰結として，グアム島民にはアメリカ合衆国連邦税に対する納税義務が課されていないのは当然である。

⑵　憲法30条と84条

憲法30条
　国民は，法律の定めるところにより，納税の義務を負ふ。
憲法84条
　あらたに租税を課し，又は現行の租税を変更するには，法律又は法律の定める条件によることを必要とする。

日本国憲法において租税に関して最も重要な条項は，租税法律主義を定める30条および84条，ならびに租税公平主義（租税平等主義）を根拠付ける14条の規定である。これらの規定は，租税に関する立法の法的基準を示すにとどまらず，制定された租税法の解釈適用において重要な法的基準を与える（清永・税法17頁）。

ア　「法律」

租税法律主義にいう「法律」とは何であろうか。

法の支配にいう「法」とは，内容が合理的でなければならないという実質的要件を含む観念であると解されており，ひいては人権の観念とも固く結び付くといわれている。

租税法律主義は，法律によって，租税を課すことを定めることを要請するのであるが，もとより法律をもってどのように定めることも許されるのではなく，憲法の枠を超えるものであってはならない。特に問題となるのが，平等権の保障（憲14）であり，合理的範囲を超えた不公平な課税は違憲となるとされている（この点が論点となった事件として，大嶋訴訟最高裁昭和60年3月27日大法廷判決（民集39巻2号247頁。🔍9¶レベルアップ！－83頁参照））。

イ　「法律に定める条件」

憲法84条は，法律のほか，「法律に定める条件」によることを定めている。

この意味は，ある範囲において法律以外の法形式に委任することを許容したものと解されている。しかしながら，租税法律主義の原則からみて，この委任が認められる範囲はきわめて狭いともいわれている。したがって，課税の重要な点を政令に委任することは一般的に許されていない。

もっとも，第一に地方税については，課税権の根拠や租税の種類，一般的標準は定められているが，課税物件，税率など重要な点は条例の規定に委ねられている（地方法3。租税条例主義）。これは，法律の委任の明文規定はあるが，実質的に地方自治の本旨からみて地方税を地方公共団体の決定に委ねるのが憲法の趣旨にかなうこと，条例は住民の代表である地方議会で作られることからみて，あえて租税法律主義の例外とはいえない。

第二に，関税定率法では，報復関税や不当廉売関税などのように関税率を一定の物品について定めること（関税定率法４の９～20の２）などが政令に委任されている。

第三に，関税法で関税率について条約による協定があるときは，法律の定めにかかわらず，条約によることとしている（関法３ただし書）。関税の特殊性から説明されることもあるが，条約は国会の承認を要する点で国会の意思が入っているし，何よりも条約は法律にまさる形式的効力を有するものであるから，憲法上問題はないとされている。

ウ　「あらたに」「現行の租税を変更」

租税法律主義が「あらたに租税を課し」とか「現行の租税を変更する」という規定ぶりをしていることから，いわゆる永久税主義（☞永久税主義とは）を認めることを示していると説明されている。

もっとも，永久税主義をうかがうことができるとしても，積極的に永久税主義を採用することを要求していると解することは行き過ぎであって，１年税主義を採ることも可能であると解されている。むしろ，伊藤正己教授は，「実際上の便宜は別として国会のコントロールの強化からみると望ましい」と論じられている（伊藤・前掲書479頁）。

☞　**永久税主義**とは，いったん個別の税法が制定されれば，内容の変更が決議されない限り，毎年国会による審議をしなくても，継続して租税を課すことができるとする考え方のことをいう。これに対して，課税を行う年度ごとに議会の決議を要するとする考え方を「一年税主義」という。

⑶　課税要件法定主義

租税法律主義は，課税要件を法定することを要請する。すなわち，法律に課税要件が示されていないところで，例えば，通達などによって課税されるということを憲法は許容していないのである。そもそも，租税法律主義が租税を賦課徴収するときには法律の授権を要するというのであるから，課税要件が法定されていなければならないというこの考え方は租税法律主義の当然の帰結である。

⑷　課税要件明確主義

課税要件法定主義は，課税要件が法律上に規定されていなければならないことを要請する原則であるが，単に規定があればよいというのではなく，その規定は，明確なものでなければならない。不明確な課税要件が法律上に示されていても，それでは租税法律主義が要請する法的安定性や予測可能性を担保することはできない。したがって，課税要件明確主義も租税法律主義（課税要件法定主義）の考え方から当然に導き出されるものであるといえよう。

この課税要件明確主義をめぐっては，しばしば，不確定概念（☞不確定概念とは）が問題とされるが，租税法の定立に当たってはできるだけ不確定概念を使用しないように配慮されるべきという要請は重要な意味を有する。

☞　**不確定概念**とは，条文の中にしばしば登場する概念であり，例えば，「正当な理由」であるとか，「不当に」などといった抽象的で，その意味が明確でない概念のことをいう。このような概念は法技術的な観点から肯定されるものもあるが，課税要件明確主義を脅かすものであることは間違いがない（酒井克彦『「不当性」をめぐる認定判断と税務解釈－借地権課税における「相当の地代」を主たる論点として』（清文社2013），同『「正当な理由」をめぐる認定判断と税務解釈－加算税免除規定における「正当な理由」を主たる論点として』（清文社2015）参照）。

✍　金子宏名誉教授は，租税法律主義の内容をなす課税要件明確主義を脅かすとされる不確定概念には，2種類のものがあることに注意する必要があるとして，1つ目は，「その内容があまりに一般的ないし不明確であるため，解釈によってその意義を明確にすることが困難であり，公権力の恣意や乱用をまねくおそれのあるもの」であるとされる（金子・租税法85頁）。ここでは，「租税法規が，このような不確定概念を用いた場合には，その規定は課税要件明確主義に反して無効であると解すべき」と述べられる。

このような立場からは，課税要件明確主義には，課税当局の公権力行使に関する濫用防止機能が期待されているようであり，単に，課税要件明確主義は，課税要件法定主義を補完するための機能以上のものが期待されているように思われる。

2つ目は，「中間目的ないし経験概念を内容とする不確定概念」については，一見不明確に見えても，法の趣旨・目的に照らしてその意義を明確になしうるから，課税当局に自由裁量を認めるものではなく，課税要件明確主義に反するものではないとされるのである。

(5) 合法性の原則

合法性の原則とは，税務当局は，課税要件が充足されていれば課税しなければならないという考え方である。この原則のもとでは，法律の定めのない限り，租税を免除したり徴収をしない自由な裁量があるわけではないということが確認できる。すなわち，恣意的な課税や徴収を排除する機能を有する原則であるともいえよう。

合法性の原則からすれば，和解による課税免除や徴収猶予は違法であるということになる。もっとも立法論的に和解規定を設けることによって，合法性の原則をクリアしようとする試論もみられるが，議論のあるところであろう。

✍ 租税法律主義が要請する合法性の原則からすれば，必ず法の規定に従った課税や徴収がなされることになるが，そこでしばしば問題となるのは，信義則の原則の適用（🔍20(3)―249頁，酒井・租税法と私法4 43頁参照）や行政先例法の問題（🔍18(7)―230頁，酒井・フォローアップ15参照）がある。

(6) 遡及立法禁止原則

遡及立法が許されることとなれば，租税法律主義の要請する予測可能性や法的安定性が損なわれることになる。そこで，一般に，租税法律主義のもとでは，租税法の遡及立法は禁止されると解されている。

他方で，随時税（☞随時税とは）の場合は遡及立法禁止原則が強く働くが，期間税（☞期間税とは）の場合には，多少の時間差は許容されるという考え方もあり，議論のあるところである。また，遡及立法禁止と遡及課税禁止がしばしば混同されて議論されるが，合法性の原則が働くため，遡及立法が存在する限り遡及課税がなされるという前提で，両者を分けずに議論を展開する考え方もある。

☞ **随時税**とは，相続税，不動産取得税などをいい，**期間税**とは，所得税，法人税，消費税などをいうが，随時税については事後的な立法を許さないとし，期間税については立法過程の多少の時間差は許容されるとする考え方もある。議論のあるところである。

¶レベルアップ1！ 課税要件法定主義

租税法律主義を規定したとされる憲法84条のもとにおいては，租税の種類や課税の根拠のような基本的事項のみでなく，納税義務者，課税物件，課税標準，税率などの課税要件はもとより，賦課，納付，徴税の手続もまた，法律により規定すべきものとされており（最高裁昭和30年3月23日大法廷判決・民集9巻3号336頁，最高裁昭和37年2月21日大法廷判決・刑集16巻2号107頁），租税の優遇措置を定める場合や，課税要件として手続的な事項を定める場合も，これを法律により定めることを要するものと解されている。登録免許税の軽減税率の適用を受けるには，添付書類（都道府県知事の証明書）の申請書への添付が省令において要件とされていたところ，このような規定が課税要件法定主義に反するかどうかが争点となった事例において，東京高裁平成7年11月28日判決（行集46巻10＝11号1046頁）は，「憲法の趣旨からすると，法律が租税に関し政令以下の法令に委任することが許されるのは，徴収手続の細目を委任するとか，あるいは，個別的・具体的な場合を限定して委任するなど，租税法律主義の本質を損なわないものに限られるものといわねばならない。すなわち，もし仮に手続的な課税要件を定めるのであれば，手続的な事項を課税要件とすること自体は法律で規定し，その上で課税要件となる手続の細目を政令以下に委任すれば足りるのである。第一審被告国は，包括的な委任文言を採用して課税要件の追加自体を政令に委任しないと，変転してやまない経済現象に対処できない弊害が生じるとするが，前記のような規定の方法によったからといって，所論のような弊害が生じるとは考え難い。」と判示した。そして，「したがって，租税特別措置法施行令42条の9第3項及び同法施行規則29条1項が，軽減税率による登記申請には特定の証明書の添付を要するものとした部分は，証明書の添付という手続的な事項を軽減税率による登記申請の受理要件という手続的な効果を有するにとどめるものとして有効であるが，右の手続的な事項を課税要件とし，登記申請時に証明書の添付がなければ，後に証明書を提出しても軽減税率の適用がないとする部分は，法律の有効な委任がないのに税率軽減の要件を加重したものとして無効である。」としたのである。

課税要件などを政令や省令等に委任することは許されると解されるものの，課税要件法定主義の趣旨にかんがみれば，個別的・具体的委任に限られるというべきである。したがって，一般的・白紙的委任は許されるべきではなく，法律の委任に当たっては，委任の目的・内容および程度が委任する法律自体の中で明確にされていなければならないと解されているのである（金子・租税法82頁）。

¶レベルアップ2！　課税要件明確主義

秋田市では地方税法に基づいて条例により国民健康保険税が徴収されていたが，地方税法および条例には税率算定の基礎となる課税総額について「負担金の見込み額の65％以内」とのみ規定されるにとどまり，実際には行政庁が最終的に見込額を判断していたことに対し，課税要件明確主義の観点から問題となった。

いわゆる秋田市国民健康保険税条例事件（類似の事例の旭川市国民健康保険料事件については，1 ¶レベルアップ！－17頁参照）において，秋田地裁昭和54年4月27日判決（行集30巻4号891頁）は，課税要件明確主義について，「地方税法は，地方公共団体が条例によって各別に異なった税制を定めるときは，住民の税負担に不均衡を生ずる惧れがあることのほか，国税との関係を考慮し，課税権者である地方公共団体に対し地方税についての統一的な基準や枠組を定めるものであって，…これを基礎に地方公共団体がその住民たる被保険者に対し，現実に保険税を賦課徴収するためには，地方税法の定める基準と制限のもとで，地方公共団体が条例をもって課税要件を規定しなければならず，右条例の規定が租税法律主義の原則に適合するものでなければならないことはいうまでもない。」とし，「国民健康保険税の課税要件を定めた本件条例2条および6条の規定は一義的明確を欠き，課税総額の認定，税率の確定について課税庁である被告の裁量を許容するものというべく，納税義務者たる被保険者らにおいて，賦課処分前に右課税総額および税率を確知し得ないため，自己に賦課される課税額を予測することは全く不可能であるうえ，賦課処分後においても，課税総額自体が不明であるため，通知された税率の当否，ひいては不当または違法な課税処分に対し行政上の不服申立，訴の提起をなすべきか否かについて客観的，合理的な判断を加えることを事実上著しく困難ならしめる結果を招来しており，右条例の規定が，行政庁の恣意的な裁量を排し，国民の財産権が不当に侵害されることを防止し，国民の経済生活に法的安定性と予測可能性を付与することを目的とする租税法律主義の原則に反することは明らかである。そして租税法律主義の原則を規定する憲法84条は，地方公共団体が，その有する課税権に基づいて地方税を賦課徴収するため条例を制定し，住民から地方税を賦課徴収するについて，その適用があると解すべき…であるから，本件条例2条および6条の規定は憲法84条に違反し無効であって，右条例の規定に基づいてなされた本件賦課処分は違法であることを免れない。」と判示している。

また,「租税法律主義は，租税要件を法定することにより，行政庁の恣意的な課税を排し，国民の財産権が不当に侵害されることを防止するとともに，国民の経済生活に法的安定性と予測可能性を付与することを目的とするものであって，憲法84条は『あらたに租税を課し，又は現行の租税を変更するには法律又は法律の定める条件によることを必要とする』旨規定し，租税法律主義の原則を宣明している。右租税法律主義の目的および憲法の趣旨に照らし，法律に根拠のない命令，政令による租税の賦課は許されないし，課税の根拠，租税の種類，納税義務者，課税物件，課税標準，税率等租税債務の成立に関する課税要件その他租税債務の変更，消滅に関する実体規定はもとより，納税の時期，方法等に関する手続規定についても正当な立法手続を経た法律によることを要し，かつ，その内容は一義的で明確であることが要請される。」とする。

そして，地方税につき憲法84条に規定する租税法律主義の原則は,「憲法92条，94条，地方自治法10条，14条，223条，地方税法2条の規定により，地方公共団体がその有する課税権に基づき地方税法の定める範囲内で，あらたに地方税を課し，または現行の地方税を変更するには，条例によってその租税要件，手続規定等を定めることを要するとする趣旨でその適用があると解すべきであり，地方税法3条1項において『地方団体は，その地方税の税目，課税客体，課税標準，税率その他賦課徴収について定めをするには，当該地方団体の条例によらなければならない』旨規定することによりその趣旨を明らかにしたものとみるべきである。」と説示するとおり，課税要件は法定されなければならず，とりわけ地方税の場合は条例において定められていなければならないところ，その要件が明確に規定されていなければならないのは租税法律主義（課税要件法定主義）の当然の帰結といえよう。

¶レベルアップ3！　合法性の原則

合法性の原則は，租税法が強行法であることから，課税要件が充足されている限り，税務当局には租税の減免の自由はなく，租税を徴収しない自由もないという考え方である。したがって，法律の根拠に基づくことなしに，租税の減免や徴収の延納などは許されていないというほかはない。

年賦払いによる延納によって納税義務者の負担の軽減を法律の根拠なく認め

ることができるか否かが争点となった事例において，福岡地裁昭和25年4月18日判決（行集1巻4号581頁）は，「原告の主張するところは，租税に関する基本的法律関係は国家と国民との間の公法上の債権債務関係であって租税徴収権は公法上の権利ではあるがその金銭債権なる点においては私法上の一般債権と性質を同じくするから従って当事者の契約により租税の年賦延納等納税義務者の負担の軽減を為し得るのは当然であるというにある。なるほど金銭給付としての租税を中心とする基本的法律関係が公法上の債権債務関係であり租税徴収権なるものが，一つの金銭債権であることは原告主張の通りであるが，さればといって租税徴収権は公法上の権利であってもとより私法上の一般債権と全く同一のものという訳ではなくその間自ら性質上の差異が存するから，当事者の契約によって租税の年賦延納を為し得るか否かは租税徴収権が私法上の一般債権と区別せらるる特質を明らかにすることが必要であって租税徴収権が一種の金銭債権であるということから直ちに当事者の合意によって処分され得るものと解すべきでない。」と判示する。

ここでは，租税徴収権の特質についても論じられているのでみておこう。すなわち，①第1に，租税が国家の財産権に基づき収入の目的をもって国民に対し無償かつ強制的に徴収される金銭給付であること，②第2に，納税義務の成立およびこれに基づいて負担すべき義務の内容がすべて当事者の契約によって定められるのではなく法規または行政行為によって確定されること，つまり納税義務がそれぞれの租税実体法規の定める課税要件の充足によって成立し，その法規に従って負担すべき義務の内容および範囲が定められ，通常は税務署長の賦課処分によって確定し，法律に定められた納期において納付されることを原則とするのであって，その成立につき当事者の合意を必要とするものでも，また契約によってその負担すべき義務の内容範囲が確定するものでもないということ，③第3に，納税義務履行において国税徴収法が特別の強制執行手続を定め，またそれぞれの租税法が国民に対する各種の公法上の義務を負担させるなど租税徴収権確保のための権力的手段を講じており，これら納税義務履行における法律関係は国家と国民との間における権力服従の関係として規律されているということを指摘する。上記福岡地裁は，この租税徴収権の性質を踏まえたうえで「このように公法上の権利である租税徴収権には私法上の一般債権には存しない特質があり，これらの点から考えるならば当事者の契約によって自由に租税の年賦延納等納税義務者の負担の軽減を為し得ないことはむしろ当然といわなければならない。」とするのである。

¶レベルアップ４！　遡及立法禁止原則

大阪高裁昭和52年８月30日判決（高民集30巻３号217頁）は，「保有税に関する規定が施行されたのは48年７月１日であるのに，その前である44年１月１日以後に取得して保有する土地について保有税を課するのは法律不遡及の原則に違反すると主張する。しかし，刑罰法規については憲法39条によって事後法の制定が禁止されているが，民事法規については法律不遡及の原則は解釈上の原則であって，憲法は遡及効を認める立法を禁ずるものではない。保有税（保有分）に関する規定は，既述のように44年度税制改正の効果を補完する意図のもとに創設されたのであるから，遡及効を認める合理的理由が存し，違憲無効とはいえない。」と判示している。

そもそも，租税法律主義には，遡及立法禁止原則は内在しないとする考え方もあるが，法的安定性や予測可能性の観点からすれば，遡及立法禁止原則が租税法律主義に内包されていると考えるべきであろう。もっとも，上記判決の説示するように絶対的に遡及立法が禁じられていると解すべきではなく，合理的理由の存在や立法や改正の周知といった点を勘案しての判断によるべきと解される。

行政法規をその効力発生前に終結した過去の事実に適用することは，法治主義に反し，一般国民の生活における予測可能性，法的安定性を害するものであって，原則として許されないものと解される。このことは租税法規の場合にも当然妥当するものであろう。すなわち，過去の事実や取引を課税要件とする新たな租税を創設し，あるいは過去の事実や取引から生ずる納税義務の内容を納税者の不利益に変更するいわゆる遡及立法は，現在の法規に従って課税が行われるとの一般国民の信頼を裏切り，その経済生活における予測可能性や法的安定性を損なうことになるのであって，その合理性を基礎づける特段の根拠がない限り，租税法律主義を定める憲法84条の趣旨に反し，許されないものと解するのである。

また，納税者により，相続税の課税価格に算入すべき土地等の価格について，相続開始時における路線価等による時価評価の原則の例外として，その価格を路線価等による評価額を超える取得価額とする旨の租税特別措置法の規定につき，納税義務の内容を納税者の不利益に変更するものであるとして，不動産についてその規定を適用することは，行政法規不遡及，遡及課税立法禁止の原則から許されない旨の主張が展開された事例がある。かかる納税者の主張に対して，東京地裁平成10年12月25日判決（税資239号681頁）は，「租税法規不遡及，遡及課税立法禁止の原則は，過去の事実や取引を課税要件とする新たな租税を創設し，あるいは過去の事実や取引から生ずる納税義務の内容を納税者の不利益に変更するいわゆる遡及立法を許さないとする趣旨のものである。そして，相続税において，納税義務を生じさせる過去の事実に当たるのは，被相続人の死亡等及びこれらに伴う財産の取得という事実であると解される（相続税法1条）。」とし，「したがって，本件特例の効力発生前に被相続人が死亡したことにより財産を取得した相続人に課される相続税について，本件特例を適用するという場合は，行政法規不遡及，遡及課税立法禁止の原則に反することになり許されないと解されるが，本件特例の効力発生前ないし本件中間答申の日の前に被相続人が一定の財産を取得したという事実は，相続税法における納税義務を生じさせる過去の事実には該当しないのであって，相続人に課される相続税の課税価格の算定に当たって，右財産に本件特例を適用することが直ちに行政

Tax Lounge　「偽りその他不正の行為」にいう「偽り」の意味

所得税法238条1項には，「偽りその他不正の行為」という文言が使用されている（揮発油税法27①一・二も参照）。そもそも，この条文は，「詐偽その他不正の行為」と規定されていたものが，「詐欺」と同じ音で紛らわしいという理由から改正されたという経緯がある。生活保護法や栽培救助法などにも「詐偽」という文言が使用されている。

「詐偽」に似ている表現として，民法96条《詐欺又は強迫》や刑法246条《詐欺》にいう「詐欺」という文言がある。この「詐偽」と「詐欺」との違いについては，原則的には，「詐欺」の方が他人をだましてこれを錯誤に陥れるという結果までをも含んだものであるのに対して，「詐偽」は，他人をだます手段・方法の形容詞として，いわば「うそ，いつわり」という程度の意味に用いられていると説明されることがある。

したがって，「偽りその他不正の行為」も，いわゆる「うそ」や「いつわり」という程度の意味で用いられており，その結果（脱税の意図）についてまでは問題視していないという解釈論も成り立ちそうである。

法規不遡及，遡及課税立法禁止の原則に反するということにはならないというべきである。」と判示している。

なお，最高裁平成23年９月30日第二小法廷判決（集民237号519頁）は，所得税に係る長期譲渡所得の金額の計算上生じた損失の金額につき他の各種所得の金額との損益通算を廃止した租税法規の適用が遡及的に行われたとされる事件において，憲法84条違反には当たらないと判示している。

同最高裁は，①改正の合理性の観点および②納税者の不利益の観点から検討をしているが，その論旨はおおむね次のとおりである。

〔１〕　長期譲渡所得に係る損益通算を改正法の施行日より前にされた土地等または建物等の譲渡についても認めないこととした平成16年改正租税特別措置法附則27条１項の規定は，同法による改正が我が国の経済に深刻な影響を及ぼしていた長期間にわたる不動産価格の下落の進行に歯止めをかけるとの具体的な公益上の要請に基づくものである。

〔２〕　当該規定により変更の対象となるのは特定の譲渡に係る損失により暦年終了時に損益通算をして租税負担の軽減を図ることを納税者が期待しうる地位にとどまるものであり，また，暦年の初日から改正法の施行日の前日までの期間をその適用対象に含めることにより暦年の全体を通じた公平が図られる面があり，その期間も暦年当初の３か月間に限られており，さらに納税者においてはいったん成立した納税義務を加重されるなどの不利益を受けるものではない。

〔３〕　これら諸事情を総合的に勘案すると，納税者の租税法規上の地位に対する合理的な制約として容認されるべきものと解するのが相当であり，憲法84条の趣旨に反するものということはできない。

17 租税公平主義

租税負担は国民の間に公平に分配されなければならない（🔍5−33頁参照）。その際の公平な分配とは，担税力という租税を負担することのできる能力に応じることで，一応これを達成することができると考えられている。

租税公平主義とは，租税負担は国民の間に担税力に即して公平に配分されなければならず，各種の租税法律関係において国民は平等に取り扱われなければならないという原則である（金子・租税法89頁以下）。

憲法14条は，「すべて国民は，法の下に平等であって，人種，信条，性別，社会的身分又は門地により，政治的，経済的又は社会的関係において，差別されない。」と規定するが，この基本原理である平等取扱原則の課税の分野における現れが，租税公平主義であるといわれている。憲法の要請に従って，租税が公平に分配されなければならないとしても，その場合に，いかにして担税力に応じた課税の実現がなされるべきかについてはさまざまな議論がある。この場合の公平な租税の負担の基準に最も適した「担税力」としては「所得」を挙げることができる。所得税は所得を担税力として課す代表的な租税であるが，そこでは，累進課税の適用や基礎控除などの人的諸控除を通じた担税力への配慮などをすることができるし，また，「負の所得税」（☞負の所得税とは）の制度を通じて最低生活水準の保障を図ることも可能となる。

☞ **負の所得税（negative income tax）**とは，課税最低限以下の者に対しては，マイナスの租税，つまり補助金を支給するという制度である。通常，景気刺激策などを考えた場合に，減税が一定の効果を有することから実施されるが，納税額のない者は恩恵をこうむることができない。そこで，納税額のある者に対しては減税を行い，納税額のない者に対しては同額の補助金を支給するという施策をとることが考えられる。

納税額のない者に対する税額控除として，諸外国では，ワーキングプア対策やシングルマザーへのセーフティネット策などとして，給付付き税額控除を実施している国は多い。我が国でも格差問題の解決策や消費税の増税後の逆進性緩和策の１つとして議論されているところである（🔍6−39頁参照）。

¶レベルアップ！　租税公平主義

ここで，公平についての理解の参考として，いわゆるスコッチライト事件として有名な大阪高裁昭和44年9月30日判決（判時606号19頁）を概観しておこう。この事件は，租税法律主義と租税公平主義との優劣が争点になったものである。

同高裁は，「憲法84条は租税法律主義を規定し，租税法律主義の当然の帰結である課・徴税平等の原則は，憲法14条の課・徴税の面における発現であると言うことができる。みぎ租税法律主義ないし課・徴税平等の原則に鑑みると，特定時期における特定種類の課税物件に対する税率は日本全国を通して均一であるべきであって，同一の時期に同一種類の課税物件に対して賦課・徴収された租税の税率が処分庁によって異なるときには，少くともみぎ課・徴税処分のいづれか一方は誤った税率による課・徴税をした違法な処分であると言うことができる。けだし，収税官庁は厳格に法規を執行する義務を負っていて，法律に別段の規定がある場合を除いて，法律の規定する課・徴税の要件が存在する場合には必ず法律の規定する課・徴税をすべき義務がある反面，法律の規定する課・徴税要件が存在しない場合には，その課・徴税処分をしてはならないのであるから，同一時期における同一種類の課税物件に対する二個以上の課・徴税処分の税率が互に異なるときは，みぎ二個以上の課・徴税処分が共に正当であることはあり得ないことであるからである。そしてみぎ課税物件に対する課・徴税処分に関与する全国の税務官庁の大多数が法律の誤解その他の理由によって，事実上，特定の期間特定の課税物件について，法定の課税標準ないし税率より軽減された課税標準ないし税率で課・徴税処分をして，しかも，その後，法定の税率による税金とみぎのように軽減された税率による税金の差額を，実際に追徴したことがなく且つ追徴する見込みもない状況にあるときには，租税法律主義ないし課・徴税平等の原則により，みぎ状態の継続した期間中は，法律の規定に反して多数の税務官庁が採用した軽減された課税標準ないし税率の方が，実定法上正当なものとされ，却って法定の課税標準，税率に従った課・徴税処分は，実定法に反する処分として，みぎ軽減された課税標準ないし税率を超過する部分については違法処分と解するのが相当である。したがって，このような場合について，課税平等の原則は，みぎ法定の課税標準ないし税率による課・徴税処分を，でき得る限り，軽減された全国通用の課税標準および税率による課・徴税処分に一致するように訂正し，これによって両者間の平等をもたらすように処置することを要請しているものと解しなければならない。〔原文ママ〕」と説示している。

このように大阪高裁は，全国の税関の大多数が法律の誤解などによって，法定の課税標準ないし税率よりも軽減された課税標準ないし税率によって関税の賦課・徴収処分をしていたとしても，法定の課税標準ないし税率との差額を実際に徴収せず，また徴収する見込みもないような場合には，軽減された，すなわち誤った課税標準ないし税率による賦課・徴収処分に一致するように訂正しなければならず，慣例に反する法定の課税標準ないし税率による処分は，租税公平主義に反し違法であると判示したのである。

しかし，このような判断を示す裁判例は珍しいものであり，一般的な理解であるとはいいがたい。

Tax Lounge　慣行に基づく課税と租税公平主義

法人がその代表者から共同住宅用の敷地を借地権の設定を受けて権利金の授受なくして有償で借りた事例において，権利金の授受がなくても権利金相当額の利益に課税すべきとした裁判例として，東京地裁平成２年２月27日判決（行集41巻２号352頁）がある。

同地裁は，「借地権を設定する場合には，借地権部分に相当する経済的価値の移転の対価等というべき権利金その他の金銭を授受することが広く行われていることは公知の事実であり，したがって，かかる慣行が存在するにもかかわらず，法人が権利金等の授受なくして借地権を取得した際には，法人税法22条２項に基づき権利金相当額につき認定課税を行うのが原則である」と判示する。このように，同判決は，慣行が存在することを前提として課税すべきとするのである。

慣行とは，しばしばその土地，土地によって異なっているものである。ある地域では権利金の授受が慣行として成立していても，他の地域では慣行となっていないというようなことも理論的にはありうるわけである。入会権の成立のように地域ごとに慣習が異なる地域にはそれに応じた法律関係が成立するのと同様に考えるべきではないかと思われる。すなわち，地域によって権利金相当額の認定課税が許容される地域と許容されない地域が生ずるのもやむをえないのではなかろうか。

18 租税法における法源

ここでは租税法における法源とは何かについて考えてみたい。法源（source of law）とは，法の存在形式のことをいう。法の存在形式には，文字で書かれている成文法である制定法のみならず，文字で書かれていない不文法である判例法，慣習法，条理がある。裁判は法に従って事件を解決することになるが，ここにいう「法」とは，これら4つの存在形式の法源を指している。以下，租税法の法源を確認しよう。

⑴ 憲　法

租税法が，国の最高法規たる憲法に服することはいうまでもない。憲法に違反する法規は無効である。

✍ もっとも，実際上，租税立法が憲法違反であると示されることはほぼないといってよい（合憲性の推定）。

⑵ 法　律

租税法における法律としては，既に第2章でも確認したとおり，所得税法，法人税法，相続税法などの課税法のほか，国税通則法，国税徴収法などの手続法，あるいは政策上の措置を規定した租税特別措置法などがある（酒井・フォローアップ5～8参照）。また，災害減免法など災害があった場合に特別に制定する法律もある。

✍ 租税法体系には，一般法的性格を有する租税法と，個別法的性格を有する租税法がある。一般法的性格を有する租税法としては，例えば，国税通則法，国税徴収法，「滞納処分と強制執行等との手続の調整に関する法律」，国税犯則取締法，災害減免法などがあり，個別法的性格を有する租税法には，所得税法，法人税法などの各個別税法がある。

⑶ 命令――政令・省令

ア 政　令

政令とは「法律」ではなく，政府の命令である。政令として，国税の場合は財務省令があり，地方税の場合は総務省令がある。これらは法源性を有すると理解されている。

憲法73条6号は，内閣の職務として，「この憲法及び法律の規定を実施するために，政令を制定すること」が示されており，「但し，政令には，特にその法律の委任がある場合を除いては，罰則を設けることができない。」と規定されている。また，これを受けて，内閣法11条には，「政令には，法律の委任がなければ，義務を課し，又は権利を制限する規定を設けることができない。」とされている。政令としては，所得税法施行令，法人税法施行令，相続税法施行令，国税通則法施行令などが個別税法ごとに規定されている。

✍ 昭和39年以前は，一般に政令は「施行規則」と呼ばれていた。当時，政令が「施行規則」と呼ばれるときには，省令は「施行細則」とされていた。なお，国税犯則取締法施行規則は，「施行規則」となっているが，政令である。

イ 省 令

省令も「法律」ではなく，例えば財務省令であれば，財務大臣の制定した命令である。省令の法的な根拠はどこにあるのであろうか。国家行政組織法12条1項は，「各省大臣は，主任の行政事務について，法律若しくは政令を施行するため，又は法律若しくは政令の特別の委任に基づいて，それぞれその機関の命令として省令を発することができる。」と規定している。また，同条3項は，「省令には，法律の委任がなければ，罰則を設け，又は義務を課し，若しくは国民の権利を制限する規定を設けることができない。」とする。

例えば，所得税法施行規則，法人税法施行規則，相続税法施行規則などが個別税法ごとに規定されている。これらについても，一般に法源性は肯定されている。

⑷ 条 例

条例は，地方公共団体の議会が制定する法である。憲法94条は，「地方公共団体は，その財産を管理し，事務を処理し，及び行政を執行する権能を有し，法律の範囲内で条例を制定することができる。」とする。

地方税法3条《地方税の賦課徴収に関する規定の形式》1項は，地方団体は，その地方税の税目，課税客体，課税標準，税率等についての定めをするには，その地方団体の条例によらなければならない旨規定しており，租税法律主義は地方税については租税条例主義ともいわれている。地方税においては，条例が主たる法源であるといえよう。

⑸　租税条約

国際的二重課税を防止するためあるいは脱税を防止することを目的として，我が国は，令和３年３月１日現在，142か国・地域との間で79の租税条約を締結している（🔍14⑷−177頁参照）。この租税条約は法源性を有すると理解されている。なお，租税に関して締結された条約のほか，例えば，外交使節等の非課税特権等を規律する「外交関係に関するウィーン条約」など租税に関する確立された国際法規についても国内法的効力を有すると解されている。

憲法98条２項は，「日本国が締結した条約及び確立された国際法規は，これを誠実に遵守することを必要とする。」と規定する。このように我が国は，憲法において条約尊重を明言しており，国内法において条約上の規定が国内法に優先して適用されるとしている場合がある。

すなわち，日本国が締結した所得に対する租税に関する国際的二重課税回避のための条約において国内源泉所得につき国内源泉所得課税の規定（所法161）と異なる定めがある場合に，所得税法162条《租税条約に異なる定めがある場合の国内源泉所得》は，「その条約の適用を受ける者については，同条の規定にかかわらず，国内源泉所得は，その異なる定めがある限りにおいて，その条約の定めるところによる。」と規定している。

✍　租税条約の多くは，所得に対する租税に関する条約であるが，アメリカとの間には，所得に対する租税に関する条約と並んで，「遺産，相続及び贈与に対する租税に関する二重課税の回避及び脱税の防止のための日本国とアメリカ合衆国との間の条約」が締結されている。

✍　アメリカの場合には，後法優位の原則によって，後に制定された国内法令が先行する条約と矛盾する内容となっている場合には，後に制定された国内法令の規定が優先適用されることとされている。

なお，条約本文および議定書（Protocol）については，国会の承認が必要とされていることから法源性を有するといわれているが，交換公文（exchange of notes）については，議論のあるところでもある。一般的には，租税条約と一体をなすものとして理解されており，国内法における政省令と同じように扱われる。

なお，租税条約において一定の税率を基準としてそれ以上にならない税負担とする旨の定めがある場合には，実施特例法上，国内法において具体的な税率を定める必要があるとされている（実特法３の２）。

⑹　告　示

告示とは，官報や公報の掲載によって行われる公の機関による公示であるが，補充立法であり，一種の委任立法であるといわれる（金子・租税法112頁）。

国家行政組織法14条１項は，「各省大臣，各委員会及び各庁の長官は，その機関の所掌事務について，公示を必要とする場合においては，告示を発することができる。」と規定する。

例えば，所得税法78条２項２号は，公益法人等に対する寄附金で財務大臣の指定したものは，総所得金額等から控除する旨を定めている。そして，財務大臣が指定をしたときは，これを告示することとされている（所令216②）。

この告示は，課税要件規定を補充するものであるから，その性質上，法規を定立する行為であり，租税法の法源の一種であると解されている。

所得税法78条《寄附金控除》

居住者が，各年において，特定寄附金を支出した場合において，…その年分の総所得金額，退職所得金額又は山林所得金額から控除する。…

2　前項に規定する特定寄附金とは，次に掲げる寄附金…をいう。

一　（略）

二　公益社団法人，公益財団法人その他公益を目的とする事業を行う法人又は団体に対する寄附金…のうち，次に掲げる要件を満たすと認められるものとして政令で定めるところにより財務大臣が指定したもの

イ　広く一般に募集されること。

ロ　教育又は科学の振興，文化の向上，社会福祉への貢献その他公益の増進に寄与するための支出で緊急を要するものに充てられることが確実であること。

所得税法施行令216条《指定寄附金の指定についての審査事項等》

法第78条第２項第２号の財務大臣の指定は，次に掲げる事項を審査して行うものとする。

一　寄附金を募集しようとする法人又は団体の行う事業の内容及び寄附金の使途

二　寄附金の募集の目的及び目標額並びにその募集の区域及び対象

三　寄附金の募集期間

四　募集した寄附金の管理の方法

五　寄附金の募集に要する経費

六　その他当該指定のために必要な事項

2　財務大臣は，前項の指定をしたときは，これを告示する。

⑺　行政先例法

行政先例法とは，行政庁における長年の取扱いが，一般の国民の間に広まり定着して，法的確信を得るにいたったものをいう。

租税法は侵害規範であるから，納税者に不利益な内容の慣習法たる行政先例法の成立の余地はないといわれている。しかしながら，納税者に有利な場合は慣習法としての行政先例法の成立は認めるべきであろうとする見解が通説である（金子・租税法115頁）（酒井・フォローアップ⑮参照）。

この論点においてしばしば取り上げられるのが，パチンコ球遊器事件最高裁昭和33年3月28日第二小法廷判決（民集12巻4号624頁）である。この事件では，長年にわたって物品税が非課税とされていたパチンコ球遊器について，通達の発遣を契機に課税対象とすることとしたことの妥当性などが争点とされたが，最高裁は，「社会観念上普通に遊戯具とされているパチンコ球遊器が物品税法上の『遊戯具』のうちに含まれないと解することは困難であり，原判決も，もとより，所論のように，単に立法論としてパチンコ球遊器を課税品目に加えることの妥当性を論じたものではなく，現行法の解釈として『遊戯具』中にパチンコ球遊器が含まれるとしたものであって，右判断は，正当である。なお，論旨は，通達課税による憲法違反を云為しているが，本件の課税がたまたま所論通達を機縁として行われたものであっても，通達の内容が法の正しい解釈に合致するものである以上，本件課税処分は法の根拠に基く処分と解するに妨げがなく，所論違憲の主張は，通達の内容が法の定めに合致しないことを前提とするものであって，採用し得ない。」と判示している。同判決では，行政先例法の成立が認められなかったものの，この事件を契機に，行政先例法の定立の可能性が論じられることとなった。パチンコ球遊器が非課税とされるという通達があったわけではないが，課税しない取扱いが長年にわたって継続していたことを前提とする事件であり，注目に値する。

そもそも，慣習法の成立については一般に肯定されていると思われる。例えば，民法では，入会権などが慣習法として肯定されているし，また，商法1条《趣旨等》2項が，「商事に関し，この法律に定めがない事項については商慣習に従い，商慣習がないときは，民法の定めるところによる。」と規定し，商事に関する特別法たる商法に規定がない場合に，一般法たる民法の定めるところによるとするのではなく，その前に商慣習に従うとしている。このようにしばしば慣習法が重視されることがある。ところで，租税法律関係においては租税法律主義の要請のもと，このような慣習法を「法律」と読み込むのかあるいはそのように解することは適当ではないのかという点で議論もあろう。さらに，慣習法としての行政先例法の成立を認めないとする考え方もありうるが，それが法というにふさわしいほどに，人々の間に法的確信をもって定着している場合には，やはり法源性を有すると解するべきであろう。

このように考えると，次にみる「通達」も本来法源性を有するものではないものの，慣習法として行政先例法たる性質を有すると認められる場面では，法源性を有することがありうると考えられるのである。

(8) 通　達

通達とは，上級行政庁が下級行政庁の権限の行使を指図するために，発する書面による命令ないし指令をいう（酒井・フォローアップ11～14，酒井・通達の読み方第1章参照）。

国家行政組織法14条2項は，「各省大臣…各庁の長官は，その機関の所掌事務について…示達するため，所管の諸機関及び職員に対し…通達を発することができる。」と規定している。通達は，「法令解釈通達」と「事務運営指針（執行通達）」に分けることができる。さらに，法令解釈通達には，所得税基本通達や法人税基本通達のような「基本通達」と，個別の解釈問題を解決するために発せられる「個別通達」がある。

これらの通達が法源性を有するかどうかという点については，すでに学説・判例ともに，原則としてこれを否定しており，納税者や裁判所に対する外部的な拘束力は何ら有していないと考えるべきである。もっとも，通達は内部拘束力を有しているので，行政庁内部職員がこれに縛られることは当然であるといえる。すなわち，国家公務員法98条《法令及び上司の命令に従う義務並びに争議行為等の禁止》1項は，「職員は，その職務を遂行するについて，法令に従い，且つ，上司の職務上の命令に忠実に従わなければならない。」とし，もし，命令に違反した場合や職務上の義務に違反した場合には，懲戒処分として，免職，停職，減給または戒告の処分を受けることになるのであるから（同法82），原則として通達に違反することは許されないのである。

通達が問題となる局面についてはしばしば学説上の争いがある。例えば，

「通達によって示達された内容が税務行政の執行一般において実現されているに拘らず，しかもある個別的具体的場合につき右通達が定める要件を充足しているものに対し通達に反して納税者に不利益な課税処分をするならば」公平原則に違背する可能性があるとする見解（北野弘久『税法の基本原理』79頁（中央経済社1973））や，「通達をもって，実質立法に等しいような内容の定めを置くことに対しては，法律による行政の原理の観点から批判的な見解もあろうが，憲法13条・25条に則ったものであり，納税者にとって有利となる類推適用であるから賛成である」として，納税者に有利な通達の場合，その内容が憲法にのっとったものである限り，実質的に立法に等しいようなものであっても肯定されるとする見解がある（岩﨑政明・ジュリ967号104頁（1990））。

これに対して，「租税正義の観点から見て，課税上，公平・平等な取扱いが必要とされることはいうまでもない。しかし，それは『法の下の』平等であって，違法状態の下における平等な取扱い（しかも違法状態を拡大しての）までは，租税正義は要求しているわけではない。したがって，法治行政的な建前論からすれば，…通達の取扱いが政令の枠を超えているような場合にはさらに納税者の側から通達の積極的な拡張適用を求めることは許されないことになる」として，「たとえそれが国民にとって有利な取扱いであるとしても，行政庁の一方的な判断で法令の解釈の範囲を超えての適用を認めるとすれば，そこに行政の恣意的判断が入りこむ余地が生じてきて，問題があろう。」とする見解が対立する（玉國文敏「医療費控除の範囲と限界」成田頼明ほか編『行政法の諸問題（下）』685頁（有斐閣1990））。

(9)　判　例

裁判所の判決は，具体的な争訟（🔍29✍－328頁参照）の解決を目的とするが，その理由中に示された法の解釈が合理的である場合には，それは先例として尊重され，やがて確立した解釈（判例）として一般に承認されるようになるが，このような判例について，租税法の法源の一種とする見解（金子・租税法119頁）や，裁判所の判例，特に最高裁判所の判例の積重ねによって判例法が形成されるような場合，このような判例法に対して一般に租税法の法源としての地位が承認されているとの見解がある（清永・税法22頁）。これらは，判例あるいは判例法が租税法の法源性を有する局面を肯定している（酒井・フォローアップ9，10

参照)。

これに対して，租税法の領域においては，判例に法源としての地位を与えることについて消極的な見解もある（齋藤明『租税法の論点』31頁（中央経済社1980))。

裁判所の判決の既判力は，その事件について行政庁を拘束するから（行訴法33①)，同一または類似の事件について，判決が幾度も繰り返してなされると，一般的な法的確信が生まれ，法律と同様な効力をもつようになる。特に，最高裁判所の法律上の判断は，下級裁判所を拘束するから（裁判所法10三，刑訴法405二，三)，行政庁が他の事件について判例と異なる行政処分をすることは，それ自体としては違法ではないが，納税者は判例を法規範として尊重し，これによって救済を求めるであろうから，新たな立法案を提示し議会に働きかける，あるいは判例の趣旨に解釈を統一することをしない限り，最高裁の法律上の判断に反した処分は，拘束力を失うことになる。この意味において，判例法も法源性を有すると考えるべきであろう（阿南主税『所得税法体系』118頁（ビジネス教育出版社1969))。

ここで注意をしなければならないのは，ここにいう「判例」とは，裁判所の判決の全体を問題としているのではなく，裁判所の判決のうち，のちに裁判所が別の事件を裁判するときに先例となりうる「法律上の判断」を示した部分（この部分を「レイシオ・デシデンダイ（ratio decidendi)」という。）を問題としているということ，それが法源性となりうるのは，この部分が一般的な承認を受けるにいたっている場合ということである（吉村典久「裁判判決の税務行政に対する拘束力」ジュリ1164号140頁（1999）も参照)。

✍ 判例と裁判例との違いを理解することやレイシオ・デシデンダイの発見，判例の射程範囲の分析の重要性の認識は，租税判例の勉強の第一歩であるが，その理解は，判例形成過程の判断を無視すべきという意味では決してない。裁判実務上の判断の傾向を知ることは解釈学においては非常に重要であり，そのようなことから，これまでも，判例蓄積過程の研究には多くの労力が注ぎ込まれてきたのである。

¶レベルアップ1！　条例の意義

憲法94条が「地方公共団体は，その財産を管理し，事務を処理し，及び行政を執行する権能を有し，法律の範囲内で条例を制定することができる。」と規定していることを踏まえ，前橋地裁平成８年９月10日判決（判タ937号129頁）は，

「憲法は，地方公共団体に，その自治権の裏付けとして課税権が与えられることを否定するものではないと解される。しかしながら，右憲法の規定は，地方公共団体の課税権を具体的に定めたものではないから，右の規定から当然に地方公共団体に課税権が発生すると解することは困難である。のみならず，憲法は，第8章で地方自治の規定を設けながらも，同時に『地方公共団体の組織及び運営に関する事項は，地方自治の本旨に基づいて，法律でこれを定める。』（憲法92条）と規定していることから明らかなように，地方自治の大綱は国の法律で定めるのを憲法の建前としているものと解される。また，実質的にみても，課税についてこれを完全に地方公共団体の自主自律に委ねることは，各地方公共団体間で著しい差異をきたし，国という統一体からみて経済秩序に混乱をもたらすおそれがあるから，国税と地方税との相互の関連を考え，かつ地方公共団体相互間の適当な調整を図る必要があり，さらにまた，いわゆる租税法律主義（憲法84条）の建前からいっても，その大枠は，法律で定めておくのが適当であると解される。そうすると，法〔筆者注：地方税法〕2条が，『地方団体は，この法律の定めるところによって，地方税を賦課徴収することができる。』と規定している趣旨は，地方税の賦課徴収の主体が地方公共団体であることを明らかにするとともに，その課税権は既述のとおり地方公共団体に固有のものではなく，法2条により国から付与されたものであり，地方公共団体は，この国から付与された課税権に基づいて地方税を課税することができることを明らかにしたものであると解される。したがって，憲法及び地方税法は，地方公共団体相互間の均衡等を考慮し，地方公共団体の課税については，国法でこれを規制し，一定の枠を定め，右法律の制限内で，各地方公共団体の実情に即した課税を自主的に行わしめることとしたものであり，地方税法3条が『地方団体は，その地方税の税目，課税客体，課税標準，税率その他賦課徴収について定をするには，当該地方公共団体の条例によらなければならない。』と規定するのは，右の趣旨に基づくものであると解される。右のとおりであるから，固定資産税が地方公共団体固有の課税であって，条例のみが課税権の根拠となるものであり，固定資産評価基準に依拠する本件評価決定が違憲であるとの原告の主張は，採用することができない。」とする。そして，「租税の賦課は，法律又は法律の定める条件によることとされているが（憲法84条），租税法の対象とする経済事象は，極めて多種多様であり，しかも激しく変遷していくので，これに対応する定めを法律の形式で完全に整えておくのは困難であるし，現実に公平課税等の租税原則を実現するためにも，その具体的な定めを命令に委任し，事情の変遷に伴って機動的に改廃していく必要があることは否定できない。それゆえ，課税上基本的な重要事項は法律の形式で定め，具体的，細目的な事項は命令の定めるところに委ねることは憲法上許容されているところと解される（憲法73条6号）。」と説示する。

地方税における租税法律主義については租税条例主義と呼ばれているが（地方法3），上記判決では，条例の法源性が確認されている。

¶レベルアップ2！　租税条約の意義と対応的調整

移転価格課税により生じた国際的二重課税の回避のために行われた対応的調整（🔍14☞対応的調整とは－186頁参照）が，旧日米租税条約25条に基づくものであるとした住民訴訟事件において，住民らは，米国内国歳入庁が米国N社および米国T社に対して仮更正処分をした時点においては，租税条約の実施に伴う所得税法，法人税法及び地方税法の特例等に関する法律7条の規定はなかったから，対応的措置についての国内法は存在しなかったなどとして，対応的調整についての日米合意に基づいてされた課税処分は，違法，無効であると主張した。これに対して，東京高裁平成8年3月28日判決（訟月42巻12号3057頁）は，「控訴人らの右主張は，日米租税条約の下で，対応的調整の合意をするためには，同条約25条の国内法的効力では足りず，これとは別個に国内立法を要するとの考え方に立脚するものであるが，このような考え方には多分に疑問があり，国内法がなくても，大蔵大臣は，対応措置について米国との間で協議することができ，かつ，合意することができるものと解する余地が多分にある。」と説示している。

この判断は，裁判所が条約を尊重した判断を下している例として参考となろう。

¶レベルアップ3！　通達を発遣すべきであったと判示した事例

税務当局は，通達を発遣するなどして課税上の取扱いを明確にしておく必要があったとの判断が示された親会社ストックオプション訴訟最高裁判決を見ておくこととする。

最高裁平成18年11月16日第一小法廷判決（集民222号243頁）は，「課税庁は，外国法人である親会社から日本法人である子会社の従業員等に付与されたストックオプションの権利行使益の所得税法上の所得区分に関して，かつては一時所得として取り扱っており，課税庁の職員が監修等をした公刊物でもその旨の見解が述べられていたところ，平成10年分の所得税の確定申告の時期以降，これを変更し，給与所得として取り扱うようになったものである。この所得区分に関する所得税法の解釈問題については，一時所得とする見解にも相応の論拠があり，その後，下級審の裁判例においても判断が分かれることになったのである。このような問題について，課税庁が従来の取扱いを変更しようとする場合には，法令の改正によらないとしても，通達を発するなどして変更後の取扱いを納税者に周知させ，これが定着するよう必要な措置を講ずべきものである。ところが，前記事実関係等によれば，課税庁は，上記のとおり課税上の取扱いを変更したにもかかわらず，その変更をした時点では通達によりこれを明示することなく，平成14年６月の所得税基本通達の改正によって初めて変更後の取扱いを通達に明記したというのである。そうすると，少なくともそれまでの間は，課税庁において前記の必要な措置を講じていたということはできず，納税者が上記の権利行使益を一時所得に当たるものとして申告したとしても，それをもって納税者の主観的事情に基づく単なる法律解釈の誤りにすぎないものということはできない。以上のような事情の下においては，上告人がその平成11年分の所得税につき本件権利行使益を一時所得として申告し，本件権利行使益が給与所得に当たるものとしては上記所得税の税額の計算の基礎とはされていなかったことについて，真に上告人の責めに帰することのできない客観的な事情があって，過少申告加算税の趣旨に照らしてもなお上告人に上記所得税に係る過少申告加算税を賦課することは不当又は酷になるというのが相当であり，国税通則法65条４項に言う『正当な理由』があるものというべきである。」と判示している。

ストックオプションの権利行使益に係る所得区分が給与所得に該当するか一時所得に該当するかという議論があり，その点につき最高裁は課税庁の主張する給与所得が妥当であるとの判断を示している。ところで，ここで注目されるのは，最高裁が，税務当局としては，課税庁の職員が一時所得と公刊物に記載していたなどの事実を認定したうえで，従来の取扱いを変更しようとする場合には「通達」を発するなどして変更後の取扱いを納税者に周知させ，その取扱いが定着するような措置を講ずべきであったとする部分である。これを行政への司法の介入とみるべきかどうかはさておき，通達が行政庁内部の上意下達の命令手段であるということを超えて，あたかも通達が外部への周知方法であるかのように判示しているのである。周知の必要性やその取扱いの定着の措置を講ずるべきという点については基本的に違論はないが，通達の名宛人がそもそも納税者ではないという性質からすると違和感の残る判断であるといえるのではなかろうか。

そのほか，通達の理解に資する参考裁判例をいくつか挙げておくこととする。

大阪地裁昭和36年3月13日判決（民集22巻5号1077頁）は，「通達の法律的根拠は，国家行政組織法14条2項の『各大臣，各委員会及び各庁の長官は，その機関の所掌事務について，命令又は示達するため，所管の諸機関及び職員に対し，訓令又は通達を発することができる。』という規定にある。しかし，職務上の上級官庁が，その下級官庁に対して，その職務の執行について命令をなし得ることは，およそ行政機関の組織上当然のことがらであって，法律の規定をまって始めてかかる権限が上級官庁に生ずるのではない。従って，右の国家行政組織法の規定は，創設的な性質を有するものではなく，いわば当然のことがらを注意的に規定したものに外ならないと解され，そこにいうところの『各大臣，各委員会及び各庁の長官』だけが通達を発する権限を有するものではなくて，一般に行政組織上の上級官庁はすべて，この権限を有するのである。そして，通達は，単に，行政庁間の事務取扱についての指針ないし基準を示すものであるから，通達は法規として国民を拘束することはないものと解するを相当とする。」と判示する。

この事件は，審査決定通知書中，処分を相当とする理由が法人税基本通達によっていることが問題となった。すなわち，原告に対する審査決定通知書には，「被合併法人の欠損金を損金算入されたいという貴社の申出は，法人税基本通達84により理由がありませんので，原処分を相当と認めます」旨記載されていたのである。この点について，同地裁は，「前記理由書の趣旨は，結局，『法人税基本通達84によって，税務官庁の法人税法9条5項に関する解釈は統一されていて，他の会社を吸収合併した原告において，被合併会社の欠損金を原告のそれとして計上しているが，そのような計算は税法上認められないので，原処分は相当である。』という趣旨に解されるから，右基本通達『84』が法人税法9条5項の解釈として間違っているかどうかの点…はともかく，被告局長のなした審査決定が，法令でない前記基本通達『84』によって棄却した違法なものであるということはできない。」と判示している。

また，佐賀地裁昭和39年12月17日判決（訟月11巻1号129頁）は，「原告は昭和38年9月10日付直審（所）77（例規）により，不動産取得のために要した負債の利子でその不動産を賃貸不動産として使用開始にいたるまでの期間に対応する部分は，不動産所得の必要経費として控除する取扱が認められているから，原告主張の前記支払利子は右通達にもとづき，原告の不動産所得の課税標準の算定にあたって必要経費として控除せられるべきであると主張し，…そのような通達の存在することが明らかであるが，右通達内容にも明らかなとおり，かかる措置は『今後処理するものからこれにより取扱われたい』とされており行政上の取扱としても右通達は同日以降の所得税の課税標準の算定にあたって適用されることが予定されているし，右通達の存在は本件処分をなんら違法とするものではない。」と判示している。

19 公法と租税法

⑴ 租税法律関係

ドイツ行政法の流れを受け継ぐ我が国租税法は，伝統的に，行政作用法（☞行政作用法とは）の一部として取り扱われてきた。この伝統的な理解はその根底に租税法律関係を権力関係に求めるものであり（権力関係説），そこでは，租税法を租税の賦課・徴収に関する租税行政法として観念してきた。オットー・マイヤー（Otto Mayer）を中心とする権力関係説の考え方は，租税法律関係を国民が国家の課税権に服従する関係として捉え，国家が優越的・権力的意思の主体として現われることを理由に，それを典型的な権力関係の一例として捉えるのである。

しかしながら，現在は，租税法律関係は租税債務の観念を中心として構成されており（債務関係説），必ずしも上記のように租税法は租税行政法という点のみにとらわれはしない。租税法律関係を権力関係として捉えないということは，行政法からの独立の宣明であるともいえよう。租税債務の観念で捉える考え方が現在の租税法の基礎であるということができる。

もっとも，このことは行政法からの完全な離脱を意味するのではなく，行政作用法としての意味をもあわせもつ租税法が行政法と密接な関係を有していることを否定するものでは決してない。

☞ **行政作用法**とは，行政機関と国民との法律関係に関する法の体系をいう。すなわち，行政機関が国民との関係で法律関係を形成，変更，消滅させるための法体系のことである。行政法は，行政組織法（行政の機関の権限，所掌事務，構造などを定める法の体系）と，この行政作用法に二分される。

⑵ 憲法訴訟

憲法98条は，「この憲法は，国の最高法規であって，その条規に反する法律，命令，詔勅及び国務に関するその他の行為の全部又は一部は，その効力を有しない。」とする。したがって，租税法規およびその執行は憲法の諸規定に適合していなければならない（酒井・フォローアップ**2**参照）。そして，租税法規や執行が憲法に適合しているかどうかについては，違憲立法審査権などを有する裁判所の審査の対象とされている。すなわち，憲法81条は，「最高裁判所は，一切の法律，命令，規則又は処分が憲法に適合するかしないかを決定する権限を有する終審裁判所である。」とするのである。

✍ これまで多くの租税争訟において租税法規や執行の合憲性が争われてきた。その一部を列挙すれば，次のとおりである。

・ゴルフ場の利用に対する娯楽施設利用税が生命・自由および幸福追求の権利を保障した憲法13条に反しないとした最高裁昭和50年2月6日第一小法廷判決（集民114号117頁）
・法人税が法人の国等に対する寄附金につき法的限度額を設けていないのに対し，所得税法は限度額を設けていることは平等取扱原則たる憲法14条に反しないとした最高裁平成5年2月18日第一小法廷判決（集民167号157頁）
・酒類の製造免許制度は憲法13条および31条に反しないとした最高裁平成元年12月14日第一小法廷判決（刑集43巻13号841頁）
・酒類の製造（販売）免許制度は職業選択の自由を保障する憲法22条1項に反しないとした最高裁平成元年12月14日第一小法廷判決（刑集43巻13号841頁），最高裁平成4年12月15日第三小法廷判決（民集46巻9号2829頁）
・土地評価について固定資産評価基準より売買実例方式を採用することが憲法25条および29条に反しないとした大阪高裁平成13年2月2日判決（訟月48巻8号1859頁）あるいは千葉地裁昭和57年6月4日判決（行集33巻6号1172頁）
・事実上の婚姻関係にある者との間の未認知の子またはその者の連れ子を所得税法上の扶養控除の対象としないことが憲法13条，24条，25条に反しないとした最高裁平成3年10月17日第一小法廷判決（訟月38巻5号911頁）
・夫婦に所得税を別々に課す個人単位主義が男女の平等を保障する憲法24条に反しないとした最高裁昭和36年9月6日大法廷判決（民集15巻8号2047頁）
・資産合算制度が憲法29条に反しないとした最高裁昭和59年7月5日第一小法廷判決（税資139号1頁），大阪地裁昭和59年5月10日判決（訟月30巻10号1994頁）
・扶養控除の対象となる扶養親族の範囲を定める所得税法の規定は憲法25条に反しないとした最高裁昭和60年12月17日第三小法廷判決（集民146号291頁）
・文化観光税が信教の自由に関する憲法20条の規定に反しないとした奈良地裁昭和43年7月17日判決（行集19巻7号1221頁）
・法人の交際費について損金算入を制限ないし認めない規定は憲法29条に反しないとした東京地裁平成元年12月18日判決（行集40巻11＝12号1827頁）
・消費税法が憲法15条，22条，25条等に反しないとした岡山地裁平成2年12月4日判決（判時1424号47頁）
・最低生活費に食い込む課税について最低生活保障に関する憲法25条の規定に反しない

とした総評サラリーマン税金訴訟最高裁平成元年2月7日第三小法廷判決（訟月35巻6号1029頁）

・補償を与えずに源泉徴収義務を課すことは憲法29条3項に反しないとした最高裁昭和37年2月28日大法廷判決（刑集16巻2号212頁）

・利益積立金の資本組入れを利益配当とみなすことは憲法29条に反しないとした最高裁昭和57年12月21日第三小法廷判決（訟月29巻8号1632頁）

・旧地主が売り払った農地の譲渡益を短期譲渡所得として重課するのは憲法29条に反しないとした大阪高裁昭和59年3月30日判決（行集35巻3号275頁）

・法人の土地譲渡益課税制度が憲法29条に反しないとした東京地裁昭和54年3月8日判決（訟月25巻7号1958頁）

・相続税の負担回避防止のために，土地の取得価額をもって相続税評価額とする規定およびそれを廃止してさかのぼって租税負担を軽減する規定が憲法29条に反しないとした大阪高裁平成10年4月14日判決（訟月45巻6号1112頁），東京地裁平成9年7月9日判決（訟月44巻11号2007頁）

・関税定率法所定の物件についての税関職員の検査が憲法21条2項に禁止する検閲に当たらないとし，わいせつ表現物の輸入規制は憲法21条1項に反しないとした最高裁昭和59年12月12日大法廷判決（民集38巻12号1308頁），東京地裁平成6年10月27日判決（判時1520号77頁）

・わいせつ表現物等の輸入を科罰の対象とする関税法109条《質問，検査又は領置等》を憲法13条，31条に反しないとした東京高裁平成4年7月13日判決（判時1432号48頁）を覆した最高裁平成7年4月13日第一小法廷判決（刑集49巻4号619頁）

・税務調査に伴う処罰規定が不利益供述の不強要に関する憲法38条1項の規定に反しないとし，また，税務調査の際の居宅調査が住所不可侵に関する憲法35条の規定に反しないとした最高裁昭和47年11月22日大法廷判決（刑集26巻9号554頁）

・無予告調査が適正手続の保障に関する憲法31条に反しないとした最高裁昭和48年7月10日第三小法廷決定（刑集27巻7号1205頁）

・資本の払戻しのみなし配当の規定に係るいわゆるプロラタ計算（法令23①四）について，法人税法の委任を受けて政令で定める「株式又は出資に対応する部分の金額」（法法24①柱書き）の計算の方法に従って計算した結果，利益剰余金を原資とする部分の剰余金の配当の額が「株式又は出資に対応する部分の金額」に含まれることとなる場合には，かかる政令の定めは，そのような計算結果となる限りにおいて法の委任の範囲を逸脱した違法なものとして無効であるとした東京地裁平成29年12月6日判決（税資267号順号13095。控訴審東京高裁令和元年5月29日判決（判例集未登載）も同旨）

(3)　合憲性の統制と憲法尊重擁護義務

合憲性の統制とは，最高法規である憲法の規範内容が，下位の法形式や措置を通じて端的に踏みにじられたり，不当に変質されないように統制しようとする国法上の諸々の工夫を指す（佐藤幸治『憲法〔第3版〕』44頁（青林書院1995））。憲法の保障ともいう。

✍　とりわけ国家公務員には，憲法尊重擁護義務が課されている（憲99)。憲法99条は，「天皇又は摂政及び国務大臣，国会議員，裁判官その他の公務員は，この憲法を尊重し擁護する義務を負ふ。」と示す（道徳的要請とする判断として，東京地裁昭和33年7月31日判決・行集9巻7号1515頁)。また，国家公務員法82条《懲戒の場合》の「職務上の義務違反」には，憲法の侵犯・破壊行為などの積極的不作為義務違反が含まれると解されており，同法97条《服務の宣誓》およびそれに基づく政令は憲法遵守の宣誓を要求している（宣誓拒否は同法82条2項違反となる。)。

20 私法と租税法

租税は，私人の各種の経済活動を対象として賦課・徴収されるが，これらの経済活動は，民法や会社法を中心とする私法によって規律されていることが多い。

以下では，民法上の考え方がどのように租税法の解釈に適用されるかについて，いくつかの例を取り上げてみよう（私法と租税法の関わりについては，酒井・租税法と私法3参照）。

(1) 錯　誤

錯誤とは，意思と表示が食い違っている場合であるが，心裡留保，虚偽表示とは異なり，意思と表示との食い違いを表意者が気づかなかった場合である。

民法95条《錯誤》

意思表示は，次に掲げる錯誤に基づくものであって，その錯誤が法律行為の目的及び取引上の社会通念に照らして重要なものであるときは，取り消すことができる。

一　意思表示に対応する意思を欠く錯誤

二　表意者が法律行為の基礎とした事情についてのその認識が真実に反する錯誤

2　前項第2号の規定による意思表示の取消しは，その事情が法律行為の基礎とされていることが表示されていたときに限り，することができる。

3　錯誤が表意者の重大な過失によるものであった場合には，次に掲げる場合を除き，第1項の規定による意思表示の取消しをすることができない。

一　相手方が表意者に錯誤があることを知り，又は重大な過失によって知らなかったとき。

二　相手方が表意者と同一の錯誤に陥っていたとき。

4　第1項の規定による意思表示の取消しは，善意でかつ過失がない第三者に対抗することができない。

✍ **錯誤の態様**　錯誤は次の3つに分類される。

① 表示の錯誤……100円と書くつもりがゼロを1つ余計に書いて，1,000円としてしまったような場合である。

② 内容の錯誤（表示行為の意義に関する錯誤）……ドルとポンドが同価値だと思い込んで契約してしまったような場合である。

③ 動機の錯誤……「この馬を買う」という意思はある。「受胎している馬」だと思っ

たが,「受胎していない馬」だったというような場合である。

民法は,①法律行為の目的および取引上の社会通念に照らして重要な錯誤(✍要素の錯誤)のあった場合に限って取り消すことができるとし(民95①②),②その際,錯誤者に重大な過失がないことを要求する(民95③)。

✍ 民法改正により,「無効」から「取消し」となった。

旧民法95条《錯誤》
意思表示は,法律行為の要素に錯誤があったときは,無効とする。ただし,表意者に重大な過失があったときは,表意者は,自らその無効を主張することができない。

租税法律関係において,錯誤の主張は認められるのであろうか。例えば,勘違いをして確定申告書を提出してしまったとか,税金がかかるのであれば,もともとそのような経済行為はしなかったというような場面での錯誤の主張の可否が問題となる。

実際に訴訟となった事例では,離婚に伴い行った財産分与が譲渡所得として課税されるのであれば,そもそも財産分与はしなかったという主張が排斥されているし(🔍¶レベルアップ1!参照),申告についての錯誤無効の主張も排斥されている(🔍¶レベルアップ2!参照)。

✍ **要素の錯誤**　旧民法は,要素の錯誤があった場合に無効であるとしてきたが,ここでいう「要素」とは,法律行為の重要な部分をいう(大審院大正3年12月15日判決・民録20輯1101頁)。動機の錯誤は原則として,要素の錯誤に当たらないが,動機が意思表示の内容として表示されている限り法律行為の「要素」となりうると解されている(最高裁昭和29年11月26日第二小法廷判決・民集8巻11号2087頁)。なお,動機の錯誤については,平成29年の改正により,民法95条1項2号および2項に明文の規定が用意されることとなった(前頁参照)。

¶レベルアップ1!　錯誤無効の主張が肯定された事例

いわゆる裸一貫事件最高裁平成元年9月14日第一小法廷判決(集民157号555頁)は,「意思表示の動機の錯誤が法律行為の要素の錯誤としてその無効をきたすためには,その動機が相手方に表示されて法律行為の内容となり,もし錯誤がなかったならば表意者がその意思表示をしなかったであろうと認められる場合であることを要するところ(最高裁昭和27年(オ)第938号同29年11月26日第二小法廷判決・民集8巻11号2087頁,昭和44年(オ)第829号同45年5月29日第二小法廷判決・裁判集民事99号273頁参照)，右動機が黙示的に表示されているときであっても，これが法律行為の内容となることを妨げるものではない。本件についてこれをみると，所得税法33条１項にいう『資産の譲渡』とは，有償無償を問わず資産を移転させる一切の行為をいうものであり，夫婦の一方の特有財産である資産を財産分与として他方に譲渡することが右『資産の譲渡』に当たり，譲渡所得を生ずるものであることは，当裁判所の判例（最高裁昭和47年(行ツ)第４号同50年５月27日第三小法廷判決・民集29巻５号641頁，昭和51年(行ツ)第27号同53年２月16日第一小法廷判決・裁判集民事123号71頁）とするところであり，離婚に伴う財産分与として夫婦の一方がその特有財産である不動産を他方に譲渡した場合には，分与者に譲渡所得を生じたものとして課税されることとなる。したがって，前示事実関係からすると，本件財産分与契約の際，少なくとも上告人において右の点を誤解していたものというほかはないが，上告人は，その際，財産分与を受ける被上告人に課税されることを心配してこれを気遣う発言をしたというのであり，記録によれば，被上告人も，自己に課税されるものと理解していたことが窺われる。そうとすれば，上告人において，右財産分与に伴う課税の点を重視していたのみならず，他に特段の事情がない限り，自己に課税されないことを当然の前提とし，かつ，その旨を黙示的には表示していたものといわざるをえない。そして，前示のとおり，本件財産分与契約の目的物は上告人らが居住していた本件建物を含む本件不動産の全部であり，これに伴う課税も極めて高額にのぼるから，上告人とすれば，前示の錯誤がなければ本件財産分与契約の意思表示をしなかったものと認める余地が十分にあるというべきである。上告人に課税されることが両者間で話題にならなかったとの事実も，上告人に課税されないことが明示的には表示されなかったとの趣旨に解されるにとどまり，直ちに右判断の妨げになるものではない。」と判示する。

この判決については，「課税の考慮が，一般的に要素の錯誤にあたるとされるならば，著しく取引の安全が損なわれる」として批判がある（水野・大系254頁)。現実問題として，課税上の取扱いに精通していないことを理由とする錯誤による取消しの主張が肯認されるとすれば，さまざまな取引への大きな影響が懸念されよう。

¶レベルアップ2！　申告行為の錯誤無効

最高裁昭和39年10月22日第一小法廷判決（民集18巻8号1762頁）は，「所得税法は，いわゆる申告納税制度を採用し（23条，26条参照〔筆者注：昭和32年法律第27号による改正前。以下同じ。〕），且つ，納税義務者が確定申告書を提出した後において，申告書に記載した所得税額が適正に計算したときの所得税額に比し過少であることを知った場合には，更正の通知があるまで，当初の申告書に記載した内容を修正する旨の申告書を提出することができ（27条1項参照），また確定申告書に記載した所得税額が適正に計算したときの所得税額に比し過大であることを知った場合には，確定申告書の提出期限後1ヶ月間を限り，当初の申告書に記載した内容の更正の請求をすることができる（同条6項参照），と規定している。ところで，そもそも所得税法が右のごとく，申告納税制度を採用し，確定申告書記載事項の過誤の是正につき特別の規定を設けた所以は，所得税の課税標準等の決定については最もその間の事情に通じている納税義務者自身の申告に基づくものとし，その過誤の是正は法律が特に認めた場合に限る建前とすることが，租税債務を可及的速かに確定せしむべき国家財政上の要請に応ずるものであり，納税義務者に対しても過当な不利益を強いる虞れがないと認めたからにほかならない。従って，確定申告書の記載内容の過誤の是正については，その錯誤が客観的に明白且つ重大であって，前記所得税法の定めた方法以外にその是正を許さないならば，納税義務者の利益を著しく害すると認められる特段の事情がある場合でなければ，所論のように法定の方法によらないで記載内容の錯誤を主張することは，許されないものといわなければならない。」と判示している。

原則的には，私人の公法行為において私人の意思の欠缺または瑕疵がある場合には，民法95条が類推適用されると解される。ただし，最高裁は，納税申告のように，それ自体で税額を確定させる効力を有し（通法15），かつ，これに対する不服については別に更正の請求のみちが開かれているものについては，「その錯誤が客観的に明白且つ重大であって」，更正の請求「以外にその是正を許さないならば，納税義務者の利益を著しく害すると認められる特段の事情がある場合でなければ」，更正の請求によらないで，錯誤を主張することは，許されないというのである。

私的自治の尊重，納税者間の公平の確保および租税法律関係の安定の維持の

３つの要請の合理的調整の必要性にかんがみると，法定申告期限が経過するまでの間になした取消し・解除に限り，その効果を主張しうると解されている。

⑵　相続開始後の時効取得

時効（☞時効とは）の効力について，民法は起算日にさかのぼると規定しているが（民144），租税法律関係においても同様に理解すべきであろうか。

> **民法144条《時効の効力》**
> 時効の効力は，その起算日にさかのぼる。

☞　**時効**とは，一定の事実状態が法定期間継続した場合に，その事実状態が真実の権利関係に合致するかどうかを問わないで，権利の取得や消滅という法律効果を認める制度をいう（高橋和之ほか『法律学小辞典〔第５版〕』524頁（有斐閣2016））。権利取得の効果を認める「取得時効」と，権利消滅の効果を認める「消滅時効」とがある。例えば，他人の土地を自らの土地と思い込み，その上で長年生活してきた場合などには取得時効が認められる場合がある。また，売掛金を有しているにもかかわらず何ら請求もせず長年放置した場合などには消滅時効が成立し，債権が消滅する可能性がある。

この点に関し参考となる事例がある。これは，別件判決により相続税の課税財産とされた各土地につき，Ａの子であるＢらの時効取得が認められたところ，時効取得は遡及効を有するから，それらの各土地は，相続開始（Ａ死亡）時点で，Ａの相続財産ではなかったことになると考え，控訴人である納税者らは，それらの各土地を取得していないことを理由として，更正の請求をしたものの，これに対して更正をすべき理由がない旨の通知処分があったため，控訴人らが同処分の取消しを求めたというものである。

大阪高裁平成14年７月25日判決（訟月49巻５号1617頁）は，「時効による所有権取得の効力は，時効期間の経過とともに確定的に生ずるものではなく，時効により利益を受ける者が時効を援用することによって始めて確定的に生ずるものであり，逆に，占有者に時効取得されたことにより所有権を喪失する者は，占有者により時効が援用された時に始めて確定的に所有権を失うものである。そうすると，民法144条により時効の効力は起算日に遡るとされているが，時効により所有権を取得する者は，時効を援用するまではその物に対する権利を取得しておらず，占有者の時効取得により権利を失う者は，占有者が時効を援用するまではその物に対する権利を有していたということができる。したがって，本件においては，本件相続開始（A死亡）時においては，本件各土地について，Bらによる時効の援用がなかったことはもちろん，時効も完成していなかったのであるから，その時点では，控訴人らが本件各土地につき所有権を有していたものである。」とし，「国税通則法23条2項1号にいう『その申告，更正又は決定に係る課税標準等又は税額等の計算の基礎となった事実に関する訴えについての判決により，その事実が当該計算の基礎としたところと異なることが確定したとき』とは，例えば，不動産の売買があったことに基づき譲渡所得の申告をしたが，後日，売買の効力を争う訴訟が提起され，判決によって売買がなかったことが確定した場合のように，税務申告の前提とした事実関係が後日異なるものであることが判決により確定した場合をいうと解されるところ，本件においては，前記のとおり，本件相続開始時には，控訴人らは本件各土地につき所有権を有していたのであり，その点で食い違いはなく，別件判決…は国税通則法23条2項1号にいう『判決』には該当しないと解される。」とした。

また，「課税実務上，時効により権利を取得した者に対する課税上の取扱いにつき，時効の援用の時に一時所得に係る収入金額が発生したものとし，時効により権利を喪失した者については，それが法人である場合は，時効が援用された時点を基準に時効取得により生じた損失を損金算入する扱いがされているが，正当な取扱いとして是認することができる。」ともいう。

納税者らは，時効の効力が起算日までさかのぼる以上，租税法の解釈としても同様に解すべきであり，遡及効という法的効果を無視することは許されない旨を主張したが，上記大阪高裁は，時効制度はその期間継続した事実関係をそのまま保護するために私法上その効力を起算日まで遡及させたものであり，他方，租税法においては，所得，取得等の概念について経済活動の観点からの検討も必要であって，これを同様に解さなければならない必然性があるものとはいえないと判示し，納税者らの主張を排斥した。

これに対しては，相続人が時効中断の手続をとるいとまがなかった等，真に保護に値する場合には，相続人は申告納付した相続税の減額を求めて更正の請求をすることができると解すべきであるとの学説の反論もある（金子・租税法950頁）。

(3) 信義則の適用

信義則（☞信義則とは）の求められるべき信頼の保護の論理的根拠はいかに形成されるべきであるかという点については，これまで多くの議論がされてきた（酒井・租税法と私法 4 参照）。

> **民法1条《基本原則》**
> 2　権利の行使及び義務の履行は，信義に従い誠実に行われなければならない。

☞ **信義則**とは，民法の定める基本原則の１つであり，人は社会生活を送る中で，他者の信頼を裏切ったり不誠実な振る舞いをしたりすることのないように行動しなければならないという考え方をいう（潮見佳男『民法（全）〔第２版〕』５頁（有斐閣2019））。「信義誠実の原則」ともいう。

信義則を公法分野とりわけ租税法の分野に適用できるかどうかについては，戦前戦後を通じて膨大な研究業績があり，また，判例等の蓄積もある。現在の通説は，租税法の分野に信義則の適用があるとしている。

信義則の適用要件の検討に当たっては，租税法律関係において信義則の適用の余地を認めたとされる最高裁昭和62年10月30日第三小法廷判決（集民152号93頁）の説示が参考となろう。

同最高裁は，「租税法規に適合する課税処分について，法の一般原理である信義則の法理の適用により，右課税処分を違法なものとして取り消すことができる場合があるとしても，法律による行政の原理なかんずく租税法律主義の原則が貫かれるべき租税法律関係においては，右法理の適用については慎重でなければならず，租税法規の適用における納税者間の平等，公平という要請を犠牲にしてもなお当該課税処分に係る課税を免れしめて納税者を保護しなければ正義に反するといえるような特別の事情が存する場合に，初めて右法理の適用の是非を考えるべきものである。そして，右特別の事情が存するかどうかの判断に当たっては，少なくとも，税務官庁が納税者に対して信頼の対象となる公的見解を表示したことにより，納税者がその表示を信頼しその信頼に基づいて行動したところ，後に右表示に反する課税処分が行われ，そのために納税者が経済的不利益を受けることになったものであるかどうか，また，納税者が税務官庁の右表示を信頼しその信頼に基づいて行動したことについて納税者の責めに帰すべき事由がないかどうかという点の考慮は不可欠のものであるといわなければならない」と判示した。

上記最高裁判断をみると，少なくとも，次の各要件が充足されてはじめて信義則の適用の是非を考えるべきであるということになる。すなわち，

① 税務当局が納税者に対して信頼の対象となる「公的見解」を表示したこと

② 納税者がその表示を信頼しその信頼に基づいて行動したこと

③ 後にその表示に反する課税処分が行われたこと

④ その課税処分のために納税者が経済的不利益を受けることになったこと

⑤ 納税者が税務官庁のその表示を信頼し「その信頼に基づいて行動」したことについて納税者の責めに帰すべき事由がなかったこと

が考慮されるべき要件であると判示している。

⑷ 権利濫用法理の適用

ア 権利濫用法理または法の濫用

民法の権利濫用（☞権利濫用とは）法理が租税法律関係に適用されるかどうかについては議論のあるところであろう。

> **民法１条《基本原則》**
> ３ 権利の濫用は，これを許さない。

☞ **権利濫用**とは，ある人の行為（あるいは不行為）が，外形的には権利の行使とみられるが，その行為が行われた具体的な状況と実際の結果とに照らしてみると，権利の行使として法律上認めることが妥当でないと判断されることをいう（高橋ほか・前掲書344頁）。

権利濫用法理は，ドイツ租税法の規定のように，租税回避を①私法上の法律関係形成の濫用や，②節税権の濫用という側面から捉えて，これを否認する法的論拠としても議論される（🔍Tax Lounge－次頁，¶レベルアップ３！－253頁参照）。

租税法の解釈・適用において権利濫用法理が用いられるケースは少ないが，制度の濫用があった場合に，同制度の適用を制限すべきと考える制度濫用法理が議論されることがある。いわゆる外国税額控除余裕枠大和銀行事件最高裁平成17年12月19日第二小法廷判決（民集59巻10号2964頁。「りそな銀行事件」とも呼ばれる。）は，「本件取引は，全体としてみれば，本来は外国法人が負担すべき外国

法人税について我が国の銀行である被上告人が対価を得て引き受け，その負担を自己の外国税額控除の余裕枠を利用して国内で納付すべき法人税額を減らすことによって免れ，最終的に利益を得ようとするものであるということができる。これは，我が国の外国税額控除制度をその本来の趣旨目的から著しく逸脱する態様で利用して納税を免れ，我が国において納付されるべき法人税額を減少させた上，この免れた税額を原資とする利益を取引関係者が享受するために，取引自体によっては外国法人税を負担すれば損失が生ずるだけであるという本件取引をあえて行うというものであって，我が国ひいては我が国の納税者の負担の下に取引関係者の利益を図るものというほかない。そうすると，本件取引に基づいて生じた所得に対する外国法人税を法人税法69条の定める外国税額控除の対象とすることは，外国税額控除制度を濫用するものであり，さらには，税負担の公平を著しく害するものとして許されないというべきである。」とする。

☞ 他方，一定の政策目的を実現するために租税負担を免除ないし軽減している規定に形式的には該当する行為や取引であっても，租税負担の回避・軽減が主な目的で，その規定の本来の政策目的の実現とは無縁であるという場合には，その規定がもともと予定している行為や取引には当たらないと考えて，その規定の縮小解釈（限定解釈）によって，その適用を否定することができると解されるが，この事件はこの縮少解釈（限定解釈）によったものとも説明されている。これは，アメリカのグレゴリー事件の判決によって認められた法理（プロパー・ビジネス・パーパスの法理）である（金子・租税法140頁）。

Tax Lounge **濫用法理と租税回避否認規定**

2007年ドイツ租税基本法 AO42条は，次のとおり規定している。

「1　租税法律は，法の形成可能性の濫用によってこれを回避することはできない。租税回避の防止のための個別租税法律の規定の要件が充足される場合には，当該規定によって法効果が決定される。それ以外で 2 項に規定する濫用が存在するときは，租税請求権は，経済的事象に適合する法形成がなされた場合と同様に成立する。

2　濫用は，不相当な法的形成が選択され，相当な形成と比較して，納税者または第三者に法律上想定されていない租税利益がもたらされる場合に，納税者が，その選択した法形成についての状況の全体像から見て租税以外の相当の理由があることを証明した場合には存在しないものとする。」

これは，法の形成可能性の濫用によって租税回避することを許さない規定である。

この法理を適用すると，結果的には租税回避行為の否認を認めたのと同じことになるが，それは理論上は否認ではなく，規定の本来の趣旨・目的にそった縮小解釈（限定解釈）の結果である。有力説は，上記最高裁判決が外国税額控除制度の濫用に当たるとして，その適用を否定したのは，法律上の根拠がない場合に否認を認める趣旨ではなく，外国税額控除制度の趣旨・目的にてらして規定の限定解釈を行った例であると捉える（金子・租税法140頁，酒井・フォローアップ❶参照）。

イ　法人格否認の法理

権利濫用法理の文脈では，法人格否認の法理（☞法人格否認の法理とは）の適否もしばしば問題となる。

☞ **法人格否認の法理**とは，ある団体に対して法人格が与えられていても，法人格が法律の適用を回避するために濫用されている場合や，法人格が形骸化している実態がある場合に，法人としての形式を無視して処理する法理である（潮見・前掲書26頁）。

法人格否認の法理の必要性については，肯定説の立場から，「個人が株式会社形態を利用することによって，いわれなく相手方の利益が害される虞があるから」必要である旨の議論が展開されている（最高裁昭和44年2月27日第一小法廷判決・民集23巻2号511頁）。

もっとも，法人格否認の法理は，その法律構成自体に意義があるというより，むしろ現行法の不備を明るみに出す点に真の意義があり，継続的法形成の中に発展的に吸収されていくものでなければならないとする見解も有力である（江頭憲治郎『会社法人格否認の法理－小規模会社と親子会社に関する基礎理論－』（東京大学出版会1980））。

また，法人格否認の法理の適用があったと思われる事案についても，実は，「会社法人格は独立自主性を認められず，その限りにおいて法人格の否認と言えないことはないが，実は法人格そのものを否定したのではなくて，特定の法律関係について会社背後の支配的人格との『人格の融合』を意味するもの」であったり，「法人格そのものの否認ではなくて，行為の効果の帰属主体の把握」の問題であったりする（西原寛一「会社制度の濫用」末川先生古稀記念論文集刊行委員会『権利の濫用〔中〕』123頁以下（有斐閣1969））。

✍ 法人格否認の法理の適用については，学説も次のような諸説に分かれている。

① 中義説……(i)法人格が全くの形骸化にすぎない場合および(ii)法の適用を回避するために法人格が濫用される場合のいずれにも適用する。これは，上記最高裁昭和44年2月27日判決の採る立場である。

② 広義説……さらに，(iii)基本的意義を有する社団的法規であって，間接的にもその法規の目的が侵害されることを許されないものの適用に関する場合，(iv)当事者が法律的にではなく事実上別人であることを前提とする法規の解釈が問題である場合にも適用を認める。

③ 狭義説……法人格の濫用に限って法人格否認の法理の適用を認める見解である。なお，ドイツ法では，法人格の濫用の場合，すなわち法人格が(i)法を逸脱し，(ii)契約に違反し，(iii)第三者を害するために利用される場合に認められている。

法人格否認の法理の租税法律関係への適用については議論のあるところであるが，課税の局面では，同法理の適用については慎重論が中心的に展開されているのに対して，租税債権の徴収の場面ではこれを肯定する学説や裁判例（神戸地裁平成８年２月21日判決・訟月43巻４号1257頁。¶レベルアップ３！参照）もある。

¶レベルアップ３！　法人格否認の法理の適用

東京地裁平成18年６月26日判決（判時1960号16頁）は，被告国が，原告に帰属する財産を，国税の滞納会社に帰属する財産と認定したうえで行った滞納処分の違法性が争点となった事例であるが，原告が滞納会社を使って，国税の徴収を免れる目的で恣意的に法人格を使い分けて法人格を濫用しているといえるかどうかが注目された。

図表１

同地裁は，「原告は，本件賃借権譲渡に伴い，滞納会社から，その営業の重要部分を，その業務の同一性，継続性を維持したまま譲り受けたと認めるのが相当であり（以下，当該営業譲渡を『本件営業譲渡』という。），かかる営業譲渡は，グループ法人相互間の極めて緊密な関係に基づき実行されたものと認められる。…原告においては，本件営業譲渡後も，…従前と同一の会社支配態勢の下で，実質的に従前と同一の経営態勢が維持されていたと認められるのであって，当該会社支配態勢や経営態勢は，滞納会社と同一のものであると評価することが

できる。…本件営業譲渡は，滞納会社の売上収益を滞納会社から原告に移転し帰属させることにより，被告による租税の徴収を免れる意図の下に行ったものと推認するのが自然であり，かつ合理的といえる。…以上説示したところに加え，前記認定の諸事情を総合勘案すれば，原告と滞納会社とは，A及びその関係者による同一の会社支配態勢及び経営態勢の下で，被告による国税の徴収を免れる目的で恣意的に法人格を使い分けて法人格を濫用しているものと認められるから，原告は，被告に対し，信義則上，原告が滞納会社とは別異の法人格であることを主張することはできず，したがって，本件財産を自己の財産であると主張することは許されないといわなければならない。」と判示している。

このように徴収手続の場面では，法人格否認の法理の適用はありうるとみるべきであろう。なぜなら，他の一般債権者との競合関係にある国税債権の徴収の場合，他の一般債権者は法人格否認の法理を主張できることを考慮に入れるべきであるからである。

図表2

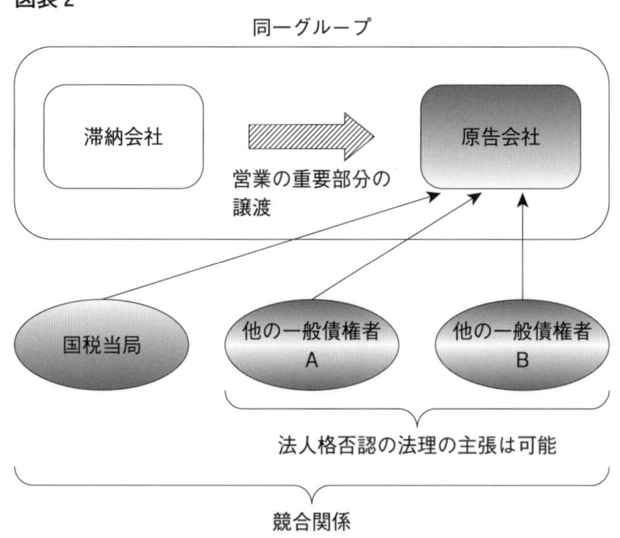

21 借用概念論

租税法が用いている概念の中には，租税法独自の意味内容を有する「固有概念」のほか，他の法分野で用いられ，すでにはっきりした意味内容を与えられている概念がある。他の法分野から借用しているという意味で「借用概念」という。ここで問題となるのは，それを他の法分野で用いられているのと同じ意義に解すべきか，あるいは徴収確保や公平負担の原則を重視する観点から，概念を異なる意義に解すべきかの問題である。通説は，法的安定性の観点から，原則として，本来の法分野におけると同じ意義に解すべき（統一説）とするが（金子・租税法127頁参照），この点についてはこれまで多くの議論があった（酒井・概念論1参照）。

✍ 租税法が私法と同じ用語を用いた場合に，これを当該私法からの「借用」と捉え，その用語の概念を「借用概念」とすることについては，次のような問題点が存在すると指摘されている。

まず，第一は，租税法で使用されている共通用語の多くが，その借用元が明らかでないとか，その用語が1つの意味・用法のみを有するとは限らないという点が挙げられる。第二は，仮に，借用元とされる法令が明らかになったとしても，その法令に，その借用されたとされる用語の意義についての規定がなく，その意味内容を明確に把握できない場合が少なくないという点である。

(1) 独立説

ア 独立説の主張

エンノ・ベッカー（Enno Becker）は，租税法が民法上の概念を使用するのはやむをえずしていることであって，それは応急手段にすぎず，その概念の解釈に当たって私法上の解釈に固執すべきではないと論じる。

このように租税法の私法からの独立と租税法独自の概念および原理の樹立の必要性は過去においては強く主張されてきた。例えば，「立法上も解釈上も真実の価値の捕捉を主眼とすべき」であり，「解釈上は，真実の事物の状態を捕捉することを目的とした経済的観察を強調するということになる」として，租税法の解釈は，第一次的に租税法の目的の正当な実現のためにあるとする見解がある。これを「独立説」という（田中勝次郎『法人税法の研究』657頁以下（税務研究会1965））。

イ　独立説に対する批判

独立説に対しては，法秩序の一体性や法的安定性を顧慮しないものとの批判がなされている。次にみる統一説はその代表的見解である。

⑵　統一説

ア　統一説の主張

通説は，借用概念の解釈については，他の法分野におけると同じ意義に解釈するのが，租税法律主義＝法的安定性の要請に合致すると論じる。これを「統一説」という。すなわち，私法との関連で見ると，納税義務は，各種の経済活

Tax Lounge　一夫多妻制と配偶者控除

イスラム教国などにみられる一夫多妻制は我が国民法の婚姻関係とは性質を大きく異にする。それらの国から我が国に来て経済活動を行う「居住者」は多い。自国に残してきた4人の妻を送金により扶養している場合においても，他の要件を充足すれば配偶者控除の適用を受けることができるが，その際，4人の配偶者に対し1人につき38万円の控除（38万円×4＝152万円）を認めることができるであろうか。配偶者についての定義が所得税法にはないため，民法上の配偶者によることとなろうが（🔍¶レベルアップ3！—260頁参照），外国人の場合民法の規定によることもできない。そこで，所得税基本通達2-46《配偶者》は，その注書きにおいて，そのような外国人の配偶者についての判定は法の適用に関する通則法による旨通達している。同法は，当該地国において適法に成立した婚姻関係を尊重する姿勢をみせており，そのことからすれば，適法に成立した4人の配偶者は我が国所得税法上の「配偶者」とみるべきであろう。すなわち，他の要件さえ充足すれば，所得税法2条《定義》1項33号の「同一生計配偶者」に該当することとなる。そして，同法83条《配偶者控除》1項の対象となる控除対象配偶者（所法2①三十三の二）とは，同一生計配偶者のうち，合計所得金額が1,000万円以下である居住者の配偶者をいうから（所法2①三十三の二），配偶者控除を受けるためには，対象となる配偶者が同一生計配偶者に該当すればよいのである。しかしながら，所得税法83条1項は，控除対象配偶者を「有する」か否かが問題とされていることからすれば，4人でも1人でも「有する」場合には「38万円」だけが控除されると解するべきであろう（酒井克彦「所得税法の『配偶者』の意義（上）（中）（下）—内縁関係の保護理論・諸外国法制との付き合い方—」税経通信63巻4号61頁，同5号38頁，同6号50頁（2008），酒井・概念論❸参照）。

動ないし経済現象から生じてくるのであるが，それらの活動ないし現象は，第一次的には私法によって規律されているから，租税法がそれらを課税要件規定の中に取り込むに当たって，私法上におけると同じ概念を用いている場合には，別意に解すべきことが租税法規の明文またはその趣旨から明らかな場合は別として，それを私法上におけると同じ意義に解するのが，法的安定性の見地からは好ましいとするのである（金子・租税法127頁）。

法的安定性を強調する文脈から，概念理解において私法と同一の意義に解釈すべきであることを主張する統一説は，多くの学説上の支持を得ている。もっとも，立法趣旨等を考慮すべきか否かについては個々に若干の見解の相違もみられるところである。

イ　統一説に対する批判

統一説に対しては，批判論も展開されている。

すなわち，統一説においては，憲法を頂点とする国内法秩序の統一および法的安定性の観点から他の法令における概念と同一概念を採るべきであるという考え方が主張されているが，国外取引に対する租税法の規定の適用を合理的に説明できないという批判がある。

(3)　目的適合説

ア　目的適合説の主張

田中二郎教授は，統一説を法的安定性の見地から一理ある考え方としたうえで，次のように「目的適合説」の妥当性を論じられる。すなわち，「しかし，これ〔筆者注：統一説〕を絶対的な原則とする考え方には，にわかに賛成しがたい。元来，私法の規定は，私的自治の原則を前提として承認し，原則として，その補充的・任意的規定としての意味をもつものであり，当事者間の利害の調整という見地に基づく定めである。…ところが，租税法は，当事者間の利害調整という見地とは全く別個に，これを課税対象事実又はその構成要件として，これらの規定又は概念を用いているのであるから，同じ規定又は概念を用いている場合でも，常に同一の意味内容を有するものと考えるべきではなく，租税法の目的に照らして，合目的的に，従って，私法上のそれに比して，時にはより広義に，時にはより狭義に理解すべき場合があり，また，別個の観点からその意味を理解すべき場合もあることを否定し得ない。…右に述べたところを総合すると，租税立法に当たっては，できるだけ精緻かつ明確に，そして疑問の余地のないように規定をととのえることが望ましいのであるが，現行租税法には，幾多の不備・欠陥のあることが否定できない現在，たとえ私法上の規定を引用し，又はその概念を用いている場合でも，租税法上，直ちに私法上のそれと同一に解すべきではなく，規定又は概念の相対性を認め，租税法の目的に照らし，その自主性・独立性を尊重して，その目的に合する合目的的解釈をなすべきことを承認しなければならない。」と述べられる（田中『租税法〔第3版〕』126頁（有斐閣1981））。

塩崎潤氏は，「借用概念であったとしても，概念の相対性ということで，税法目的からするところの合目的な解釈がいっさい認められないわけではない。借用概念ということで割り切ってしまうことも危険であまり機械的に適用すると正しい法律解釈から遊離する場合が生ずる虞れがある」と述べられ，租税法であっても，他の一般の法律と変わるところはなく，合理的な目的論的解釈によってその用語の概念を実質的に決めるべきであると主張され，目的適合説を支持されている（塩崎＝植松守雄＝西野襄一＝岡崎一郎『所得税法の論理』170頁以下〔塩崎発言〕（税務経理協会1969））。また，植松守雄氏は，「社会通念上の観念ということも頭に置かなければならないが，法律の解釈としては論理的な割り切りが必要で，しかもその場合税法の目的やその仕組みから見てどう解釈するのが合理的かという観点からの目的論的解釈が必要」とされ，目的適合説の見地から解釈基準の明確化が必要であると主張されている（前掲稿170頁）。

イ　目的適合説に対する批判

目的適合説に対しては，とかく自由な解釈が行われやすく，その結果として租税法律主義のそもそもの狙いである法的安定性と予測可能性が阻害されるおそれがあるという批判がある。

¶レベルアップ1！「配当」の意義

鈴や金融株式会社事件最高裁昭和35年10月7日第二小法廷判決（民集14巻12号2420頁）は，「おもうに，商法は，取引社会における利益配当の観念（すなわち，損益計算上利益を株金額の出資に対し株主に支払う金額）を前提として，この配当が適当に行なわれるよう各種の法的規制を施しているものと解すべきである（例えば，いわゆる蛸配当の禁止《商法290条》，株主平等の原則に反する配当の禁止《同法293条》

等)。そして，所得税法中には，利益配当の概念として，とくに，商法の前提とする，取引社会における利益配当の観念と異なる観念を採用しているのと認むべき規定はないので，所得税法もまた，利益配当の概念として，商法の前提とする利益配当の観念と同一観念を採用しているものと解するのが相当である，従って，所得税法上の利益配当とは必ずしも，商法の規定に従って適法になされたものにかぎらず，商法が規制の対象とし，商法の見地からは不適法とされる配当（例えば蛸配当，株主平等の原則に反する配当等）の如きも，所得税法上の利益配当のうちに含まれるものと解すべきことは所論のとおりである。しかしながら，原審の確定する事実によれば，本件の株主優待金なるものは，損益計算上利益の有無にかかわらず支払われるものであり株金額の出資に対する利益金として支払われるものとのみは断定し難く，前記取引会社における利益配当と同一性質のものであるとはにわかに認め難いものである。されば右優待金は所得税法上の雑所得にあたるかどうかはともかく，またその全部もしくは一部が法人所得の計算上益金と認められるかどうかの点はともかく，所得税法９条２号に言う利益配当には当らず，従って，被上告人は，これにつき，同法37条に基づく源泉徴収の義務を負わないものと解すべきである。」と判示した。

同最高裁は，商法の規制の対象が，およそ取引社会の配当のすべてに及ぶのであるから，それらはいずれも商法上の配当であると判示し，したがって，所得税法上の配当が商法上の配当とされるからには，商法上の違法配当であっても，所得税法上の配当に当たるというのである。

この判決が単に「配当」という概念を述べているのではなく「利益配当」を指していることには注意すべきであろう。粉飾決算の蛸配当を利益の配当（所法24①）と解することには疑問も惹起されよう。

¶レベルアップ２！「匿名組合に準ずる契約」の意義

勧業経済株式会社事件最高裁昭和36年10月27日第二小法廷判決（民集15巻９号2357頁）は，「法律が，匿名組合に準ずる契約としている以上，その契約は，商法上の匿名組合契約に類似するものがあることを必要とするものと解すべく，出資者が隠れた事業者として事業に参加しその利益の配当を受ける意思を有することを必要とするものと解するのが相当である。しかるに，原判決の認定するところによれば，本件の場合，かかる事実は認められず，かえって，出資者は金銭を会社に利用させ，その対価として利息を享受する意思を持っていたに過ぎず，しかも，かかる事実は，単に出資者の内心の意図のみならず，原判決の引用する一審判決の認定するところによれば，会社は，出資金と引換に元本に利息を加えた金額の約束手形を交付し，契約期間は3箇月以上1年の短期間であり，会社の破産直前の営業案内でも投資配当という文言を用いず，元金，利息と表示しており，会社は出資者に営業決算書等を提示したこともなく，会社の帳簿にも，出資金は短期借入金，または借入金と配当金は支払利息と記入されていたというのであって，その他原判決の認定するところによっては，客観的にも匿名組合に類似する点はないのである。昭和28年法律173号による所得税法の改正の趣旨，目的が論旨のとおりであっても，いたずらに，法律の用語を拡張して解釈し，本件契約をもって同法にいう匿名組合契約に準ずる契約と解することはできない。」とする。

この事件は借用概念論を論じる文脈でしばしば登場するが，これは，当事者が選択した私法上の形式が，租税法の適用に当たって尊重されるのか，あるいは否認されるのかという問題として捉えることができる事例であろう。つまり，私法上の概念の意味については争いはないものの，具体的事実の適用において，租税法と私法とでの事実認定法や法の適用手法において異なるものであるかという問題として整理することができる事例であると指摘されている（水野・大系24頁）。

¶レベルアップ3！　「親族」の意義

東京地裁昭和62年12月16日判決（判タ661号167頁）は，「ある法律において，『親族』と規定している場合に，当該法律にその定義規定を置いていないときは，特段の理由がない限り，民法上の親族を指すものと解すべきである。所得税法は，前述のように親族という用語を使いながら，それについて定義規定を置いていないから…，この親族という用語は，特段の事由のない限り，民法上の親族（以下『法律上の親族』ともいう。）を指すものと解される。」とする。そのうえで，「身分法の分野においては，事実上の婚姻を，法律上の婚姻に準じて取り扱うこととするのが，現在の裁判例や学説の見解であり，また，これに伴い，事実上の子についても，これを法律上の子（民法上の実子及び養子のほか，法律上の婚姻に係る配偶者の連れ子も含む。以下同じ。）に準じて取り扱うこととするのが，基本的には，現在の裁判例や学説の方向といって差支えないものと解される。しかし，右の裁判例や学説においても，事実上の婚姻について，民法732条ないし736条に定める婚姻障害の規定の適用はないとし，事実上の婚姻又は事実上の子について，相続権はないとしたりする（なお，法律上の婚姻に係る配偶者の連れ子も，相手方配偶者の死亡による相続権はない。）など，事実上の婚姻又は事実上の子を，すべての法律関係において，法律上の婚姻又は法律上の子と全く同様に取り扱うことまでも認めているわけではない。したがって，右に述べた身分法上の裁判例や学説の見解が存することをもって，当然に扶養控除の対象となる親族には事実上の子が含まれるとする根拠になるものではない。」とする。

類似の事例として，事実上の配偶者（内縁の妻）が所得税法や相続税法上の配偶者控除の対象となる配偶者に該当するか否かがしばしば訴訟上の争点になる（最高裁平成9年9月9日第三小法廷判決・訟月44巻6号1009頁）。そこでも上記判決と同様，民法が届出婚主義を採用しているところから，届出のある配偶者のみが民法上の配偶者であり，所得税法あるいは相続税法上の配偶者には事実上の配偶者は含まれないとして，同控除の適用を否定している（🔍Tax Lounge：一夫多妻制と配偶者控除－256頁参照）。

¶レベルアップ4！「改築」の意義

租税特別措置法41条《住宅借入金等を有する場合の所得税額の特別控除》にいう「改築」の意義が争われた事例がある（酒井・概念論5参照）。

独立して経営コンサルタント業を営むAは，これまで長年住んでいた2階建ての居住用家屋（木造）を取り壊し，わずかばかりの現金を頭金として住宅ローンを組み，これを原資に，同じ敷地内に3階建ての居住用兼事務所用家屋（鉄筋コンクリート）を建てた（以下「本件建築」という。）。租税特別措置法の適用にあっては，「改築」に当たると住宅借入金等特別控除の適用があるが，「新築」に当たると同控除の適用はない（改正の関係でこのようになる事例がありうる。）。

そこで，Aは，自己の所有する新しい建物の建築が「改築」に該当すると考え，住宅借入金等特別控除の適用があるとして，確定申告をした。

これに対して，税務署長は，その建築が「新築」に当たると考え，同控除の適用はないとして更正処分を行った。

なお，租税特別措置法の住宅借入金等特別控除の規定には，「新築」・「改築」の定義はなく，同控除のその他の要件については満たしている。

〔参考〕
　租税特別措置法の住宅借入金等特別控除は，一般に，「緊要性の高い住宅問題を背景として，持家取得の促進を図ることによりその解決に資するとともに，そのような住宅投資の活発化を通じて沈滞した景気に刺激を与えることが必要であるとして，この制度が創設された」と説明されている。
　建築基準法上の「改築」とは，「建築物の全部若しくは一部を除去し，またはこれらの部分が災害によって滅失した後引き続いてこれを用途，規模，構造の著しく異ならない建築物を造ることをいい，増築，大規模修繕等に該当しないもの」とされている。
　一般に最も利用されている辞書によると，「改築」とは，「既存の建物の全部または一部を取り壊して新たに建物を建てること」とされ，「新築」とは，「新たに建物を建てることで『改築』を含まないもの」とされている。

上記のようなケースにおいて，借用概念に係る解釈論を意識して，それぞれの立場からいかなる主張が可能であろうか。次の判決が参考となろう。

第一審静岡地裁平成13年４月27日判決（税資250号順号8892）は，「措置法41条の本件特別控除の対象に『増改築等』が加えられた昭和63年当時，建築基準法上の『改築』とは，『建築物の全部若しくは一部を除去し，またはこれらの部分が災害によって滅失した後引き続いてこれと用途，規模，構造の著しく異ならない建築物を造ることをいい，増築，大規模修繕等に該当しないもの』と解されていたものであり，既に明確な意味内容を有していたことが認められ，他方，措置法上明文をもって他の法規と異なる意義をもって使用されていることを明らかにする特段の定めは存在せず，また，本件全証拠をもってしても，租税法規の体系上他の法規と異なる意義をもって使用されていると解すべき実質的な理由も認められないことから，措置法41条にいう『改築』の意義については建築基準法上の『改築』と同一の意義に解すべきである。」と判示した。

これに対して，控訴審東京高裁平成14年２月28日判決（訟月48巻12号3016頁）は，「限定された建築基準法の『改築』の概念を，措置法が借用し，用途，規模，構造が著しく異なるかどうかで『改築』かどうかを判断する実質的な理由があるであろうか。まず，用途については，措置法は，当該建物の床面積の２分の１以上に相当する部分が居住の用に供されるものであることを要件としているだけで，他の要件は定めていない。これは，措置法が，建物の主たる用途

図表1

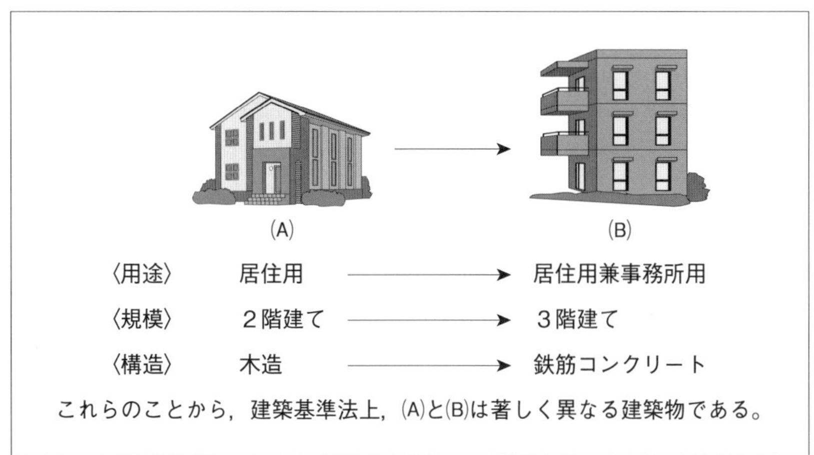

(A)
(B)
〈用途〉　居住用　→　居住用兼事務所用
〈規模〉　２階建て　→　３階建て
〈構造〉　木造　→　鉄筋コンクリート
これらのことから，建築基準法上，(A)と(B)は著しく異なる建築物である。

が住宅であることだけを本件特別控除適用の要件とし，他の部分の用途については問題としていないことを意味する。次に，規模については，措置法は，床面積の上限及び下限を規定しているだけで，従前の建物との関係については何ら規定していない。これは措置法が従前の建物と建て替え後の建物の床面積の違いを問題にしていないことを意味する。また，構造についても，措置法は，従前の建物との関係については何らの規定も設けていない。優良な住宅ストックの確保という措置法の目的からすると，建て替え後の建物がより強固な構造である場合に，措置法上，新築であるとして，より不利益な扱いを受けることは合理的ではない。

このようにみてくると，用途，規模，構造が著しく異なるかどうかで，措置法の適用の有無を区別する実質的な理由あるいは合理的な理由はなく，建築基準法の『改築』の概念を借用する実質的な根拠はないといわなければならない。むしろ，構造について先に検討したところからすると，建築基準法の概念を借用することは，優良な住宅ストックの確保という措置法の本来の目的に反する結果をもたらすとさえいえるのである。」と判示する。

さらに，「税法中に用いられた用語が法文上明確に定義されておらず，他の特定の法律からの借用概念であるともいえない場合には，その用語は，特段の事情がない限り，言葉の通常の用法に従って解釈されるべきである。なぜなら，言葉の通常の用法に反する解釈は，納税者が税法の適用の有無を判断して，正確な税務申告をすることを困難にさせる。そして，さらには，納税者に誤った税務申告をさせることになり，その結果，過少申告加算税を課せられるなどの不利益を納税者に課すことになるからである。言葉の通常の意味からすると『改築』とは，『既存の建物の全部または一部を取り壊して新たに建物を建てること』であり，『改築』と異なる概念としての『新築』とは新たに建物を建てることで『改築』を含まないものである」とし，納税者側の主張を是認した。

控訴審判決は，概念論を借用概念か固有概念かの二分論に立つのではなく，それ以外の一般概念を認める三分論に立つ。

図表2

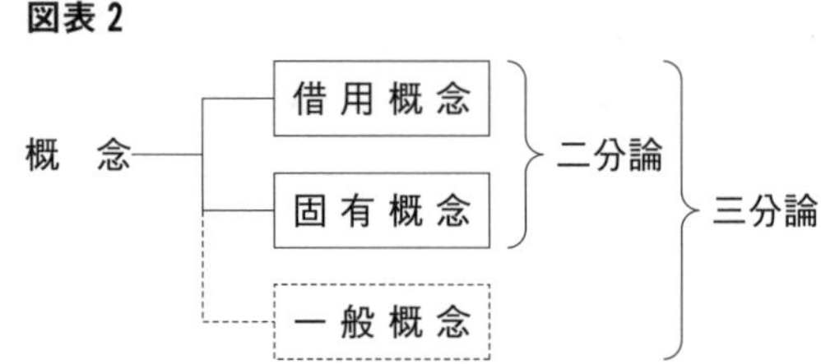

建築基準法は租税特別措置法41条とは異なる目的を有するという考え方からすれば，おそらく行政法規（公法）が有する目的が，租税法規の目的とは合致しづらいことを考えれば，公法から概念を借用すると整理することは難しいということになりそうである。

では，例えば，所得税法73条《医療費控除》の対象となる医薬品の購入代価の判定に当たって，「医薬品」の概念を薬機法2条《医薬品の定義》1項に規定する医薬品と解する課税実務（所基通73-5）は妥当であろうか（酒井克彦「所得税法上の医療費控除の対象となる『医薬品』の解釈試論（上）（下）」税務弘報55巻10号88頁(2007)，同11号87頁（2007)，酒井・概念論**4**参照）。議論のあるところであろう。

22 租税回避

(1) 租税回避と節税に関する伝統的な理解

従来，通説は，私法上の選択可能性を利用し，私的経済取引プロパーの見地からは合理的理由がないのに，通常用いられない法形式を選択することによって，結果的には意図した経済的目的ないし経済的成果を実現しながら，通常用いられる法形式に対応する課税要件の充足を免れ，もって租税負担を減少させあるいは排除することを，租税回避とし，節税（☞節税とは）や脱税（☞脱税とは）と区別してきた（金子・租税法〔第21版〕125頁）。

図表1

	課税要件の充足
脱　　税	○あり
従来の租税回避	×なし
節　　税	○あり（課税減免要件の充足）

☞ **節税**とは，租税法規が予定しているところに従って租税負担の減少を図る行為である。

☞ **脱税**とは，課税要件の充足の事実を全部または一部秘匿する行為をいう。

✍ 租税回避とは課税要件の充足を免れる行為であるから，いわば立読禁止の書店で，座り読みをするようなものであると考えるべきであろう（図表2のB君）。すなわち，立読禁止の場合，「立って」「読む」から禁止規定に引っかかるのであって，その要件を充足させないようにすれば，立読禁止規定の適用はないと考えれば，座って読めばよいということになる（課税要件の充足を免れるためには，例えば，自分に所得の帰属があるという場面で（課税物件の帰属は課税要件の1つ），その帰属を自分の配偶者にしておけばよいというようなことが考えられる。）。座り読みをしている者に対して，立読禁止規定の適用をするには，その制度趣旨が「ただ読み禁止」という意味なのであるから，座って読んでいようがその規定の適用を受けると解釈することができるか，あるいは，座って読んでいるようにみえるが，それは立って読んでいると認定することができるというか…。さまざまな解釈論上の試みがなされるのである。

この例のように，購入予定の本をもってレジ待ちをしている場合には立ち読みが許されている場合（「立読禁止（レジ周りを除く。）」とされている場合）に，列の前の客のレジ待ちの間に立ち読みをすることは「節税」といえよう。ただ，購入しない本を単にレジの近くで読んでいるようなケースはいわゆる節税権の濫用あるいは課税減免規定の濫用といえるかもしれない（Cさん）。なお，脱税とは棚の陰で立ち読みをすることで

図表 2

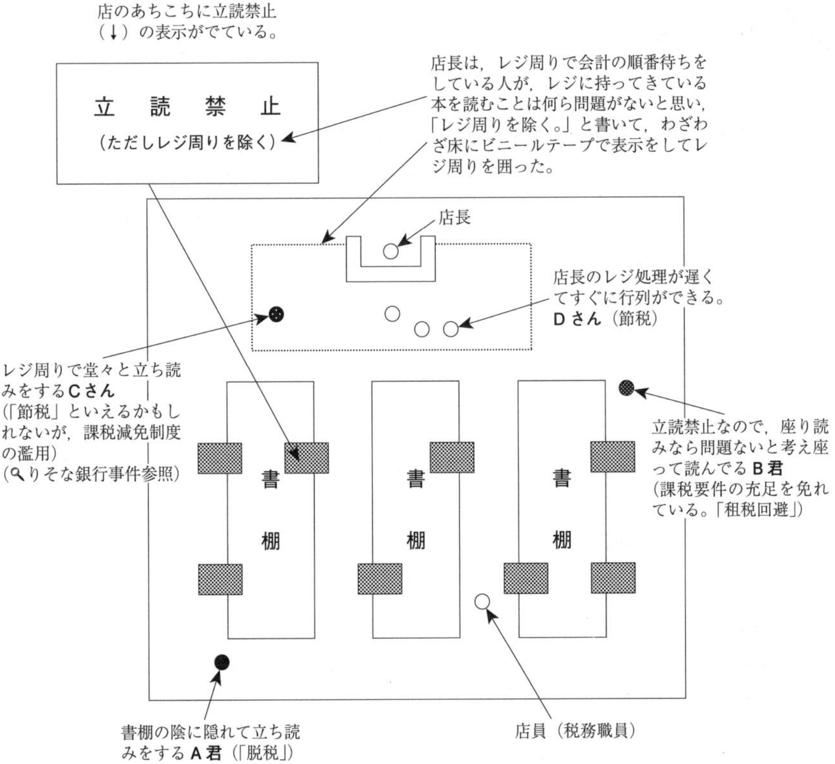

店のあちこちに立読禁止（↓）の表示がでている。

立　読　禁　止
（ただしレジ周りを除く）

店長は，レジ周りで会計の順番待ちをしている人が，レジに持ってきている本を読むことは何ら問題がないと思い，「レジ周りを除く。」と書いて，わざわざ床にビニールテープで表示をしてレジ周りを囲った。

店長

店長のレジ処理が遅くてすぐに行列ができる。
D さん（節税）

レジ周りで堂々と立ち読みをする**C さん**
（「節税」といえるかもしれないが，課税減免制度の濫用）
（🔍りそな銀行事件参照）

書
棚

書
棚

書
棚

立読禁止なので，座り読みなら問題ないと考え座って読んでる**B 君**
（課税要件の充足を免れている。「租税回避」）

書棚の陰に隠れて立ち読みをする**A 君**（「脱税」）

店員（税務職員）

ある（A 君）。課税要件の充足を隠蔽しているからである。

⑵　新たな租税回避

上記のように課税要件の充足の観点から捉えた場合，租税回避は課税要件の充足を免れる行為を指すと解されてきた。しかしながら，昨今，積極的に課税要件（課税減免要件を含む。）の充足を行うことで租税負担の軽減または回避を図るような大規模な事例が頻発してきた。例えば，りそな銀行事件最高裁平成17年12月19日第二小法廷判決（民集59巻10号2964頁）では，外国において本来自らが負担する必要のない外国法人税を納付することにより法人税法69条《外国税額の控除》1項の要件を充足し，外国税額控除の規定を利用することで我が国の法人税負担を軽減することの是非が争われた。結論として，同最高裁は「外国税額控除制度をその本来の趣旨目的から著しく逸脱する態様で利用」したものであるとして，納税者の採用した取引は「外国税額控除制度を濫用するものであり，さらには，税負担の公平を著しく害するものとして許されないというべきである。」と判示して，納税者の主張を排斥しているが，かかる判決の評価はひとまずおくとして，かような積極的に課税要件の充足を図ることで租税負担の軽減または回避を図る行為が散見されるようになった今日において，従来の租税回避の定義が果たしてどこまで妥当性を有するのかが議論されるようになってきたのである。

そうした議論を経て，例えば，金子宏名誉教授は，租税回避について，「私法上の形成可能性を異常または変則的な…態様で利用すること（濫用）によって，税負担の軽減または排除を図る行為」とされ，さらにそれを２つの類型に区分される。すなわち，１つは，「合理的または正当な理由がないのに，通常用いられない法形式を選択することによって，通常用いられる法形式に対応する税負担の軽減または排除を図る行為」であるとされる。これは従来にみる典型的な租税回避の類型であるといえよう。そしてもう１つは，「租税減免規定の趣旨・目的に反するにもかかわらず，私法上の，形成可能性を利用して，自己の取引をそれを充足するように仕組み，もって税負担の軽減または排除を図る行為」とされる。上記のりそな銀行事件のような新しい類型の租税回避事例などがこれに当たるといえよう。金子名誉教授の見解によれば，少なくとも，この取引の２つの類型は，「いずれも，私法上の形成可能性を濫用（abuse；Missbrauch）することによって税負担の軽減・排除を図る行為である」ということになろう（以上，金子・租税法133～135頁）。

つまり，今日においては，「節税」が法の予定しているところに従って租税負担の減少を図る行為であるのに対し，「租税回避」は法の予定していない異常ないし変則的な法形式を用いて租税負担の減少を図る行為であることになるのであるが（金子・租税法135頁），いずれの類型に当たるとしても重要なことは，否認規定なくして租税回避行為を否認することは許されないという点である。いくら法の趣旨・目的に反するといっても，租税法律主義のもとでは否認規定のないところで租税回避行為を否認することは許容されず，「租税回避であるから否認する」といった短絡的な見方をすることは許されない。以下では，こうした租税回避について，否認のあり方を考えてみよう。

⑶　租税回避の否認

当事者が用いた私法上の法形式を租税法上もそのまま容認し，それに即して課税を行うべきか，それともそれが私法上は有効なことを前提としつつも，租税法上はそれを無視し，通常用いられる法形式に対応する課税要件が充足されたものとして課税を行うべきかという問題がある。

ここに，租税回避の否認とは，租税回避行為の場合に，当事者が用いた法形式を租税法上は無視し，通常用いられる法形式に対応する課税要件が充足されたものとして取り扱うことをいう。

この点，租税法上に租税回避の否認規定があれば，その適用が問題となる。例えば，同族会社が行った行為や計算をそのまま認めると所得税や法人税の負担を不当に減少させることになるような場合に，その同族会社の行った行為や計算を否認したところに基づいて更正や決定をすることができるとする「同族会社の行為計算の否認規定」がある（所法157，法法132，132の2，132の3，相法64，地価法32，地方法72の43。☞同族会社の行為計算の否認とは）。

☞　**同族会社の行為計算の否認**とは，同族会社を使って所得税や法人税の負担を不当に減少させようとする行為を否認する税務署長の更正・決定のことをいう。

例えば，図表3，4のように，大家さんAは不動産を貸し付けて年間500万円の所得を得ていた場合に，不動産管理会社（同族会社）を設立して，いったん不動産管理会社が賃借人に対して同額の料金で不動産を貸し付け，同社に利益をプールすることで，所得税の累進課税を緩和させることができるのである。また，不動産管理会社で家族従業員に給与を支払えば，その支払は同社の損金となることから，法人税を軽減することも可能となる。不動産管理会社を通さない場合には不動産所得が500万円であるのに対して（図表3），不動産管理会社を経由する取引をすれば不動産所得が50万円となる（図表4）。また，各親族従業員にはそれぞれに基礎控除も給与所得控除も認められるという点も租税負担を軽減するインセンティブとなる。

このような場合に，所得税の負担を不当に減少させていると認定し，税務署長が所得税法157条《同族会社等の行為又は計算の否認等》1項の適用により，Aの不動産管理会社に対する賃貸料が同業者のそれに比べて著しく低いとして，例えば，賃貸料50万円から400万円に引き上げたところで，Aの不動産所得の金額を計算し直すのが同族会社の行為計算の否認による更正処分である。この更正処分は，あくまでも私法上の取引関係に影響を与えず，租税法上の擬制による計算を行うというものであるという点に注意を要する。

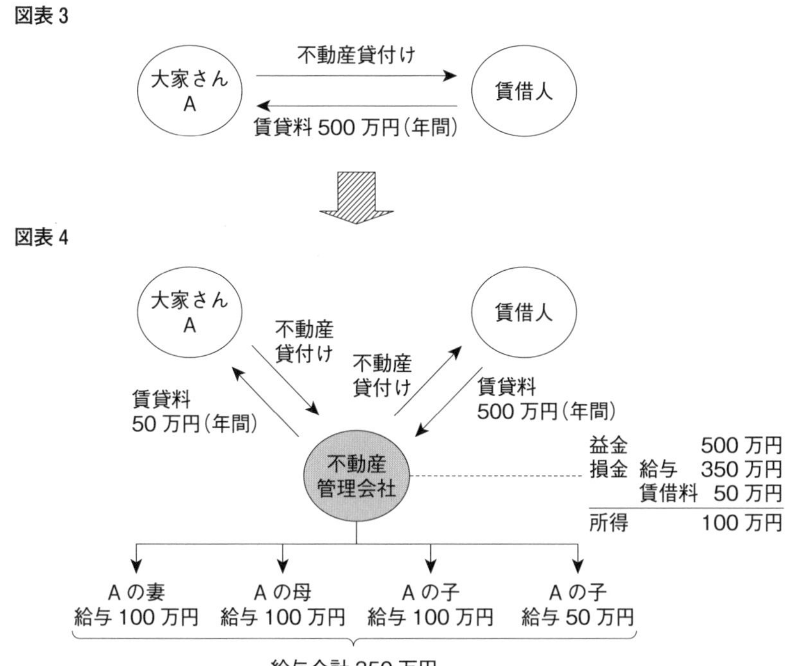

租税回避の否認規定にはさまざまなものがあるが（Tax Lounge：税金養子と不当減少養子ー次頁参照），そのような否認規定がある場合にはそれによるが，否認規定がない場合に問題が生じる。例えば，上記の例の場合に，同族会社でない者が行う行為については，同族会社の行為計算の否認規定の適用はない（反論もある。）。しかしながら，同族会社の場合には租税回避が否認され，同族会社ではない場合に同じような行為をしても否認されないのは問題があるという見方もできる。このことを，租税公平主義のような観点から眺め，租税回避否認規定がなくとも租税回避は否認されなければならないというように考える立場もある。通説はこの点については消極的であるが，否認規定がない場合に租税回避行為を否認すべきかどうかについては，さまざまな議論がある。

例えば，否認規定がない場合に租税回避を否認することと同様の効果を得る方法として，私法上の法律構成による否認（☞私法上の法律構成による否認とは）という手法が論じられている。

☞ **私法上の法律構成による否認**とは，課税要件事実の認定を，外観や形式に従ってではなく真実の法律関係に即して行い，その結果として当事者が用いた法形式を否定する手法をいう（今村隆「租税回避行為の否認と契約解釈(1)」税理42巻14号208頁（1999））。私法上の法律構成による否認論は，租税回避が，通常用いられる契約ではなく合理性のない迂遠な契約形態をとることが多いという経験則を重要な間接事実として，裁判官が行う自由心証に基づく事実認定に働きかけて，当事者の採用した契約を解釈し直すべく主張するアプローチである。これに対しては，「私法上の法律構成による否認」の名のもとで，課税庁が契約における当事者の主観的意味内容等を探り意思表示の解釈を行うことは，私法上の契約内容の確定の問題ではなく，租税法における租税回避の否認の問

Tax Lounge　**税金養子と不当減少養子**

相続税額の基礎控除の計算が，法定相続人数×1,000万円であることから，負担を減少させるためだけに養子縁組をするケースが多発した。そこで，現行の相続税法は，基礎控除および税額計算上，法定相続人に含める養子の数は，①実子がいる場合は1人，②実子がいない場合は2人を限度としている（相法15②。これも見方によっては個別の租税回避否認規定といえるかもしれない。)。

その際，法定相続人に含める養子に，相続税対策のためだけに縁組された養子（いわゆる税金養子）を含むか否かが問題となるが，含めるべきではなかろう。そもそも，相続税の負担を免れるためにのみ縁組制度を利用するにすぎないような縁組意思の欠落した税金養子の縁組は，民法上も無効と解すべきである（浦和簡裁熊谷支部平成9年5月7日審判・家裁月報49巻10号97頁)。相続税法63条《相続人の数に算入される養子の数の否認》は，「相続税の負担を不当に減少させる結果となると認められる場合」の養子を算入しないことができる旨規定しているが，縁組意思の欠落を要件とはしていないことからすれば，創設的規定と理解すべきであろう。なお，相続税法基本通達63-2《被相続人の養子のうち一部の者が相続税の不当減少につながるものである場合》は，このような養子を「不当減少養子」と呼ぶ。

ところで，最高裁平成29年1月31日第三小法廷判決（民集71巻1号48頁）は，「専ら相続税の節税のために養子縁組をする場合であっても，直ちに当該養子縁組について民法802条1号にいう『当事者間に縁組をする意思がないとき』に当たるとすることはできない。」として，形式的に租税負担の軽減目的で養子縁組をしたとしても，相続税の節税の動機と縁組をする意思とは併存しうるとする注目すべき判断を示した。

ただし，国税庁はホームページのタックスアンサーにおいて，「養子の数を法定相続人の数に含めることで相続税の負担を不当に減少させる結果となると認められる場合，その原因となる養子の数は…養子の数に含めることはできません。」としている（国税庁タックスアンサー「No.4170　相続人の中に養子がいるとき」)。民法上の養子縁組の効力の問題と租税回避における是否認の問題は別ものというべきであろうか。

題に足を踏み入れる危険性を含んでいる。私法上の法律構成の名を借りて実定法の根拠のないところで行う「実質課税の原則」の蘇生は回避されなければならないというような批判論も展開されている（占部裕典「外国税額控除余裕枠の利用にかかる『租税回避否認』の検討（上）一大阪高裁における三判決を踏まえて一」金融法務事情1730号33頁（2005），酒井・租税法と私法225頁参照）。

¶レベルアップ1！ 私法上の法律構成による否認論を肯定した判断と否定した判断

当事者間で締結されていた2本の売買契約につき，税務署長がこれを「交換契約および交換不動産の時価の差金分の決済」とみて更正処分を行った事例としていわゆる岩瀬事件がある。適法な売買契約が2本あるにもかかわらず，1本の交換契約と認定した上で課税することが可能であろうか。

この事件において，第一審東京地裁平成10年5月13日判決（判時1656号72頁）は，「契約の内容は契約当事者の自由に決し得るところであるが，契約の真実の内容は，当該契約における当事者の合理的意思，経過，前提事情等を総合して解釈すべきものである。ところで，既に認定した本件取引の経過に照らせば，Hらにとって，本件譲渡資産を合計7億3,313万円で譲渡する売買契約はそれ自体でHらの経済目的を達成させるものではなく，代替土地の取得と建物の

図表5

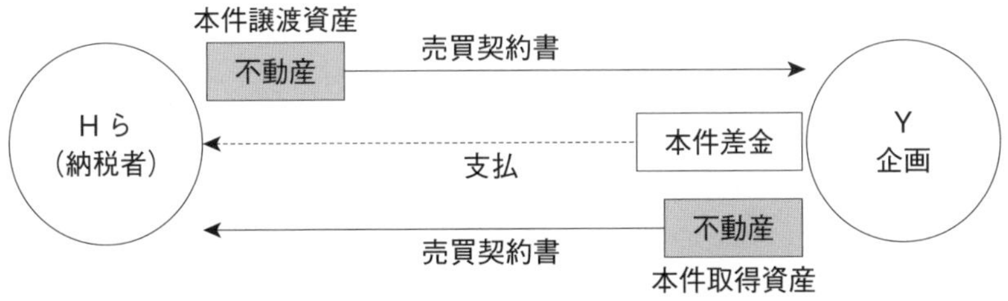

図表6

	契　約	税負担
Hらの主張	2本の売買契約	軽い
税務署長の主張	1本の交換契約	重い

建築費用等を賄える経済的利益を得て初めて，契約の目的を達成するものであったこと，他方，Y企画にとっても，本件取得資産の売買契約はそれ自体で意味があるものではなく，右売買契約によってHらに代替土地を提供し，本件譲渡資産を取得することにこそ経済目的があったのであり，本件取得資産の代価は本件譲渡資産の譲渡代金額からHらが希望した経済的利益を考慮して逆算されたものであることからすれば，本件取引は本件取得資産及び本件差金と本件譲渡資産とを相互の対価とする不可分の権利移転合意，すなわち，Y企画において本件取得資産及び本件差金を，Hらにおいて本件譲渡資産を相互に相手方に移転することを内容とする交換（民法586条）であったというべきである。」と判示し，私法上の法律構成による否認を肯定した。

これに対して，その控訴審東京高裁平成11年6月21日判決（判時1685号33頁）は，「実質的には，本件譲渡資産と本件取得資産とがHらの側とY企画の側で交換されるとともに，Hらの側で代替建物を建築する費用，税金の支払に当てる費用等として本件差金がY企画側からHらの側に支払われることによって，すなわち右の各売買契約と本件差金の支払とが時を同じくしていわば不可分一体的に履行されることによって初めて，両者の本件取引による経済的目的が実現されるという関係にあり，その意味では，本件譲渡資産の譲渡と本件取得資産及び本件差金の取得との間には，一方の合意が履行されることが他方の合意の履行の条件となるという関係が存在していたものと考えられるところである。

さらに，本件取引における本件譲渡資産の譲渡価額あるいは本件取得資産の取得価額も，その資産としての時価等を基にして両者の間の折衝によって決定されたというよりも，むしろ，…本件取引によりHら側で代替物件を取得した上に税金を支払ってもなお利益のある額となるようにHら側で計算して本件譲渡資産を構成する各資産ごとに割り振るなどして算定した金額を，Y企画側でも受け入れて，前記のとおりの額と決定したものであることが認められる。

これらの事実関係からすれば，Hら側とY企画との間で本件取引の法形式を選択するに当たって，より本件取引の実質に適合した法形式であるものと考えられる本件譲渡資産と本件取得資産との補足金付交換契約の法形式によることなく，本件譲渡資産及び本件取得資産の各別の売買契約とその各売買代金の相殺という法形式を採用することとしたのは，本件取引の結果Hら側に発生することとなる本件譲渡資産の譲渡による譲渡所得に対する税負担の軽減を図るためであったことが，優に推認できるものというべきである。

しかしながら，本件取引に際して，Hらと Y 企画の間でどのような法形式，どのような契約類型を採用するかは，両当事者間の自由な選択に任されていることはいうまでもないところである。確かに，本件取引の経済的な実体からすれば，本件譲渡資産と本件取得資産との補足金付交換契約という契約類型を採用した方が，その実体により適合しており直截であるという感は否めない面があるが，だからといって，譲渡所得に対する税負担の軽減を図るという考慮から，より迂遠な面のある方式である本件譲渡資産及び本件取得資産の各別の売買契約とその各売買代金の相殺という法形式を採用することが許されないとすべき根拠はないものといわざるを得ない。

もっとも，本件取引における当事者間の真の合意が本件譲渡資産と本件取得資産との補足金付交換契約の合意であるのに，これを隠ぺいして，契約書の上では本件譲渡資産及び本件取得資産の各別の売買契約とその各売買代金の相殺の合意があったものと仮装したという場合であれば，本件取引でHらに発生した譲渡所得に対する課税を行うに当たっては，右の隠ぺいされた真の合意において採用されている契約類型を前提とした課税が行われるべきことはいうまでもないところである。しかし，本件取引にあっては，Hらの側においてもまた Y 企画の側においても，真実の合意としては本件譲渡資産と本件取得資産との補足金付交換契約の法形式を採用することとするのでなければ何らかの不都合が生じるといった事情は認められず，むしろ税負担の軽減を図るという観点からして，本件譲渡資産及び本件取得資産の各別の売買契約とその各売買代金の相殺という法形式を採用することの方が望ましいと考えられたことが認められるのであるから，両者において，本件取引に際して，真実の合意としては右の補足金付交換契約の法形式を採用した上で，契約書の書面上はこの真の法形式を隠ぺいするという行動を取るべき動機に乏しく，したがって，本件取引において採用された右売買契約の法形式が仮装のものであるとすることは困難なものというべきである。

また，本件取引のような取引においては，むしろ補足金付交換契約の法形式が用いられるのが通常であるものとも考えられるところであり，現に，本件取引においても，当初の交渉の過程においては，交換契約の形式を取ることが予定されていたことが認められるところである。しかしながら，最終的には本件取引の法形式として売買契約の法形式が採用されるに至ったことは前記のとおりであり，そうすると，いわゆる租税法律主義の下においては，法律の根拠なしに，当事者の選択した法形式を通常用いられる法形式に引き直し，それに対応する課税要件が充足されたものとして取り扱う権限が課税庁に認められているものではないから，本件譲渡資産及び本件取得資産の各別の売買契約とその各売買代金の相殺という法形式を採用して行われた本件取引を，本件譲渡資産と本件取得資産との補足金付交換契約という法形式に引き直して，この法形式に対応した課税処分を行うことが許されないことは明かである。」と判示して，第一審判決を覆した。

1本の交換契約として契約することができたところをわざわざ2本の売買契約とする行為は，迂遠な面のある取引であると思われるが，東京高裁は，いかに迂遠な面のある取引であったとしても，仮装や隠蔽があったというのであればともかく，私法上有効な契約であり，迂遠な面のある取引を制限する法がない限り，このような取引形態をとって租税負担の軽減を図ること自体，何ら問題とはならない旨判示したのである。

このように控訴審判決は，第一審判決で肯定した私法上の法律構成による否認論の適用を否定したのである。当事者の内心的効果意思を契約の解釈に織り込むとすると，租税負担を軽減しながら，交換と同様の経済的効果を得るために2本の売買契約を締結したことは，当事者の内心的効果意思に反するものとはならないことになり，これを否認する規定がない限り否認することはできないとの判断が行われたものと思われる。なお，その後，この事件は上告不受理となり控訴審判断が確定している。

¶レベルアップ2！　ヤフー事件

㈠　事案の概要

X社（原告・控訴人・上告人）は自社の代表取締役社長丙をP1社の完全子会社であったP2社の取締役副社長に就任させた。その後，X社は，P1社から，P2社の発行済株式全部を譲り受けた（本件買収）後，X社を合併法人，P2社を被合併法人とする本件合併を行った。そして，X社は，法人税の確定申告に当たり，法人税法57条《青色申告書を提出した事業年度の欠損金の繰越し》2項の規定に基づき，P2社の未処理欠損金額約542億円を自社の欠損金額とみなして，

図表７

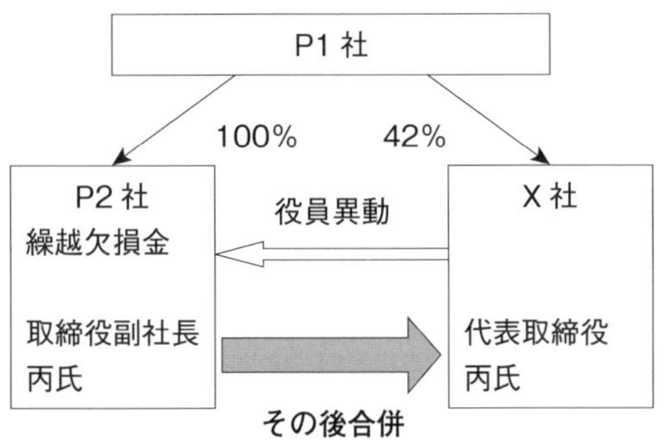

同条１項の規定に基づき損金の額に算入した。

これに対し，処分行政庁は，本件買収，本件合併およびこれらの実現に向けて行われたＸ社の一連の行為は，欠損金引継ぎのための特定役員引継要件を形式的に満たし，租税回避をすることを目的とした異常ないし変則的なもので，その行為または計算を容認した場合には，法人税の負担を不当に減少させる結果となると認められるとして，法人税法132条の２《組織再編成に係る行為又は計算の否認》の規定に基づき，Ｐ２社の未処理欠損金額をＸ社の欠損金額とみなすことを認めない旨の更正処分等をした。本件は，Ｘ社が国Ｙ（被告・被控訴人・被上告人）を相手取り，更正処分等の取消しを求めた訴訟である。

なお，ここで特定役員引継要件とは，未処理欠損金の引継ぎを制限するための要件（みなし共同事業要件）のうち，被合併法人等の特定役員と合併法人等の特定役員が，適格合併等の後に当該合併法人等の特定役員となることが見込まれていることを要求するものである。

この事件の争点は，Ｘ社の代表取締役であった丙氏のＰ２社取締役副社長就任が，法人税法132条の２にいう「法人税の負担を不当に減少させる結果となると認められるもの」に該当するか否かである。

(イ)　判決の要旨

第一審東京地裁平成26年３月18日判決（訟月60巻９号1857頁）は，次のように述べて更正処分等を適法なものとした。

「組織再編成を利用した租税回避行為の例として，①繰越欠損金や含み損のある会社を買収し，その繰越欠損金や含み損を利用するために組織再編成を行う，②複数の組織再編成を段階的に組み合わせることなどにより，課税を受けることなく，実質的な法人の資産譲渡や株主の株式譲渡を行う，③相手先法人の税額控除枠や各種実績率を利用する目的で，組織再編成を行う，④株式の譲渡損を計上したり，株式の評価を下げるために，分割等を行うなどの方法が考えられるところ，このうち，繰越欠損金や含み損を利用した租税回避行為に対しては，個別に防止規定（法57条3項，62条の7）を設けるが，これらの組織再編成行為は上記のようなものにとどまらず，その行為の形態や方法が相当に多様なものと考えられることから，これに適正な課税を行うことができるように包括的な組織再編成に係る租税回避防止規定〔筆者注：法人税法132条の2〕が設けられた。」

「法132条の2が設けられた趣旨，組織再編成の特性，個別規定の性格などに照らせば，同条が定める『法人税の負担を不当に減少させる結果となると認められるもの』とは，(i)法132条と同様に，取引が経済的取引として不合理・不自然である場合…のほか，(ii)組織再編成に係る行為の一部が，組織再編成に係る個別規定の要件を形式的には充足し，当該行為を含む一連の組織再編成に係る税負担を減少させる効果を有するものの，当該効果を容認することが組織再編税制の趣旨・目的又は当該個別規定の趣旨・目的に反することが明らかであるものも含むと解することが相当である。このように解するときは，組織再編成を構成する個々の行為について個別にみると事業目的がないとはいえないような場合であっても，当該行為又は事実に個別規定を形式的に適用したときにもたらされる税負担減少効果が，組織再編成全体としてみた場合に組織再編税制の趣旨・目的に明らかに反し，又は個々の行為を規律する個別規定の趣旨・目的に明らかに反するときは，上記(ii)に該当するものというべきこととなる。」

「同条は，同族会社に関する法132条とはその基本的な趣旨・目的を異にする…から，法132条の適用上，否認対象が同族会社の行為に限定されると解釈すべきであるとしても，法132条の2についてこれと同一の解釈をしなければならないとまではいえない。」

なお，控訴審東京高裁平成26年11月5日判決（訟月60巻9号1967頁）も第一審の判断を維持した。

(ウ)　ヤフー事件の意義

この事件の意義は，法人税法132条の2の適用の及ぶ範囲を明らかにしたことにある。すなわち，東京地裁判決は，法人税法132条の2の趣旨から，およそヤフー事件のようなケースは，そもそも，同条が予定していた適用の射程内にあるとしたうえで，形式的に個別の取引のみをみれば合理的なものといえるような場合であっても，全体としてみれば，法人税の負担を不当に減少するといえるようなケースにおいては同条が適用されるとしたのである。具体的には，法人税法132条の２は，次のような場合に適用されるとしたのである。

① 法人税法132条《同族会社等の行為又は計算の否認》と同様に，取引が経済的取引として不合理・不自然である場合

② 組織再編成に係る行為の一部が，組織再編成に係る個別規定の要件を形式的には充足し，当該行為を含む一連の組織再編成に係る租税負担を減少させる効果を有するものの，当該効果を容認することが組織再編税制の趣旨・目的または当該個別規定の趣旨・目的に反することが明らかである場合

このうち，①は従来からの法人税法132条の射程範囲であるが，法人税法132条の２については，これに加えて②が射程範囲となるというのが上記東京地裁判決の考えである。

組織再編税制のもとでは，合併等によって移転する資産等に対する実質的な支配が継続している場合（適格組織再編成）であれば，その合併時等の譲渡損益について計上を繰り延べることができ，非適格組織再編成であれば，これを計上しなければならないという制度設計になっている。この制度では，未処理欠損金を利用した租税回避行為が行われるおそれがあったため，一定の場合には未処理欠損金の引継ぎを制限するための要件（みなし共同事業要件）が課されている。このみなし共同事業要件のうち，特定役員引継要件は比較的容易に充足することが可能であるため，実質的には要件を満たしていないにもかかわらず，形式的に同要件を充足することによって，被合併法人等の未処理欠損金を引き継ぐことが可能であったといえる。個別規定の濫用や潜脱を防止するための，やや包括的な租税回避防止規定である法人税法132条の２が設けられた背景にはこのような点がある。なお，法人税法132条の２は，「法人税の負担を不当に減少させる」場合には，税務署長がその行為・計算を否認することができるとする。

上記東京地裁は，繰越欠損金の引継制度を利用するため，特定役員引継要件をあえて充足するように役員異動を事前に行った行為を制度の濫用と認定し，

これを認めない旨判示したものではないかと思われる。すなわち，組織再編税制の趣旨・目的または当該個別規定の趣旨・目的に反することが明らかであるものについて，法人税法132条の２を適用して否認したとみることができる。上記東京地裁判決は，課税減免制度濫用の法理における規定の趣旨・目的によって当該規定の適用を停止する根拠を，法人税法132条の２で代置したに等しく，そのような機能を同条に認めたように思われるが，同条の解釈と距離を置くこのような解釈が許されるかについては，学説上も多くの議論を呼んでいる。

なお，上告審最高裁平成28年２月29日第一小法廷判決は，この点につき，「組織再編成は，その形態や方法が複雑かつ多様であるため，これを利用する巧妙な租税回避行為が行われやすく，租税回避の手段として濫用されるおそれがあることから，法132条の２は，税負担の公平を維持するため，組織再編成において法人税の負担を不当に減少させる結果となると認められる行為又は計算が行われた場合に，それを正常な行為又は計算に引き直して法人税の更正又は決定を行う権限を税務署長に認めたものと解され，組織再編成に係る租税回避を包括的に防止する規定として設けられたものである。このような同条の趣旨及び目的からすれば，同条にいう『法人税の負担を不当に減少させる結果となると認められるもの』とは，法人の行為又は計算が組織再編成に関する税制（以下『組織再編税制』という。）に係る各規定を租税回避の手段として濫用することにより法人税の負担を減少させるものであることをいうと解すべきであり，その濫用の有無の判断に当たっては，〈１〉当該法人の行為又は計算が，通常は想定されない組織再編成の手順や方法に基づいたり，実態とは乖離した形式を作出したりするなど，不自然なものであるかどうか，〈２〉税負担の減少以外にそのような行為又は計算を行うことの合理的な理由となる事業目的その他の事由が存在するかどうか等の事情を考慮した上で，当該行為又は計算が，組織再編成を利用して税負担を減少させることを意図したものであって，組織再編税制に係る各規定の本来の趣旨及び目的から逸脱する態様でその適用を受けるもの又は免れるものと認められるか否かという観点から判断するのが相当である。」と説示している。なお，結論において，「本件副社長就任は，組織再編税制に係る上記各規定を租税回避の手段として濫用することにより法人税の負担を減少させるものとして，法132条の２にいう『法人税の負担を不当に減少させる結果となると認められるもの』に当たると解するのが相当である。」として，X社の主張を排斥しているのであるが，ここで「各規定を租税回避の手段として濫用することにより」としているところが，新たな議論の火種となっている。上記(2)で触れたりそな銀行事件最高裁判決においても，このヤフー事件最高裁判決においても「濫用」という点が指摘され，その判断の根拠となっているように思われるが，我が国においては，「濫用であるから租税回避を否認し得る」とする法理はないのであるから，かような判断を素直に受け入れることにも問題があるといえよう。

第4章

租税行政法

23　租税行政システム

⑴　国税庁の任務

租税行政を担うのは国税庁および総務省である。租税行政法の理解のために，ここでは，国税を所掌する国税庁の任務について確認しておきたい。

「国税庁の事務の実施基準及び準則に関する訓令」(財務省訓令12号) 3条《事務の実施基準》は，「国税庁は，その所掌する事務の実施に当たり，納税者の自発的な納税義務の履行を適正かつ円滑に実現するため，納税環境を整備し，適正かつ公平な税務行政を推進することにより，内国税の適正かつ公平な課税及び徴収の実現を図るとともに，酒類業の健全な発達及び税理士業務の適正な運営の確保を図ることを基準とする。」と規定する。

すなわち，国税庁は，適正公平な課税および徴収の実現を図るための組織であるといえるが，そのほかにも，酒類行政や税理士業務の適正性を担保するための行政を司る組織であるといえよう。

✍ 国税庁の事務の実施基準及び準則に関する訓令4条《準則》は，「国税庁は，前条の基準にのっとり，次の各号に掲げる事項を準則とし，透明性と効率性に配意しつつ事務を行うものとする。」とし，具体的に各号において次のように定める。

一　内国税の適正かつ公平な賦課及び徴収の実現を図ることについては，次に掲げるところによる。

イ　納税環境の整備

(イ)　申告及び納税に関する法令解釈及び事務手続等について，納税者に分かりやすく的確に周知すること。

(ロ)　納税者からの問い合わせ及び相談に対して，迅速かつ的確に対応すること。

(ハ)　租税の役割及び税務行政について幅広い理解及び協力を得るため，関係省庁及び国民各層からの幅広い協力及び参加の確保に努めていくこと。

ロ　適正かつ公平な税務行政の推進

(イ)　関係法令を適正に適用すること。

(ロ)　適正申告の実現に努めるとともに，申告が適正でないと認められる納税者に対しては的確な調査及び指導を実施することにより誤りを確実に是正すること。

(ハ)　期限内収納の実現に努めるとともに，期限内に納付を行わない納税者に対して滞納処分を執行するなどにより確実に徴収すること。

(ニ)　納税者の適正な権利利益の救済を図るため，不服申立て等に適正かつ迅速に対応すること。

二　酒類業の健全な発達を図ることについては，次に掲げるところによる。

イ　酒類業の経営基盤の安全を図るとともに，醸造技術の研究及び開発並びに酒類の品質及び安全性の確保を図ること。

ロ　酒類に係る資源の有効な利用の確保を図ること。

三　税理士業務の適正な運営の確保を図ることについては，次に掲げるところによる。

税理士は，税務に関する専門家として，独立した公正な立場において，申告納税制度の理念に沿って，納税義務者の信頼にこたえ，租税に関する法令に規定された納税

Tax Lounge　**国税庁の行動規範**

1997年，米国内国歳入庁（IRS：Internal Revenue Service）は，政府・民間を通じて最低の満足度評価しか得られなかった。国民のうち34％しかIRSに好意的評価を与えなかったのである。米国中のあらゆる組織の中で最も多くの顧客をもちながら，最低の評価を与えられたのである。その後，IRSの長官に民間人（ロソッティ氏）が起用され，IRS改革が断行された。彼は，「IRSが相手にする納税者1人ひとりに，最高級のサービスを提供する」とし，電話サービスの改善に最優先に着手した（Charles O. Rossotti〔猪野茂ほか訳〕『巨大政府機関の変貌』158頁（大蔵財務協会2007））。何よりも納税者の質問に対する回答に力を入れたのである。

ところで，我が国の国税庁は，「納税者の自発的な納税義務の履行を適正かつ円滑に実現する」という使命を負い，次のような行動規範に基づいて任務を遂行することとされている。

① 任務遂行に当たっての行動規範

(i) 納税者が申告・納税に関する法令解釈や事務手続などについて知ることができるよう，税務行政の透明性の確保に努める。

(ii) 納税者が申告・納税する際の利便性の向上に努める。

(iii) 税務行政の効率性を向上するため事務運営の改善に努める。

(iv) 調査・滞納処分事務を的確に実施するため，資料・情報の積極的な収集・活用に努める。

(v) 悪質な脱税・滞納を行っている納税者には厳正に対応する。

② 職員の行動規範

(i) 納税者に対して誠実に対応する。

(ii) 職務上知り得た秘密を守るとともに，綱紀を厳正に保持する。

(iii) 職務の遂行に必要とされる専門知識の習得に努める。

IRSの改革と同様に，我が国の国税庁の行動規範も「申告・納税する際の利便性の向上」を第一においていることが分かる。

義務の適正な実現を図るという使命を負っている。これを踏まえ，税理士が申告納税制度の適正かつ円滑な運営に重要な役割を果たすよう，その業務の適正な運営の確保に努めること。

⑵　国税庁という行政機関

ア　国税庁の概要

ところで，国税庁とはどのような組織であろうか。ここでは，国税庁の概要を理解しよう。

国税庁ホームページに掲載されている「国税庁の概要」では次のように記述されている。

> 国税庁は，内国税の賦課徴収を担当する行政機関であり，昭和24年に設置されました。国税庁には，国税庁本庁のほか，全国に11の国税局，沖縄国税事務所，524の税務署が設置されています。国税庁本庁は，税務行政の執行に関する企画・立案等を行い，国税局（沖縄国税事務所を含む。以下同じ。）と税務署の事務を指導監督しています。国税局は，国税庁の指導監督を受け，管轄区域内の税務署の賦課徴収事務について指導監督を行うとともに，大規模納税者等について，自らも賦課徴収を行う行政機関です。税務署は，国税庁や国税局の指導監督の下に，国税の賦課徴収を行う第一線の執行機関であり，納税者と最も密接なつながりを持つ行政機関です。以上のほか，税務職員の教育機関である税務大学校，また，特別の機関として，納税者の不服申立ての審査に当たる国税不服審判所があります。

国税庁は，戦後の租税行政の混乱状態に対処するため急速に機構が拡大した大蔵省（当時）主税局から，税務執行面を分離し，内国税（関税，とん税および特別とん税を除く。）に関する賦課徴収を担当する行政機関として設置された。これにより，国税庁ー国税局ー税務署という系統的な税務機構が確立されることとなった（図表1）。

イ　国税庁の機構

国税庁は，本庁とそのもとに設置されている全国に11（札幌・仙台・関東信越・東京・金沢・名古屋・大阪・広島・高松・福岡・熊本）の国税局，沖縄国税事務所と524の税務署から構成されている。

国税庁（本庁）は，長官官房，課税部，徴収部および調査査察部の4部局に分かれ，租税行政を執行するための企画・立案や税法解釈の統一を行い，これを国税局に指示し，国税局と税務署の事務を指導監督する官庁である。また，

図表１　財務省組織図

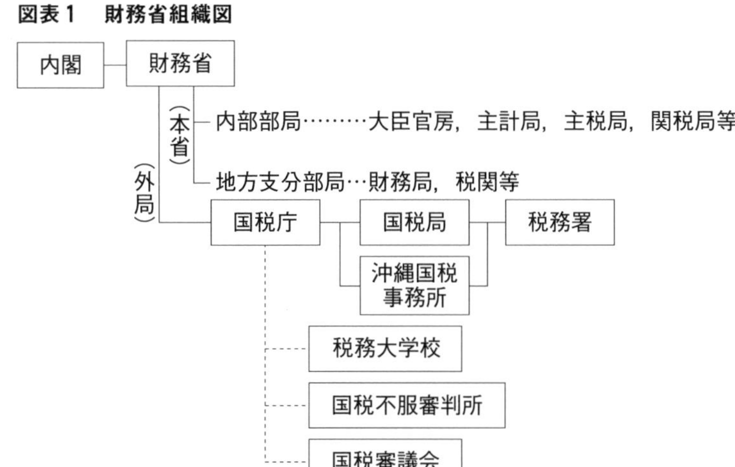

租税行政の中央官庁として，各省庁その他の関係機関との連絡に当たっている。

国税局は，国税庁とほぼ同様の機構をもち，国税庁の指導監督を受けて，管轄区域内の税務署を指導監督するとともに，特定の事務について，自らも賦課徴収に当たっている。例えば，調査査察部では大法人の法人税および消費税の調査や内国税の犯則事件の調査（査察）を行い，課税部の一部では大規模事業者の酒税，揮発油税などの調査を行い，徴収部の一部では大口滞納者等の滞納整理に当たっている。

税務署は，内国税の賦課徴収を行う第一線の行政機関で，納税者と最も密接なつながりをもつところである。各税務署長はそれぞれの管轄区域内で，内国税の賦課徴収を行う権限をもっている。その機構は規模の大小によって異なっているが，一般的には署長のもとに，税務署内の調整，庶務，会計事務を担当する総務課，内国税の債権管理事務を担当する管理運営部門，滞納整理事務を担当する徴収部門，所得税，個人事業者の消費税および資料情報事務を担当する個人課税部門，相続税，贈与税を担当する資産課税部門，法人税，法人の消費税，源泉所得税および間接諸税を担当する法人課税部門がおかれている。各部門は，統括国税調査官（統括国税徴収官）を筆頭に数名の職員で構成されている。

また，全国の主要署には，広報・広聴事務を担当する税務広報広聴官や酒税，酒類産業行政事務を担当する酒類指導官がおかれている。さらに，規模の大きい税務署には，課や部門のほかに署長を補佐する副署長が，また，大規模納税者等の調査や大口の滞納整理等を専担する特別国税調査官や特別国税徴収官がおかれている。

以上のほか，施設等機関として，税務職員の教育機関である税務大学校，また，特別の機関として，納税者からの審査請求の裁決を行う国税不服審判所がある。税務大学校および国税不服審判所は，各国税局および沖縄国税事務所の所在地に，それぞれ地方研修所（支所）および支部（事務所）をおいている。

ウ　国税庁の定員

国税庁の定員は，第二次世界大戦後の激烈なインフレーションと新しい税制に不慣れであることなどによって租税行政が混乱し，一種の緊急的状態にあった時期（昭和25年）には6万2,000人近くまで増えたこともあったが，令和元年度の定員は5万5,953人となっている（国税庁レポート2020）。

令和元年度の状況を参考に組織の配置人員をみてみると，全体の96.4％に当たる5万3,920人が国税局・税務署に配置され，そのほか国税庁に1,013人（1.8％），税務大学校に329人（0.6％），国税不服審判所に471人（0.8％）が配置されている。

⑶　徴税費

徴税費（人件費，旅費，物件費等税務の執行に要する一切の費用）は，すべて一般会計の歳出予算に計上される。

令和2年度の国税庁関係当初予算総額は7,194億円で，その内訳は，人件費が5,621億円で大部分を占め，一般経費が1,572億円などとなっている。

また，国税庁が扱っている租税および印紙収入に対する徴税費の割合を税収100円当たりで見た金額（徴税コスト）は，昭和25年度に2.79円であったものが，令和元年度には1.28円となっている。

このように徴税コストが低下したのは，国民経済の伸長に伴って租税収入が著しく増加したのに対し，税務執行を担当する人員はほぼ一定で，かつ，年々増加する事務量に対処するため効率的運営に努力してきた結果，徴税費がそれほど増えなかったためである。

図表 2　徴税コストの推移

会計年度		平成12年度	13年度	14年度	15年度	16年度
徴税コスト（①÷②×100）		円 1.42	円 1.54	円 1.66	円 1.67	円 1.58
参考	徴税費①	億円 6,940	億円 7,128	億円 7,011	億円 6,977	億円 6,999
	租税及び印紙収入（国税庁扱い）②	億円 489,201	億円 462,206	億円 421,882	億円 416,998	億円 443,214

会計年度		平成17年度	18年度	19年度	20年度	21年度
徴税コスト（①÷②×100）		円 1.45	円 1.43	円 1.49	円 1.71	円 1.93
参考	徴税費①	億円 6,974	億円 7,026	億円 7,067	億円 7,008	億円 6,922
	租税及び印紙収入（国税庁扱い）②	億円 479,978	億円 492,957	億円 475,786	億円 409,791	億円 358,284

会計年度		平成22年度	23年度	24年度	25年度	26年度
徴税コスト（①÷②×100）		円 1.75	円 1.78	円 1.60	円 1.47	円 1.39
参考	徴税費①	億円 6,698	億円 6,942	億円 6,524	億円 6,444	億円 6,866
	租税及び印紙収入（国税庁扱い）②	億円 383,407	億円 390,124	億円 407,378	億円 439,690	億円 494,982

会計年度		平成27年度	28年度	29年度	30年度	令和元年度
徴税コスト（①÷②×100）		円 1.30	円 1.30	円 1.24	円 1.22	円 1.28
参考	徴税費①	億円 6,847	億円 6,846	億円 6,834	億円 6,916	億円 6,953
	租税及び印紙収入（国税庁扱い）②	億円 526,185	億円 524,860	億円 553,029	億円 565,134	億円 544,306

（各年度の財務省公表「国税庁実績評価書」をもとに筆者作成）

Tax Lounge　**宮沢賢治の禁酒と「税務署長の冒険」**

宮沢賢治が大正12年頃に執筆した作品に『税務署長の冒険』という小説がある。故郷の岩手を舞台に密造酒の取締りに大活躍する税務署長を描いた童話風の物語である。

賢治が酒を正面から取り上げた作品に，この『税務署長の冒険』と，「藤根禁酒会へ贈る」という詩がある。前者は，密造酒を取り締まる署長と村ぐるみで密造をしている人々をユーモラスに描き，風刺を感じさせる作品である。後者は，酒を飲まないと物が言えない人を「卑怯な人間」などと表現しており，飲酒に病む農村社会をやや否定的に眺めている。

賢治は，20代の頃こそは酒をたしなんでいたが，ある時期から禁酒をするようになった。禁酒に転じる背景には当時の密造酒問題や禁酒運動があったようである（藤原隆男＝松田十刻『啄木と賢治の酒』（熊谷印刷出版部2004））。なお，賢治が人工の言語であるエスペラント語の勉強のために通った東京YMCAは，日本の禁酒運動の拠点であったということが影響を及ぼしているという。キリスト教思想やトルストイの文学からの影響もあったようである。

いずれにしても，『税務署長の冒険』では，厳しい労働の慰めとして酒を造って飲む農民に共感，同情する賢治の目線が感じられるが，賢治自身がジレンマを感じていたのかもしれない。

24 申告・納付と滞納整理

(1) 申告納税制度

申告納税制度を採用する国税においては，納税者は一人ひとりが自らの税額を計算し，これを所定の様式に従ったところに記載をし（🔍所得税の申告書B－293頁，Tax Lounge：畳に書いた申告書－294頁参照），税務署長に提出をすることで税額が確定する。

そして，確定した税額を自らが納付するという仕組みが採用されている。

申告納税制度は，戦後の日本が採用した民主的な税額の確定方式であり，現在はほとんどの国税において採用されている。

申告の期限については，次のとおり各個別税法の中に示されている。

所得税……翌年の３月15日（所法120）

法人税……事業年度・連結事業年度または特定信託の計算期間の終了の日の翌日から２月を経過する日（法法74，81の22，89）

相続税……相続の開始があったことを知った日の翌日から10月を経過する日（相法27①）

贈与税……翌年の３月15日（相法28①）

地価税……その年の10月31日（地価法25①）

消費税……課税期間の終了の日から２月を経過する日（消法45）

酒税等……翌月の末日（酒法30の２①，たばこ税法17①，揮発油税法10）

(2) 青色申告制度

シャウプ勧告によって導入された青色申告制度は，申告納税制度の根幹である，納税者が自らの所得を計算することを担保するための制度と位置付けることができる。すなわち，青色申告制度は適正な帳簿を作成する納税者を青色申告者として，各種の特典を与えることにより，適正な記帳へのインセンティブを提供し，もって適正な申告への道筋をつけようとする制度である。

導入後60年を過ぎた現在の個人の青色申告者はいまだ全納税者の約55%にとどまっており，この制度の限界が見えはじめているともいえよう（酒井・ブログ

図表1　近年の所得税・法人税・消費税の申告数

（単位：千人）

	平成15年	平成18年	平成21年	平成24年	平成27年	平成30年	令和元
所得税	21,390	23,490	23,670	21,520	21,510	22,220	22,040
法人税	2,723	2,767	2,805	2,763	2,794	2,896	2,929
消費税個人	456	1,566	1,420	1,199	1,127	1,123	1,117
消費税法人	1,571	1,991	1,957	1,867	1,835	1,862	1,872

（注）　消費税は納付申告を集計。

（国税庁レポートを参考に筆者作成）

レッシブⅣ第9章参照）。

⑶　納　付

ア　納付方法

納付に当たっては，現金に納付書を添えて，最寄りの金融機関（郵便局を含む。）または所轄の税務署の窓口で納付する方法のほか，下記のような多様な納付方法が用意されている。とりわけ，平成31年1月からはQRコードを利用したコンビニ納付が利用可能となるなど，納税者サービスの充実が図られている（①～⑤については，酒井克彦『キャッチアップデジタル情報社会の税務』47頁以下（ぎょうせい2020）参照）。

①　指定した金融機関の預貯金口座からの振替納税

振替納税は，申告所得税および個人事業者に係る消費税および地方消費税の納税で利用できる。振替納税を利用すると，預貯金残額を確認しておくだけで，金融機関または税務署に出向かなくても自動的に納付ができる。また，利用開始に当たっては，依頼書を提出するだけという納税者にとって簡便な手続が用意されている。

②　ダイレクト納付

ダイレクト納付とは，あらかじめ預貯金口座の情報を記載した利用届出書を提出することで，e-Taxを利用して申告した後，簡単な操作で預貯金口座からの振替により納付できるシステムである。ただし，ダイレクト納付に対応した金融機関の預貯金口座でなければ利用できないため，国税庁では，未対応の金融機関に対応を要請するなど，利用拡大に向けた取組

図表 2　確定申告書等作成コーナーで作成された所得税の申告書の提出人員の推移

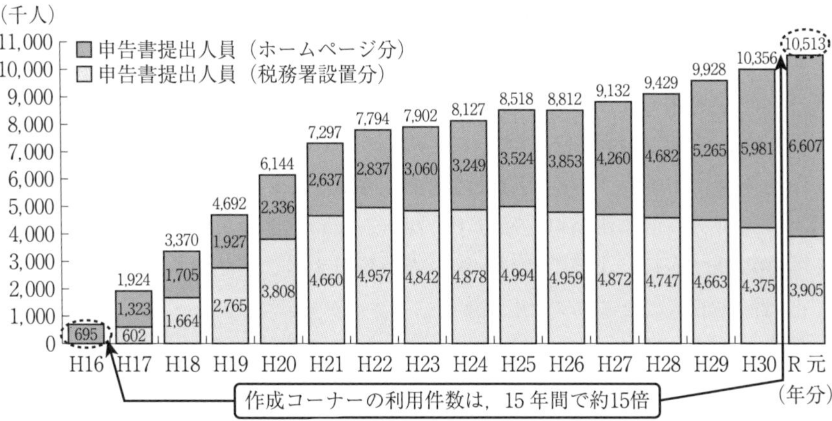

※　平成30（2018）年分までは翌年3月末日まで，令和元年（2019）年分は翌年4月末日までに提出された計数です。

税務署等設置分の「確定申告書等作成コーナー」は，平成16（2004）年分から開始しましたが，その申告書提出人員は未把握です。

平成15年（2003）分以前の申告書提出人員は未把握です。

平成19年（2007）分以後の年分の申告書提出人員はe-Taxを利用した件数を含みます。

（国税庁HPより一部修正）

図表 3　e-Taxを利用した申告などの件数

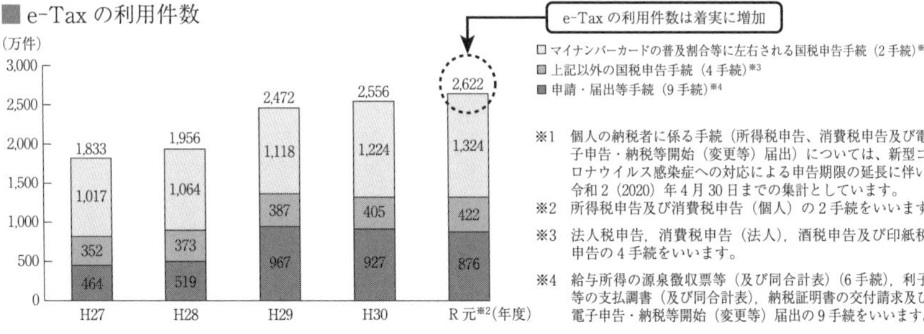

（国税庁HPより一部修正）

みを行っている。

③　インターネットバンキングなどを利用した電子納税

ペイジー（Pay-easy）に対応した金融機関のインターネットバンキングや，ATMを利用した電子納税も可能である。インターネットバンキングなどを利用した電子納税を行うためには，あらかじめe-Taxの利用開始届出書の提出が必要である。

④　クレジットカード納付

クレジットカード納付は，パソコンやスマートフォン等からインターネットを利用して，専用のWeb画面（国税クレジットカードお支払サイト）において，必要な情報を入力することにより，納付できる手続である。クレジットカード納付で納付可能な金額は1,000万円未満，かつ，利用するクレジットカードの決済可能額以下となる。なお，クレジットカード納付は，納税額に応じた決済手数料を納税者が負担することになるが，決済手数料は国の収入になるものではない。

⑤　コンビニ納付

コンビニ納付とは，自宅等で納付に必要な情報をQRコードとして出力し，コンビニエンスストアのキオスク端末（「Loppi」や「Famiポート」）に読み取らせることで，レジでの納付ができるというものである。また，所得税の予定納税等，確定した税額を期限前に納税者に通知する場合等に所轄の国税局・税務署が発行するバーコード付納付書でも納付が可能である。なお，コンビニ納付で納付可能な金額は30万円以下とされている。

税務署長
令和　年　月　日

令和 0 年分の 所得税及び復興特別所得税 の 申告書B

FA2200

第一表（令和二年分以降用）

住所（又は事業所・事務所・居所など）	〒	個人番号		生年月日	
		フリガナ			㊞
		氏名			
令和　年1月1日の住所		職業	屋号・雅号	世帯主の氏名	世帯主との続柄

（単位は円）　受付印

種類	青色	分離	国出	損失	修正	特農の表示	特農	整理番号		電話番号	自宅・勤務先・携帯　－　－

区分	項目	番号	金額
収入金額等	事業 営業等	㋐	
	事業 農業	㋑	
	不動産	㋒	
	利子	㋓	
	配当	㋔	
	給与（区分）	㋕	
	雑 公的年金等	㋖	
	雑 業務（区分）	㋗	
	雑 その他	㋘	
	総合譲渡 短期	㋙	
	総合譲渡 長期	㋚	
	一時	㋛	
所得金額等	事業 営業等	①	
	事業 農業	②	
	不動産	③	
	利子	④	
	配当	⑤	
	給与（区分）	⑥	
	雑 公的年金等	⑦	
	雑 業務	⑧	
	雑 その他	⑨	
	雑 ⑦から⑨までの計	⑩	
	総合譲渡・一時 ㋙＋{(㋚＋㋛)×½}	⑪	
	合計（①から⑥までの計＋⑩＋⑪）	⑫	
所得から差し引かれる金額	社会保険料控除	⑬	
	小規模企業共済等掛金控除	⑭	
	生命保険料控除	⑮	
	地震保険料控除	⑯	
	寡婦、ひとり親控除（区分）	⑰～⑱	0000
	勤労学生、障害者控除	⑲～⑳	0000
	配偶者（特別）控除（区分1）（区分2）	㉑～㉒	0000
	扶養控除（区分）	㉓	0000
	基礎控除	㉔	0000
	⑬から㉔までの計	㉕	
	雑損控除	㉖	
	医療費控除（区分）	㉗	
	寄附金控除	㉘	
	合計（㉕＋㉖＋㉗＋㉘）	㉙	

区分	項目	番号	金額
税金の計算	課税される所得金額（⑫－㉙）又は第三表	㉚	000
	上の㉚に対する税額又は第三表の91	㉛	
	配当控除	㉜	
	（区分）	㉝	
	（特定増改築等）住宅借入金等特別控除（区分1）（区分2）	㉞	00
	政党等寄附金等特別控除	㉟～㊲	
	住宅耐震改修特別控除等（区分）	㊳～㊵	
	差引所得税額（㉛－㉜－㉝－㉞－㉟－㊱－㊲－㊳－㊴－㊵）	㊶	
	災害減免額	㊷	
	再差引所得税額（基準所得税額）（㊶－㊷）	㊸	
	復興特別所得税額（㊸×2.1%）	㊹	
	所得税及び復興特別所得税の額（㊸＋㊹）	㊺	
	外国税額控除等（区分）	㊻～㊼	
	源泉徴収税額	㊽	
	申告納税額（㊺－㊻－㊼－㊽）	㊾	
	予定納税額（第1期分・第2期分）	㊿	
	第3期分の税額（㊾－㊿） 納める税金	51	00
	第3期分の税額（㊾－㊿） 還付される税金	52	△
その他	公的年金等以外の合計所得金額	53	
	配偶者の合計所得金額	54	
	専従者給与（控除）額の合計額	55	
	青色申告特別控除額	56	
	雑所得・一時所得等の源泉徴収税額の合計額	57	
	未納付の源泉徴収税額	58	
	本年分で差し引く繰越損失額	59	
	平均課税対象金額	60	
	変動・臨時所得金額（区分）	61	
延届納の出	申告期限までに納付する金額	62	00
	延納届出額	63	000

㊹・㊺・㊾・51又は52の記入をお忘れなく。

還付される税金の受取場所		銀行・金庫・組合・農協・漁協		本店・支店・出張所・本所・支所
郵便局名等		預金種類	普通　当座　納税準備　貯蓄	
口座番号・記号番号				

整理欄												
区分	A	B	C	D	E	F	G	H	I	J	K	
異動	年	月	日			L						
管理						名簿						
補完											確認	

税理士署名押印・電話番号　－　－　㊞

税理士法書面提出 30条 33条の2

納管 ／ 事業 ／ 住民 ／ 資産 ／ 総合 ／ 分離 ／ 検算 ／ 通信日付印 ／ 年月日 ／ 一連番号

イ　延納制度と物納制度

(ア)　延納制度

国税は，金銭で一時に納付することが原則であるが，申告または更正・決定により納付することになった相続税額（贈与税額）が10万円を超え，納期限までに，または納付すべき日に金銭で納付することを困難とする事由がある場合には，その納付を困難とする金額を限度として，申請書を提出の上，担保を提供することにより，年賦で納めることができる。これを「延納」という。この延納期間中は利子税がかかる。

なお，その相続税（贈与税）に附帯する加算税，延滞税および連帯納付責任額については，延納の対象にはならない。

✍　中小企業の事業承継は，雇用の確保や地域経済活力維持のためにも重要な問題とされている。このような問題意識から，中小企業における経営の承継の円滑化に関する法律

Tax Lounge　**畳に書いた申告書**

法人税については，確定申告書や提出書類の多くが，法人税法施行規則に規定されている書式によらなければならないとされている（法法74，法規34）。これに対して，所得税の場合には，確定申告書として法定されている書式がない。実際に使用されている確定申告書の書式は，国税庁が通達において定めているものであって，法律で規定されているものではないのである（🔍所得税の申告書B－293頁参照）。すると，法律に規定する必要事項さえ記載すれば，確定申告書を使用しなくても法律違反とはならないともいえる。

では，所得税法に定められている確定申告書への記載事項が書かれてさえいればいいはずであるとして，畳に総所得金額や税額などを記載して提出することも許されるのであろうか。確定申告を規定する所得税法120条《確定所得申告》は，必要事項を「記載した申告書を提出しなければならない。」と規定しているので，畳に必要事項を書いたものが「申告書」といえるかどうかが問題となる。例えば，黒板の「板書」というように板に書いたものであっても，「書」といえるのであるから，紙に書かれていなくとも問題はないようにも思われる。「申告書」を紙に記載したもののみをいうと理解することが妥当であるかどうかは，電子申告を前提に考えても疑問が湧く。実際に，国税当局は，畳に書いた「申告書」を提出することの可否についての質問を受けたことがあるようである。法律的な解釈は別として，きっと，国税当局としては国税庁の作成している書式を使用してもらうように指導したのであろう（🔍9 Tax Lounge：青色の用紙による申告－62頁）。

(「経営承継円滑化法」とも呼ばれる。) が平成20年5月に可決成立した。同法は，中小企業の経営の承継への具体的支援策として，①遺留分に関する民法の特例，②中小企業支援を規定するのに加えて，中小企業における代表者の死亡等に起因する経営承継に伴って生じる相続税課税についての措置を講ずることとしており，これを受けて，相続税法が改正された。すなわち，中小企業の経営者から子への承継を前提として，非上場株式等に係る相続税の納税猶予制度等が創設された。この税制は，一般に「事業承継税制」と呼ばれている（詳細は11(3)エ－135頁参照）。

(イ) 物納制度

国税は，金銭で納付することが原則であるが，相続税に限っては，納付すべき相続税額を納期限までに，または納付すべき日に延納によっても金銭で納付

Tax Lounge　主婦の子育ての機会損失

28歳で第一子，31歳で第二子を産み，出産のたびに産休を1年間取得して復帰するかたちで勤務を継続すれば，女性の生涯賃金は2億5,700万円となるところ，共稼ぎ夫婦に子どもができたときに，妻が会社を辞めて専業主婦となると2億3,500万円以上の生涯賃金を手放すことになるという試算がある（プレジデント平成22年3月29日号）。

そして，子どもが小学校に入るまで子育てに専念するためにいったん退職をし，その後再就職をしたとすると，生涯賃金は1億7,700万円にダウンし，約8,000万円もの機会損失が発生するというのだ。

ところで，主婦などの家事労働については，通常，共稼ぎ世帯には必要な家政婦などに依頼する必要がないため，家政婦などに支払う手当分の所得（帰属所得（インピューテッド・インカム）という。）が自己に帰属していると考えられる。共稼ぎ世帯と片稼ぎ世帯が同一の所得を稼得するとした場合には，片稼ぎ世帯の方が相対的に担税力は高いと捉えることができるが，これは，共稼ぎにともなう余分なコストがかからないためである。あるいは，片稼ぎには家事労働に対する帰属所得があるために，担税力が高いとも考えられるのである。

このように，理論的には専業主婦の家事労働は所得を生み出していると考えられている。このような捉え方をすると，専業主婦の家事労働に対する帰属所得に課税がなされるべきであるともいえるが，その帰属所得の認定や所得金額の算定には困難がともなうため，現行の我が国の所得税法はこれを課税対象とはしていない。このように本来，理論的には課税されるべき所得が課税されていないどころか，片稼ぎ世帯における専業主婦は一定の条件のもとで控除対象配偶者とされ，配偶者控除の対象とされている。また，中立性の観点等からも問題があると指摘されており，配偶者控除の廃止が議論されている。

することを困難とする事由がある場合には，その納付を困難とする金額を限度として，申請書および物納手続関係書類を提出のうえ，一定の相続財産で納付することが認められている。これを「物納」という。

なお，相続税に附帯する加算税，利子税，延滞税および連帯納付責任額については，物納の対象にはならない。

25 調査と質問検査権

(1) 調　査

国税通則法74条の2《当該職員の所得税等に関する調査に係る質問検査権》ないし同法74条の6《当該職員の航空機燃料税等に関する調査に係る質問検査権》は，国税調査官に質問検査権を付与し，調査官が必要と認められる場合には納税者を調査することができると規定する。犯則調査が「強制調査」であるのに対して，このような一般の税務調査は「任意調査」と呼ばれている。もっとも，任意調査とはいっても，国税通則法127条2号では，不答弁罪・調査忌避罪などが課されることとされていることから，「間接強制調査」などと呼ばれることもある（なお，これら「強制調査」や「任意調査」といった概念はあくまでも便宜的な分類にすぎず，国税通則法がそれらの概念を定義するなどして明確に使い分けているわけではない。）。

✍ 税務職員の質問検査権については，従前，所得税法や法人税法等の各個別税法において，税務職員は，それぞれの税目に関する調査について必要があるときは，納税義務者等に質問し，または帳簿書類その他の物件を検査すること等ができる旨規定されていたところ（旧所法234，旧法法153～155，旧相法60，旧消法62等），平成23年12月の改正により，税務調査手続について，国税通則法において一連の手続として，各税法から集約して横断的に整備された（『平成24年版改正税法のすべて』229頁）。これは，調査手続の透明性や納税者の予見可能性を高め，調査に当たって納税者の協力を促すことで，より円滑かつ効果的な調査の実施と申告納税制度の一層の充実・発展に資する観点および課税庁の納税者に対する説明責任を強化する観点から，こうした従前の運用上の取扱いが国税通則法において明確化されたものである（志場喜徳郎『国税通則法精解〔第16版〕』914頁（大蔵財務協会2019））。

✍ いわゆる荒川民商事件最高裁昭和48年7月10日第三小法廷決定（刑集27巻7号1205頁）は，「質問検査に対しては相手方はこれを受忍すべき義務を一般的に負い，その履行を間接的心理的に強制されているものであって，ただ，相手方においてあえて質問検査を受忍しない場合にはそれ以上直接的物理的に右義務の履行を強制しえないという関係を称して一般に『任意調査』と表現されているだけのこと」と説示する（荒川民商フォーミュラ）。

✍ 税務調査に関する体系的な整理に資するものとして，酒井・裁判例〔税務調査〕を参照されたい。

(2) 質問検査権

ア　国税通則法74条の2等

(ア) 国税通則法74条の2の趣旨

ここでは，質問検査権規定のうち，代表的に所得税等に関する質問検査権のみを取り上げてみたい（詳しくは，酒井・租税行政法⑫参照）。

国税通則法74条の2は，税務職員に対して，「所得税，法人税，地方法人税又は消費税に関する調査について必要があるとき」に納税義務者等に対して質

Tax Lounge　当該職員とは？

国税通則法74条の2は，「国税庁，国税局若しくは税務署（以下『国税庁等』という。）又は税関の当該職員（税関の当該職員にあっては，消費税に関する調査…を行う場合に限る。）は，所得税，法人税，地方法人税又は消費税に関する調査について必要があるときは，次の各号に掲げる調査の区分に応じ，当該各号に定める者に質問し，その者の事業に関する帳簿書類その他の物件（税関の当該職員が行う調査にあっては，課税貨物…又はその帳簿書類その他の物件とする。）を検査し，又は当該物件…の提示若しくは提出を求めることができる。」と規定する。ここでは，「当該職員」という文言が使用されているが，通常，「当該」とは前に出ているものを指すときに，「その」という意味で使用することが多いのではないだろうか。条文中に「職員」という用語が前にないにもかかわらず，「当該職員」と規定しているのはなぜだろうか。「当該」には，話題になっている事柄に直接関係することという意味があるから，ここでは間違いなく税務職員のことを指しているということであろう。

秋田県鹿角市の住民が，同市長，副市長，総務部長および税務課長を相手どり，時効が完成していないのにもかかわらず徴収すべき租税徴収を怠って不納欠損処理をした結果，市に損害を生じさせたとして，地方自治法242条の2《住民訴訟》1項4号に基づいて損害賠償請求を求めた事例において，仙台高裁秋田支部平成30年11月28日判決（判例集未登載）は，同号にいう当該職員とは，「当該訴訟においてその適否が問題とされている財務会計上の行為を行う権限を法令上本来的に有するものとされている者及びこれらの者から権限の委任を受けるなどして同権限を有するに至った者を広く意味」すると判示している。これは，最高裁昭和62年4月10日第二小法廷判決（民集41巻3号239頁）を引用した判断であるが，仙台高裁は，総務部長については，市税債権についての滞納処分や欠損処分に係る財務会計上の行為について専決権者ではないから「当該職員」に該当しないとして，総務部長に対する損害賠償請求の義務付けについて却下している。当該職員の意義に関する具体的な解釈事例として注目される。

問し，「その者の事業に関する帳簿書類その他の物件を検査」する権限を授権している。

質問検査権の趣旨について，上述の最高裁昭和48年決定は，「所得税法234条１項の規定は，国税庁，国税局または税務署の調査権限を有する職員において，当該調査の目的，調査すべき事項，申請，申告の体裁内容，帳簿等の記入保存状況，相手方の事業の形態等諸般の具体的事情にかんがみ，客観的な必要性があると判断される場合には，前記職権調査の一方法として，同条１項各号規定の者に対し質問し，またはその事業に関する帳簿，書類その他当該調査事項に関連性を有する物件の検査を行なう権限を認めた趣旨であって，この場合の質問検査の範囲，程度，時期，場所等実定法上特段の定めのない実施の細目については，右にいう質問検査の必要があり，かつ，これと相手方の私的利益との衡量において社会通念上相当な程度にとどまるかぎり，権限ある税務職員の合理的な選択に委ねられているものと解すべく，また，暦年終了前または確定申告期間経過前といえども質問検査が法律上許されないものではなく，実施の日時場所の事前通知，調査の理由および必要性の個別的，具体的な告知のごときも，質問検査を行なううえの法律上一律の要件とされているものではない。」と説示する。

(イ) 「納税義務がある者」，「納税義務があると認められる者」

前記最高裁昭和48年決定は，「質問検査制度の目的が適正公平な課税の実現を図ることにあり，かつ，前記法令上の職権調査事項には当然に確定申告期間または暦年の終了の以前において調査の行なわれるべきものも含まれていることを考慮し，なお所得税法５条においては，将来において課税要件の充足があるならばそれによって納税義務を現実に負担することとなるべき範囲の者を広く『所得税を納める義務がある』との概念で規定していることにかんがみれば，同法234条１項にいう『納税義務がある者』とは，以上の趣意を承けるべく，既に法定の課税要件が充たされて客観的に所得税の納税義務が成立し，いまだ最終的に適正な税額の納付を終了していない者のほか，当該課税年が開始して課税の基礎となるべき収入の発生があり，これによって将来終局的に納税義務を負担するにいたるべき者をもいい，『納税義務があると認められる者』とは，前記の権限ある税務職員の判断によって，右の意味での納税義務がある者に該当すると合理的に推認される者をいうと解すべきものである。」と説示する。

現行国税通則法74条の2第1項1号イにいう「納税義務がある者若しくは納税義務があると認められる者」の解釈にも通じるものと解される。

イ　国庫説と人民主権説

申告納税制度と質問検査権との関係について，国庫説と人民主権説の対峙として捉える見解がある。そこでは，前者が，納税申告は納税者において税務署長に宛てた課税資料の提供行為としての私人の公法行為であり，これに対して税務署長の更正処分は適正な納税額を確認するための処分であるから，質問検査権は確認のために必要不可欠な手段であるとするのに対して，後者は，申告により税額は確定し，申告確定権は人民の固有権と捉え，税務署長の更正処分は，新たな税額を形成する処分であるから，質問検査権はいったん確定した税額を変更させ不利益を与える行政処分（更正処分）発動のための手段たる本質を有するので，当然に厳格な法規制が必要であるとする考え方である。通説は前者に立っているといえよう。

申告納税制度は，納税額の第一義的な確定を納税者の自発的な申告に求めているという点では，租税法律関係における国民主権原則の1つの現れであるとみることができそうである。そして，申告納税制度が自主申告によって納税額の確定が企図された制度設計となっていることからすれば，税務調査に基づく更正処分は補完的・例外的なものであり，そのための質問検査権行使も補完的・例外的なものであるとみることが可能である。このように考えると，質問検査権は例外的な場面において発動されることが予定されているとみることも可能であり，この例外的な場面としての必要性要件が厳格に解釈されなければならないという結論に結び付くようにも思われる。しかしながら，申告納税方式とは単に納税者に税額の確定を一義的に委ねるというよりも，その申告自体の適正性についてまでも要請されているのであるから，納税者が申告を怠ったり，法律の予定するところに沿わない内容の申告をすることがあってはならないのである。このような申告の誤りや不正行為はむしろ積極的に排除されなければ，本来考えられている申告納税制度が適正に運用されていることにはならない。したがって，申告納税制度による適正申告を担保するためには，申告の誤りや不正が放置されないように一定の検査の実施が重要性を有することになるのである。そうすると，国民主権原則の1つの現れである申告納税制度を根付かせるためには，税務職員による税務調査が必要性を有することになると考えるべきであろう。

この点につき，正直者が損をする制度では申告納税方式は根づかないという視点から，適切な質問検査権の行使やそれに基づく正しい課税処分の実現が重要であるとする論調もあろう。その文脈からは，自己の申告に係る情報について積極的かつ自発的に開示し，質問検査権に協力することが要請されるということになる。

ウ　多数の背後にいる納税者の視点

納税者をどのように捉えるかについては，議論が分かれうる。すなわち，「調査の客観的必要性自体を判断する場合の対立利益としては，従来…課税権行使の確保という国家利益と当該納税者の営業の自由・生活の平穏という私的利益とが掲げられるのが常であった。しかし，いまここでは，これら以外にこの双方にまたがったともいえる第三の利益をも想定できるのではないか，と考えられる。」との見解がある（高梨克彦「税法における質問検査権の法的限界」『日本税法学会創立30周年記念祝賀税法学論文集　税法学の基本問題』99頁（1981））。反面，国民の立場から，適切な調査権の発動を求める見方もありうるのであって，そこでは納税者を国民全体のレベルにまで拡張した捉え方の可能性が論じられるのである。

このような視点は非常に重要であり，この視点は，特定の納税者のみを対象にしてしばしば論じられる「疑わしきは納税者の利益に」（☞疑わしきは納税者の利益にとは）という解釈原理の定立可能性についての考察にも影響を及ぼすかもしれない。

☞ **疑わしきは納税者の利益に**とは，犯罪構成要件に該当する事実の存否を判定しがたい場合には，その事実は存在しないとする「疑わしきは被告人の利益に」という犯罪構成要件事実の認定に関する原理に由来するものと思われる。しかし，意味内容が不分明で見解が分かれている規定がある場合に，その意味内容を明らかにすることこそ法の解釈の作用であり，法を適用する者の任務であるから，租税法の解釈原理にはなじまないといえよう（金子・租税法150頁，同「租税法解釈論序説」金子＝中里実＝J. マーク・ラムザイヤー編『租税法と市場』25頁（有斐閣2014））。

⑶　調査の必要性

国税通則法74条の２は，「所得税，法人税，地方法人税又は消費税に関する調査について必要があるとき」に調査できると規定する。したがって，同条の解釈適用をするに当たっては，ここにいう「必要があるとき」についての理解が不可欠である。

ア　個別的必要性論

これは，納税者に対して特に調査をしなければならない個別的必要性が要求されると解する立場である。例えば，北野弘久教授は，「過少申告についていえば，前年度との比較，同業者との比較，景気の動向等々からいって…当該納税者について過少申告を疑うについて相当の理由がなければならない」と述べられる（北野『税法学原論〔第6版〕』388頁（青林書院2007））。

この論拠として，①申告納税制度のもとでは，納税者は第一次的に納税義務確定権を有し，課税庁の課税処分は第二次的・補完的であること，②質問検査権の行使は，被調査者にさまざまな影響を与える権力的作用であること，③罰則によって担保されている以上必要性も厳格に解すべきであることなどが掲げられている。

イ　一般的必要性論

これは，質問検査権は相当の理由がある場合に限定されず，広く確認という意味まで含めて「必要があるとき」を解釈する立場である。例えば，国税庁は，従来から，正しい課税標準はいくらか，申告が正しいかどうかを確認する必要がある場合等広くその行使が認められているとする立場を採っている。

ウ　検　討

調査の必要性がない場合に質問検査権を行使することは許されないが，その必要性は一般的なものであっても問題はないと思われる。思うに，申告納税制度を適正に担保するために法が用意した調査権の発動が違法性を帯びるのは，同調査権の権利濫用という点におけるそれであることを考えると，権利濫用性が阻却される程度の必要性であればたりると考えられるからである。また，この必要性の判断は個々の調査ごとに異なるものであろう。

この点について，清永敬次名誉教授は，「一般的にいって，たとえば申告内容にとくに疑問はないが念のために調査するというような場合――このような調査はおそらく現実にはないであろうが――であっても，そのときに調査に応じられない特別の事情が納税義務者側にある場合を除き，納税義務者が調査を拒否すべき合理的な理由はない」と論じられる（清永「判批」判例評論151号9頁(1971)）。

もっとも，税務当局の人員やコストの制約という観点からこの点を肯定する見解もあるが，それは政策的考慮からくる制限ではあっても，法的制限にまではたどり着いていないように思われる。

✍ 特定団体に対する調査選定については，これまでしばしば議論があった。

特定の団体に対する組織破壊を目的とする調査の違法性が訴えられた事例において，大阪地裁平成3年8月30日判決（訟月38巻4号588頁）は，同団体に対する調査担当係を組織的に設置して，調査促進に努めていることを認定している。もっとも，同判決では，個別の調査の必要性は肯定されているため，違法な調査であったとは判断されていない。

これは，税務懇談会での税務職員の説明が特定の団体の名誉・信用を侵害するとして，国家賠償および謝罪広告掲載が求められた事例である。同判決では，所管法人25社の経理担当者を集めた税務懇談会において，税務署長や統括官が，特定の団体会員等の調査立会いや具体的な調査理由の開示を要求していること，事前通知のない調査や納税者の承諾のない反面調査は違法であると主張するなどし，調査に協力しない等の点を挙げた上で，「納税者の中にこうした非協力的で，自分だけが不当に税を免れようとする者がいることは許されず，適正な税務行政の執行上，調査に応じない者に対しては反面調査…により推計課税を行っている。取引先の皆さん方には，いろいろお手数をかけているが，今後ともよろしくご協力をお願いしたい。」とか，「会員は調査に非協力的であるが，だからといって調査をやめるわけにはいかない。」などと話したことが認定されている。判決は「正当な職務行為の範囲内」であるとして不法行為性を否定している。

⑷ 事前通知

平成23年12月の国税通則法改正において，調査の事前通知が法律上明確化された。国税通則法74条の9《納税義務者に対する調査の事前通知等》第1項は，税務署長等は，当該職員に納税義務者に対し実地の調査において質問検査権を行わせる場合には，あらかじめ納税義務者に対しその旨の通知をすることとしている。ただし，事前通知をすることにより調査の適正な遂行に支障を及ぼすおそれがあると認められる場合には，通知を要しないこととされている（通法74の10）。

この点，昭和51年に国税庁長官が発出した税務運営方針は，「税務調査は，その公益的必要性と納税者の私的利益の保護との考量において社会通念上相当と認められる範囲で，納税者の理解と協力を得て行うものであることに照らし，一般の調査においては，事前通知の励行に努め〔る〕」ことを示し，昭和37年発遣の「税務調査の際の納税者及び関与税理士に関する事前通知について」は,「納税者に対する事前通知は，原則として調査着手前妥当な時間的余裕をおいて，文書または電話で行うものとし，調査着手直前に電話等単に形式的な通知にとどまることのないように配慮すること」と通達していたところである。平成23年12月の国税通則法改正における事前通知の明文化は，これらの実務上の取扱いを法定した点に大きな意義があるといえよう。

税理士が，税務職員らによる違法な職務行為によって，税務委任契約に基づく税務代理権を侵害されるとともに，同契約を解除するにいたり，契約を破棄された旨主張し，国家賠償法1条1項に基づく損害賠償を請求した事例において，神戸地裁平成16年2月26日判決（税資254号順号9572）は,「そもそも，税務署員には課税処分に必要な資料の取得収集が可能となるように，課税要件事実について関係者に質問し，帳簿書類その他の関係物件を検査する権利が与えられているところ（法人税法153条），質問検査の範囲，程度，時期，場所等実定法上特段の定めのない実施の細目については，前記の質問検査の必要があり，かつ，これと被調査者の私的利益との衡量において社会通念上相当な限度にとどまる限り，前記権限を行使する収税官吏の合理的な選択に委ねられていると解するべきであり，税務調査の日時，場所の事前通知，調査の理由及び必要性の個別的，具体的告知が法律上，税務調査の一律の要件とされているものではないと解すべきところ（最高裁昭和58年7月14日第一小法廷判決・訟務月報30巻1号151頁参照），本件で事前通知なく税務調査のため臨場した税務署員らの行為が，調査の必要性と被調査者の私的利益との衡量において，社会通念上相当な限度を超えているとみるべき事情が認められないから，事前通知がないことを違法事由とする原告の主張に理由はない。

また，本件においては，税理士である原告がN市に在住しているという事情があったが，被調査者は，遠隔地に居住する税理士と税務委任契約を締結している場合でも，電話等で連絡をとって対応を相談することは可能であり，そのような場合に事前通知を欠く調査が相当な限度を超えていると解すべき理由はない。」と判示する。

納税者の「私的利益との衡量において，社会通念上相当な限度を超えているとみるべき事情」とはどのようなものをいうのかについては，議論のあるところである。例えば，納税者の許可がないにもかかわらず，女性の寝室に入ってプライバシーを侵害するような調査の進行があったような事例では，違法調査が認定され，その調査に基づいて行われた課税処分は違法であると判断されたケースがある（大阪高裁平成10年3月19日判決・判タ1014号183頁）。

⑸ 第三者の立会い

一般に，税理士以外の第三者の立会いは税務当局によって排除されるが，その立会いを拒否する理由としてこれまで訴訟に現れた議論を前提とすると，おおむね次の3点を挙げることができよう（調査における立会い排除の問題については，酒井・裁判例〔税務調査〕182頁以下，酒井克彦「調査における立会排除と税務職員の裁量権」税理52巻5号105頁（2009）以下参照。🔍¶レベルアップ！も参照）。

Tax Lounge　弾力性のあるひもでの測量「縄のび」

「縄のび」という用語がある。これは測量用語であるが，例えば，土地区画整理事業などでは，整理前の土地の実測地積が登記簿地積よりも増加している測量増を「縄のび」と通称している（(社) 全日本土地区画整理士会『土地区画整理事業用語集』)。逆に実測地積が登記簿地積よりも減少している場合を「縄縮み」と称することもある。

租税法領域においてもこの用語はしばしば使われることがある。

例えば，昭和33年第28回国会農林水産委員会では，所得税における農業課税の件について，税務関係において改善をすべき点が決議されている。それは，「本年度農業所得税の課税標準については，収穫量および必要経費の見積もりあるいは縄のびの取り扱いそのほか幾多の問題を生じ，各地において紛糾を引き起こしたことは真に遺憾とするところである。ここにかんがみ，よろしく政府においては，関係各機関で充分協議し，農業団体等の意見を尊重し，適正な課税標準を策定し，これを周知せしめ，もって課税の公正を期せられたい」という内容であった。

これは，農業所得の計算上の課税標準策定にしばしば用いられた収穫量の見積もりが縄のびになっているという点が考慮されたものであったといえよう。つまり，一定範囲内の農業作物の収穫量を調べるに当たって，縄で囲った区画が伸びてしまうと，標準的な収穫量が多く設定されてしまうことになり，その後，その標準率によって申告をしなければならないとすると収穫見積もりが多過ぎてしまうという問題が引き起こされるということである。

いま現在は，農業所得の計算に当たってこのような標準率を使用することはないと思われるが，以前は一般的に用いられていた所得算出手法であったのである。裁量による行政のことを「弾力性のあるひもで縛られた行政」といわれることがあるが，縄のびのような，恣意（しい）的な行政が行われることがあってはならない。

① 税理士法違反のおそれ……税理士専管事項を資格のない者が業として行うことの禁止
② 公務員の守秘義務違反のおそれ
③ 個別税法上の守秘義務違反のおそれ

⑹ 反面調査

反面調査とは，納税者の取引先への調査をいい，納税者の調査における答弁や帳簿書類の信憑性を確認したり，あるいは納税者の帳簿書類の信憑性が低い，調査に非協力な場合に取引業者から取引内容を把握するためなどのために行うものをいう。取引銀行などの金融機関への調査も広い意味での反面調査に含まれる。

我が国の通説は，反面調査を補充的な調査手法とする考え方に立ち，反面調査は本人調査によって十分な資料が得られない場合にその限度においてのみ可能であるとの考え方を採用している（補充性要件説）。

なお，昭和26年10月16日付け国税庁長官通達（直所1-116）「金融機関の預貯金等の調査について」は，銀行調査の必要性について相当の理由を要求している。また，反面調査においては，前述の事前通知制度が法定されていないという問題がある（酒井克彦「反面調査を巡るいくつかの法律問題」商学論纂58巻3＝4号403頁（2017））。

反面調査を行う場合には当該反面調査先に対する事前通知が必要とは規定されておらず，また，かかる反面調査を実施する前に納税義務者に対して事前通知をしなければならないとも規定されていない（通法74の9③，東京高裁平成28年10月26日判決・税資266号順号12924）。

⑺ 守秘義務

国家公務員に対しては，国家公務員法により，職務上の秘密および職務上知りえた秘密についての守秘義務が課されている（同法100①）。さらに，税務職員に対しては，国税通則法において守秘義務が課されおり（通法127），税務職員には二重の守秘義務が課されている。

✍ 国家公務員法100条《秘密を守る義務》1項は，「職員は，職務上知ることのできた秘密を漏らしてはならない。その職を退いた後といえども同様とする。」と規定する。同法109条12号は，これに違反すると1年以下の懲役または50万円以下の罰金に処するとする。

さらに，税務職員には次のように守秘義務が課されている。国税通則法127条は，「国税に関する調査（不服申立てに係る事件の審理のための調査及び国税の犯則事件の調査を含む。）若しくは外国居住者等の所得に対する相互主義による所得税等の非課税等に関する法律…若しくは租税条約等の実施に伴う所得税法，法人税法及び地方税法の特例等に関する法律の規定に基づいて行う情報の提供のための調査に関する事務又は国税の徴収若しくは同法の規定に基づいて行う相手国等の租税の徴収に関する事務に従事している者又は従事していた者が，これらの事務に関して知ることのできた秘密を漏らし，又は盗用したときは，これを2年以下の懲役又は100万円以下の罰金に処する。」と規定しており，一般公務員よりも重い守秘義務が課されている。

¶レベルアップ！　立会い排除が争点となった事例

大阪地裁平成2年4月11日判決（判時1366号28頁）は，「被告の部下職員は，原告が要求するM会事務局員の立会いを認めることは，原告の得意先との関係において公務員の守秘義務に違反するおそれがあり，また，税理士法違反の行為を容認する結果となると判断して，右第三者の調査への立会いを拒絶したことが認められ，その措置に被告の部下職員が有する裁量権を逸脱・濫用するなどの違法の点があったとは認められない。」と判示する。

また，金沢地裁平成3年5月7日判決（シュトイエル360号15頁）は，「一般に，税務担当職員は，租税の公平確実な賦課徴収を実現するため，納税者からの申告がない場合，あるいは申告が適正になされていないと認められる合理的疑いが存する場合には，課税処分を行うか否かを判断するため，当該納税者その他一定の者に対して質問し，又は帳簿書類その他の物件を検査することができる（所得税法234条等）ところ，前記認定事実によれば，原告は申告すべき所得を有していると推測するに足りる合理的疑いが存在していた（現に，原告自身，本訴において，申告すべき相当額の所得が存していたことを自認しているのであって，単に原告の所属するM会へ打撃を与える目的で調査に着手したものと認めることはできない。）と認められるから，被告が原告の所得を調査すべく，質問検査権を行使したことは，適法というべきである。

しかして，右質問検査権行使の範囲，程度，時期，場所等の細目については，質問検査の必要と納税者の利益とを衡量して社会通念上相当な限度にとどまる限り，当該税務担当職員の合理的な裁量に委ねられていると解される（最高裁昭和48年7月10日第三小法廷決定・刑集27巻7号1205頁参照）のであって，納税者から調査理由を開示すべきことを求めたり，第三者の立会いを求める権利を肯定すべき法令上の根拠を欠く以上，調査の具体的理由を明らかにしないまま調査に入り，あるいは守秘義務（所得税法243条〔筆者注：現行国税通則法127条〕，国家公務員法100条）の存することを理由として調査の際に第三者の立会いを拒絶することは，右裁量権の範囲を超えるものではないというべきである。」と判示している。

26 更正・決定と更正の請求

(1) 更正・決定

ア 更正・決定の意義

申告納税制度のもとでは，第一義的には納税者が自ら課税標準に基づいて税額を計算し，これを申告書に記載して提出することとされているが，国税通則法は納税者の申告内容に誤りがあった場合の是正方法も用意している。

更正とは，申告内容が事実に反していたり，租税法の規定に従っていない場合に，調査によって正当な税額計算にし直す行政処分である（通法24）。税額を増額させる更正のことを「増額更正」といい，減額させるそれを「減額更正」という。

決定とは，申告義務があるのにもかかわらず申告書の提出をしなかった納税者に対して，調査によって得た資料に基づいて課税標準や税額を決める行政処分である（通法25）。

一度更正や決定を行った後においても，その後の調査によりなお適正でないことが判明した場合には，さらにそれを更正するための再更正処分がなされる。

✍ 税務署長が増額更正を行うことができる期限は申告期限から5年，決定の場合も申告期限から5年とされている（通法70①②）。ただし，偽りその他不正の行為により税金を免れたものに対する更正は申告期限から7年とされている（通法70④）。なお，法人税に係る純損失等の金額を増加または減少させる更正（偽りその他不正の行為によるものを含む。）については10年とされる（通法70②）。

イ 更正の理由附記

青色申告に対する更正は，納税義務者の帳簿書類の調査によって申告額に誤りがあると認めれられる場合に限ってなしうる（所法155①，法法130①）。

なお，平成23年12月の税制改正により，青色申告に対する更正だけに求められていた理由附記は，原則として，調査に基づき行われたすべての更正に対し行わなければならないこととされた（通法28②）。

更正通知書に理由の附記が要求されているのは，税務署長の判断の慎重・合理性を担保してその恣意性を排除するため（処分適正化機能）と，処分の理由を相手方に知らせて不服の申立てに便宜を与えるため（争点明確化機能）という2つの理由が挙げられる（金子・租税法955頁）。

✍ 平成23年12月の税制改正により，青色申告者だけでなく，事業所得，不動産所得，山林所得を生ずべき業務を行う白色申告者にも記帳・帳簿保存義務が課されることとなった（所法148，231の2①）。

ウ　推計課税

税務署長は，更正または決定をする場合には，その者の財産もしくは債務の増減の状況，収入もしくは支出の状況または生産量，販売量その他の取扱量，従業員数その他事業の規模によりその者の各年分の各種所得の金額または損失の金額を推計して，これをすることができるとされている（所法156，法法131）。税務調査の際に納税者の提示した帳簿書類が不完全であるなどして，実額による調査を行うことができない場合には，税務署長は推計課税の方法によって所得金額を算出するのである。例えば，納税者と同一業種で，業態，規模，立地条件等において個別的類似性の認められる同業者を抽出して，所得率，差益率，経費率等の平均値を算出する方法（同業者率）や，生産個数，販売個数，原材料の数量，耕作面積，消費電力等の1単位当たりの収入や所得金額またはその前提となる生産量，収穫量などを計算して課税所得金額を推計する方法（効率法），課税年度の期首と期末の資産および負債を比較して算出された純資産の増加額に，所得税の場合は，当該年分中の生計費その他の消費金額を加算したものを課税所得とし，法人税の場合は，当該年度中の資産の増減を除外し，利益処分として法人が社外に流出した金額を加算したものを課税所得とする方法（資産増減法）などがある。

推計課税は，帳簿書類の不備や不存在，調査非協力などの必要性が認められる場合に限って行われるべきであり，資料の正確性や推計方法の合理性など合理的な方法でなければならない（酒井・裁判例〔税務調査〕260頁以下）。

⑵　更正の請求

納税義務者が誤って過大な申告をした場合や課税標準等の計算の基礎となった事実が無効などの理由によりその経済的成果が失われた場合には，納税者は一定の期間内に税務署長に対して課税標準や税額などの減額をすべき旨の請求をすることができる（通法23①②）。

更正の請求には，「通常の更正の請求」と「後発的理由による更正の請求」がある。通常の更正の請求は，課税標準等または税額等の計算が法律の規定に従っていなかったような場合の更正の請求で，申告期限から5年以内に限り請求することができる。なお，贈与税についての更正の請求ができる期間は6年（相法36①）に，法人税の純損失等の金額に係る更正の請求ができる期間は10年とされている（通法23①）。また，法人税における移転価格税制に係る更正の請求については6年とされている（措法66の4⑳）。

✍ そのほか，平成23年12月の税制改正により，課税庁が増額更正できる期間が5年に延長され（通法70①），更正の請求の理由の基礎となる「事実を証明する書類」の添付が要件化され（通法23③），偽りの記載をして更正の請求書を提出した者に対する罰則（1年以下の懲役又は50万円以下の罰金）が設けられている（通法127①一）。

これに対して，後発的理由による更正の請求は，次のような事由がある場合にそれぞれの期間内に認められる。

① 課税標準等または税額等の計算の基礎となった事実に関する訴えについての判決があった場合により，その事実が計算の基礎としたところと異なることが確定したときは，その確定した日の翌日から2か月以内（通法23②一）

② 課税標準等または税額等の計算に当たって，申告または決定を受けた者に帰属するものとされていた所得その他課税物件が他の者に帰属するとする国税の更正または決定があったときは，その更正または決定があった日の翌日から起算して2か月以内（通法23②二）

③ その他その国税の申告期限後に生じた①または②に類する所定のやむを得ない理由があるときは，その理由が生じた日の翌日から起算して2か月以内（通法23②三）

✍ 更正の請求の期限を徒過した場合に，行政事件訴訟法上の義務付け訴訟を提起することができるかどうかについては議論のあるところである。金子宏名誉教授は，「納税者は，更正の請求の期限の経過後であっても，除斥期間の終了するまでの間は，行訴法37条の2の要件がみたされる限りは，義務付けの訴え（非申請型）を提起することができると解すべき」と論じられる（金子・租税法1098頁）。

27 滞納整理

租税債権の確定のみでは歳入が確保されたことにならないのはいうまでもない。実際に確定された租税債権が国庫に納付される必要があるが，そのためには，納付の請求（☞納付の請求とは）や租税の滞納（☞租税の滞納とは）があった場合の滞納処分が重要となる。税務署では実際にどのように納税者に対する滞納整理をしているのであろうか。次にみていくこととしよう。

☞ **納付の請求**とは，納税の告知や督促，繰上請求をいう（通法36～38）。

☞ **租税の滞納**とは，納税者が納期限までに租税を完納しないことをいう。この状態は債務不履行にほかならない（金子・租税法1014頁）。

⑴ 督　促

納期限までに税金が完納されないときには，まず，納期限から50日以内に納税者に対して督促がなされる（通法37②）。この督促は，督促状をもって行うこととされている（通法37①）。督促は，単に租税の納付を催告するというだけの意味にとどまらず，滞納処分を行使するための前提要件でもあるため，行政処分に当たると解されている。

⑵ 滞納処分

税務当局は，履行の催告である督促を行っても，なお租税が完納されない場合には，納税者の財産から租税債権の強制的満足を図ることができるとされている。これがまさに滞納処分であり，ここにいう滞納処分とは，納税者の意思にかかわりなく行使される租税債権の強制徴収手続である。滞納処分は狭義の滞納処分と交付要求とに分かれる。

滞納処分の手順は次のとおりである。

① 財産の差押は，督促状を出してから10日を過ぎると実施することができる。実際に差押を行うには，その対象とすべき財産の所在を調査しなければならないこととされている。資産の種類に応じて差押方法は異なる。

② 換価とは，差し押さえた財産を金銭に換えて滞納租税に充当するための，

図表　滞納処分の類型

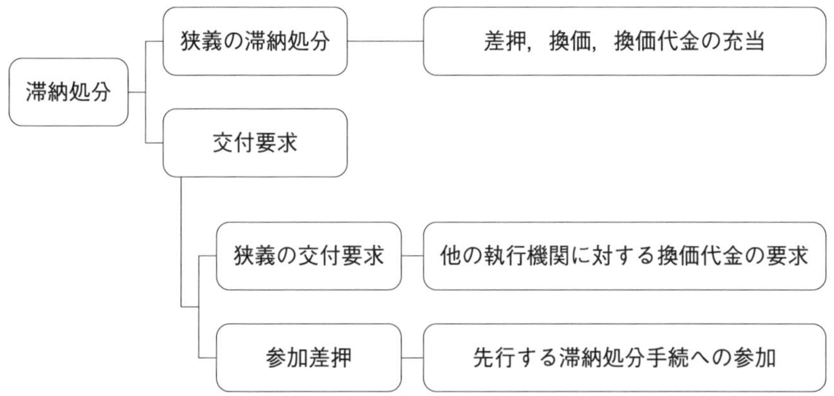

金銭への換価のことをいう。換価には，財産の売却（☞財産の売却とは）と債権の取立ての2つの方法がある。

③　交付要求・参加差押

納税者の財産についてすでに強制執行や滞納処分などの強制換価手続が開始されている場合には，差押や換価に代わる手段として，交付要求がなされる（徴法82）。

④　配　当

差押財産の売却代金または交付要求等により交付を受けた金銭は，租税債権に配当し，残余金があった場合には滞納者に交付される（徴法129）。

☞　**財産の売却**とは，入札やせり売といった公売と，随意契約による売却，国による買入れなどをいう（徴法57，67，89，94，109，110等）。

✍　私法上の債権については，原則として，その存否および金額について裁判所の判断を経たうえで司法機関にその履行の強制を求めなければならないが，租税債権については，存否および金額の確定権限と任意の履行がない場合の自力執行権（自らの手で強制的実現を図る権限）とが税務当局に与えられている。

⑶　租税債権の優先劣後

租税と他の債権とが競合する場合には，租税は原則として他の債権に優先して徴収されるという「租税債権の一般的優先権」がある（徴法8，9，地方法14，14の2）（🔍¶レベルアップ！－315頁参照）。

✍　租税相互間を調整する規定がないため，原則として国税と地方税の間には優先劣後の関係がなく，国税相互間あるいは地方税相互間にも原則として優先劣後の関係はない。もっとも，例外として，強制換価の場合の間接消費税は，その徴収の原因となった公売等に係る物品の換価代金につき，他の租税に優先するとされ（徴法11，通法39，地方法14の４），租税につき徴した担保財産があるときには，その租税は換価代金につき，他の租税に優先するとされている（徴法14，地方法14の８）。

⑷　第二次納税義務

本来の納税者について滞納処分を行ってもなお滞納が残る場合には，本来の納税者以外の者に第二次的に納税義務が負わされることになる。例えば，納税者が無償または著しく低い額の対価による財産譲渡等の処分をしたことにより徴収不足が認められる場合には，その処分によって財産を取得した者が第二次納税義務者として第二次納税義務を負うことになる。

第二次納税義務者は，本来の納税者と密接な関係にあると考えられていることから，このような義務を負わされるのである。

⑸　納税の猶予

租税の滞納があった場合には，上記のように滞納処分が実行されるのであるが，ときには何らかの理由によって，納税者が納税資金を欠き，租税の納付が困難であると認められるときにまで常に強制的な執行がなされるとするのでは問題があることもあろう。そこで，納期限経過後における納税義務の履行を猶予すること，すなわち徴収を差し控えることも法は予定しているのであるが，

Tax Lounge　**担保物権によって担保されている私債権に対する租税債権の優先**

私債権に対する租税債権の優先権が認められるからといって，担保物権によって担保されている私債権に対しては議論がある。旧国税徴収法では，国税はその法定納期限より１年前に設定された質権または抵当権によって担保される債権には劣後するが，それ以外のすべてに優先すると規定していた。しかし，納期限よりも１年近く前に設定された質権や抵当権に優先するというのは，物権公示の原則に反するとの私法学者からの批判もあり，昭和35年改正法からは，租税の法定納期限を基準として両者の優先劣後が定められることとなったのである。

このような措置を「納税の猶予」という（通法46以下）。

納税の猶予は，震災，風水害等の自然災害によって，納税者がその財産につき相当の損失を受けた場合や，盗難，病気，負傷，事業の休廃止，事業に関する著しい損失，その他これらの事実に類する事実があった場合，その他納付することができないと認められる場合に，税務署長に対してなされた納税者の申請に基づいて行うこととされている。

✍ 地方税法上は納税猶予のことを「徴収猶予」と呼んでいるが，国税通則法とほぼ同様の規定をおいている。

¶レベルアップ！　租税債権の一般的優先権

最高裁昭和35年12月21日大法廷判決（民集14巻14号3140頁）は，次のように判示して，租税債権に一般的優先権を認めることが憲法に反しないとした。

同最高裁は，「所論〔筆者注：納税者の主張〕は，原判決が本件に適用された明治30年法律21号国税徴収法（以下，単に国税徴収法という）２条１項の優先徴収の規定が有効であると判決したことは憲法29条１項，その他憲法の精神に違反するということである。

思うに，憲法30条は『国民は，憲法の定めるところにより，納税の義務を負う』と規定し，同84条は『あらたに租税を課し，又は現行の租税を変更するには，法律又は法律の定める条件によることを必要とする』と規定しており，本件に適用された国税徴収法２条１項の規定は，…前記憲法30条，84条に基づく法律であると解すべきところ，右国税徴収法の条項は，国税およびその滞納処分費は他の公課および債権に先だってこれを徴収するを規定しており，私法人の財産権たる債権が同法の定めるところに従い，右国税およびその滞納処分費に後れる点において，財産権がその効力を制限されることは所論のとおりである。しかし，国家活動を営むに当って必要な財力は，これを租税として広く国家の構成員たる国民から徴収する必要があると共に，右租税収入の確保を図ることは，国家の財政的基礎を保持し，国家活動の運営を全からしめる上に極めて緊要なものであることはいうまでもない。前記国税徴収法２条１項は，右のような趣旨において国家の財政的基礎を保持することを目的として設けられた規定であって，公共の福祉の要請に副うものといわなければならない。憲法29条が，財産権不可侵の原則を保障していることは所論のとおりであるが，基本的人権といえども，公共の福祉の要請による制約を受けるものであることは憲法もこれを認めているところである（憲法12条，13条，29条2項等）。国税徴収法2条1項の規定が前記のように公共の福祉の要請に副うものである以上，同規定が所論のように憲法29条に違反し，同法98条1項により効力を有しないものとは認められず，その他憲法の精神に反する点は認められない。」と判示する。

租税債権の一般的優先権が認められている理由としては，①租税が公共サービスを提供するための資金として強い公益性を有していることや，②租税債権が私債権のように直接の反対給付を伴わないため，任意の履行可能性の低いものであることが挙げられよう（金子・租税法1017頁）。上記の最高裁判決は，この理由のうち，①の点を述べたものである。②の観点はしばしば「租税債権の脆弱性」とも呼ばれるが，このような捉え方に対しては反論もある。

28 附帯税と罰則

(1) 加算税（附帯税）

加算税とは，一般に，申告納税制度の定着や発展を図るために，納税義務者が申告および納付義務の履行を怠った場合に，これに対する行政上の措置として国が賦課徴収する行政制裁であると説明される。加算税は，本税とは異なり「附帯税」ともいわれ，国税通則法２条《定義》４号は，附帯税として，「延滞税，利子税，過少申告加算税，無申告加算税，不納付加算税及び重加算税」を規定している。

このうち，「過少申告加算税，無申告加算税，不納付加算税及び重加算税」が加算税であるが，これらは本税と合わせて徴収することとされ，本税の一部になるところから（通法69），付随性を有するといわれることがある。

本税に付随する税であるとはいっても，加算税は加算税に特有の論点を多く抱えており，とりわけ最近では重要な判決が示されてきていることなどもあって，盛んに議論されているところでもある。そこで，ここでは加算税制度を概観した上で加算税制度の趣旨について考えてみたい（酒井克彦『附帯税の理論と実務』（ぎょうせい2010）参照）。

(2) 加算税制度の概要

加算税制度の課税要件，課税割合等は次頁の図表のとおりである。

加算税割合については，平成28年度税制改正によって細分化が図られている。すなわち，同年改正により税務調査の事前通知（事前通知については，🔍25(4)−303頁参照）の有無を基準として，その前後により加算税割合が異なるよう設計されたが，これは，税務調査の有無にかかわらず，自発的に修正申告等を行う納税者についてはペナルティを軽減すべきとの考えによるものである（対して，事前通知後の修正申告等についてはそのような軽減措置を認める必要はないと捉えられたものともいえよう。）。また，短期間（具体的には５年間）に繰り返し期限後申告や隠蔽仮装が行われた場合には，無申告加算税又は重加算税について10％の加重措置が講じられている。これは，短期間に隠蔽等を繰り返す悪質な納税者につい

図表　各加算税の概要

<table>
<tr><th rowspan="2">種　類
課税要件</th><th colspan="2">課税割合
（増差本税に対する）</th><th colspan="2">不適用又は課税割合の軽減</th></tr>
<tr><th>通常分</th><th>加重分</th><th>要　件</th><th>不適用
軽　減</th></tr>
<tr><td rowspan="2">過少申告
加算税
（通65）
○　期限内申告書（還付請求申告書を含む。）が提出された場合において，修正申告書の提出又は更正があったとき
○　期限後申告書が提出された場合（期限内申告書の提出がなかったことについて正当な理由があるとき等）において，修正申告書の提出又は更正があったとき
（通65①）</td><td>10%
（通65①）</td><td rowspan="2">5％
○　期限内申告税額相当額又は50万円のいずれか多い金額を超える部分がある場合（当該超える部分に課す。）
（通65②）</td><td rowspan="2">○　正当な理由がある場合　（通65④一）
○　調査による更正の予知なしの修正申告の場合[調査通知前]
（通65⑤）
[○ 減額更正額に修正申告書の提出又は更正があった場合（更正の請求に基づくものを除き，期限内申告書に係る税額に達するまでの税額）]
（通65④二）</td><td rowspan="2">不適用</td></tr>
<tr><td>[5％]
○　調査通知以後，調査による更正の予知なしの修正申告の場合
（通65①括弧書，⑤）</td></tr>
<tr><td rowspan="3">無申告
加算税
（通66）
○　期限後申告書の提出又は決定があった場合
○　期限後申告書の提出又は決定があった後に，修正申告書の提出又は更正があった場合
（通66①）</td><td>15%
（通66①）</td><td>5％
○　50万円を超える部分がある場合（当該超える部分に課す。）
（通66②）
[10%]
○　調査による期限後申告等があった日の前日から起算して5年前の日までの間に，その国税に属する税目に調査による無申告加算税又は重加算税を課されたことがある場合
（通66④）</td><td rowspan="2">○　正当な理由がある場合
（通66①ただし書，⑤）
○　期限内申告の意思があり，次のいずれにも該当する場合（通66⑦）
①調査による決定の予告なしの期限後申告書の提出
②期限内申告書を提出する意思があったと認められる一定の場合
（通令27の2①）
③法定申告期限から1月を経過する日までに期限後申告書を提出</td><td rowspan="2">不適用</td></tr>
<tr><td rowspan="2">[10%]
○　調査通知以後，調査による決定等の予知なしの期限後申告等の場合
（通66①括弧書，⑥）</td><td rowspan="2">5％
○　50万円を超える部分がある場合（当該超える部分に課す。）
（通66②）</td></tr>
<tr><td>調査による決定等の予知なしの期限後申告等の場合
[調査通知前]
（通66⑥）</td><td>5％</td></tr>
</table>

<table>
<tr><th rowspan="2">種　類
課税要件</th><th colspan="3">課税割合
（増差本税に対する）</th><th colspan="2">不適用又は課税割合の軽減</th></tr>
<tr><th colspan="2">通常分</th><th>加重分</th><th>要　　件</th><th>不適用
軽　減</th></tr>
<tr><td rowspan="2">不納付
加算税
（通67）

○　源泉徴収等により納付すべき税額を法定納期限までに納付しなかった場合で，法定納期限後に納税の告知を受けた場合又は納税の告知を受ける前に納付した場合
（通67①）</td><td colspan="2" rowspan="2">10％
（通67①）</td><td rowspan="2"></td><td>○　正当な理由がある場合
（通67ただし書）

○　期限内納付の意思があり，次のいずれにも該当する場合（通67③）
①調査による納税の告知なしの納付
②法定納期限までに納付の意思があったと認められる一定の場合
（通令27の2②）
③法定納期限から1月を経過する日までに納付</td><td>不適用</td></tr>
<tr><td>調査による納税の告知の予告なしの納付の場合
（通67②）</td><td>5％</td></tr>
<tr><td rowspan="3">重加算税
（通68）

○　次のいずれにも該当する場合
①各加算税が課される要件に該当すること
②課税標準等又は税額等の計算の基礎となるべき事実を隠蔽又は仮装していたこと
③②に基づき，申告書を提出し，又は法定申告期限までに申告書を提出せず，又は法定納期限までに納付しなかったこと
（通68①，②，③）</td><td>過少申告加算税に代えて課す場合</td><td>35％
（通68①）</td><td rowspan="3">［10％］

○　調査による期限後申告等があった日の前日から起算して5年前の日までの間に，その国税に属する税目に調査による無申告加算税又は重加算税を課され，又は徴収されたことがある場合
（通68④）</td><td colspan="2" rowspan="3"></td></tr>
<tr><td>無申告加算税に代えて課す場合</td><td>40％
（通68②）</td></tr>
<tr><td>不納付告加算税に代えて課す場合</td><td>35％
（通68③）</td></tr>
</table>

（注）「課税割合」及び「要件」の［ ］書は，平成29年1月1日以後に法定申告期限又は法定納期限が到来する国税に適用される（平成28年改正法附則54③）。

（税務大学講本『国税通則法〔令和2年度版〕』30頁（国税庁 HP））

ては，加算税の強化をもって対応するとの姿勢を鮮明にしたものと整理できる（財務省「平成28年度税制改正の解説」874頁）。

⑶　加算税制度の趣旨

ア　申告納税制度を維持するための加算税制度

ここでは，加算税制度のうち，過少申告加算税および無申告加算税を前提にして，その趣旨について考えてみたい。

昭和22年4月に賦課課税制度から申告納税制度への転換が行われた。納税者が自らの課税標準および税額を自分で計算し，これを自主的に申告するという制度の導入である。賦課課税制度のもとにおいては，税務当局が正確に課税標準および税額を計算して，納税者に通知していたのであるが，この計算などを納税者自らが行うことになったのである。このことは，換言すれば，その行為の主体が行政の手から納税者の手に移ったということを意味する。

申告納税制度が導入されたからといって，納税義務が軽減されるということではない。したがって，①租税法の適用に当たっての適法性，②課税標準や税額の計算に当たっての正確性，あるいは③期限の厳守は賦課課税制度のもとにおけるのと同様のものが要請されているのである。したがって，①納税者が自ら租税法に従って適法に課税標準や税額を算出しなければならず，②その算出された金額が正確なものでなければならないのである。また，③法定された申告時期までに確実に申告が行われて，初めて申告納税制度のもとにおいても賦課課税制度と同レベルの適法な税額の確定を可能とするのである。

このような制度への移行を背後から支えた制度が加算税制度であるといってもよいと思われる。すなわち，加算税制度は，申告納税制度のもとにおいて，①適法性，②正確性，③申告期限の厳守がうまく守られない場合のペナルティとして設けられ，かかる制度をもってこれらを担保しようとするものであるといえよう。

したがって，基本的には，(i)租税法の規定について納税者が不知であったことに基因して過少申告となったとしても，(ii)単なる計算ミスがあったとしても，あるいは(iii)申告の必要性について誤解していたような場合や期限を失念していたような場合であっても，加算税が課されるということを理解しなければなるまい。

✍ (i)については，東京地裁平成7年3月28日判決（訟月47巻5号1207頁）が，加算税の免除事由である「正当な理由」につき，「単に，納税者に税法の不知や法令解釈の誤解がある場合は，これに当たらないと解するのが相当である。」と判示しており，このような判断は多くの裁判例に散見されるところである。またこのことは，課税実務上の取扱いからも確認することができる。すなわち，平成12年7月3日〔最終改正：平成28年12月12日〕付け国税庁長官通達（課所4-16ほか3課共同）「申告所得税及び復興特別所得税の過少申告加算税及び無申告加算税の取扱いについて（事務運営指針）」において，加算税の免除事由である「正当な理由」に「税法の不知若しくは誤解又は事実誤認に基づくものはこれに当たらない。」と示されているのである。

(ii)については，課税標準の計算においても，税額の計算においても正確性が要請されているとした大阪高裁平成2年2月28日判決（税資175号976頁）が参考となろう。同高裁は，「過少申告加算税は，納付すべき税額が納税者のする申告により確定することを原則とする申告納税方式をとる国税につき，正確な申告を確保するため，期限内申告書が提出された場合において，修正申告書の提出又は更正があったときに，当該納税者に課される加算税であり（国税通則法65条1項），申告納税制度を維持するために正確な申告を確保することをその目的としている。この正確な申告を確保する目的からすれば，期限内申告書に記載されるべき課税標準等（国税通則法2条6号イからハまでに掲げる事項をいう。）と，税額等（同号ニからヘまでに掲げる事項をいう。）のいずれもが正確に記載されなければならず，右税額等の計算方法を誤った場合と，右課税標準等を誤った場合とで，過少申告加算税の課税上の取扱いを異にする理由はないことになる。」と判示している。

(iii)については，例えば，納税者が土地の交換を非課税であると誤解して無申告であった場合における無申告加算税の賦課決定の適法性が争われた事例である大阪地裁昭和54年1月30日判決（訟月25巻5号1459頁）が参考になる。同判決において，法の不知のような事情が加算税の免除事由には当たらないと判示されている。無申告であることに「正当な理由」がない限り，加算税の対象とされるのである。

上記のように，申告納税制度とは，①適法性，②正確性，③申告期限の厳守が維持されて初めて機能するのであるが，加算税制度とは，これらを担保するための制度であると理解することができよう。

なお，平成24年度税制改正において，内国税の適正な課税の確保を図るための国外送金等に係る調書の提出等に関する法律（国外送金法）の改正が行われ，国外財産調書の提出制度が創設された。国外送金法は，その年の12月31日において，5,000万円を超える国外財産を有する居住者は，財産の種類や数量等を記載した国外財産調書の提出義務を課すものである。過少申告加算税または無申告加算税の適用がある場合において，国外財産調書の提出があるときには，通常課されるこれらの加算税の額から，申告漏れ等に係る所得税または相続税の5％に相当する金額を控除し，同調書の提出がないときには，申告漏れ等に係る所得税または相続税の5％に相当する金額を加算した金額とされる（国外送金法6①②）。

平成27年度税制改正では，国外財産調書と同様，財産債務調書の提出の有無等により，所得税または相続税に係る過少申告加算税等を5％加減算する特例措置が設けられた。

また，令和2年度税制改正においては，国税庁等の職員から国外財産調書に記載すべき国外財産の取得等に係る書類またはその写しの提示または提出を求められた場合において，その提示または提出を求められた日から60日を超えない範囲内においてその提示または提出の準備に通常要する日数を勘案して当該職員が指定する日までにその提示または提出をしなかったとき（その者の責めに帰すべき事由がない場合を除く。）における加算税についての加減算が改正されることとなった。

すなわち，国外財産調書の提出があれば加算税は5％軽減されるところ，上記の提示等をしなかった場合にはかかる軽減はなくなり，同調書の提出がなければ加算税が5％加算されるところ，上記の提示等をしなかった場合には加算税が5％から10％に加算されることになる。

イ　加算税制度の趣旨とその説明ぶり

ところで，加算税制度が申告納税制度を担保するためのものであるということが理解できたとしても，いかにして加算税制度が申告納税制度の維持につながるのかについては，その力点の置き方によって説明の仕方も変わってくる。ここでは，それらを確認しておくこととしよう。

(ア)　公平性担保の観点からの説明

例えば，前述の東京地裁平成7年3月28日判決は，「通則法65条1項は，期限内申告書が提出された場合において，修正申告書の提出又は更正があったときは，当該納税者に対し，その修正申告又は更正に基づき，その納付すべき税額に一定の割合を乗じて計算した金額に相当する過少申告加算税を賦課する旨を定めている。右の過少申告加算税は，申告納税方式による国税において，納税者の申告が納税義務を確定させるために重要な意義を有するものであることにかんがみ，申告に係る納付すべき税額が過少であった場合に，当初から適法に申告，納税した者とこれを怠った者との間に生ずる不公平を是正することにより，申告納税制度の信用を維持し，もって適正な期限内申告の実現を図ろうとするものであると解される。」と説示している。

(イ) 税務上の義務不履行に対する行政制裁的側面からの説明

このように公平性を担保するという点を強調する考え方がある一方で，那覇地裁平成８年４月２日判決（税資216号１頁）は，「過少申告加算税が，租税債権確保のために納税者に課せられた税法上の義務不履行に対する一種の行政上の制裁である」としている。また，東京地裁昭和48年１月30日判決（行集24巻８＝９号856頁）も「国税通則法65条の過少申告加算税は，申告納税を怠った者に対する制裁的意義を有することは否定できない」と判示している。このように，税務上の義務不履行に対する行政制裁的な制度として加算税制度を捉えることもできるのである。

✍ なお，令和２年12月に閣議決定された「令和３年度税制改正大綱」では，一定の国税関係帳簿に係る電磁的記録の保存等を行う者のその電磁的記録に記録された事項に関し所得税，法人税または消費税に係る修正申告または更正があった場合に，その記録された事項に関し生じた申告漏れに課される過少申告加算税の額について，通常課される過少申告加算税の額から当該申告漏れに係る所得税，法人税または消費税の５％に相当する金額を控除した金額とすると示されている。

(4) 延滞税

延滞税とは，国税の全部または一部を法定納期限までに納付しない場合に，未納額を課税標準として課される附帯税で（通法60①，関法12），私法上の債務関係における遅延利息に相当し，納付遅延に対する民事罰の性質を有し，期限内に申告し納付した者との間の負担の公平や，期限内納付を促すことを目的とするものである（金子・租税法875頁）。

延滞税の額は，国税の法定納期限の翌日から起算して，未納税額に14.6％の割合を乗じて計算した額である。ただし，２か月を経過する日までの期間については，原則として7.3％となっている。

✍ ただし，市場金利が低金利であることとの兼ね合いから，現在は特例基準割合（☞特例基準割合とは）をもとに算出された割合が用いられている。平成26年１月１日以後の期間は，年「7.3％」と「特例基準割合＋１％」のいずれか低い割合とされている。したがって，平成30年１月１日から令和２年12月31日までの期間の具体的割合については年2.6%となる（特例基準割合が年1.6%とされているため，＋1%の2.6%となる。）。

また，納期限の翌日から2か月を経過した日以後の場合も同様，平成26年1月1日以後の期間は，年「14.6%」と「特例基準割合＋7.3%」のいずれか低い割合とされる。したがって，平成30年1月1日から令和2年12月31日までの期間の具体的割合については年8.9%となる（特例基準割合年1.6%＋7.3%=8.9%）。

☞ **特例基準割合**とは，各年の前々年の10月から前年の9月までの各月における銀行の新規の短期貸出約定平均金利の合計を12で除して得た割合として各年の前年の12月15日までに財務大臣が告示する割合に，年1%の割合を加算した割合をいう。

(5) 利子税

利子税は，延納もしくは物納または納税申告書の提出期限の延長が認められた場合に，約定利息の性質を有する附帯税である（通法64①）。

利子税の額は，原則として，税額に年7.3%もしくはそれよりも低い所定の割合を乗じて計算した額である（なお，延滞税同様，特例基準割合における所定の変動がある。）。

(6) 過怠税

過怠税とは，法定された課税文書の作成者が，原則として「印紙」を貼付して納付する流通税たる印紙税を①その文書の作成時までに納付しなかった場合や（✍印紙税の納付方法），②課税文書に貼付した印紙を消印しなかった場合に課される附帯税である（印法20①③）。

過怠税の額は，①の場合には，納付しなかった印紙税の額とその2倍に相当する金額，②の場合には，消印されていない印紙の額面金額に相当する金額である（印法20）。

✍ **印紙税の納付方法**　印紙税は，課税文書に貼付し消印する方法で納付する（印法8）。

(7) 租税罰則

社会経済状況の変化に対応し，税制への信頼の一層の向上を図る観点から，租税に関する罰則が用意されている。一般に租税犯は，①脱税犯，②租税危害犯，③煽動犯に大別され，①脱税犯は，逋脱犯，申告書不提出犯，間接脱税犯，不納付犯，滞納処分免脱犯に分かれ，②租税危害犯は，虚偽申告犯，単純無申告犯，不徴収犯，検査拒否犯等に分かれる。

直接税の逋脱犯は10年以下の懲役もしくは1,000万円以下の罰金に処し，間接消費税の逋脱犯および間接脱税犯は10年以下の懲役もしくは100万円以下の罰金，故意の申告書不提出犯は５年以下の懲役もしくは500万円以下の罰金，不納付犯は，10年以下の懲役もしくは200万円以下の罰金，滞納処分免脱犯は３年以下の懲役もしくは250万円以下の罰金である。いずれも懲役刑と罰金との併科がありうる。直接税の租税危害犯は１年以下の懲役または50万円以下の場合と規定されることが多い。間接税では１年以下の懲役もしくは50万円以下の罰金で併科はない。

なお，平成29年度税制改正において，国税犯則調査手続に係る規定は国税通則法に編入され，国税犯則取締法は廃止されることとなった。なお，煽動犯は同改正によって新たに創設された租税犯である。

¶レベルアップ１！　加算税の沿革

そもそも，加算税は，昭和22年４月に所得税，法人税および相続税について申告納税制度が全般的に採用されたのを契機として，「追徴税」の名称で創設された。これは，正当な申告がなかったことおよび申告はあったがそれが正当でなかったことに対して，行政制裁として正当税額または不足税額の一定割合の税を課すものであり，源泉徴収等による国税の徴収義務者についても，その徴収した納付すべき税額を法定納期限までに納付しない場合にも課されていた。

シャウプ勧告では，「現在，納税申告書が提出されなくとも，罰則をうけることはないようである。法律は，故意に申告書の提出を怠った場合，それが刑事犯であることを明記するよう改正されなければならない。それに加えて，民事罰も規定すべきである。申告の遅延が１か月を超えていないならば，その税の10パーセントが民事罰として加算されるべきである。毎月加わるごとにもう10パーセント加算し，遅滞が続く間，その総額が税額の30パーセントになるまで加算することを示唆する。もしその申告の遅延が故意の怠慢ではなく，正当な理由に基づく場合には，このような罰則は適用されるべきではない。かかる民事罰は，事実上税の一部となるから，徴収と同様な方法で徴収されるべきである。現在，納税するだけの資金を手許にもっていない者は，期限内に申告することによって，なんら得るところはない。しかしこのような罰則を定めることによって，申告を行う誘引が与えられ，その結果，少なくとも税務署が，例えすぐに支払いをうけないとしても申告を基に，納税者の記録をつくることができよう。」とした。

そして，昭和25年度税制改正により，過少申告加算税，無申告加算税，源泉徴収加算税，過少納付加算税，軽加算税および重加算税が設けられたのである。

¶レベルアップ2！　加算税と刑罰―二重処罰の禁止―

加算税の対象とされる行為について，刑罰の対象とされている場合も少なくない。例えば，所得税法241条は，正当な理由なく申告書を提出期限までに提出しなかった者については，1年以下の懲役または50万円以下の罰金に処するとしている。したがって，この場合，無申告加算税（通法66）が課されるとともに，単純無申告犯としての刑罰が科されることになる。また，それが隠蔽仮装行為に基づいてなされた場合には，無申告加算税に代えて重加算税（通法68）が課されるが，所得税法は「偽りその他不正の行為」によって所得税を免れる行為を刑罰の対象としている（所法238）。この点，事実の隠蔽または仮装に基づく無申告は，偽りその他不正の行為に該当する場合が多いことから（金子・租税法882頁），その場合には，重加算税に加えて逋脱犯として刑罰が科されることになる。

このように1つの行為に対して，加算税を課し，かつ，刑罰を科すことが，憲法39条の定める二重処罰の禁止に反しないかが問題となる。この点，最高裁昭和34年4月30日大法廷判決（民集12巻6号938頁）は，「追徴税は，申告納税の実を挙げるために，本来の租税に附加して租税の形式により賦課せられるものであって，これを課することが申告納税を怠ったものに対し制裁的意義を有することは否定し得ないところであるが，詐欺その他不正の行為により法人税を免れた場合に，その違反行為者および法人に科せられる…罰金とは，その性質を異にするものと解すべきである。すなわち，…逋脱犯に対する刑罰が『詐欺その他不正の行為により云々』の文字からも窺われるように，脱税者の不正行為の反社会性ないし反道義性に着目し，これに対する制裁として科せられるものであるに反し，…追徴税は，単に過少申告・不申告による納税義務違反の事実があれば，同条所定の已むを得ない事由のない限り，その違反の法人に対し課せられるものであり，これによって，過少申告・不申告による納税義務違反の発生を防止し，以って納税の実を挙げんとする趣旨に出でた行政上の措置であると解すべきである。法が追徴税を行政機関の行政手続により租税の形式により課すべきものとしたことは追徴税を課せらるべき納税義務違反者の行為を犯罪とし，これに対する刑罰として，これを課する趣旨でないこと明らかである。追徴税のかような性質にかんがみれば，憲法39条の規定は刑罰たる罰金と追徴税とを併科することを禁止する趣旨を含むものでないと解するのが相当である」とし，加算税の賦課と刑罰は二重処罰の関係に当たらないと判示した。このような考え方は，判例として，後の裁判例に引き継がれており（最高裁昭和36年５月２日第三小法廷判決（刑集15巻５号745頁），最高裁昭和45年９月11日第二小法廷判決（刑集24巻10号1333頁）など），通説的な理解となっている（金子・租税法882頁）。このように，加算税は申告納税制度を維持するための行政上の措置であって，犯罪に対して科される刑とは異なるものと捉えるべきであろう。

29 租税争訟制度

⑴ 概　要

税務署長が行った更正，決定の処分や滞納処分その他の各種処分に対して，その処分に不服がある場合に処分の取消しを求めるみちとしては，訴訟や争訟を提起するという方法がある。あるいは，処分がなされるべきであるにもかかわらず，処分されない場合に処分すべきことを義務付けたり，行政処分を差し止めたりする必要がある場合に訴訟を提起するというみちもある。

納税者が更正処分など租税行政への不服がある場合に，その救済を求める手段として，不服申立てがあり，なお不服がある場合や一定の要件を充足する場合には，裁判所において訴訟を提起することもできる（酒井克彦『行政事件訴訟法と租税争訟』（大蔵財務協会2010））。

✍ **訴訟と争訟**　不服申立てのことを含めてあるいは不服申立てのことを租税争訟（あるいは税務争訟）といい，租税訴訟（あるいは税務訴訟）とは用語を分けて使うのが通例であるので，ここではそれに従うこととする。

⑵ 不服申立制度

不服申立制度は，簡易迅速な手続による納税者の権利，利益の救済手段であり，再調査の請求と審査請求とがある（図表１参照）。なお，平成26年改正において図表２のように改正がなされている。

ア　再調査の請求

税務署長や国税局長の行った処分に不服がある者は，処分があったことを知った日の翌日から３か月以内に，処分をした者に対して再調査の請求をすることができる（通法75①⑥，77）。

イ　審査請求

国税不服審判所長に対して行う不服申立てを審査請求という。請求期間は，再調査請求についての決定を経た後に行う審査請求の場合は，再調査決定書の謄本の送達があった日の翌日から１か月以内，再調査の請求を経ずにできる審査請求については，処分があったことを知った日の翌日から３か月以内である。

図表１　国税の不服申立制度の概要図

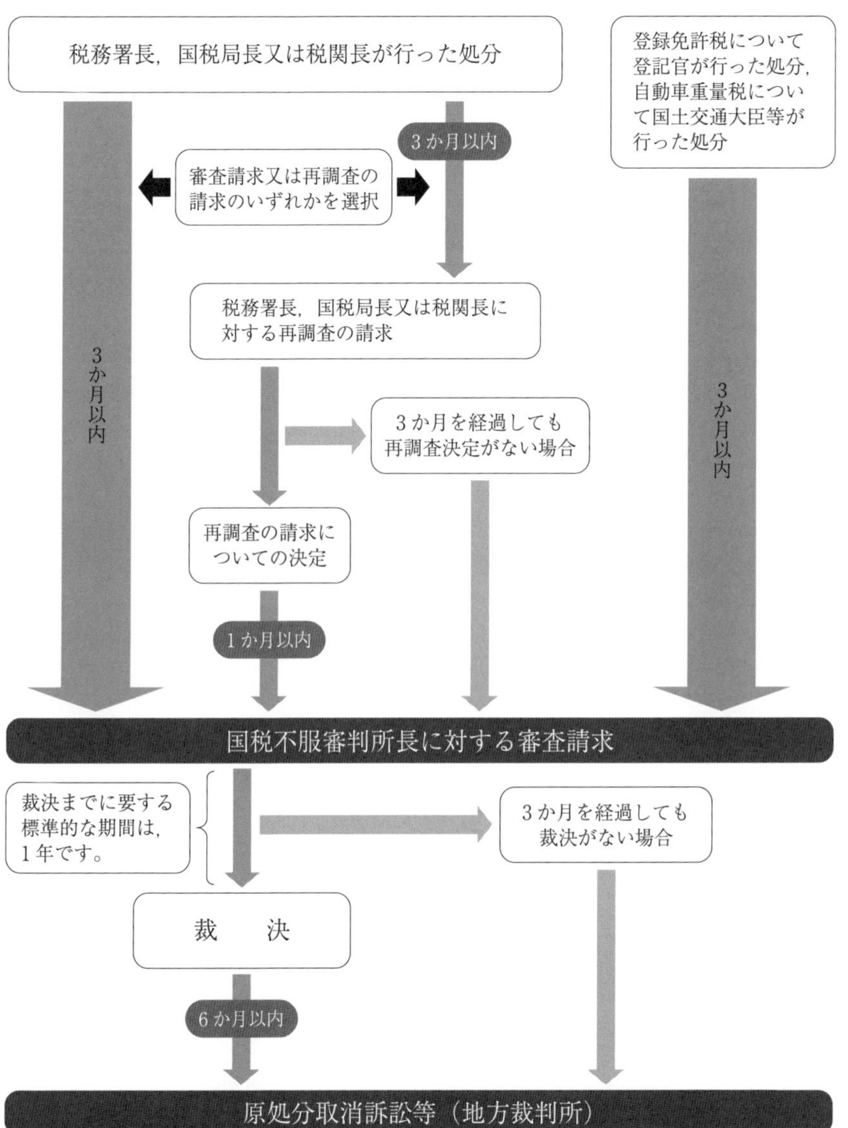

（国税不服審判所HPより）

審査請求を行うことができる場合は，次の場合である。

① 税務署長や国税局長に対する再調査の請求についての決定（☞決定とは）があり，その決定になお不服があるとき。

② 再調査の請求をしてから3か月を経過しても再調査の請求についての決定がないとき。

③ 国税局長から処分を受けたとき，青色申告者が更正を受けたとき，更正決定通知書に再調査の請求ができる旨の教示がなかったとき，その他再調査の請求をしないで審査請求することにつき正当な理由があると認められるとき。

☞ **決定**とは，再調査の請求に対する税務署長等の見解をいう。ここにいう「決定」は，納税申告書を提出する義務があると認められるにもかかわらず，申告書の提出のない者に対して国税当局の処分としてなされる「決定」とは異なる意味である。

なお，審査請求に対する国税不服審判所の見解は「裁決」という。

この決定や裁決には，却下，棄却，認容がある。「却下」とは，不服申立てが申立てをすることができる期間経過後になされたときや，形式的な要件を欠く不適法なものであるときに下され，実質審理にまでいたっていないいわゆる門前払いを意味する（通法83①，92）。また，「棄却」とは，不服申立てに理由がなく，原処分が相当であると認められる場合に下される判断をいう（通法83②，98①）。「認容」とは，不服申立てに理由がある場合に行われる判断をいう（通法83③，98②）。

図表2　審査請求の発生状況

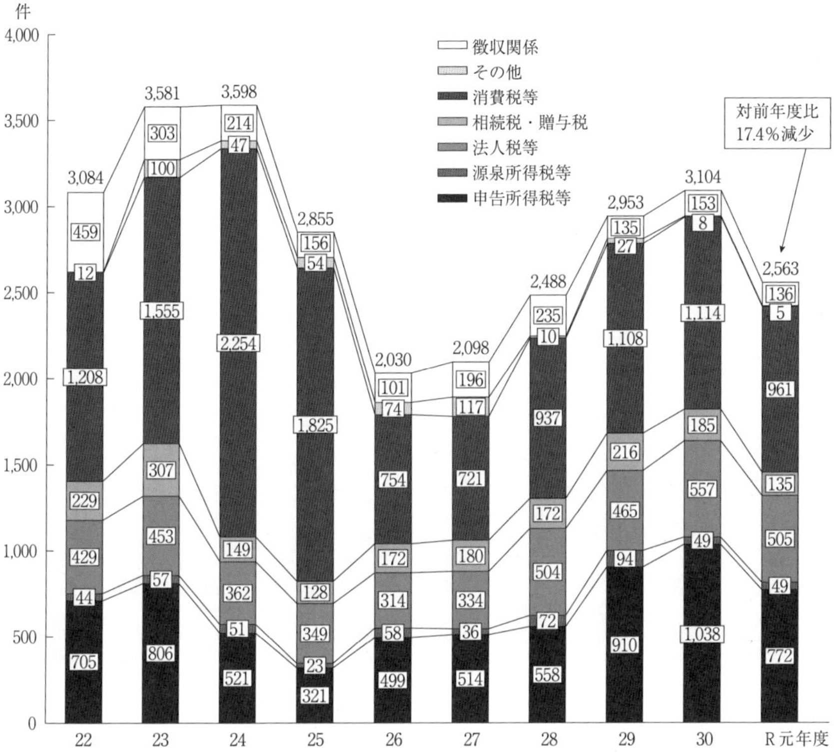

（注）年度は4月1日から翌年3月31日まで。

○　令和元年度における審査請求の件数は，源泉所得税等を除きほぼすべての税目で件数が減少したことに伴い，前年度と比べ17.4％の増加となっている。

（国税庁HPより）

⑶　訴　訟

再調査の請求に対する決定や審査請求に対する裁決について，なお不服があるときは，裁判所に訴訟を提起することができる（行訴法14①，通法115）。

国税の処分に関する訴訟は，国税通則法および他の国税に関する法律に別段の定めがある場合を除き，行政事件訴訟法その他の一般の行政事件訴訟に関する法律の定めるところによることとされている（通法114）。

租税訴訟の中心は抗告訴訟（☞抗告訴訟とは）であり，そこには，処分の取消

図表3　訴訟の発生状況

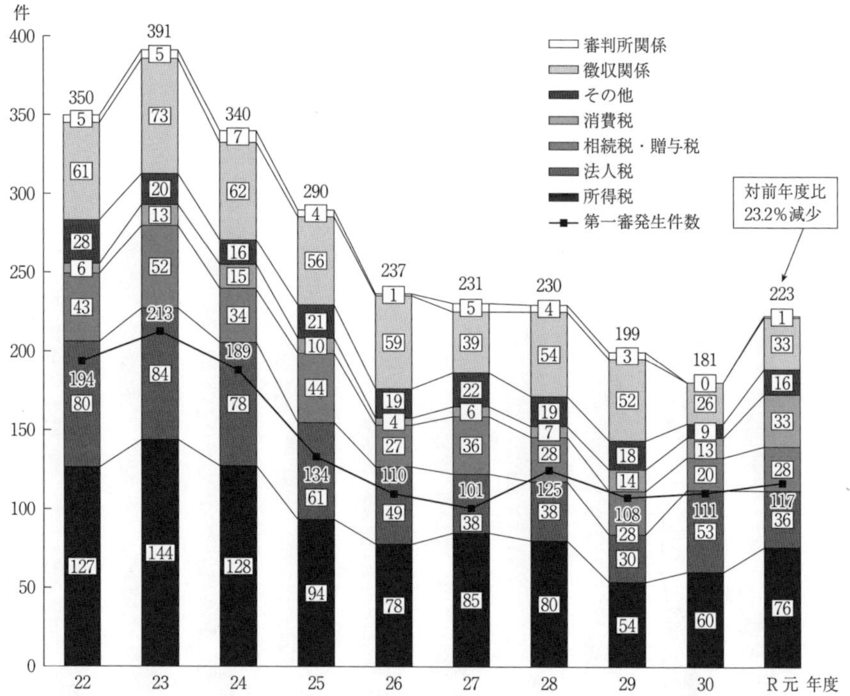

(注) 年度は4月1日から翌年3月31日まで。

○　令和元年度における訴訟の発生件数は223件であり，前年度と比べ23.2%の増加となっている。

(国税庁HPより)

訴訟，裁決の取消訴訟，無効確認訴訟，不作為の違法確認訴訟がある（行訴法3）。また，そのほかにも義務付け訴訟や差止訴訟などの訴訟類型がある。

なお，抗告訴訟以外にも当事者訴訟，民衆訴訟あるいは機関訴訟などがある。

国税についての処分の取消しを求める訴訟の提起は，不服申立ての決定や裁決を経た後でなければならないこととされており，これを不服申立前置主義という。

☞　**抗告訴訟**とは，行政庁の公権力の行使に関する不服の訴訟のことをいう（行訴法3①）。

図表 4　訴訟の終結状況

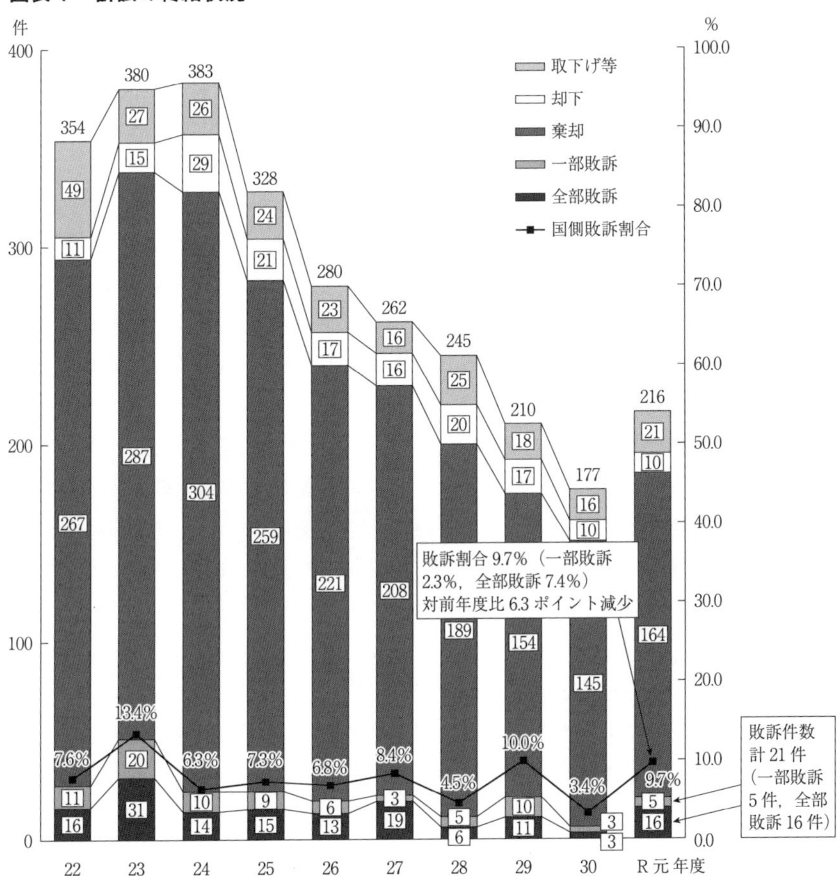

(注) 年度は 4 月 1 日から翌年 3 月31日まで。

○　令和元年度における訴訟の終結件数は216件となっており，このうち，国側が敗訴したものは21件（一部敗訴 5 件，全部敗訴16件）で，その割合は9.7%となっている。

(国税庁HPより)

✍　判決には，却下，請求棄却，請求認容がある。「却下」とは，不服申立てを経ていない訴えあるいは出訴期間を経過した後になされた訴えや，形式的な要件を欠く不適法なものであるときに下され，実質審理にまでいたっていないいわゆる門前払いである。また，「請求棄却」とは，訴えに理由がなく，処分が相当であると認められる場合に下される判断をいう。「請求認容」とは，訴えに理由がある場合に行われる判断をいう。

30 納税環境整備

(1) 納税環境整備概観

申告納税制度の定着と課税要件事実の的確な把握のためには，納税環境（tax environment）の整備と改善が必要不可欠である（金子・租税法920頁）。とりわけ，申告納税制度においては，納税者のコンプライアンスによるべきところが大きいことから，国税庁では，納税者の納税道義に対して多くの場面でアプローチをしている。例えば，租税教育や広報公聴制度を納税者に対するコンプライアンスの維持向上策の一環であると捉えることが可能であるのは理解しやすいと思われる。もっとも，学説上は，納税環境を単なる納税者（国民）の納税意識の向上にとどめるのではなく，そこには，租税行政職員の意識の近代化をも包摂して理解されていることに注意すべきであろう（金子・租税法920頁）。

ここでは，適正公平な課税の実現の一翼を担う税理士制度についてもみておこう。

(2) マイナンバー制度

適正公平な課税の実現や租税行政の効率化のためには，納税者番号が必要であるといった議論がこれまで長い間論じられてきた。そこでは，もっぱら徴税側の納税者管理という側面ばかりが強調され，プライバシーの侵害に関する国民の警戒心が根強く，なかなか実現にはいたらなかった。しかしながら，今日的には，社会保障制度の適切な運営にとっても欠かせないインフラであることが次第に共通認識になりつつあり，また，社会保険庁における情報管理のずさんさや税と社会保障の一体化といった議論なども，税と社会保障の共通番号導入への議論の後押しをすることとなった。

そのような中，平成25年5月24日，「行政手続における特定の個人を識別するための番号の利用等に関する法律（番号法）」が国会で成立し（平成25年5月31日公布），社会保障・税番号制度が創設された。社会保障・税番号制度は，平成27年10月から個人番号・法人番号の通知が行われ，平成28年1月から順次，社会保障，税，災害対策分野で利用が開始されている。税分野での利用は，「行政手続における特定の個人を識別するための番号の利用等に関する法律の施行に伴う関係法律の整備等に関する法律（番号整備法）」に基づき，所得税については平成28年分の申告書から，法人税については平成28年１月以降に開始する事業年度に係る申告書から，法定調書については平成28年１月以降の金銭等の支払等に係るものから，申請書等については平成28年１月以降に提出すべきものから個人番号・法人番号の記載が開始されている。社会保障・税番号制度は，行政を効率化し，国民の利便性を高め，公平・公正な社会を実現する社会基盤とされている（国税庁 HP「社会保障・税番号制度（マイナンバー制度）の概要」）。

しかしながら，同制度の導入により，法定調書の名寄せの効率化による所得把握の精度向上といった間接効果は期待できるものの，クロヨン（9 Tax Lounge：クロヨンとトーゴーサンピン―65頁参照）がこれによって解消されるとみるのは楽観的であるといえよう。

なお，マイナンバーカード（個人番号カード）の交付状況は芳しくないのが実情であり，総務省の発表によると人口に対する交付枚数率は15.5%にすぎない（令和２年３月１日現在）。今後は制度の浸透をいかに図るかが鍵となるであろう。

また，政府は，現在，マイナンバーと預貯金口座のひも付けについて，国民１人について１口座の登録義務化を検討している。これは，新型コロナウイルスによる政府の特別給付金の支給に時間を要したことなどの問題を受けて，今後，災害時などの給付金の迅速な支給を行うためのものであると説明されている。

⑶ ICT 等の技術進歩と税務

e-Tax の普及に見られるように，近年の ICT 技術の進歩に伴い，租税行政を取り巻く環境も大きく変容しつつある。国税庁は平成29年６月「税務行政の将来像～スマート化を目指して～」を公表し，「スムーズ・スピーディ」と「インテリジェント」の２つの目標を掲げている（この点については，酒井克彦『キャッチアップ デジタル情報社会の税務』（ぎょうせい2020）も参照）。前者は，納税者の利便性向上に資するものとして，後者は，課税・徴収の効率化・高度化に資するものとして位置づけられている。その後２年が経過した令和元年６月には「『税務行政の将来像』に関する最近の取組状況～スマート税務行政の実現に向けて～」として，取組みの実施状況が明らかにされている。そこでの取組み例としては，以下のようなものがある。

① スマートフォン・タブレットによる電子申告
② 年末調整手続の簡素化
③ マイナポータルを活用した確定申告の簡便化
④ 申告データの円滑な電子提出のための環境整備
⑤ 企業が行う手続のオンライン・ワンストップ化
⑥ チャットボットの導入
⑦ 納付手段の多様化・キャッシュレス化の推進
⑧ データ活用による事務の効率化・高度化に向けた取組み
⑨ CRS に基づく非居住者金融口座情報（CRS 情報）の自動的情報交換による情報の拡充
⑩ 情報照会手続の整備

なお，法整備も着々と進んでおり，例えば，平成30年度税制改正においては，大法人（事業年度開始の時において資本金の額または出資の額が1億円を超える法人等）について，e-Tax による申告が義務付けられることとなった。また，同改正では，所得税における青色申告特別控除額が65万円から55万円へと引き下げられた一方で，e-Tax による申告を行う場合には引き続き65万円の青色申告特別控除を受けることができることとされ，電子申告の推進が図られている。その他，年末調整手続の電子化や相続税における電子申告環境の整備，各種調書の提出や国税関係書類のスキャナ保存など，ICT 社会に対応した税務環境の整備が進んでいる。

⑷　デジタル化の進展

令和2年12月に発表された「令和3年度税制改正大綱（自由民主党・公明党）」では，「今回の感染症では，わが国における行政サービスや民間分野のデジタル化の遅れなど，様々な課題が浮き彫りになった。菅内閣においては，各省庁や自治体の縦割りを打破し，行政のデジタル化を進め，今後5年で自治体のシステムの統一・標準化を行うこととしており，こうした改革にあわせ，税制においても，国民の利便性や生産性向上の観点から，わが国社会のデジタル・トランスフォーメーション（DX）の取組みを強力に推進することとする。」とされている。

同月に，政府は，「デジタル社会の実現に向けた改革の基本方針」や「デジタル・ガバメント実行計画」を発表し，デジタル社会の将来像を発表している。デジタル社会の進展は，今後，租税行政に大きな影響を及ぼすことになろう（この点については，酒井克彦『キャッチアップ デジタル情報社会の税務』（ぎょうせい2020）も参照）。

⑸　税理士制度

ア　概　観

税理士は，税務に関する専門家として，独立した公正な立場において，申告納税制度の理念にそって，納税義務者の信頼に応え，租税に関する法令に規定された納税義務の適正な実現を図ることを使命としている（税理士法１）。税理士制度は，このような公共的使命を負っている税理士が納税義務者の援助をすることによって，納税義務を適正に実現し，これによって，申告納税制度の適正かつ円滑な運営に資することを目的として設けられたものである。昭和26年に税理士法が施行されて以来，税理士制度は時代の推移とともに変化する社会の要請に応えて，申告納税制度の定着と発展に寄与するとともに，納税義務の適正な実現，納税者に対する税知識の普及，国家財政の確保に大きな役割を果たしている。

税理士の基本的業務は，①税務代理（☞税務代理とは），②申告書などの税務書類の作成，③税務相談の３つからなる（税理士法２①）。なお，その他，財務諸表の作成や会計帳簿の記帳代行などの事務を業として行うことができる（これらを「税理士付随業務」という。）。

☞　**税務代理**とは，申告・申請・不服申立て等について代理や代行を行うことをいう。なお，税理士は，訴訟代理人としての業務は認められていないが，補佐人として関与することができることとされている（税理士法２の２）。

イ　税理士の登録

税理士となる資格を有する者は，税理士試験合格者のほか，税理士法に定める一定の要件に該当する者として税理士試験を免除された者，弁護士（弁護士となる資格を有する者を含む。）および公認会計士（公認会計士となる資格を有する者を含む。）である。

これらの者が税理士となるには，日本税理士会連合会に備える税理士名簿に

図表1　税理士登録者・税理士法人届出数(令和2年12月末日現在)

会名	登録者数	税理士法人届出数	
		主たる事務所	従たる事務所
東京	23,570	1,300	463
東京地方	4,970	222	162
千葉県	2,526	110	87
関東信越	7,460	433	261
近畿	15,063	745	337
北海道	1,863	162	97
東北	2,482	145	104
名古屋	4,685	294	154
東海	4,391	237	146
北陸	1,421	102	50
中国	3,176	162	108
四国	1,636	89	51
九州北部	3,389	176	146
南九州	2,219	114	67
沖縄	442	28	30
計	**79,293**	**4,319**	**2,263**

(日本税理士会連合会HPより)

登録しなければならない。また，税理士は，税理士法人を設立することができ，税理士法人を設立した場合には，日本税理士会連合会に届け出なければならないとされている。税理士または税理士法人でない者は，税理士業務を行うことはできないこととなっており(税理士法52)，これに違反すると罰則が適用される。ただし，国税局長に対して通知を行った弁護士および弁護士法人については，一定の条件のもとで税理士業務を行うことができる(税理士法51)。

なお，税理士は無償独占の資格であるため，無償であっても，税理士でない限り基本的業務を行うことはできない。

ウ　税理士業務の適正な運営の確保

国税庁は，税理士業務の適正な運営の確保を図るため，税理士制度の運営に関する事務を所掌する（🔍23(1)−282頁参照）。このことは，税理士等に対する適正な指導監督を行い，その業務の適正な運営の確保に努めることが要請されているということを意味する。また，税理士の団体である税理士会および日本税理士会連合会は，税理士の義務の遵守および税理士業務の改善進歩に資するため，税理士に対する指導，連絡および監督に関する事務等を行うことになっており，国税庁は，これらの団体の適正な運営を確保するため，これらの団体に対する指導監督を行っている。

違反行為への対応として，国税庁には，税理士の非行の未然防止への努力，税理士法に違反する行為を行っている税理士に対する，厳正な対処が要請されている。

図表2　税理士・税理士法人に対する懲戒処分等件数　（単位：件）

会計年度	平成27年度	平成28年度	平成29年度	平成30年度	令和元年度
処分等件数	41	39	38	51	43
禁止	5	11	7	9	14
停止	36	28	31	42	29
戒告	0	0	0	0	0

(6)　租税教育

平成23年度税制改正大綱は，納税環境整備の柱の１つとして，「国民が租税の役割や申告納税制度の意義，納税者の権利・義務を正しく理解し，社会の構成員として，社会のあり方を主体的に考えることは，納税に対する納得感の醸成と民主国家の維持・発展にとって重要」とし，そのために「健全な納税者意識を養うことを目的」とする租税教育の重要性を確認している。

ア　租税行政庁による租税教育

国税庁は，国の基本となる租税の意義や役割が正しく理解され，学校教育の中で租税教育の充実が図られるよう，環境整備や支援を行っている。具体的には，租税教育推進関係省庁等協議会（国税庁，総務省，文部科学省などで構成）において効果的な支援策を検討するとともに，各都道府県などに設置された租税教育推進協議会（国税庁・税務署，地方公共団体，教育関係者などで構成）を中心に，広く税理士会，関係民間団体等の協力を得て，学校からの要請に基づく租税教室等への講師派遣や作文募集などを行っている（国税庁レポート2019より）。

イ　税理士会による租税教育

日本税理士会連合会も租税教育に精力的に力を注いでいる。同会が掲げる「租税教育等基本指針」では，租税教育等の目的を次のように記している。

> 「租税に関する意義，役割，機能，仕組み等の租税制度を知るとともに，申告納税制度の理念や納税者の権利及び義務を理解し，社会の構成員としての正しい判断力と健全な納税者意識を持つ国民を育成することでもあり，併せて国民に対し税理士制度を正しく周知することである。効果的な租税教育等により納税に対する健全な知識が醸成されれば，民主国家の発展に大きく寄与することになり，これは教育基本法の教育の目的である『平和で民主的な国家及び社会の形成者として必要な資質を備えた心身ともに健康な国民を育成する』ということにも合致するものである。」

¶レベルアップ！　社会人向け租税リテラシー教育

国税庁や関係民間団体が実施してきた租税教育は，比較的，児童・生徒等を対象とするいわば学校教育の枠組みによるものが中心的であったが，実際の租税社会のプレイヤーたる社会人に対する租税教育が足りていないのではないかと思われる。そのような考えのもとで，東京税理士会は，成人向け租税教育検討プログラムとして，「租税リテラシー教育検討委員会（座長：筆者）」を立ち上げ，検討を行うとともに，租税制度に対して国民が「納得感」を持つことができるような理解を深めるための租税教育の実現を目指し，成人向け租税教育のパイロットテストを実施している。

政府税制調査会は，令和元年9月に「経済社会の構造変化を踏まえた令和時代の税制のあり方」を答申した。そこには，「税に対する理解を深めるための取組」として，次のように租税教育に関する内容が盛り込まれた。

> 「税は，社会を支える公共サービスの費用を分かち合うものであり，国民が安心して暮らしていくために重要な役割を果たしている。国民一人ひとりが社会を支える税のあり方について主体的に考え，納得感を持つことができるよう，税に

> 対する国民の理解を深めていく必要がある。
>
> 人口減少や少子高齢化，グローバル化等の経済社会の構造変化を踏まえつつ，財政の現状や税の意義・役割等に関する分かりやすい広報を積極的に行い，受益と負担のあり方に関する国民的な論議を深めていくことが重要である。学校教育においても，将来の社会を担う子供たちが早くから税の意義・役割等について考える機会を持てるよう，租税教育を一層充実させる必要がある。高等教育や社会人のための学びの場等においても，このような取組が幅広く行われることが重要である。」

ここで注目すべきは，①「社会人のための学び」としての租税教育が論じられているという点，そして，それは②「納得感」を持つことができるよう，税に対する国民の理解を深めることとを目的とすると整理されている点である。

あとがき

通読を経て，租税法の輪郭をご理解いただけましたか。

「はしがき」にも記載したとおり，租税法は難解です。難解であるがゆえに何回もこの本を読んでほしいのです。何度も塗り直しをすることによって，きっと知らず知らずのうちに，租税法の基礎力となる体系的理解ができていくことになると思います。また，読後には，ぜひ，具体的な事例（¶レベルアップ！に出てきた事例）の判決文を実際にゆっくり読んでみることをお勧めします。租税法が法律学であるからには，判例の学習を怠ることはできません。具体の事例に触れてこそ，活きた学問となるといえましょう。事件において，実際に当事者がどのようなことを主張し，そこで何が問題となったのか，どのように解決されたのかという点に関心をもち，事例学習を楽しめるようになれればもう「スタートアップ（初動・起動）」の段階は順調に乗り越えたといえるでしょう。既に君の片足は次の段階，つまり「ステップ・アップ」したところに踏み出していると確信します。

ただ，しばしば，難問にぶち当たることもあるでしょう。その際にはまた基本に帰る必要があります。初心忘るべからず。その時は，スタートアップ（初動・起動）した時に得た理解を整理・確認するために，また，この本に戻ってきてください。必ずや新たな発見があるはずです。

平成21年５月

酒井　克彦

参考文献

租税法の入門的学習に当たっては，主に次の書籍等が参考となる（租税法分野のみ）。

《教科書（50音順）》

岩﨑政明『ハイポセティカル・スタディ租税法〔第3版〕』（弘文堂2010）

岡村忠生＝渡邊徹也＝高橋祐介『ベーシック税法〔第7版〕』（有斐閣2013）

金子宏『租税法〔第23版〕』（弘文堂2019）

金子宏＝清永敬次＝宮谷俊胤＝畠山武道『税法入門〔第7版〕』（有斐閣2016）

岸田貞夫＝吉村典久＝柳裕治＝矢内一好『基礎から学ぶ現代税法〔第4版〕』（財経詳報社2019）

北野弘久＝黒川功『税法学原論〔第8版〕』（青林書院2020）

木村弘之亮『租税法総則』（成文堂1998）

清永敬次『税法〔新装版〕』（ミネルヴァ書房2013）

佐藤英明『プレップ租税法〔第4版〕』（弘文堂2021）

田中二郎『租税法〔第3版〕』（有斐閣1981）

谷口勢津夫『税法基本講義〔第6版〕』（弘文堂2018）

中里実ほか編『租税法概説〔第3版〕』（有斐閣2018）

畠山武道＝渡辺充『租税法〔新版〕』（青林書院2000）

増井良啓『租税法入門〔第2版〕』（有斐閣2018）

増田英敏『リーガルマインド租税法〔第5版〕』（成文堂2019）

三木義一『よくわかる税法入門〔第15版〕』（有斐閣2021）

水野忠恒『大系租税法〔第3版〕』（中央経済社2021）

山田二郎『税法講義〔第2版〕』（信山社2001）

酒井克彦『ステップアップ租税法と私法』（財経詳報社2019）

酒井克彦『フォローアップ租税法』（財経詳報社2010）

酒井克彦『レクチャー租税法解釈入門』（弘文堂2015）

《判例や事例を通じた学習のために（50音順）》

池本征男『裁判例からみる消費税法〔2訂版〕』（大蔵財務協会2019）

池本征男＝酒井克彦『裁判例からみる相続税・贈与税〔4訂版〕』（大蔵財務協会2021）

小川英明＝松沢智＝今村隆編『租税争訟〔改訂版〕』（青林書院2009）

金子宏＝佐藤英明＝増井良啓＝渋谷雅弘『ケースブック租税法〔第5版〕』（弘文堂2017）

川田剛『租税法入門〔16訂版〕』（大蔵財務協会2020）

佐藤英明編『租税法演習ノート〔第４版〕』(弘文堂2021)
品川芳宣『重要租税判決の実務研究〔第３版〕』(大蔵財務協会2014)
中村芳昭＝三木義一『演習ノート租税法〔第３版〕』(法学書院2013)
三木義一＝田中治＝占部裕典編『判例分析ファイルⅠ〔第２版〕」(2009),『同Ⅱ〔第２版〕』(2009),『同Ⅲ』(2006)(以上、税務経理協会)
水野忠恒＝中里実＝佐藤英明＝増井良啓編『租税判例百選〔第６版〕』(有斐閣2016)
八ツ尾順一『租税回避の事例研究〔７訂版〕』(清文社2017)
酒井克彦『裁判例からみる所得税法』(大蔵財務協会2015)
酒井克彦『裁判例からみる税務調査』(大蔵財務協会2020)
酒井克彦『裁判例からみる法人税法〔３訂版〕』(大蔵財務協会2019)
酒井克彦『裁判例からみる保険税務』(大蔵財務協会2021)
酒井克彦『ブラッシュアップ租税法』(財経詳報社2011)

《個別税法の理解のために(50音順)》
碓井光明『要説地方税のしくみと法』(学陽書房2001)
岡村忠生『法人税法講義〔第３版〕』(成文堂2007)
佐藤英明『スタンダード所得税法〔第２版補正２版〕』(弘文堂2020)
注解所得税法研究会編『注解所得税法〔６訂版〕』(大蔵財務協会2019)
増井良啓＝宮崎裕子『国際租税法〔第４版〕』(東京大学出版会2019)
渡辺徹也『スタンダード法人税法〔第２版〕』(弘文堂2019)
酒井克彦『所得税法の論点研究』(財経詳報社2011)
酒井克彦『通達のチェックポイントー所得税裁判事例精選20ー』(第一法規2018)
酒井克彦『通達のチェックポイントー相続税・贈与税裁判事例精選20ー』(第一法規2019)
酒井克彦『通達のチェックポイントー法人税裁判事例精選20ー』(第一法規2017)

《その他(50音順)》
石弘光『税金の論理』(講談社現代新書1994)
木村弘之亮＝酒井克彦『租税正義と国税通則法総則』(信山社2018)
中里実『タックス・シェルター』(有斐閣2002)
本庄資編『関連法領域の変容と租税法の対応』(財経詳報社2008)
森信茂樹『日本が生まれ変わる税制改革』(中公新書ラクレ2003)
酒井克彦『アクセス税務通達の読み方』(財経詳報社2016)
酒井克彦『キャッチアップ外国人労働者の税務』(ぎょうせい2019)
酒井克彦『キャッチアップ改正相続法の税務』(ぎょうせい2019)
酒井克彦『キャッチアップ仮想通貨の最新税務』(ぎょうせい2018)
酒井克彦『キャッチアップ企業法務・税務コンプライアンス』(ぎょうせい2020)
酒井克彦『キャッチアップデジタル情報社会の税務』(ぎょうせい2020)

酒井克彦『キャッチアップ保険の税務』（ぎょうせい2019）
酒井克彦『行政事件訴訟法と租税争訟』（大蔵財務協会2010）
酒井克彦『クローズアップ課税要件事実論〔第4版改訂増補版〕』（財経詳報社2017）
酒井克彦『クローズアップ事業承継税制』（財経詳報社2019）
酒井克彦『クローズアップ租税行政法〔第2版〕』（財経詳報社2016）
酒井克彦『クローズアップ保険税務』（財経詳報社2017）
酒井克彦『「正当な理由」をめぐる認定判断と税務解釈』（清文社2015）
酒井克彦『「相当性」をめぐる認定判断と税務解釈』（清文社2013）
酒井克彦『附帯税の理論と実務』（ぎょうせい2010）
酒井克彦『プログレッシブ税務会計論Ⅰ〔第2版〕』（中央経済社2018）
酒井克彦『プログレッシブ税務会計論Ⅱ〔第2版〕』（中央経済社2018）
酒井克彦『プログレッシブ税務会計論Ⅲ』（中央経済社2019）
酒井克彦『プログレッシブ税務会計論Ⅳ』（中央経済社2020）

事項索引

アルファベット

あ　行

か　行

さ　行

た　行

な　行

は　行

ま　行

や　行

ら　行

わ　行

判例索引

年月日	裁判所	出　典	頁
大正３年12月15日	大審院	民録20輯1101頁	244
昭和25年４月18日	福岡地裁	行集１巻４号581頁	219
昭和29年11月26日	最高裁	民集８巻11号2087頁	244
昭和33年３月28日	最高裁	民集12巻４号624頁	230
昭和34年４月30日	最高裁	民集12巻６号938頁	326
昭和35年10月７日	最高裁	民集14巻12号2420頁	258
昭和35年12月21日	最高裁	民集14巻14号3140頁	315
昭和36年３月13日	大阪地裁	民集22巻５号1077頁	237
昭和36年５月２日	最高裁	刑集15巻５号745頁	327
昭和36年９月６日	最高裁	民集15巻８号2047頁	240
昭和36年10月27日	最高裁	民集15巻９号2357頁	259
昭和37年２月28日	最高裁	刑集16巻２号212頁	241
昭和39年10月22日	最高裁	民集18巻８号1762頁	246
昭和39年12月17日	佐賀地裁	訟月11巻１号129頁	238
昭和43年７月17日	奈良地裁	行集19巻７号1221頁	240
昭和44年９月30日	大阪高裁	判時606号19頁	224
昭和45年９月11日	最高裁	刑集24巻10号1333頁	327
昭和47年11月22日	最高裁	刑集26巻９号554頁	241
昭和48年１月30日	東京地裁	行集24巻８＝９号856頁	323
昭和48年７月10日	最高裁	刑集27巻７号1205頁	241, 297
昭和50年２月６日	最高裁	集民114号117頁	240
昭和52年８月30日	大阪高裁	高民集30巻３号217頁	220
昭和54年１月30日	大阪地裁	訟月25巻５号1459頁	321
昭和54年３月８日	東京地裁	訟月25巻７号1958頁	241
昭和54年４月27日	秋田地裁	行集30巻４号891頁	217
昭和57年６月４日	千葉地裁	行集33巻６号1172頁	240
昭和57年12月21日	最高裁	訟月29巻８号1632頁	241
昭和59年３月30日	大阪高裁	行集35巻３号275頁	241

年月日	裁判所	出　典	頁
昭和59年５月10日	大阪地裁	訟月30巻10号1994頁	240
昭和59年７月５日	最高裁	税資139号１頁	240
昭和59年12月12日	最高裁	民集38巻12号1308頁	241
昭和60年３月27日	最高裁	民集39巻２号247頁	20, 63, 83, 212
昭和60年12月17日	最高裁	集民146号291頁	240
昭和62年４月10日	最高裁	民集41巻３号239頁	298
昭和62年10月30日	最高裁	集民152号93頁	249
昭和62年12月16日	東京地裁	判タ661号167頁	260
平成２年２月27日	東京地裁	行集41巻２号352頁	225
平成２年２月28日	大阪高裁	税資175号976頁	321
平成２年４月11日	大阪地裁	判時1366号28頁	307
平成２年12月４日	岡山地裁	判時1424号47頁	240
平成３年５月７日	金沢地裁	シュトイエル360号15頁	307
平成３年８月30日	大阪地裁	訟月38巻４号588頁	303
平成３年10月17日	最高裁	訟月38巻５号911頁	240
平成４年２月28日	名古屋地裁	税資188号499頁	111
平成４年７月13日	東京高裁	判時1432号48頁	241
平成４年12月15日	最高裁	民集46巻９号2829頁	240
平成５年２月18日	最高裁	集民167号157頁	240
平成６年10月27日	東京地裁	判時1520号77頁	241
平成７年３月28日	東京地裁	訟月47巻５号1207頁	321
平成７年４月13日	最高裁	刑集49巻４号619頁	241
平成７年７月20日	東京地裁	行集46巻６号701頁	140
平成７年11月28日	東京高裁	行集46巻10＝11号1046頁	216
平成８年３月28日	東京高裁	訟月42巻12号3057頁	235
平成８年４月２日	那覇地裁	税資216号１頁	323
平成８年９月10日	前橋地裁	判タ937号129頁	234
平成９年７月９日	東京地裁	訟月44巻11号2007頁	241
平成10年４月14日	大阪高裁	訟月45巻６号1112頁	241
平成10年５月13日	東京地裁	判時1656号72頁	271
平成10年12月25日	東京地裁	税資239号681頁	221
平成11年６月21日	東京高裁	判時1685号33頁	272
平成13年２月２日	大阪高裁	訟月48巻８号1859頁	240

年月日	裁判所	出　典	頁
令和２年６月30日	最高裁	裁判所 HP	202

《著者紹介》

酒井　克彦（さかい　かつひこ）

1963年２月東京都生まれ。

中央大学大学院法学研究科博士課程修了。法学博士（中央大学）。

中央大学法科大学院教授。租税法担当。（社）アコード租税総合研究所（At-I）所長。（社）ファルクラム代表理事。

著書に，『レクチャー租税法解釈入門』（弘文堂2015），『租税正義と国税通則法総則』（信山社2018〔共編〕），『キャッチアップ企業法務・税務コンプライアンス』（2020〔編著〕），『キャッチアップデジタル情報社会の税務』（2020〔編著〕），『キャッチアップ保険の税務』（2019〔編著〕），『キャッチアップ外国人労働者の税務』（2019〔編著〕），『キャッチアップ改正相続法の税務』（2019〔編著〕），『キャッチアップ仮想通貨の最新税務』（2018〔編著〕），『新しい加算税の実務』（2016〔編著〕），『附帯税の理論と実務』（2010）（以上，ぎょうせい），『通達のチェックポイント－相続税・贈与税裁判事例精選20－』（2019〔編著〕），『同－所得税裁判事例精選20－』（2018〔編著〕），『同－法人税裁判事例精選20－』（2017〔編著〕），『アクセス税務通達の読み方』（2016）（以上，第一法規），『裁判例からみる保険税務』（2021〔編著〕），『裁判例からみる相続税法〔４訂版〕』（2021〔共著〕），『裁判例からみる税務調査』（2020），『裁判例からみる法人税法〔３訂版〕』（2019），『裁判例からみる所得税法』（2016），『行政事件訴訟法と租税争訟』（2010）（以上，大蔵財務協会），『プログレッシブ税務会計論Ⅰ〔第２版〕』（2018），『同Ⅱ〔第２版〕』（2018），『同Ⅲ』（2019），『同Ⅳ』（2020）（以上，中央経済社），『「正当な理由」をめぐる認定判断と税務解釈』（2015），『「相当性」をめぐる認定判断と税務解釈』（2013）（以上，清文社），『ステップアップ租税法概念論』（2021），『ステップアップ租税法と私法』（2019），『クローズアップ事業承継税制』（2019〔編著〕），『クローズアップ保険税務』（2017〔編著〕），『クローズアップ課税要件事実論〔第４版改訂増補版〕』（2017），『クローズアップ租税行政法〔第２版〕』（2016），『所得税法の論点研究』（2011），『ブラッシュアップ租税法』（2011），『フォローアップ租税法』（2010）（以上，財経詳報社）などがある。その他，論文多数。

スタートアップ租税法　第4版　－租税法学習の道しるべ－

平成21年5月29日　初 版 発 行
平成23年1月21日　第2版発行
平成27年4月10日　第3版発行
令和3年6月16日　第4版発行

著　者　酒 井 克 彦
発行者　宮 本 弘 明

発行所　株式会社　財経詳報社

〒103-0013　東京都中央区日本橋人形町1-7-10
電　話　03（3661）5266㈹
FAX　03（3661）5268
http://www.zaik.jp
振替口座　00170-8-26500

落丁・乱丁はお取り替えいたします。
©2021　Katsuhiko Sakai

印刷・製本　大日本法令印刷
Printed in Japan

ISBN　978-4-88177-479-3